PUHUA BOOKS

我们一起解决问题

K线图量化分析

用大数据研判股票、期货、外汇买卖点

骆超◎著

人民邮电出版社

北　京

图书在版编目（CIP）数据

K线图量化分析：用大数据研判股票、期货、外汇买卖点 / 骆超著. -- 北京：人民邮电出版社，2020.3
ISBN 978-7-115-53009-7

Ⅰ．①K… Ⅱ．①骆… Ⅲ．①股票投资－基本知识 Ⅳ．①F830.91

中国版本图书馆CIP数据核字(2019)第271954号

内 容 提 要

随着信息技术的发展、交易数据的累积，金融交易进入了量化分析的时代，借助高性能计算，大数据分析已成为可能。当市场走出一种K线形态时，用历史数据来分析当前形态的未来走势，无疑是研判买卖点的有效方法。

本书利用计算机量化分析技术，对89种常见K线形态和组合进行量化分析，并利用长期交易数据对股票、期货以及外汇市场进行统计分析，从而得到每种K线形态和组合在不同金融市场、不同交易品种、不同持有周期下出现的次数、成功率、盈亏比、收益率等多种统计结果，为广大中国投资者在使用K线图进行实盘交易时提供一份有效、可靠的参考依据。

本书方便读者随时查阅各类K线形态的分析方法，适合股票、期货、外汇市场上的技术分析类型的投资者阅读。

◆ 著　　　　骆　超
责任编辑　王飞龙　杨佳凝
责任印制　彭志环

◆ 人民邮电出版社出版发行　　北京市丰台区成寿寺路 11 号
邮编 100164　电子邮件 315@ptpress.com.cn
网址 http://www.ptpress.com.cn
北京天宇星印刷厂印刷

◆ 开本：787×1092　1/16
印张：18.25　　　　　　　　　　2020 年 3 月第 1 版
字数：430 千字　　　　　　　　2025 年 9 月北京第 19 次印刷

定　价：69.80 元

读者服务热线：（010）81055656　印装质量热线：（010）81055316
反盗版热线：（010）81055315

作为金融市场中的一名中国投资者，不论这条投资之路的起点是股票、期货还是外汇，其最早接触的可能都是蜡烛图或者说K线图。从一根小小K线的组成、结构以及众多有着稀奇古怪名称的K线组合开始，众多投资者懵懵懂懂地踏上了这条可能会伴随其一生的投资之路。而投资者对K线图分析的态度往往也会随着投资者对市场认知的深入而发生变化——从最初的希望、狂喜和视为圭臬，到被市场反复打击之后的失望、沮丧和不屑一顾，再到历尽沧桑之后回归本源对K线图信息进行解读。这个循环往复的过程不也正是投资者对市场的认知过程吗？

毫无疑问，在有关指导投资的技术分析方法中，投资者最关心的问题是"K线图分析到底是否有效""哪些K线组合对交易更有用"。国内关于K线图介绍的书籍早已汗充牛栋，虽然其中不乏优秀之作，但截至目前，几乎所有的图书都是基于作者个人主观经验的总结。我们从一种走势或者K线组合找到几个成功案例并不难，但问题是我们同样也可以找到这种走势或者K线组合的失败案例。没有放之四海而皆准的方法，有的仅是概率问题。前人根据几十年甚至几百年的经验总结出各种K线组合的方法，关于这些方法是否真的有效、什么时候有效，以及有效到什么程度，目前还没有人给出明确的答案。

在K线图的经典著作《蜡烛图精解》一书中，格里高里·莫里斯借助计算机对美国股市的长期数据进行分析，给出了不同K线组合（诸如成功率、收益率等）的统计结果，从而用客观数据回答了K线组合在美国股市中的有效性问题。但美国股市不同于中国股市，两者在发展阶段、交易制度、投资者组成结构等诸多方面都存在着巨大的差异。不难想象，虽然相同的K线组合在美国股市和中国股市会有共性，但必然也存在差异。受《蜡烛图精解》一书的启发，本书作者利用计算机量化分析技术对89种不同K线组合进行了实证分析研究，通过详尽的客观数据第一次回答了K线分析在中国金融市场的有效性。同时，本书作者也为广大投资者使用K线进行技术分析提供了有益的帮助。

本书特点可归纳如下。

（1）K线组合种类全面：一共涵盖89种不同的K线组合，包括45种看涨组合、44种看跌组合。

（2）交易种类丰富：本书分析内容包括股票市场（中国沪深两市所有股票）、期货市场（中国上海、大连、郑州商品交易所以及上海能源交易所）、外汇市场（国际4种主要货币对和2种贵金属）。

（3）实证时间跨度大：股票时间范围为 2000 年 1 月 1 日至 2019 年 3 月 31 日，跨度超过 19 年；期货市场时间范围为 2004 年 1 月 1 日至 2019 年 3 月 31 日，跨度超过 15 年；外汇市场时间范围为 2003 年 12 月 1 日至 2019 年 3 月 31 日，跨度超过 15 年。

（4）分析细致：本书作者将量化分析结果按照不同持有周期给出了 89 种 K 线组合的"总出现次数、成功次数、平均收益率、累计收益率、盈亏比、成功率、总盈利率以及总亏损率"等数据。在符合筛选条件的情况下，提供了不同 K 线组合在各个期货商品、货币对中的详细情况，以方便指导投资者实盘交易。

（5）K 线组合量化翔实：为方便本书读者实际应用，本书作者给出了所有 89 种 K 线组合的量化指标依据以及说明。

此外，本书作者对原始数据来源、指标编程实现、指标判别以及数据分析汇总等各个环节反复斟酌、验证，以确保最后统计分析结果的正确性，为广大的中国投资者在使用 K 线图进行实盘交易提供了一份有效、可靠的参考依据。

由于作者水平有限，书中难免会有疏漏之处，恳请广大读者批评指正。任何意见及批评均可反馈至邮箱：13964170001@139.com，以便作者能及时更正，进一步提高本书及后续工作质量。

目 录

第二篇　股票交易

第三章　看涨K线形态在股票交易中的量化分析 // 80

第四章　看跌K线形态在股票交易中的量化分析 // 112

第三篇　期货交易

第五章　看涨K线形态在期货交易中的量化分析 // 143

第六章　看跌K线形态在期货交易中的量化分析 // 175

第四篇　外汇交易

第七章　看涨 K 线形态在外汇交易中的量化分析 // 211

第一篇

基础形态

第一章

K 线图量化分析概述

K 线图（蜡烛图）起源于日本德川时代，距今已超过 200 年，具有悠久的历史。最初大阪米商使用蜡烛图记录大米价格，计算米价每日涨跌，以此来预测米价涨跌规律。20 世纪 90 年代，美国人史蒂夫·尼森将蜡烛图引入西方金融市场，并在《日本蜡烛图技术》一书中展示了利用蜡烛图即 K 线图对金融市场的技术分析方式，引起了广泛的关注。

目前，K 线图在我国金融市场中已经是投资者记录交易价格、进行技术分析的主要手段。相比柱状图等其他形式，K 线图有直观、立体感强、携带信息量大的特点，蕴涵着丰富的东方哲学思想，能充分显示股价趋势的强弱、买卖双方力量平衡的变化。金融市场价格的变动具有实时性，对于某个时间周期，比如一天之内，可能包含了众多的成交价格。作为个人投资者很难关注到所有的交易价格，也没有必要对所有价格进行逐一分析。通常而言，一天的开盘价是隔夜场外消息对市场影响的体现，收盘价是一天场内投资者博弈的结果，最高价和最低价是多空双方在一天交易的极限值，上述四个数值可以代表一天的价格走势。因此，K 线由特定时间周期的开盘价、收盘价、最高价和最低价四个数值构成，体现了该周期内价格的走势和波动范围。如图 1.1 所示，根据周期内价格是上涨还是下跌，K 线图可分为两类。一类是阳线，表示在该周期内价格上涨，收盘价高于开盘价。最高价与收盘价之间的价差用"上影线"表示，最低价与开盘价之间的价差用"下影线"表示，阳线实体在本书中用白色实心柱表示。一类是阴线，表示价格下跌，收盘价低于开盘价。最高价与开盘价之间的价差用"上影线"表示，最低价与收盘价之间的价差用"下影线"表示，阴线实体在本书中用黑色实心柱表示。

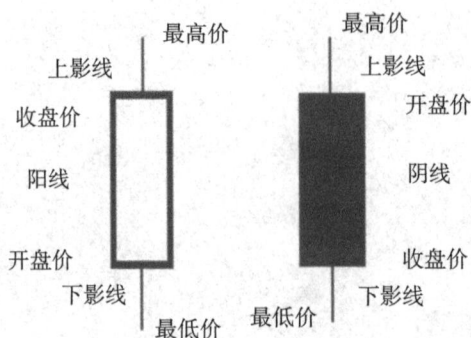

图 1.1　K 线图

K 线除了可以代表一天的价格走势之外，计算周期还可分为周 K 线、月 K 线、年 K

线等。比如，周 K 线表示以周一的开盘价、周五的收盘价、全周最高价和全周最低价来绘制 K 线图，同理可得月 K 线、年 K 线等。如果投资者进行的是短线操作，那么可使用 5 分钟 K 线、15 分钟 K 线、30 分钟 K 线和 60 分钟 K 线等不同周期的 K 线图。因此，在使用 K 线进行技术分析时，首先需要明确 K 线的时间周期。大周期 K 线和小周期 K 线具有共性，也存在差异。从本书后续所述可知，相同的 K 线组合在大周期和小周期里的表示是迥然不同的。因此，在进行技术分析时，投资者需要灵活掌握，根据自身操盘的时间周期，解读 K 线所反映的市场信号。本书重点关注 K 线组合的量化实证研究，对于 K 线的基础内容就不过多赘述。

量化交易是金融市场发展的一个必然阶段。量化交易大体可以分为两类：第一类是程序化交易，即通过对人的主观交易经验进行归纳，进而写成计算机程序，利用计算机的高速、实时以及强纪律性等优势，快速、客观地实施交易策略；第二类是量化交易，它可以被理解为基于数据驱动的方式，利用统计学、机器学习等算法对金融数据进行处理、挖掘和捕捉有利于交易的市场机会。根据上述分类可知，程序化交易还是依赖人的先验经验，计算机仅是作为一个执行工具。量化交易则更具有诱人的前景，至少它提供了代替人工交易的可能性。但投资者需要看到的是，金融市场是一个典型的复杂系统，而金融时间序列是含有高噪声的非线性不稳定数据。因为序列的不稳定性，任何一个有效的交易策略都可能只对历史数据有效，或仅对某种分布的数据有效。伴随着时间的延续，金融数据的统计特征会发生改变，即使投资者利用最先进的机器学习算法构建交易策略，也需要对其进行不断的调整和重构。甚至，投资者有可能会发现，一个很复杂的交易策略的实盘效果可能不如掷硬币。

虽然与众多高深的统计模型和机器学习算法相比，K 线图是一种相对简单和原始的分析工具，但 K 线图及各类 K 线组合作为已经被人们使用了上百年的一种交易分析手段，必然有其存在的依据和道理。借助计算机的帮助，投资者可以在较大时间跨度上，针对多个金融投资品种，对不同的 K 线组合进行细致分析，从而获得具有统计意义的量化结果。投资者使用 K 线图来指导其实盘投资具有重要的现实意义。

第二章

89 种 K 线形态的涨跌研判

2.1 45 种看涨 K 线组合形态介绍

1. 倒锤子线形态（反转，看涨）

形态介绍

如图 2.1 所示，倒锤子线形态出现在下跌途中，阴线或者阳线实体很小，上影线的长度大于或等于实体长度的 2 倍，一般无下影线，少数倒锤子线形态会略有一点下影线见底信号。实体与上影线比例越悬殊，后市看涨信号就越有参考价值。虽然我们一般不对 K 线实体颜色做限定，但显然，一根阳线肯定比一根阴线的上涨效果更加明显。

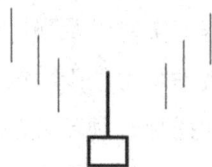

图 2.1　倒锤子线形态
（反转，看涨）

识别标准

- 出现在下跌趋势中，对实体颜色没有要求（可以为阳线，也可以为阴线）。
- 上影线的长度至少是实体长度的 2 倍。
- 没有下影线或者下影线很短。

量化指标说明

- 上影线的长度大于或等于下影线和实体长度之和的 2 倍。
- 实体长度大于下影线长度的 2 倍。
- 实体长度大于整根 K 线长度的十分之一。

实例

实例如图 2.2 所示。

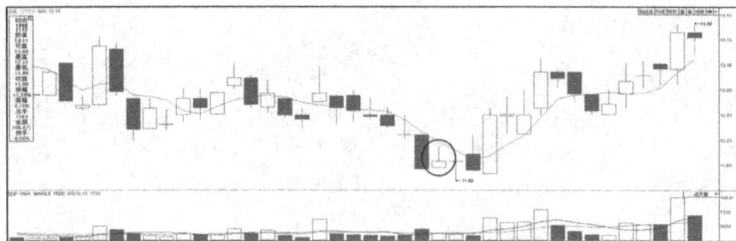

图 2.2　丹化科技日 K 线图

2. 锤子线形态（反转，看涨）

形态介绍

如图 2.3 所示，锤子线形态是由单一的 K 线组成，有较长的下影线；实体部分相对较小，主要集中在当日交易价格区间的上半部分；上影线较短，或者就没有上影线。该形态属于底部反转形态。在该形态出现之前，市场会先有一段下降趋势。

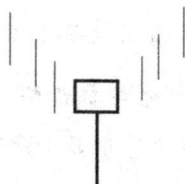

图 2.3 锤子线形态（反转，看涨）

识别标准

- 实体位于整个价格区间的上端。
- 下影线的长度至少达到实体长度的 2 倍。
- 在这类 K 线中，应当没有上影线，即使有上影线，其长度也是极短的。
- 下影线越长、上影线越短、实体越小，该 K 线就越有意义。

量化指标说明

- K 线的实体存在，但较短，其长度大于整根 K 线长度的 0.1 倍。
- 对实体的颜色没有严格要求。
- 下影线长度大于实体长度的 2 倍。

实例

实例如图 2.4 所示。

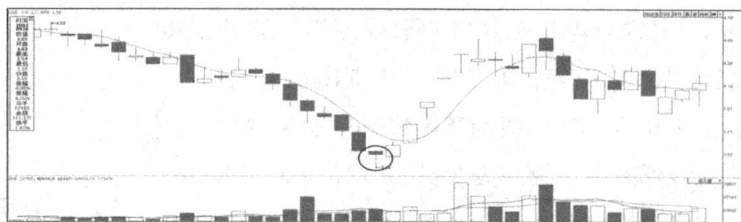

图 2.4 中航高科日 K 线图

3. 执带线形态（反转，看涨）

形态介绍

如图 2.5 所示，看涨执带线形态是下跌趋势中出现的白色光脚 K 线图。市场因为外部环境而低开，但开盘之后价格没有继续下探，多方力量迅速聚集，并做出反击。随后市场开始反弹，最后以接近当日最高价的位置收盘。

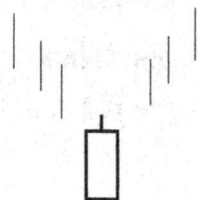

图 2.5 执带线形态
（反转，看涨）

识别标准

- 看涨执带线实体比较长，收盘价在最高价附近。
- 看涨执带线以最低价开盘，基本无下影线。

量化指标说明

- 开盘价等于最低价，没有下影线。
- 开盘价低于前一天收盘价，当日收阳线（或假阳线），并且实体长度大于前七天 K 线实体长度平均值的 2 倍。

实例

实例如图 2.6 所示。

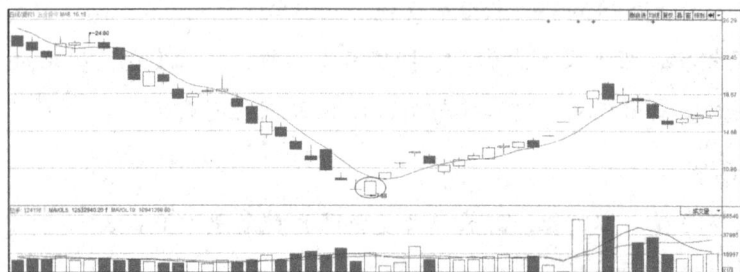

图 2.6　合金投资日 K 线图

4. 吞没形态（反转，看涨）

形态介绍

如图 2.7 所示，看涨吞没形态是由两根颜色相反的 K 线组成。第一根 K 线延续下跌趋势，第二根 K 线则出现大幅震荡，最后以阳线收盘，并且第二根 K 线的实体将第一根 K 线的实体部分完全吞没。在该形态中，第一天 K 线的实体较短，多空双方在一个较小区域激烈博弈；而第二天 K 线的实体很长，说明

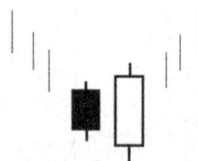

图 2.7　吞没形态（反转，看涨）

价格波动剧烈，多空斗争分出胜负，最后因为阳线收盘，并且反包前一天的阴线，表明多方已经占据空方领地，市场此前的下跌趋势将很有可能结束。

识别标准

- 在看涨吞没形态出现之前，价格运动必须处在清晰可辨的下降趋势之中。
- 看涨吞没形态由两根 K 线组成，其中第二根 K 线的实体必须覆盖第一根 K 线的实体。

量化指标说明

- 第一根 K 线为阴线，实体长度大于整根 K 线长度的十分之一。

- 第二天出现一根大阳线，实体长度大于前七天 K 线实体长度平均值的 2 倍，实体部分完全吞没前一天的实体。两根 K 线实体顶部或底部相同，但不是同时相等，即收盘价高于或等于前一天的开盘价，开盘价低于前一天的收盘价；或者收盘价大于前一天的开盘价，开盘价低于或等于前一天的收盘价。

实例

实例如图 2.8 所示。

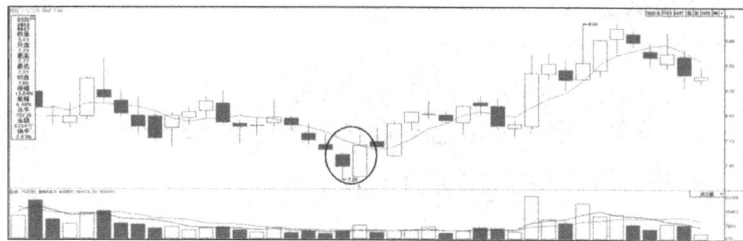

图 2.8　广弘控股日 K 线图

5. 孕线形态（反转，看涨）

形态介绍

如图 2.9 所示，看涨孕线形态由两根 K 线组成，后一根 K 线的实体较小，并且被前一根 K 线相对较长的实体包含进去。在该形态中，第一天的 K 线是"母线"，而第二天的 K 线则是"子线"或"胎线"。该形态表示，市场在一段下降趋势之后，出现了加速下跌过程，随后市场并没有延续原有方向，而是出现小区域的博弈，最后收出一根小阳线，表示市场出现转势的可能。

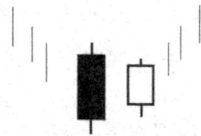

图 2.9　孕线形态（反转，看涨）

识别标准

- 秉承前期下跌走势，第一根 K 线为长阴线，将第二天 K 线的小实体完全包含起来。
- 两根 K 线的实体长度至关重要；而上下影线的作用较小。
- 第二天的 K 线实体越小，整个形态的反转力量就越大。

量化指标说明

- 第一根 K 线为大阴线，实体长度大于前七天 K 线实体长度平均值的 2 倍。
- 第二天出现一根阳线，实体长度大于整根 K 线长度的十分之一，并包含在前一天的实体范围内，两根 K 线实体顶部或底部相同，但不是同时相等。

实例

实例如图 2.10 所示。

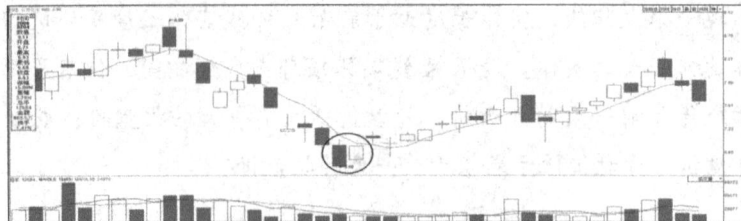

图 2.10　亚星客车日 K 线图

6. 十字孕线形态（反转，看涨）

形态介绍

如图 2.11 所示，看涨十字孕线形态与看涨孕线形态比较接近。在看涨十字孕线形态中，第二天的 K 线收了一根十字星。

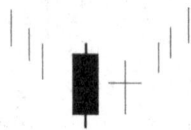

图 2.11　十字孕线形态（反转，看涨）

识别标准

- 市场处于明确的下降趋势中，第一根 K 线为长阴线。
- 第二天的 K 线为十字星，并被第一天的长阴线完全包含起来。

量化指标说明

- 第一根 K 线为大阴线，实体长度大于前七天 K 线实体长度平均值的 2 倍。
- 第二天出现一根十字星（实体长度小于 K 线长度的十分之一），第一天的开盘价高于或等于第二天的最高价，收盘价低于或等于第二天的最低价。

实例

实例如图 2.12 所示。

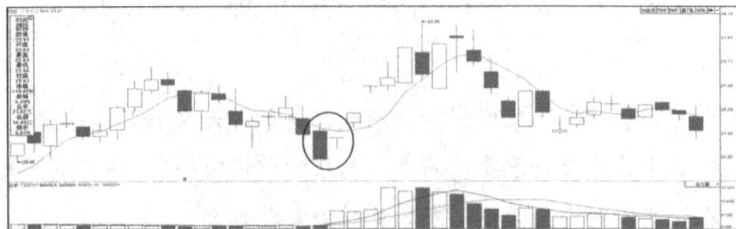

图 2.12　汉缆股份日 K 线图

7. 刺透线形态（反转，看涨）

形态介绍

如图 2.13 所示，看涨刺透形态是由两根 K 线组成。第一天出现一根阴线，第二天出现一根阳线，第二天 K 线的实体穿过第一天 K 线的实体。该形态描述了一个加速下跌之后的快速反弹形态。其中，第二

图 2.13　刺透线形态（反转，看涨）

根K线需要跳空低开，然后反向高走，最后大阳线收盘，从而体现了多方反攻意图的坚决。

识别标准

- 市场处于下降趋势，第一天出现一根大阴线。
- 第二天出现一根大阳线，它的开盘价低于第一天的最低价。
- 第二天的收盘价应该高于第一天大阴线实体的中点。

量化指标说明

- 第一根K线为大阴线，实体长度大于前七天K线实体长度平均值的2倍。
- 第二天出现一根大阳线，实体长度大于前七天K线实体长度平均值的2倍，开盘价低于前一天的最低价，收盘价高于前一天大阴线实体部分的中间位置且小于前一天的开盘价。

实例

实例如图2.14所示。

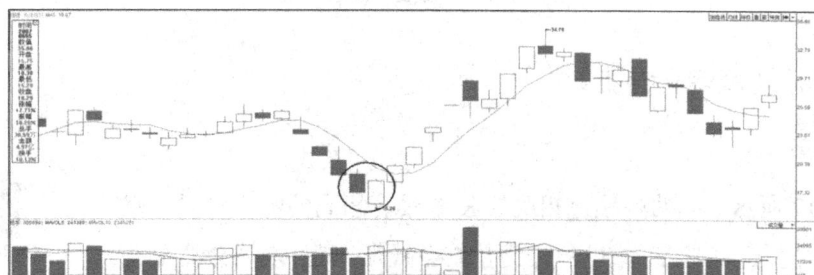

图2.14 安信信托日K线图

8. 十字星形态（反转，看涨）

形态介绍

如图2.15所示，该形态与看涨刺透线形态有些相似，区别是组合中的第二根K线由十字星代替大阳线。该形态中第二根K线很重要，需要跳空并且震荡幅度不大，表明多空双方在小区域博弈。并且，该形态需要出现在加速下跌之后。如果是下跌初期，一根十字星K线的出现更像是下跌中继。

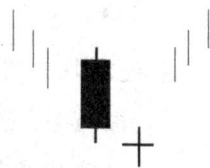

图2.15 十字星形态
（反转，看涨）

识别标准

- 市场此前下跌趋势明确。
- 第一天出现一根大阴线，第二天存在价格跳空且收一根十字星。
- 十字星的上下影线不能过长。

量化指标说明

- 第一根 K 线为大阴线，实体长度大于前七天 K 线实体长度平均值的 2 倍。
- 第二天向下跳空开盘，实体长度小于整根 K 线长度的十分之一，影线长度小于前七天 K 线影线长度平均值的 50%。

实例

实例如图 2.16 所示。

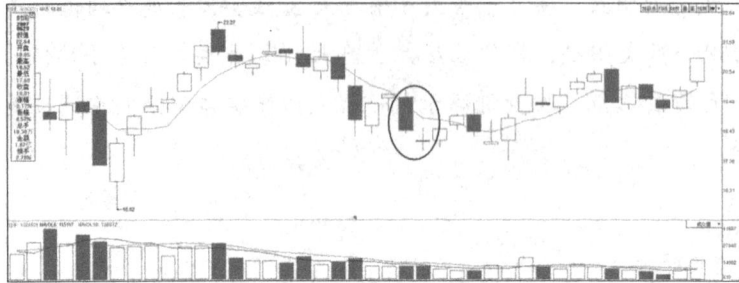

图 2.16　平煤股份日 K 线图

9. 约会线形态（反转，看涨）

形态介绍

如图 2.17 所示，当两根颜色相反的 K 线具有相同的收市价时，就形成了一个"反击线形态"，也被称为"约会线形态"。该约会线形态是由一阴一阳两根 K 线组成，从形态上来看，如同两个人迎面相约。

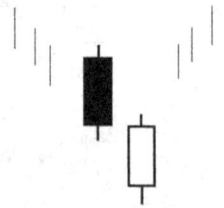

图 2.17　约会线形态（反转，看涨）

识别标准

- 此形态发生在下跌趋势中。
- 第二天的收盘价并没有推进到前一天 K 线实体内部，而是仅仅回升到前一天的收盘价。
- 两根 K 线实体的颜色相反，且实体长度较长。

量化指标说明

- 看涨约会线第一根 K 线为大阴线，实体长度大于前七天 K 线实体长度平均值的 2 倍。
- 第二根 K 线是一根大阳线，实体长度大于前七天 K 线实体长度平均值的 2 倍。
- 上述两根 K 线的收盘价相同。

实例

实例如图 2.18 所示。

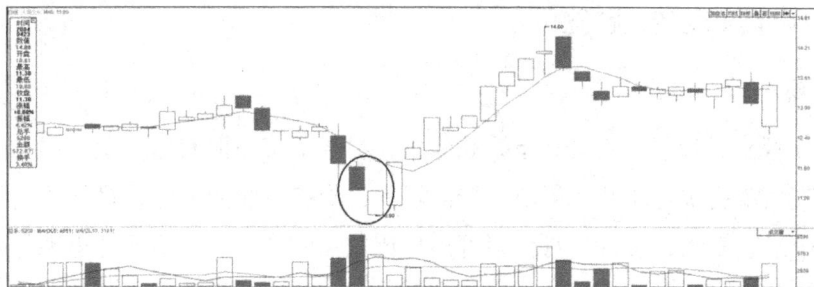

图2.18 大晟文化日K线图

10. 信鸽形态（反转，看涨）

形态介绍

如图2.19所示，看涨信鸽形态和看涨孕线形态比较相似，均由两根K线组成，前一根大阴线吞没后一根K线。这两种形态所不同的是，在看涨信鸽形态中，两根K线的方向需要保持一致，都是下降的阴线。

识别标准

- 出现在明显的下跌趋势中。
- 组合中第一天出现一根大阴线。
- 组合中第二天出现一根相对较小的阴线，并且实体部分被第一天阴线的实体部分完全吞没。

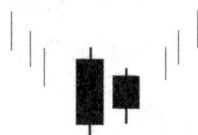

图2.19 信鸽形态（反转，看涨）

量化指标说明

- 第一根K线为大阴线，实体长度大于前七天K线实体长度平均值的2倍。
- 第二天出现一根小阴线，实体长度大于整根K线长度的十分之一，小于前七天K线实体长度平均值的0.5倍；它的实体被第一根阴线吞没。

实例

实例如图2.20所示。

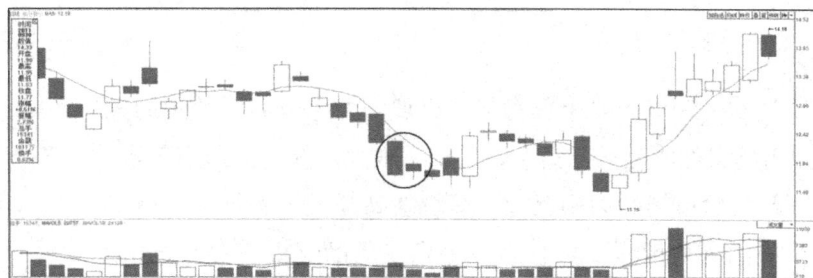

图2.20 弘业股份日K线图

11. 相同低价形态（反转，看涨）

形态介绍

如图 2.21 所示，市场一直处在下跌趋势中，组合中第一根 K 线为大阴线，表示加速下跌。次日，虽然市场跳空高开，但空方依旧强劲，价格在盘中回落，最终价格与前一日基本持平。这个形态表示，两日收盘价附近出现比较强的支撑位，市场显出底部迹象，从而后续具有反转上涨的可能。

识别标准

- 此前下降趋势明确，且第一天出现一根大阴线。
- 第二天高开低走，前后两天的收盘价相同。

量化指标说明

- 第一根 K 线为大阴线，实体长度大于前七天 K 线实体长度平均值的 2 倍。
- 第二天出现一根假阴线，实体长度大于整根 K 线长度的十分之一，它的收盘价和前一天 K 线的收盘价相同。

实例

实例如图 2.22 所示。

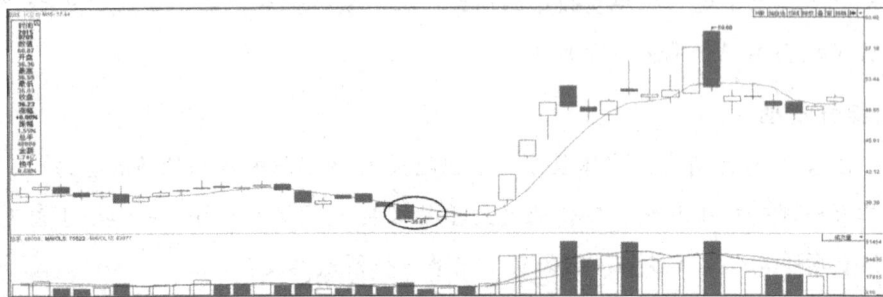

图 2.21　相同低价形态
（反转，看涨）

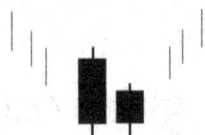

图 2.22　比亚迪日 K 线图

12. 反冲形态（反转，看涨）

形态介绍

如图 2.23 所示，经过一段下跌趋势，出现一个上下影线较短的大阴线，第二天市场突然跳空高开高走，收出一根大阳线。该形态表示，股价在长期下跌之后市场的大幅反弹，而跳空高开预示着外部环境可能出现有利多方的利好因素，并且多方也愿意借助该机会进行反击。因此，市场后续具有反转上涨的可能。

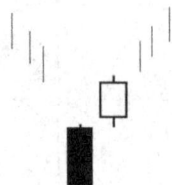

图 2.23　反冲形态
（反转，看涨）

识别标准

- 市场经过一段下跌趋势之后，出现一根大阴线，第二天则出现跳空高开高走的阳线。
- 两根K线之间必须存在一个跳空缺口。

量化指标说明

- 第一根K线为大阴线，实体长度大于前七天K线实体长度平均值的2倍，上影线（或下影线）小于等于整根K线长度的5%。
- 第二天出现一根大阳线，实体长度大于前七天K线实体长度平均值的2倍，开盘价高于前一天的开盘价，上影线（或下影线）小于等于整根K线长度的5%。

实例

实例如图2.24所示。

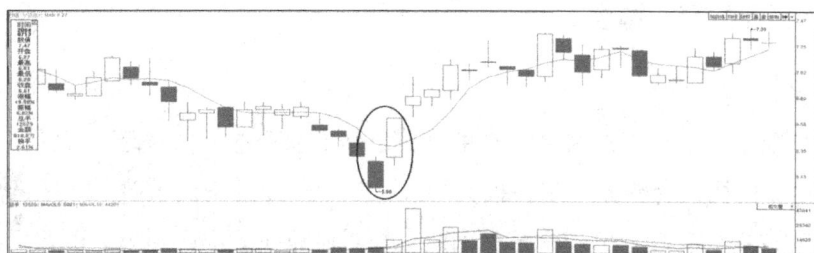

图2.24 宁夏建材日K线图

13. 白色一兵形态（反转，看涨）

形态介绍

如图2.25所示，白色一兵形态是一种两日看涨反转形态。市场在经过一个明显下跌趋势之后，出现加速下跌的大阴线，随后，第二天平开或高开，全日回撤较小，最后收盘价超过前一天的开盘价，出现一根大阳线。

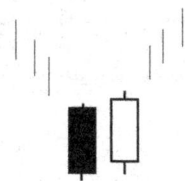

图2.25 白色一兵形态（反转，看涨）

识别标准

- 在下跌趋势之后，K线组合在第一天出现一根大阴线。
- K线组合在第二天出现一根大阳线，开盘价与前一天的收盘价相等或略高，而收盘价接近当天的最高价，并且高于前一天的最高价。

量化指标说明

- 第一根K线为大阴线，实体长度大于前七天K线实体长度平均值的2倍。
- 第二天出现一根大阳线，实体长度大于前七天K线实体长度平均值的2倍。开盘价等于或高于前一天的收盘价且小于前一天的开盘价，收盘价高于前一天的最高价。

实例如图 2.26 所示。

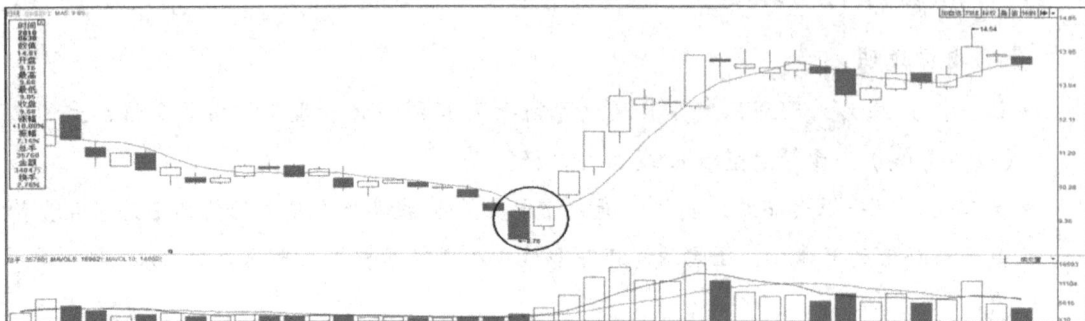

图 2.26　创维数字日 K 线图

14. 启明星形态（反转，看涨）

形态介绍

如图 2.27 所示，这是三根 K 线组合的底部反转上涨形态。在一段下跌趋势之后，K 线组合首先出现一根大阴线，随后出现一根向下跳空的实体较短的 K 线，最后出现一根大阳线，并明显地向上推进到第一根阴线实体之内。

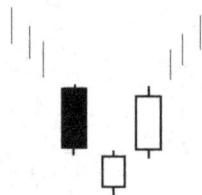

图 2.27　启明星形态
（反转，看涨）

识别标准

- 该形态处于下跌趋势中，第一天出现一根大阴线。
- 第二根 K 线与第一根 K 线之间必须有价格跳空，可以为小阳线，也可以为小阴线。
- 第三天与第二天存在跳空缺口，K 线为阳线。

量化指标说明

- 第一天 K 线为大阴线，实体长度大于前七天 K 线实体长度平均值的 2 倍。
- 第二天 K 线出现跳空（第二天的开盘价及收盘价低于第一天的收盘价），而颜色并不重要，且实体长度大于整根 K 线长度的十分之一，小于前七天 K 线实体长度平均值的 0.5 倍。
- 第三天 K 线为跳空高开阳线，第三天的收盘价要超过第一天实体的一半，开盘价高于第二天的收盘价与开盘价的较高者。

实例

实例如图 2.28 所示。

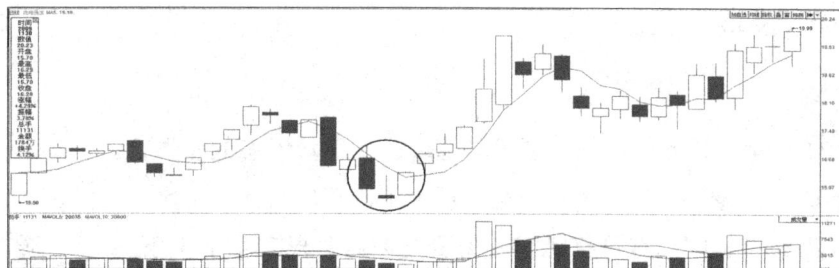

图 2.28　奥维通信日 K 线图

15. 十字启明星形态（反转，看涨）

形态介绍

如图 2.29 所示，看涨十字启明星形态同看涨启明星形态十分相近，区别是前者的第二根 K 线为十字星，也就是 K 线组合在出现第一根大阴线之后，第二天跳空低开，经过一天的多空争夺，最后收盘价趋近于开盘价。根据中国股市的统计数据，相比较而言，看涨十字启明星形态的有效性略好于看涨启明星形态。

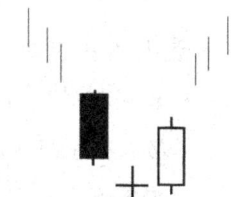

图 2.29　十字启明星形态
（反转，看涨）

识别标准

- 此形态处于下跌趋势中，第一天出现一根大阴线。
- 第二天出现了十字星，并且存在向下跳空缺口。
- 第三天的阳线实体嵌入第一天阴线实体的内部。

量化指标说明

- 第一天 K 线为大阴线，实体长度大于前七天 K 线实体长度平均值的 2 倍。
- 第二天 K 线出现向下跳空，实体长度小于整根 K 线长度的十分之一。
- 第三天出现一根阳线，收盘价超过第一天实体的一半，开盘价高于或等于第二天的开盘价与收盘价的较高者。

实例

实例如图 2.30 所示。

图 2.30　阳光城日 K 线图

16. 弃婴形态（反转，看涨）

形态介绍

如图 2.31 所示，该弃婴形态可视为看涨十字启明星形态的变形，其区别是弃婴形态组合第二天的 K 线是一根上下影线较短的十字星，并且与前后两日的 K 线均有价格跳空，需要与前后两根 K 线的上下影线之间没有重叠。也就是说，跳空缺口全天没有回补。

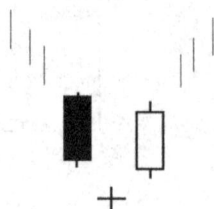

图 2.31　弃婴形态（反转，看涨）

识别标准

- 此形态处于下跌趋势中，第一天出现一根大阴线。
- 第二天出现一根十字星，且与前后两根 K 线之间存在价格跳空（包括影线在内）。
- 第三天出现一根阳线。

量化指标说明

- 第一根 K 线为大阴线，实体长度大于前七天 K 线实体长度平均值的 2 倍。
- 第二天出现一根十字星，实体长度小于整根 K 线长度的十分之一，最高价低于前后两天的最低价。
- 第三天出现一根阳线，收盘价超过第一天 K 线实体的中点。

实例

实例如图 2.32 所示。

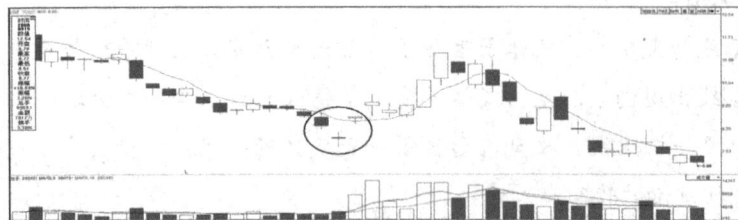

图 2.32　安迪苏日 K 线图

17. 三星形态（反转，看涨）

形态介绍

如图 2.33 所示，三星形态是由三根十字星组成的，第二根十字星代表着市场的转势。经过一段时期的下跌，接连出现三根小十字星，代表市场多空博弈逐渐进入平衡状态，而市场也即将要选择后续的运行方向。第三根 K 线需要跳空高开，在一定程度上预示着市场反转

图 2.33　三星形态（反转，看涨）

上涨。

识别标准

- 在下跌趋势中，接连出现三根K线，且均为十字星。
- 组合中的第二根十字星相对第一根K线跳空低开，第三根十字星则跳空高开。

量化指标说明

- 三根K线都是十字星，实体长度小于整根K线长度的十分之一，且颜色不重要。
- 第二天的K线同第一天和第三天的K线形成前后两个跳空缺口。

实例

实例如图2.34所示。

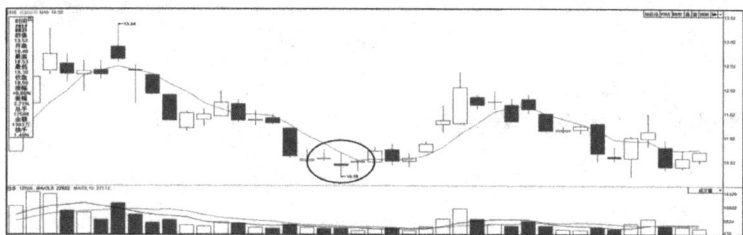

图2.34 成都路桥日K线图

18. 向下跳空两只兔子形态（反转，看涨）

形态介绍

如图2.35所示，向下跳空两只兔子形态是一种三日看涨反转形态。向下跳空是指第二天阳线的实体部分与第一天阴线的实体部分之间出现跳空缺口。下跌趋势底部连续出现的两根阳线预示了市场反转的可能。

识别标准

- 在下跌趋势之后，出现一根大阴线。
- 第二天出现一根跳空低开高走的假阳线，并且与第一天存在跳空缺口。
- 第三天继续跳空低开高走，实体部分完全吞没了前一天的实体，但收盘价并未将第一天和第二天的K线缺口完全填补。

图2.35 向下跳空两只兔子形态（反转，看涨）

量化指标说明

- 第一根K线为大阴线，实体长度大于前七天K线实体长度平均值的2倍。
- 第二天出现一根向下跳空高走的假阳线，收盘价低于前一天的收盘价，实体长度大于整根K线长度的十分之一。

- 第三天出现一根向下跳空高走的阳线，开盘价低于前一日的开盘价，收盘价高于前一天的收盘价。

实例

实例如图 2.36 所示。

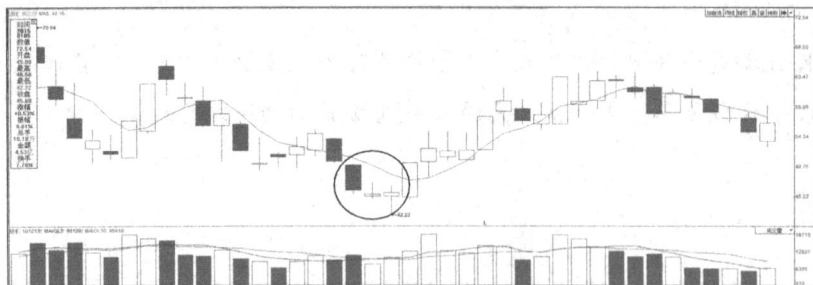

图 2.36　同花顺日 K 线图

19. 奇特三川底部形态（反转，看涨）

形态介绍

如图 2.37 所示，看涨奇特三川底部形态是三根 K 线组合。市场处于下跌趋势中，该组合首先出现一根大阴线，呈加速下跌趋势，但第二天市场突然高开，盘中空方仍然占有主导地位，跌破前一天最低价，从而创出新低。后经过多方争夺，最后收盘价靠近开盘价，收出一跟带有较长下影线的类似锤子线形态的 K 线。第三天市场低开，但没有创出新低，收盘价接近第二天的收盘价，形成了一个实体较小的假阳线。该形态反映了在一段下跌趋势的底部，多空反复争夺市场的激烈状况，预示后续市场可能出现反转上涨。

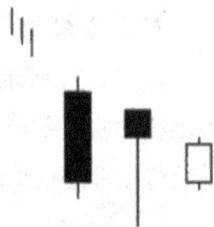

图 2.37　奇特三川底部
形态（反转，看涨）

识别标准

- 在下跌趋势中出现一根大阴线。
- 第二天创出新低，出现一根有较长下影线的小阴线。
- 第三天出现一根假阳线，开盘价没有低于第二天的最低价，且收盘价低于前一天的收盘价。

量化指标说明

- 第一根 K 线为大阴线，实体长度大于前七天 K 线实体长度平均值的 2 倍。
- 第二天出现一根小阴线（实体长度大于整根 K 线长度的十分之一，小于前七天 K 线实体长度平均值的 0.5 倍），实体部分包含在前一天的实体范围之内，下影线的长度大于或等于上影线与实体长度之和的 1.5 倍。

- 第三天出现一根小阳线（实体长度大于整根K线长度的十分之一，小于前七天K线实体长度平均值的0.5倍），收盘价低于第二天K线的收盘价，最低价高于前一天的最低价。

实例

实例如图2.38所示。

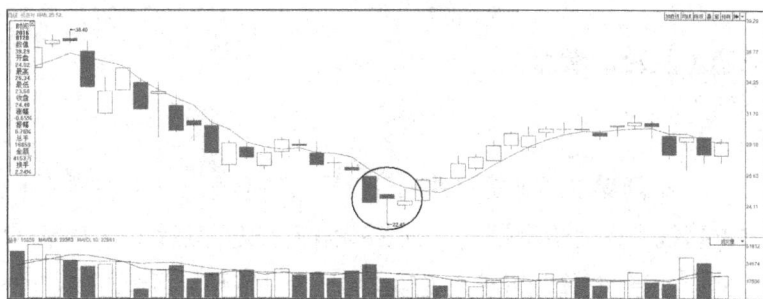

图2.38 雅百特日K线图

20. 白色三兵形态（反转，看涨）

形态介绍

如图2.39所示，看涨白色三兵形态是市场经过一段下跌趋势之后，出现的由一系列阳线构成的形态。这些阳线的收盘价逐步攀升，显示了强烈的反转上涨意愿。组合中三根K线均为低开阳线，这三根阳线及时消化盘中的获利单、震荡上方的止损单。但开盘价不宜过低，一般需高于前一天实体中点。

识别标准

- 在一段下跌趋势之后，连续出现三根阳线。
- 每日的收盘价都逐渐提高，接近每日的最高价。
- 每日的开盘价都在前一日K线的实体之内。

图2.39 白色三兵形态
（反转，看涨）

量化指标说明

- 第一根K线为大阳线，实体长度大于前七天K线实体长度平均值的2倍；第二天出现一根阳线，实体长度大于前七天K线实体长度平均值的0.5倍；第三天出现一根阳线，实体长度大于前七天K线实体长度平均值的0.5倍。
- 收盘价逐渐升高，并且开盘价均在前一日的实体内。

实例

实例如图2.40所示。

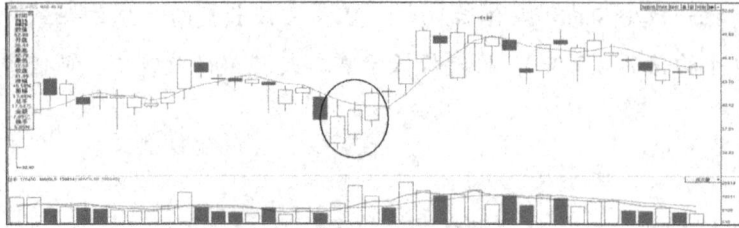

图 2.40 江中药业日 K 线图

21. 下降受阻形态（反转，看涨）

形态介绍

如图 2.41 所示，下降受阻形态是一种三日看涨反转形态。该形态描述了在一段下跌趋势之后，随着多方抵抗力量逐步增强，市场底部渐渐显现。虽然组合中后面两根 K 线是阴线，但伴随下影线的出现，阴线的下跌速度逐渐减弱，从而预示后续市场有可能反转上涨。

识别标准

- 连续出现三根阴线，且收盘价逐渐降低，重心是向下的。
- 每一日 K 线的开盘价位于前一根 K 线的实体之内。
- 第一天阴线实体较长，后面两天的 K 线的下影线较长。

图 2.41 下降受阻形态（反转，看涨）

量化指标说明

- 第一根 K 线为大阴线，实体长度大于前七天 K 线实体长度平均值的 2 倍，并且第一天 K 线的实体长度大于第二天 K 线的实体长度。
- 第二天和第三天均出现阴线，实体长度大于整根 K 线长度的十分之一，第二天 K 线的实体长度大于第三天 K 线的实体长度。
- 每天的收盘价都在前一天的收盘价之下，每天的开盘价都在前一天的实体之内。第二天和第三天下影线的长度占当日最高价与最低价波动范围的 30%~40%。

实例

实例如图 2.42 所示。

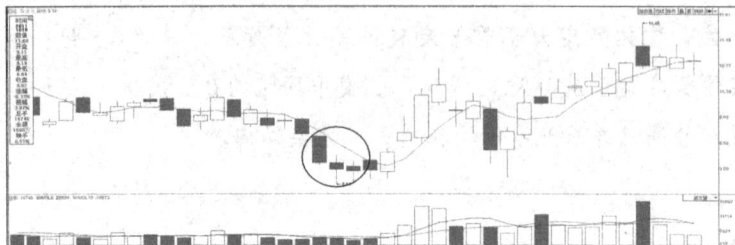

图 2.42 粤水电日 K 线图

22. 深思形态（反转，看涨）

形态介绍

如图 2.43 所示，看涨深思形态是看涨下降受阻形态的变形。在下降趋势中，这一形态的前两天都出现了大阴线，而第三天出现了一个略微低开的小阴线。

识别标准

- 市场此前下降趋势明确，组合的第一天和第二天出现的都是大阴线。
- 第三天出现一根阴线或星线，开盘价在第二天收盘价的附近。

图 2.43　深思形态
（反转，看涨）

量化指标说明

- 第一根 K 线为大阴线，实体长度大于前七天 K 线实体长度平均值的 2 倍。
- 第二天出现一根大阴线，实体长度大于前七天 K 线实体长度平均值的 2 倍，开盘价在第一天的实体之内。
- 第三天出现一根星线或实体相对较短的阴线，实体长度小于前七天 K 线实体长度平均值的 0.5 倍，开盘价低于或等于前一天的收盘价。

实例

实例如图 2.44 所示。

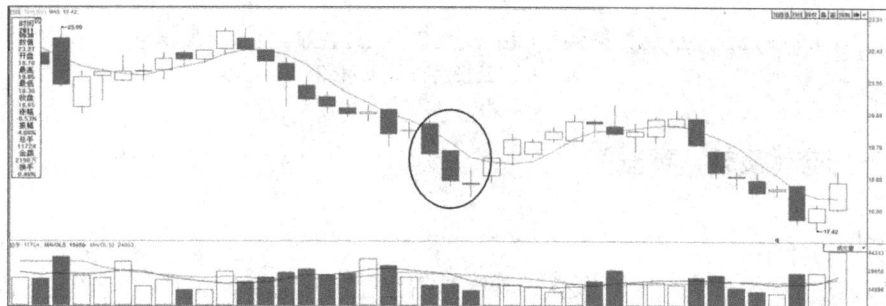

图 2.44　华光股份日 K 线图

23. 两只兔子形态（反转，看涨）

形态介绍

如图 2.45 所示，看涨两只兔子形态是看涨向下跳空两只兔子形态的变形，其区别在于第三根 K 线走势。在看涨两只兔子形态中，第三天的收盘价插入第一天大阴线的实体之内，从而回补了第二根 K 线跳空的缺口。

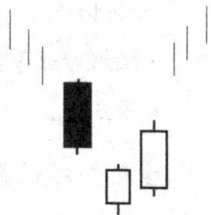

图 2.45　两只兔子形态
（反转，看涨）

识别标准

- 第一天黑色的 K 线表明市场价格下跌的持续状态。
- 第二天 K 线表现为跳空低开高走的假阳线，且与第一天的 K 线形成向下的跳空缺口。
- 第三天出现一根阳线，开盘价在第二天白色实体之内，并且收盘价在第一天黑色实体之内，使得之前形成的缺口被消除了。

量化指标说明

- 第一根 K 线是大阴线，实体长度大于前七天 K 线实体长度平均值的 2 倍。
- 第二天出现一根向下跳空的假阳线，实体长度超过当日价格波动范围的 50%，收盘价低于前一天的收盘价。
- 第三天出现一根阳线，实体长度超过当日价格波动范围的 50%，开盘价在第二天 K 线的实体内，收盘价在第一天 K 线的实体内。

实例

实例如图 2.46 所示。

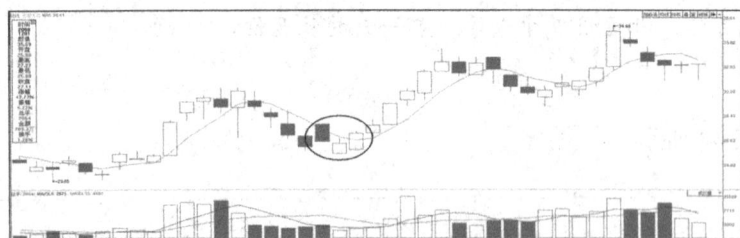

图 2.46　云投生态日 K 线图

24. 三内升形态（反转，看涨）

形态介绍

如图 2.47 所示，看涨三内升形态实际上是看涨孕线形态的确认形态。看涨三内升形态前两天的 K 线和看涨孕线形态一致，第三天的 K 线反映市场未来的走势。在该形态中，第三天的 K 线是一根阳线，并且收盘价高于第二天的最高价，从而确认了市场方向的选择。

识别标准

- 根据看涨孕线形态判定标准确定前两日 K 线形态。
- 第三天出现一根阳线，并且收盘价在第二天的最高价之上。

量化指标说明

- 该形态前两日 K 线的量化指标需参考孕线形态的量化指标。
- 第三天出现一根阳线，实体长度大于整根 K 线长度的十分之一，

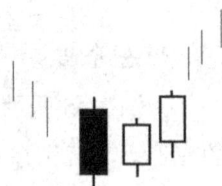

图 2.47　三内升形态
（反转，看涨）

收盘价高于前一天的最高价。

实例

实例如图 2.48 所示。

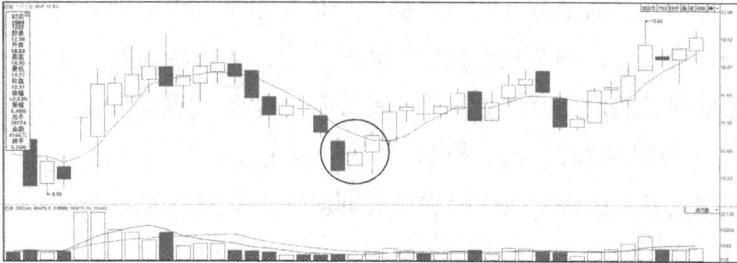

图 2.48　*ST 上普日 K 线图

25. 三外升形态（反转，看涨）

形态介绍

如图 2.49 所示，看涨三外升形态实际上是看涨吞没形态的确认形态。该形态前两天的 K 线和看涨吞没形态一致，第三天的 K 线反映市场未来的走势。在该形态中，第三天的 K 线是一根阳线，并且收盘价高于第二天的最高价。

识别标准

- 根据看涨吞没形态判定标准确定前两日 K 线形态。
- 第三天出现一根阳线，收盘价在第二天收盘价的最高价之上。

图 2.49　三外升形态
（反转，看涨）

量化指标说明

- 该形态前两日 K 线的量化指标需参考看涨吞没形态的量化指标。
- 第三天出现一根阳线，实体长度大于整根 K 线长度的十分之一，收盘价高于前一天的最高价。

实例

实例如图 2.50 所示。

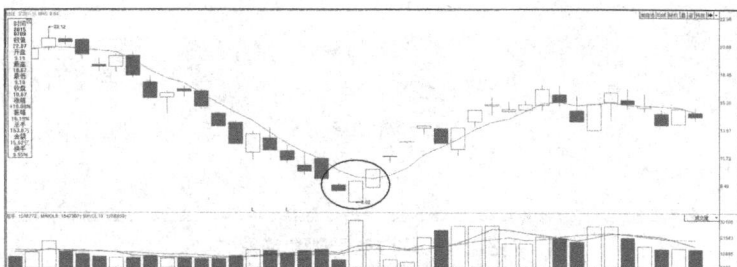

图 2.50　掌趣科技日 K 线图

26. 南方三星形态（反转，看涨）

形态介绍

如图 2.51 所示，该形态与看涨下降受阻形态比较相近，展示了市场在一段下跌趋势之后，多空的博弈加剧，从而导致下跌速度变缓。该形态第一天出现一根带有长下影线的大阴线，表明市场中逢低介入的买盘开始变得积极。第二天市场高开，虽然市场的收盘价没能上升，但是盘中的最低价已经较上一个交易日有所提高，第三天出现一根黑色光头光脚的 K 线，并且被包含在第二天的价格波动范围之内。虽然市场连续三天出现阴线，但并没有创新低，从而反映了市场转向的可能性。

图 2.51 南方三星形态
（反转，看涨）

识别标准

- 该形态由三根阴线组成，且这三根 K 线的最高价逐渐降低，最低价逐渐升高。
- 第一天出现一根大阴线，具有较长的下影线。
- 第二天的阴线没有低于第一天阴线的最低价。
- 第三天出现一根光头光脚的阴线，且实体部分在第二天的价格波动范围内。

量化指标说明

- 第一根 K 线为大阴线，实体长度大于前七天 K 线实体长度平均值的 2 倍，下影线长度大于实体长度的 1 倍。
- 第二天出现一根阴线，实体长度大于整根 K 线长度的十分之一。其最高价低于前一天的最高价，最低价高于前一天的最低价。
- 第三天出现一根阴线，实体长度大于整根 K 线长度的十分之一，上影线与下影线长度之和小于实体长度的一半。其开盘价低于前一天的最高价，收盘价高于前一天的最低价。

实例

实例如图 2.52 所示。

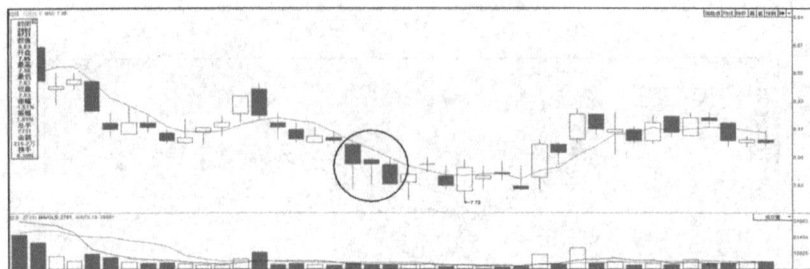

图 2.52 均胜电子日 K 线图

27. 竖状三明治形态（反转，看涨）

形态介绍

如图 2.53 所示，看涨竖状三明治形态是由三根 K 线组成，两边是两根阴线，中间是一根阳线，第一天和第三天的两根阴线的收盘价相等。该形态表示市场在一段加速下跌趋势之后，出现反弹走势，但空方力量较大，将第二天的多方反攻区域全部吃掉。因为市场底部较为扎实，所以虽然第三天出现的是大阴线，但下跌停止在第一天的最低点附近，表明了市场底部的支撑力度。该形态第三天的最低价应该在收盘价附近。

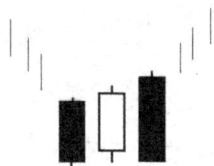

图 2.53　竖状三明治形态
（反转，看涨）

识别标准

- 该形态出现之前，市场处于下跌趋势中，第一天收阴线。
- 第二天出现一根阳线，并且这根阳线的开盘价在第一天的收盘价之上。
- 第三天出现一根阴线，并且这根阴线的收盘价与第一天的收盘价相等。

量化指标说明

- 第一根 K 线为阴线，实体长度大于前七天 K 线实体长度平均值的 0.5 倍。
- 第二天出现一根大阳线，实体长度大于前七天 K 线实体长度平均值的 2 倍，开盘价高于前一天的收盘价，收盘价高于前一天的开盘价。
- 第三天出现一根大阴线，实体长度大于前七天 K 线实体长度平均值的 2 倍，收盘价和第一根阴线的收盘价相等，开盘价高于前一天的收盘价。

实例

实例如图 2.54 所示。

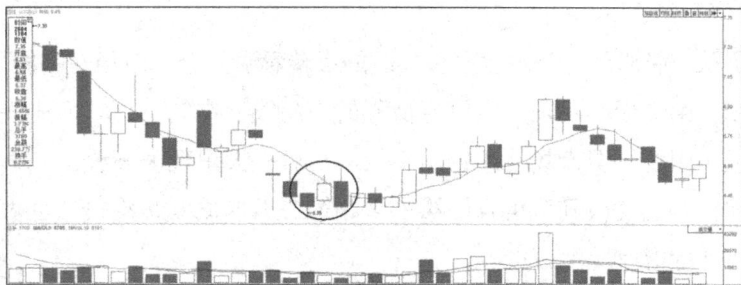

图 2.54　杭钢股份日 K 线图

28. 挤压报警形态（反转，看涨）

形态介绍

如图 2.55 所示，该挤压报警形态是一种三日看涨反转形态。这一形态说明市场处于小周期的三角形整理中，可以随时向两个方向突破。因此，这一形态出现之后，价格可能大幅上涨。但如果此形态出现在市场强烈的下跌趋势中时，市场随后也可能大幅下跌。

识别标准

- 该形态出现之前，市场处于下跌趋势中。
- 第一天出现一根大阴线，第二天和第三天的最高价逐渐降低，而最低价逐渐升高。

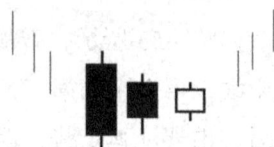

图2.55　挤压报警形态
（反转，看涨）

量化指标说明

- 第一天出现一根相对较长的阴线，实体长度大于前七天K线实体长度平均值的2倍。
- 第二天的最高价高于第三天的最高价，但低于第一天的最高价；第二天的最低价低于第三天的最低价，但高于第一天的最低价。

实例

实例如图2.56所示。

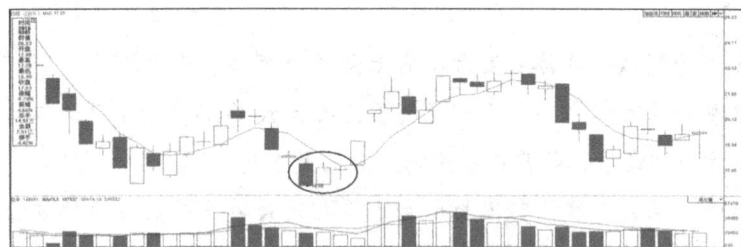

图2.56　证通电子日K线图

29. 脱离形态（反转，看涨）

形态介绍

如图2.57所示，脱离形态是包含多根K线的反转看涨组合。市场在一段下跌趋势之后，出现一根大阴线，第二天则出现一根跳空低开的小阴线。在向下跳空形成缺口后，会出现一系列小阴线或小阳线，但市场不断创出新低。最后一天出现大阳线，一举收复市场在前几天的下跌空间，并且突破到该组合的第一天和第二天形成的跳空缺口之内。本书是以五日脱离形态为例进行指标量化。

识别标准

- 市场在一段下跌趋势之后，第一天出现一根大阴线。
- 第二天出现与第一天形成跳空缺口的一根阴线。
- 第三天和第四天的K线实体较小，不断创出新低。
- 第五天的K线是一根阳线，且收盘价在第一天和第二天形

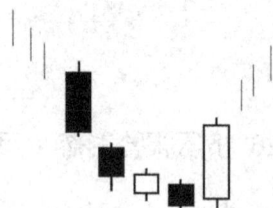

图2.57　脱离形态
（反转，看涨）

成的跳空缺口之间。

量化指标说明

- 第一根 K 线为大阴线,实体长度大于前七天 K 线实体长度平均值的 2 倍。
- 第二天出现一根阴线,实体长度大于整根 K 线长度的十分之一,开盘价低于第一天的收盘价。
- 第三天 K 线的颜色不重要,实体长度大于整根 K 线长度的十分之一,最低价低于第二天的最低价,最高价低于第二天的最高价。
- 第四天出现一根阴线,实体长度大于整根 K 线长度的十分之一,最低价低于第三天的最低价,最高价低于第三天的最高价。
- 第五天出现一根大阳线,实体长度大于前七天 K 线实体长度平均值的 2 倍,收盘价高于第二天的开盘价,且低于第一天的收盘价。

实例

实例如图 2.58 所示。

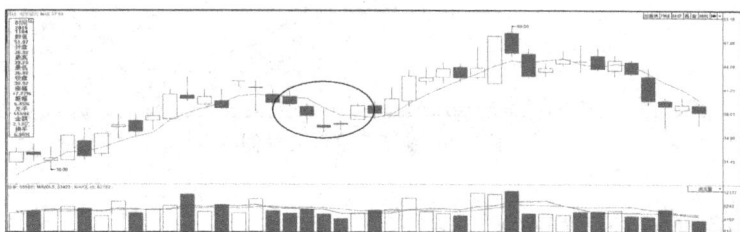

图 2.58 智云股份日 K 线图

30. 藏婴吞没形态(反转,看涨)

形态介绍

如图 2.59 所示,市场处于下降趋势,接连出现两天的光头光脚阴线,第三天开盘时曾出现一个向下的跳空缺口,但很快得到回补。第四天市场高开低走,K 线完全吞没了第三天的 K 线实体和影线。尽管第四天市场创出新低,但下跌的速度明显得到了减缓。

图 2.59 藏婴吞没形态(反转,看涨)

识别标准

- 市场在一段下跌趋势之后,前两天出现了两根黑色光头光脚的 K 线。
- 第三天出现一根阴线,跳空低开。一根较长的上影线深入前一天的价格区域内。
- 第四天市场跳空高开低走,第四天的阴线完全吞没了第三天的 K 线,包括其上影线。

量化指标说明

- 第一天出现一根阴线，实体长度大于前七天 K 线实体长度平均值的 0.5 倍，上影线（或下影线）长度小于等于整根 K 线长度的 5%。
- 第二天出现一根阴线，实体长度大于前七天 K 线实体长度平均值的 0.5 倍，上影线（或下影线）长度小于等于整根 K 线长度的 5%。
- 第三天出现一根阴线，实体长度大于整根 K 线长度的十分之一，开盘价低于前一天的收盘价，最高价高于前一天的收盘价，且低于前一天的开盘价；上影线长度大于实体和下影线长度之和的 1.5 倍，实体长度大于下影线长度的 2 倍。
- 第四天出现一根阴线，开盘价高于前一天的最高价，收盘价低于前一天的最低价。

实例

实例如图 2.60 所示。

图 2.60　浙江广厦日 K 线图

31. 梯形底部形态（反转，看涨）

形态介绍

如图 2.61 所示，市场一直处于下跌趋势，连续出现四根阴线，不断创出新低。第四天出现了很长的上影线，表明虽然市场还在创新低，但多方已经开始出现反击，市场底部逐步形成。第五天市场跳空高开，并且高开高走，收盘价远远高于前两天的收盘价，多方收复大片失地，从而验证了市场多空力量的变化，转向看涨的走势。

图 2.61　梯形底部形态（反转，看涨）

识别标准

- 市场在一段下跌趋势之后，连续出现三根阴线，开盘价和收盘价逐日降低。
- 第四天仍然出现一根阴线，带有较长的上影线。
- 第五天出现一根高开高走的大阳线，收盘价高于第四天的最高价。

量化指标说明

- 第一根 K 线为阴线，实体长度大于前七天 K 线实体长度平均值的 0.5 倍。
- 第二天出现一根阴线，实体长度大于前七天 K 线实体长度平均值的 0.5 倍，开盘价低于第一天的开盘价，收盘价低于第一天的收盘价。

- 第三天出现一根阴线，实体长度大于前七天K线实体长度平均值的0.5倍，开盘价低于第二天的开盘价，收盘价低于第二天的收盘价。

- 第四天出现一根阴线，实体长度大于整根K线长度的十分之一，收盘价低于第三天的收盘价，上影线长度大于下影线和实体长度之和的2倍，实体长度大于下影线长度的2倍。

- 第五天出现一根大阳线，实体长度大于前七天K线实体长度平均值的2倍，开盘价高于第四天的开盘价，收盘价高于第四天的最高价。

实例

实例如图2.62所示。

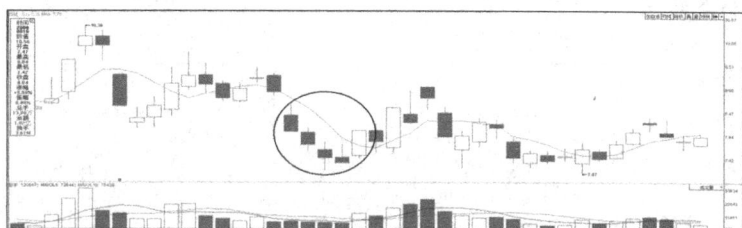

图 2.62　泰山石油日 K 线图

32. 触底后向上跳空形态（反转，看涨）

形态介绍

如图 2.63 所示，触底后向上跳空形态是一个五日看涨反转形态，可视为看涨梯形底部形态的变形。市场在一段下跌趋势之后，出现一根大阴线，随后市场连续两天下跌，不断创出新低，并且第三天跳空低开，空方力量充分宣泄。第四天出现一根大阳线，反映了市场在连续下跌之后，碰触市场底部，多方力量进行反击。第五天收出一根高开高走的阳线，收盘价超过了第四天大阳线的最高价。通过对第五根上涨K线的确认，我们进一步确定了市场反转看涨的预期。

识别标准

- 市场处于下跌趋势中，第一天出现一根大阴线。

- 第二天和第三天也出现一根阴线，每一天的收盘价都比前一天的收盘价低。

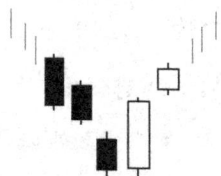

图 2.63　触底后向上跳空形态（反转，看涨）

- 第三天和第二天之间存在跳空缺口。

- 第四天出现多方反击，收出一根大阳线。

- 第五天跳空高开，开盘价高于前一日收盘价，收盘价低于第一天的最高价。

量化指标说明

- 第一根 K 线为大阴线，实体长度大于前七天 K 线实体长度平均值的 2 倍。
- 第二天出现一根阴线，实体长度大于整根 K 线长度的十分之一，收盘价低于第一天的收盘价。
- 第三天出现一根阴线，实体长度大于整根 K 线长度的十分之一，开盘价和收盘价均低于第二天的收盘价。
- 第四天出现一根大阳线，实体长度大于前七天 K 线实体长度平均值的 2 倍。
- 第五天出现一根阳线，实体长度大于整根 K 线长度的十分之一，开盘价高于第四天的收盘价，收盘价低于第一天的最高价。

实例

实例如图 2.64 所示。

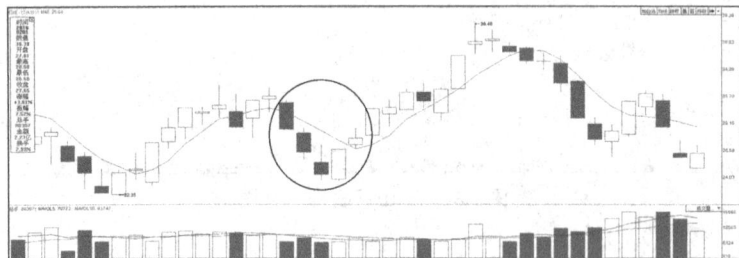

图 2.64　双林股份日 K 线图

33. 三次向下跳空形态（反转，看涨）

形态介绍

如图 2.65 所示，该三次向下跳空形态是一个四日看涨反转形态。这一形态形如其名，连续三天出现向下跳空低开。在下降趋势中出现的向下跳空意味着下降趋势的延续，但出现连续三个向下跳空缺口后，空方力量得到充分宣泄，跳空缺口成为衰竭形态，市场处于超卖状态，从而预示后续有反转看涨的可能。

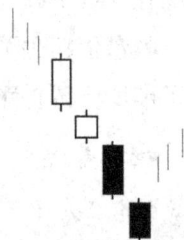

图 2.65　三次向下跳空
形态（反转，看涨）

识别标准

- 在一段下跌趋势之后，组合中第一天 K 线涨跌均可。
- 第二天 K 线的颜色也无关紧要，只需要与前一天 K 线之间存在缺口即可。
- 最后两根 K 线必须是阴线，尤其是第三根 K 线，需要有较大的价格波动范围。
- 最后两天 K 线实体之间存在跳空缺口。

量化指标说明

- 第一根K线可以是阴线，也可以是阳线。
- 第二天K线跳空低开，收阳线或阴线均可。
- 第三天出现一根跳空低开阴线，实体长度大于整根K线长度的0.5倍，价格波动大于前七天价格波动范围的平均值。
- 第四天出现一根跳空低开阴线，实体长度大于整根K线长度的0.5倍，价格波动大于前七天价格波动范围的平均值。

实例

实例如图2.66所示。

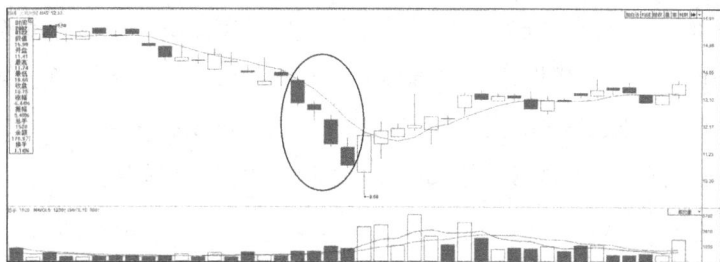

图2.66　上海物贸日K线图

34.分手线形态（持续，看涨）

形态介绍

如图2.67所示，分手线形态属于持续看涨信号。在一段上升趋势之后出现一根阴线，第二天市场却以第一天的开盘价高开高走，不给补仓者任何机会，表示市场仍然在多方主力手中，第一天的下跌仅是局部回调行为。

识别标准

- 市场处于上涨趋势中，第一天出现一根阴线。
- 第二天高开高走，收出一根大阳线。
- 两天的开盘价相同。

图2.67　分手线形态
（持续，看涨）

量化指标说明

- 第一根K线为阴线，实体长度大于前七天K线实体长度的平均值。
- 第二根K线为大阳线，实体长度大于前七天K线实体长度平均值的2倍，开盘价等于前一天的开盘价。

实例

实例如图2.68所示。

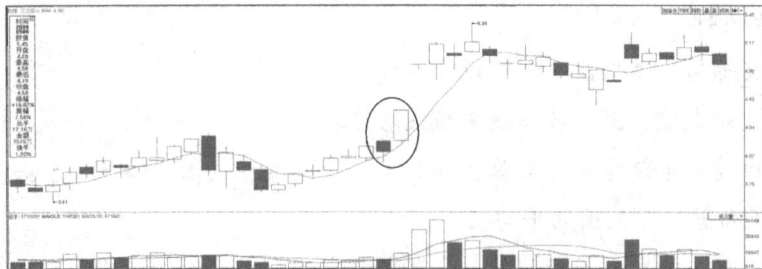

图 2.68　深深房 A 日 K 线图

35. 待入线形态（持续，看涨）

形态介绍

如图 2.69 所示，待入线形态是持续看涨形态，由前阳后阴两根 K 线组合而成。在上涨趋势中，出现一根大阳线，表明市场出现加速上涨的趋势。第二天以超过第一天最高价开盘，但随后高开低走，收出一根假阴线。第二天的收盘价没有跌破前一日的最高价，表明市场上涨趋势不变，第二天走势属于高位洗盘。

识别标准

- 第一天出现一根大阳线，且市场处于上涨趋势中。
- 第二天的 K 线是一根假阴线，开盘价高于前一天的最高价，收盘价在第一天的最高价附近。

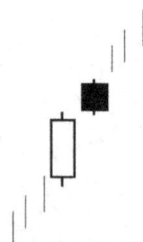

图 2.69　待入线形态
（持续，看涨）

量化指标说明

- 第一根 K 线为大阳线，实体长度大于前七天 K 线实体长度平均值的 2 倍，并且大于第二天的实体长度。
- 第二根 K 线为假阴线，实体长度大于整根 K 线长度的十分之一，开盘价高于前一天的最高价，收盘价等于前一天的最高价。

实例

实例如图 2.70 所示。

图 2.70　北方稀土日 K 线图

36. 切入线形态（持续，看涨）

形态介绍

如图 2.71 所示，切入线形态是持续看涨形态，可视为持续看涨待入线形态的变形，区别在于切入线形态第二天收盘价刚刚相切于第一天 K 线实体。

识别标准

- 在上涨趋势中出现了一根大阳线。
- 第二天出现一根阴线，开盘价比前一天的最高价要高，收盘价刚好相切于第一天的实体部分的上边缘。

量化指标说明

- 第一根 K 线为大阳线，实体长度大于前七天 K 线实体长度平均值的 2 倍，且大于第二天的实体长度。
- 第二根 K 线为阴线，实体长度大于整根 K 线长度的十分之一，开盘价高于前一天的最高价，收盘价等于前一天的收盘价。

图 2.71　切入线形态
（持续，看涨）

实例

实例如图 2.72 所示。

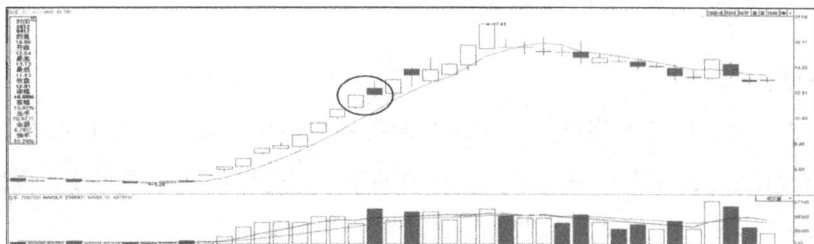

图 2.72　浙江东日日 K 线图

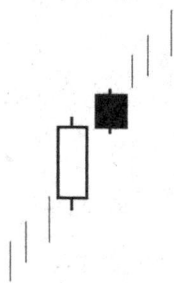

37. 插入线形态（持续，看涨）

形态介绍

如图 2.73 所示，插入线形态是两日持续看涨形态，可视为持续看涨待入线和切入线形态的变形，区别在于插入线形态第二天的收盘价插入第一天的 K 线实体之内。投资者需要注意的是，该插入线形态第二天的收盘价不能低于第一天实体的中点，并且没有下影线或下影线较短。

识别标准

- 在上涨趋势中出现了一根大阳线。

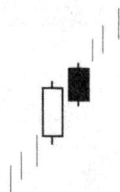

图 2.73　插入线形态
（持续，看涨）

- 第二天出现一根阴线，开盘价比第一天的最高价高，收盘于第一天的实体内部，但并未低于实体的中点。

量化指标说明

- 第一根 K 线为大阳线，实体长度大于前七天 K 线实体长度平均值的 2 倍。
- 第二根 K 线为阴线，实体长度大于整根 K 线长度的 0.5 倍，开盘价高于前一天的最高价，收盘价低于前一天的收盘价，且高于前一天实体的中点。

实例

实例如图 2.74 所示。

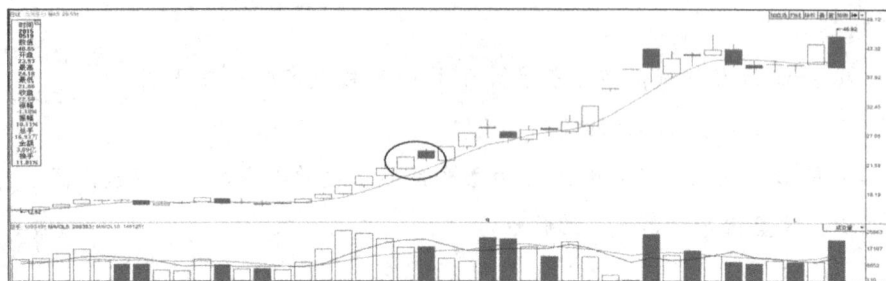

图 2.74　龙洲股份日 K 线图

38. 向上跳空并列阴阳线形态（持续，看涨）

形态介绍

如图 2.75 所示，该向上跳空并列阴阳线形态是一种出现在上升途中的持续看涨形态。在一根阳线出现之后，又出现另一根向上跳空的阳线，随后出现一根阴线，而这根阴线的开盘价位于前一根阳线的实体内，收盘价位于前一根阳线的开盘价之下，并且这根阴线第三天的收盘价不能完全回补第一天和第二天的 K 线之间的跳空缺口。

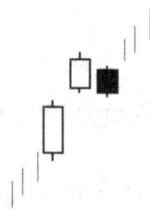

图 2.75　向上跳空并列阴阳线
形态（持续，看涨）

识别标准

- 上涨趋势之后，前两根 K 线都是阳线，并且存在跳空缺口。
- 第三天出现一根阴线，开盘价在第二天的实体内。
- 第三天的收盘价在第一天和第二天的 K 线之间的跳空缺口内，但是未将整个缺口填补。

量化指标说明

- 第一根 K 线为阳线，实体长度大于整根 K 线长度的十分之一。

- 第二根K线为阳线，实体长度大于整根K线长度的十分之一，开盘价高于前一天的收盘价。
- 第三根K线为阴线，实体长度大于整根K线长度的十分之一，开盘价高于第二天的开盘价，低于第二天的收盘价；收盘价低于第二天的开盘价，高于第一天的收盘价。

实例

实例如图2.76所示。

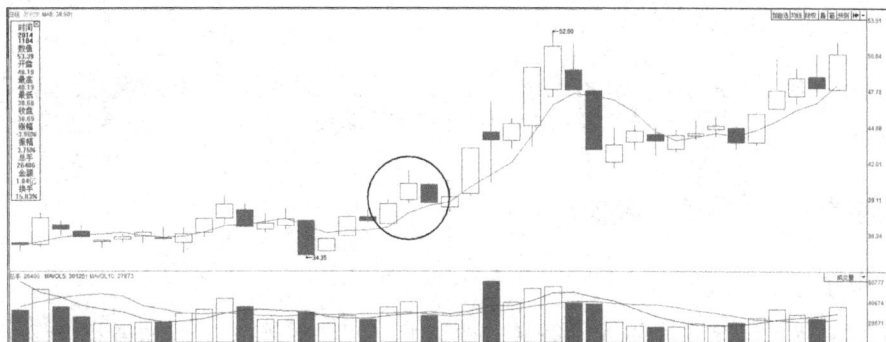

图2.76 好利来日K线图

39. 并列阳线形态（持续，看涨）

形态介绍

如图2.77所示，并列阳线形态第二根和第三根阳线与第一根阳线之间有一个向上跳空的缺口，且这两根阳线的长度接近，开盘价也接近。

识别标准

- 在上涨趋势中，第二天和第一天的K线之间形成向上跳空缺口。
- 第二天的K线必须是阳线。
- 第三天的K线为跳空低开假阳线，其长度与第二天阳线的长度相近，开盘价与第二天K线的开盘价接近。

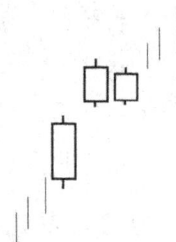

**图2.77 并列阳线形态
（持续，看涨）**

量化指标说明

- 第一根K线为大阳线，实体长度大于前七天K线实体长度平均值的2倍。
- 第二根K线为阳线，实体长度是整根K线长度的十分之一，开盘价高于第一天的收盘价。
- 第三根为假阳线，实体长度是整根K线长度的十分之一，开盘价高于第一天的收盘价，并与第二天的开盘价相等。

实例

实例如图 2.78 所示。

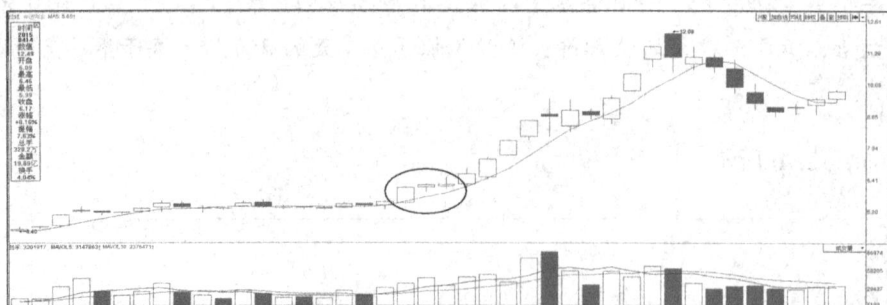

图 2.78　中远海发日 K 线图

40.并列阴线形态（持续，看涨）

形态介绍

如图 2.79 所示，该并列阴线形态是一个三日持续看涨形态。其与持续看涨并列阳线形态的区别在于，第二天出现一根跳空高开低走的假阴线，第三天则出现一根真阴线，但第三天的收盘价不能完全回补第一天和第二天 K 线之间的跳空缺口，因为缺口的支撑表明了市场后续依旧维持原有的上涨趋势。

识别标准

- 第一天出现一根大阳线，并且处于上涨趋势中。
- 第二天出现一根假阴线，实体与第一天实体之间存在向上跳空缺口。
- 第三天出现一根阴线，开盘价比前一天价格波动范围的中点要高，收盘价接近当天的最低价，但没有把之前形成的缺口完全填补。

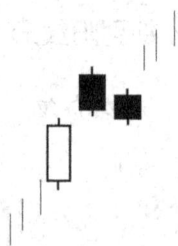

图 2.79　并列阴线形态
（持续，看涨）

量化指标说明

- 第一根 K 线为大阳线，实体长度大于前七天 K 线实体长度平均值的 2 倍。
- 第二根 K 线为假阴线，实体长度大于整根 K 线长度的十分之一，开盘价和收盘价均高于第一天的收盘价。
- 第三根 K 线为阴线，实体长度大于整根 K 线长度的十分之一，开盘价高于第二天价格波动范围的中点，收盘价高于第一天的收盘价。

实例

实例如图 2.80 所示。

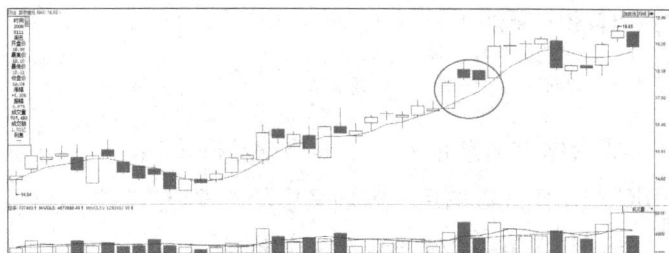

图 2.80　路桥建设日 K 线图

41. 向上跳空三法形态（持续，看涨）

形态介绍

如图 2.81 所示，向上跳空三法形态属于持续看涨形态。前两天的 K 线为两根阳线，延续市场上涨趋势，并且中间出现跳空缺口；第三天，市场在第二天 K 线的实体范围内开盘，最后价格进入第一天的价格区域中。第三根 K 线的颜色和前两天的 K 线相反，从技术分析角度来说，第三天的 K 线对前两天的跳空缺口进行回补。

识别标准

- 第一天和第二天都出现阳线，且两根阳线之间形成跳空缺口。
- 第三天出现一根阴线，它的开盘价和收盘价分别位于前两根阳线的实体范围内，有效回补了先前出现的跳空缺口。

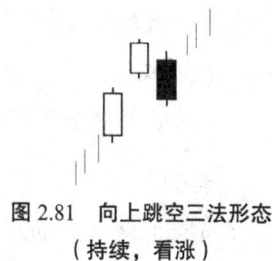

图 2.81　向上跳空三法形态（持续，看涨）

量化指标说明

- 第一根 K 线为阳线，实体长度大于前七天 K 线实体长度平均值的 0.5 倍。
- 第二根 K 线为阳线，开盘价高于第一天的收盘价。
- 第三根 K 线为阴线，开盘价高于第二天的开盘价，低于第二天的收盘价；收盘价高于第一天的开盘价，低于第一天的收盘价。

实例

实例如图 2.82 所示。

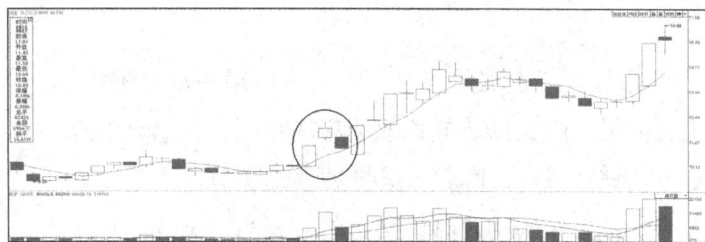

图 2.82　赞宇科技日 K 线图

42. 战后休整形态（持续，看涨）

形态介绍

如图 2.83 所示，战后休整形态是一个三日持续看涨形态。这一形态从一根大阳线开始，经过两天的小阴线或小阳线震荡后，市场又重新出现上涨趋势。该形态后两天的震荡主要维持在第一天大阳线的上半部。

识别标准

- 市场处于上涨趋势中，第一天出现一根大阳线。
- 第二天和第三天的收盘价高于第一天价格波动范围的中点，且第三天的最低价必须高于第一天价格波动范围的中点。

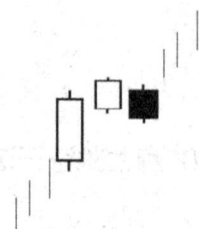

图 2.83　战后休整形态（持续，看涨）

量化指标说明

- 第一天出现一根大阳线，实体长度大于前七天 K 线实体长度平均值的 2 倍。
- 第二天 K 线的颜色不重要，收盘价高于第一天价格波动范围的中点，最高价高于第一天的收盘价，最低价低于第一天的最高价。
- 第三天 K 线的颜色不重要，最低价高于第一天价格波动范围的中点，开盘价和收盘价较高者低于第二天的最高价，开盘价和收盘价较低者高于第二天的最低价。

实例

实例如图 2.84 所示。

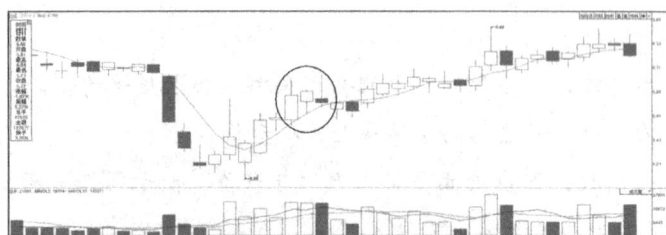

图 2.84　深华发 A 日 K 线图

43. 上升三法形态（持续，看涨）

形态介绍

如图 2.85 所示，市场处于上涨趋势中，第一天出现一根大阳线，随后连续出现一组实体很小的 K 线，它们表明市场在原有的趋势中遇到了阻力，多空双方在该区域进行博弈。这些 K 线的实体都未超过第一天的价格波动范围。最后一天的开盘价高于前一天的收盘价，并且收盘价为这一段时期的市场新高。

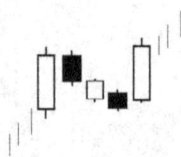

图 2.85　上升三法形态（持续，看涨）

识别标准

- 市场处于上涨趋势中，该形态首先出现一根大阳线。
- 随后出现一群实体短小的小阳线或小阴线。
- 这群实体短小的K线呈逆势走势，位于第一天大阳线的波动范围内。
- 最后一天出现强劲的突破上涨走势，其收盘价超过第一天的收盘价，且出现市场新高。

量化指标说明

- 第一天出现一根大阳线，实体长度大于前七天K线实体长度平均值的2倍。
- 第二天出现一根阴线，实体长度大于整根K线长度的十分之一，开盘价低于第一天的最高价，收盘价高于第一天的最低价。
- 第三天K线的颜色不重要，实体长度大于整根K线长度的十分之一，开盘价和收盘价中的较高者低于第一天的最高价，开盘价和收盘价中的较低者高于第一天的最低价。
- 第四天出现一根阴线，实体长度大于整根K线长度的十分之一，开盘价低于第一天的最高价，收盘价高于第一天的最低价。
- 第五天出现一根阳线，开盘价高于第四天的收盘价，收盘价高于第一天的收盘价。

实例

实例如图2.86所示。

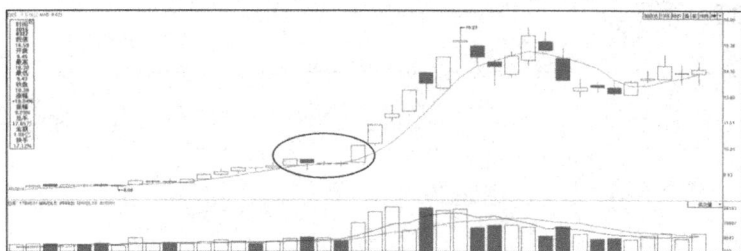

图2.86 太空板业日K线图

44. 铺垫形态（持续，看涨）

形态介绍

如图2.87所示，铺垫形态是持续看涨上升三法形态的演化形式。市场在第一天出现一根大阳线之后，第二天出现跳空高开低走的假阴线。第三天市场继续下跌，弥补了第一天和第二天的跳空缺口。第四天市场继续走低，收盘价在第一天大阳线的价格波动范围内。第五天市场

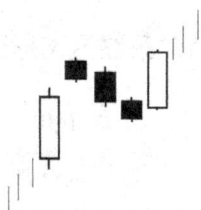

**图2.87 铺垫形态
（持续，看涨）**

向上跳空高开，然后一路上涨，超过前三天一系列小实体K线的价格区间，创出市场新高。

识别标准

- 市场处于上涨趋势中，首先出现一根大阳线。
- 第二天出现一根假阴线，实体与前一天的实体之间存在一个向上跳空缺口。
- 第三天的K线弥补了第二天的向上跳空缺口，收盘价进入第一天大阳线的价格波动范围内。
- 第四天市场继续走低，实体位于第一天的价格波动范围内。
- 第五天出现一根大阳线，并以市场新高收盘。

量化指标说明

- 第一天出现一根大阳线，实体长度大于前七天K线实体长度平均值的2倍。
- 第二天出现跳空高开低走的假阴线，收盘价高于第一天的收盘价。
- 第三天可以出现一根阴线，也可以出现一根阳线，收盘价和开盘价中较低者位于第一天K线实体范围内。
- 第四天可以出现一根阴线，也可以出现一根阳线，最高价低于第三天的最高价，最低价低于第三天的最低价。
- 第五天出现一根大阳线，实体长度大于前七天K线实体长度平均值的2倍，收盘价高于第二天的最高价。

实例

实例如图2.88所示。

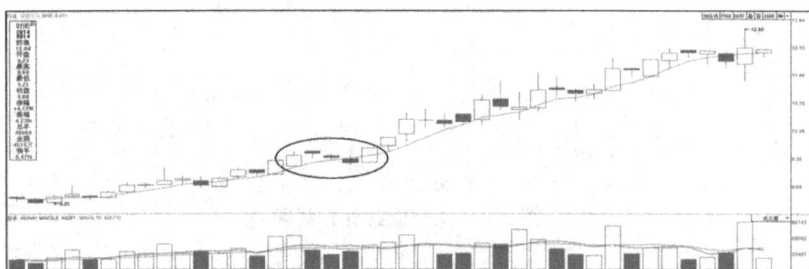

图2.88　荣盛石化日K线图

45. 三线直击形态（持续，看涨）

形态介绍

如图2.89所示，三线直击形态是由四根K线组成的持续看涨形态。刚开始，该三线直击形态连续三天出现阳线，市场不断创出一段时间以来的新高。随着获利盘的累积，市场需要调整的动力越来越强烈。第四天市场跳空高开，然后一路下跌，将前三天的上涨尽数吃掉，并且在第一天的开盘价之下收盘。该形态是在一个较强的上涨趋势中，通过一日大幅回调的方式完成洗盘和技术指标的修复。

识别标准

- 市场处于上升趋势中，连续出现三根上涨的阳线，类似看涨白色三兵形态。
- 第四天市场高开低走，最终收盘价低于第一天的开盘价。

量化指标说明

- 第一天出现一根阳线，实体长度大于整根 K 线长度的十分之一。

图 2.89　三线直击形态
（持续，看涨）

- 第二天出现一根阳线，实体长度大于整根 K 线长度的十分之一，收盘价高于第一天的收盘价，开盘价高于第一天的开盘价。
- 第三天出现一根阳线，实体长度大于整根 K 线长度的十分之一，收盘价高于第二天的收盘价，开盘价高于第二天的开盘价。
- 第四天出现一根阴线，开盘价高于第三天的收盘价，收盘价低于第一天的开盘价。

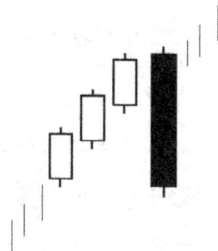

实例

实例如图 2.90 所示。

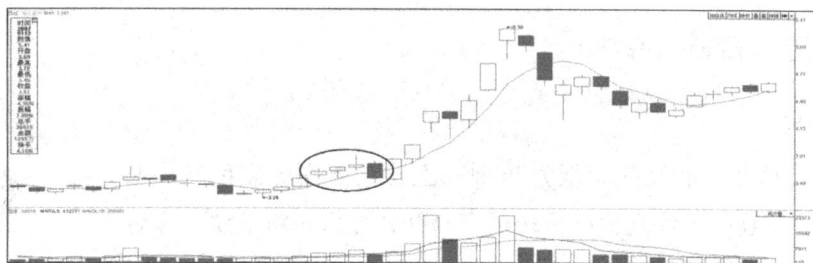

图 2.90　浙江富润日 K 线图

2.2　44 种看跌 K 线组合形态介绍

1. 上吊线形态（反转，看跌）

形态介绍

如图 2.91 所示，上吊线形态由单一的 K 线组成，有较长的下影线，实体部分相对较小，主要集中在当日交易价格区间的上半部分。该形态出现在上升趋势中，预示后续市场反转下跌。

图 2.91　上吊线形态
（反转，看跌）

识别标准

- 该形态出现在上升趋势中，小实体在 K 线的顶部，可以为小阳线或小阴线。
- 下影线很长，上影线非常短甚至没有。

量化指标说明

- K 线的实体较小，实体长度为整根 K 线长度的 10%~30%。
- 下影线的长度大于或等于实体与上影线长度之和的 2 倍。
- 实体长度是上影线长度的 2 倍。

实例

实例如图 2.92 所示。

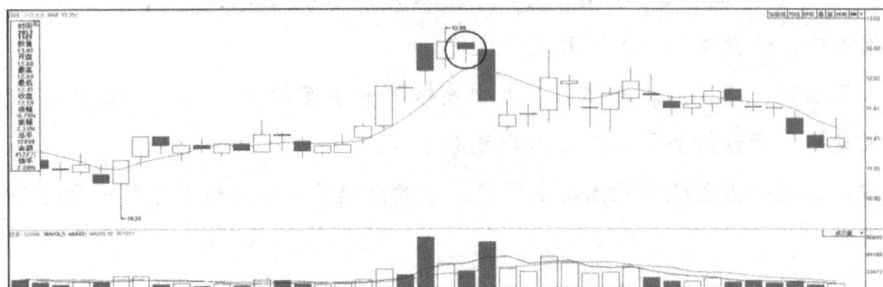

图 2.92　中钨高新日 K 线图

2. 执带线形态（反转，看跌）

形态介绍

如图 2.93 所示，看跌执带线是出现在上升趋势中的黑色光头 K 线。市场以高于前一天收盘价的价格跳空高开，然后一路下跌，最后市场小幅回调，以接近最低价的位置收盘。

识别标准

- 市场在上升趋势中，出现高开低走的大阴线，没有上影线。

量化指标说明

- 看跌执带线是一根大阴线，实体长度大于前七天 K 线实体长度平均值的 2 倍。
- 开盘价等于最高价。

图 2.93　执带线形态
（反转，看跌）

实例

实例如图 2.94 所示。

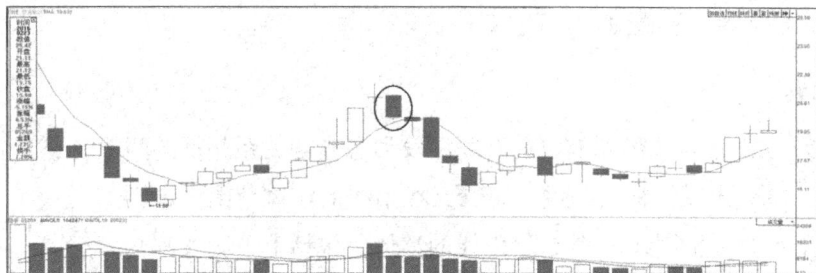

图 2.94　渤海股份日 K 线图

3. 吞没形态（反转，看跌）

形态介绍

如图 2.95 所示，吞没形态是由两根 K 线组成。在上升趋势中，首先出现一根阳线，第二天市场高开低走出现一根大阴线，第二根 K 线的实体将第一天 K 线的实体部分完全吞没。在该形态下，投资者不必考虑下影线的影响。

识别标准

- 在吞没形态出现之前，价格运动处在清晰可辨的上升趋势之中。
- 吞没形态必须由两根 K 线组成，第一天收出阳线，而第二天 K 线高开低走，其实体完全覆盖第一天 K 线的实体。

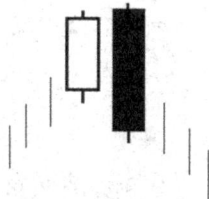

图 2.95　吞没形态（反转，看跌）

量化指标说明

- 第一根 K 线为阳线，其实体长度大于整根 K 线长度的十分之一。
- 第二天出现一根高开低走的大阴线，实体长度大于前七天 K 线实体长度平均值的 2 倍，实体部分完全吞没前一天的实体。两根 K 线的顶部或底部可以相等，但不能同时相等。

实例

实例如图 2.96 所示。

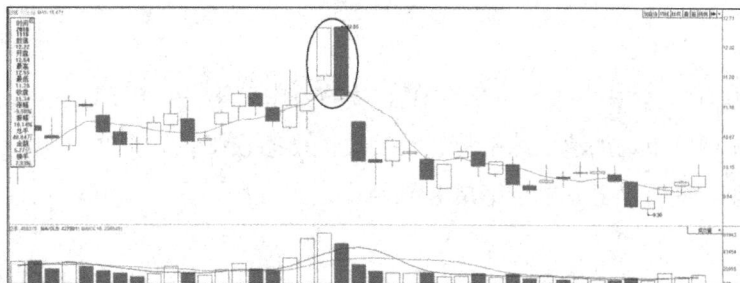

图 2.96　ST 云维日 K 线图

4. 孕线形态（反转，看跌）

形态介绍

如图 2.97 所示，孕线形态是由与看跌吞没形态包含关系相反的两根 K 线组成。市场在上涨趋势中，首先出现一根大阳线，第二天在阳线的实体范围内市场多空博弈，最后收一根阴线。第二天 K 线的整体，包括上下影线都在第一天 K 线范围内。

识别标准

- 在此形态出现之前，市场处于上涨趋势中。
- 此形态要求第一天的阳线实体较长，第二天的阴线实体较短。
- 第一根 K 线将第二天的小实体及其上下影线完全包含起来。

图 2.97　孕线形态（反转，看跌）

量化指标说明

- 第一根 K 线为大阳线，其实体长度大于前七天 K 线实体长度平均值的 2 倍。
- 第二天出现一根阴线，其实体长度大于整根 K 线长度的十分之一，上下影线和实体均在前一天的实体范围内。

实例

实例如图 2.98 所示。

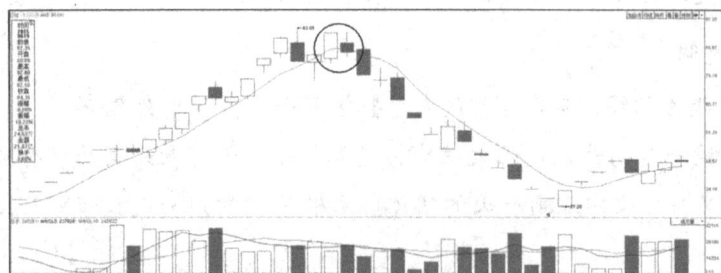

图 2.98　深圳华强日 K 线图

5. 十字孕线形态（反转，看跌）

形态介绍

如图 2.99 所示，十字孕线形态出现在上升趋势中。第一天出现一根大阳线，体现了市场加速上涨趋势，第二天该形态在阳线的实体范围内多空博弈，最后收出一根十字星 K 线。

识别标准

- 在市场上升趋势中，第一根 K 线为大阳线。

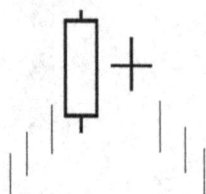

图 2.99　十字孕线形态（反转，看跌）

- 第二天出现的K线为十字星，位于第一天大阳线的实体内。

量化指标说明

- 第一根K线为大阳线，其实体长度大于前七天K线实体长度平均值的2倍。
- 第二天出现一根十字星，其实体长度小于整根K线长度的十分之一。第一天的收盘价高于第二天的最高价，开盘价低于第二天的最低价。

实例

实例如图2.100所示。

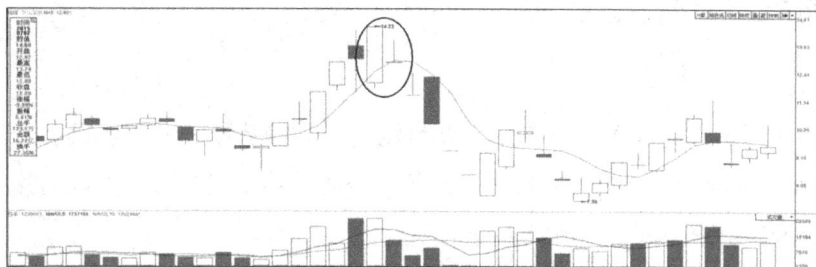

图2.100 石化油服日K线图

6. 流星线形态（反转，看跌）

形态介绍

如图2.101所示，流星线形态由单一的K线组成。在上涨趋势中，出现一根上影线长而下影线不存在或者很短的K线，表明市场多方上攻无力，在空方的反攻下，价格回落，从而预示后续市场趋势反转看跌。

识别标准

- 市场前期处于上升趋势中，出现一根长上影线的K线，其上影线长度至少是实体长度的2倍，下影线不存在或者很短。
- 流星线和倒锤子线一样，对实体颜色并不做要求。

量化指标说明

- 流星线的上影线的长度大于下影线和实体长度之和的2倍。
- 实体长度大于下影线长度的2倍。
- 实体长度大于整根K线长度的十分之一。

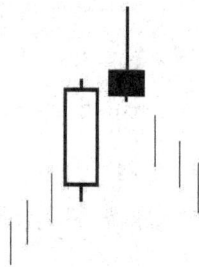

图2.101 流星线形态（反转，看跌）

实例

实例如图2.102所示。

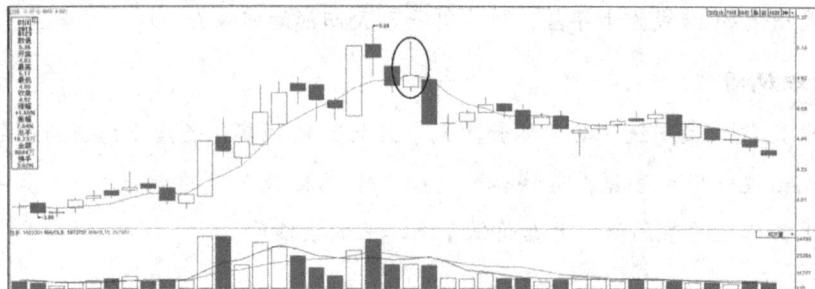

图 2.102　赛格日 K 线图

7. 乌云盖顶形态（反转，看跌）

形态介绍

如图 2.103 所示，乌云盖顶形态出现在市场的上升趋势中，属于看跌反转形态。第一天的大阳线表明市场仍处于上升趋势中，次日市场先是向上跳空开盘，随后逐步下探，最后收盘价落入前一天阳线的实体中点以下。

识别标准

- 在出现此形态之前，市场应有清晰的上升走势。
- 此形态由两根 K 线组成，第一根 K 线为大阳线，第二根 K 线高开低走，收盘价低于前一天 K 线实体的中点。
- 第二天 K 线穿入第一天 K 线实体的程度越深，反转意味越浓。

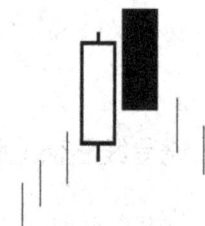

图 2.103　乌云盖顶形态（反转，看跌）

量化指标说明

- 第一根 K 线为大阳线，其实体长度大于前七天 K 线实体长度平均值的 2 倍。
- 第二天出现一根大阴线，其实体长度大于前七天 K 线实体长度平均值的 2 倍，开盘价高于前一天的最高价，收盘价低于前一天大阳线实体的中点。

实例

实例如图 2.104 所示。

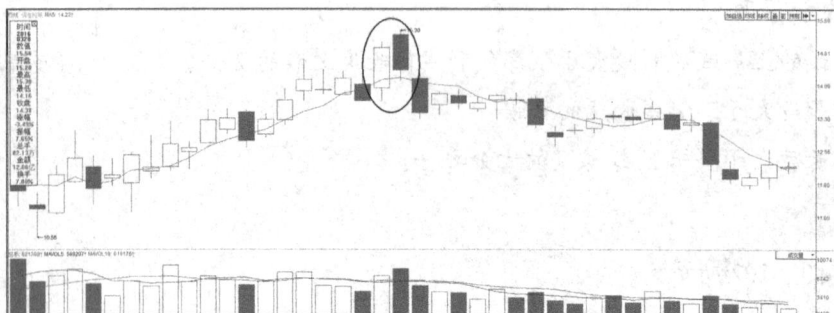

图 2.104　强生控股日 K 线图

8. 十字星形态（反转，看跌）

形态介绍

如图 2.105 所示，反转看跌十字星是市场上涨趋势即将发生变化的预警信号。第一根 K 线为大阳线，代表市场出现加速上涨趋势。第二天市场高开出现跳空缺口，随后经过一天的多空博弈，以十字星收盘。上述两根 K 线组合表示市场上涨压力逐渐增大，后续可能出现反转下跌的走势。

识别标准

- 此前市场处于上涨趋势中。
- 第一天出现一根大阳线，第二天市场跳空高开且出现一根十字星。
- 十字星的上下影线不能过长。

图 2.105　十字星形态
（反转，看跌）

量化指标说明

- 第一根 K 线为大阳线，实体长度大于前七天 K 线实体长度平均值的 2 倍。
- 第二天价格跳空高开，开盘价高于前一天的收盘价，收十字星，实体长度小于整根 K 线长度的十分之一。十字星的影线不能太长，影线的长度小于前七天影线长度平均值的 0.5 倍。

实例

实例如图 2.106 所示。

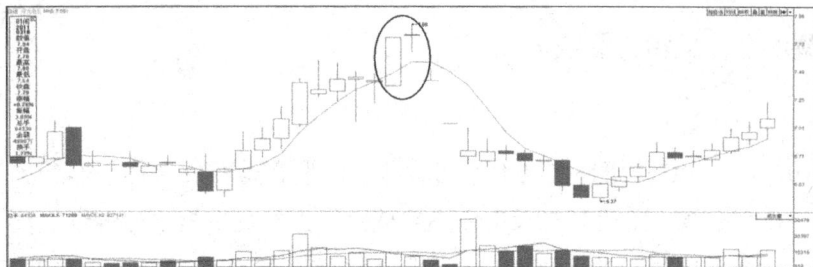

图 2.106　祥龙电业日 K 线图

9. 约会线形态（反转，看跌）

形态介绍

如图 2.107 所示，反转看跌约会线形态出现在市场上升趋势中。第一天市场出现大阳线，随后第二天市场向上跳空高开，创出新高，然后一路下行，最后收市于第一天的收盘价处。这表明空方在高位积聚

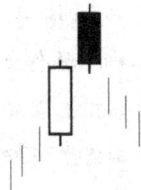

图 2.107　约会线形态
（反转，看跌）

力量进行反攻，市场上涨动力减弱，可能出现回调。

识别标准

- 此形态发生在上升趋势中。
- 第一天出现一根大阳线，第二天 K 线高开低走，最后收盘价与前一天收盘价基本相同。

量化指标说明

- 第一根 K 线为大阳线，实体长度大于前七天 K 线实体长度平均值的 2 倍。
- 第二天出现一根跳空高开低走的 K 线，实体长度大于前七天 K 线实体长度平均值的 2 倍，前后两天的收盘价相同。

实例

实例如图 2.108 所示。

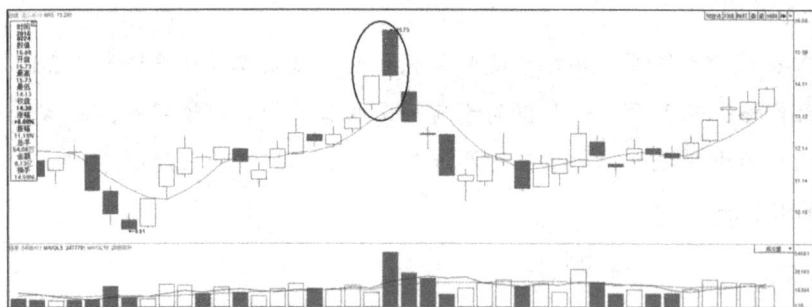

图 2.108　高乐股份日 K 线图

10. 俯冲之鹰形态（反转，看跌）

形态介绍

如图 2.109 所示，看跌俯冲之鹰形态与看涨信鸽形态是相反对称的形态。市场在上涨趋势中出现一根大阳线，随后第二天市场跳空低开，虽然盘中多方想继续上攻，但并没有再创新高，经过多空博弈，最后收于一根假阳线。该形态代表了上涨途中市场阻力增大，市场顶部逐渐显露，后续可能出现反转下跌的走势。

识别标准

- 该形态出现在上涨趋势中。
- 在上涨趋势中出现了一根大阳线。
- 第二天市场跳空低开，出现了一个实体相对较小的假阳线，并且实体部分完全被前一天的大阳线所吞没。

图 2.109　俯冲之鹰
形态（反转，看跌）

量化指标说明

- 第一根K线为大阳线，实体长度大于前七天K线实体长度平均值的2倍。
- 第二天出现一根小阳线，实体长度大于整根K线长度的十分之一，小于前七天K线实体长度平均值的0.5倍，并且它的实体被第一根阳线吞没（不包括上下影线）。

实例

实例如图2.110所示。

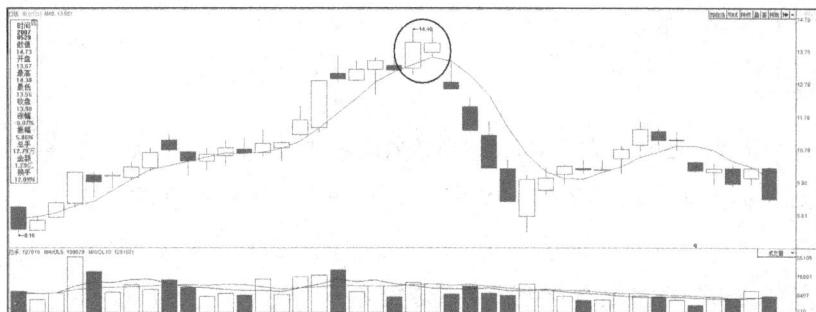

图2.110　南京化纤日K线图

11. 相同高价形态（反转，看跌）

形态介绍

如图2.111所示，相同高价形态可视为看跌俯冲之鹰形态的变形。两者的区别是，在相同的高价形态中，第二根K线的收盘价与第一根K线的收盘价相等。

识别标准

- 在此形态出现之前，市场上涨趋势明显，且第一天出现一根大阳线。
- 第二天市场跳空低开，收一根假阳线，两天的收盘价相同。
- 这两天K线的上影线均较短。

图2.111　相同高价形态（反转，看跌）

量化指标说明

- 第一根K线为大阳线，实体长度大于前七天K线实体长度平均值的2倍，实体长度大于上影线长度的2倍。
- 第二天也出现一根阳线，实体长度大于整根K线长度的十分之一，它的收盘价和前一天的收盘价相同，实体长度大于上影线长度的2倍。

实例

实例如图2.112所示。

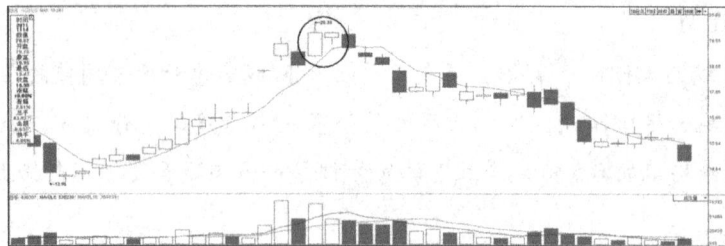

图 2.112　中国宝安日 K 线图

12. 反冲形态（反转，看跌）

形态介绍

如图 2.113 所示，反转看跌反冲形态出现在上升趋势中。第一天，市场出现一根无上下影线的阳线。第二天，市场突然大幅度跳空低开，开盘价低于前一天的开盘价，并且全天低开低走，最后以最低价收盘。该形态通常出现在价格大幅上涨之后，市场亟待调整，并通常伴随利空消息的出现，导致市场大幅低开，后续发生反转看跌的走势。

识别标准

- 市场在上升趋势之后，出现无上下影线的大阳线，第二天大幅低开低走，并以最低价收盘，出现光头光脚大阴线。

- 两根 K 线之间必须存在一个跳空缺口。

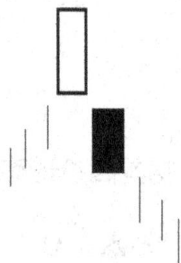

图 2.113　反冲形态
（反转，看跌）

量化指标说明

- 第一根 K 线为大阳线，实体长度大于前七天 K 线实体长度平均值的 2 倍，上影线（或下影线）长度小于等于整根 K 线长度的 5%。

- 第二天出现一根大阴线，实体长度大于前七天 K 线实体长度平均值的 2 倍，开盘价低于前一天的开盘价，上影线（或下影线）长度小于等于整根 K 线长度的 5%。

实例

实例如图 2.114 所示。

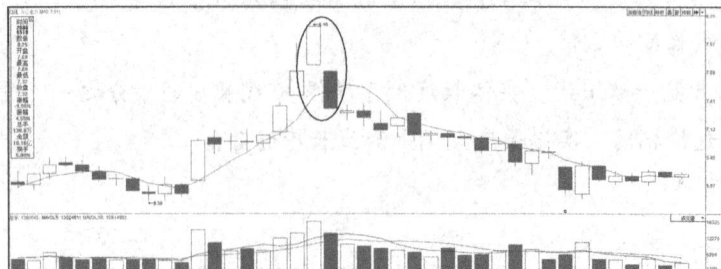

图 2.114　长江电力日 K 线图

13. 一只黑乌鸦形态（反转，看跌）

形态介绍

如图 2.115 所示，一只黑乌鸦形态是一种两日看跌反转形态。市场在一段上涨趋势之后出现一根大阳线，第二天跳空低开低走，最后收盘价低于前一日的最低价。该形态预示在上涨顶部，经过多空博弈之后，空方取得主动权，后续可能出现反转下跌的走势。

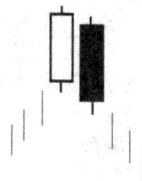

图 2.115　一只黑乌鸦
形态（反转，看跌）

识别标准

- 市场在上涨趋势之后，第一天出现了一根大阳线。
- 第二天出现一根大阴线，开盘价等于或低于前一天的收盘价，收盘价低于前一天的最低价。

量化指标说明

- 第一根 K 线为大阳线，实体长度大于前七天 K 线实体长度平均值的 2 倍。
- 第二天出现一根大阴线，实体长度大于前七天 K 线实体长度平均值的 2 倍，开盘价等于或低于前一天的收盘价且大于前一天的开盘价，收盘价低于前一天的最低价。

实例

实例如图 2.116 所示。

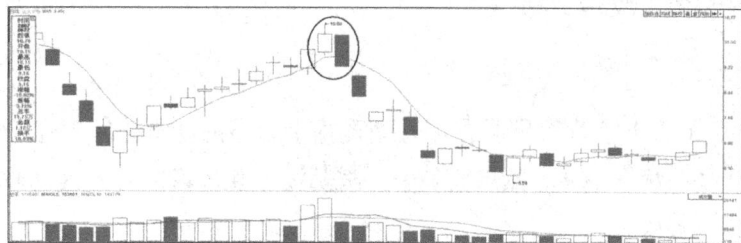

图 2.116　山大华特日 K 线图

14. 黄昏星形态（反转，看跌）

形态介绍

如图 2.117 所示，黄昏星形态出现在市场的上升趋势中，预示着上升趋势即将结束。第一天出现一根大阳线，第二天出现一根向上跳空的小 K 线，第三天向下跳空低走，确认了下跌形态。

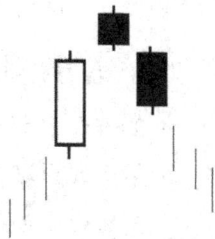

图 2.117　黄昏星形态
（反转，看跌）

识别标准

- 该形态处于上升趋势中，第一天出现一根大阳线。

- 第二根 K 线与第一根 K 线之间必须有价格跳空。
- 第三天与第二天的 K 线之间存在向下跳空缺口，收阴线。

量化指标说明

- 第一天 K 线为大阳线，实体长度大于前七天 K 线实体长度平均值的 2 倍。
- 第二天市场跳空高开，实体长度大于整根 K 线长度的十分之一，且小于前七天 K 线实体长度平均值的 0.5 倍，而 K 线颜色并不重要。
- 第三天市场跳空低开低走，与第二天 K 线之间留有缺口，收阴线。

实例

实例如图 2.118 所示。

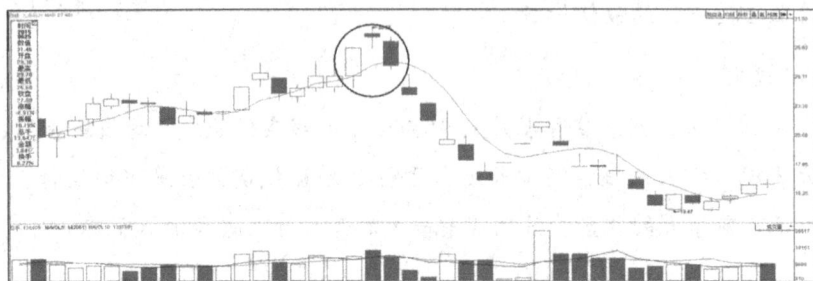

图 2.118　九鼎新材日 K 线图

15. 十字黄昏星形态（反转，看跌）

形态介绍

如图 2.119 所示，十字黄昏星形态是看跌黄昏星形态的变形，区别在于十字黄昏星形态的第二根 K 线是一根十字星，然后紧随着一根阴线，并且第三天 K 线的收盘价进入了第一天 K 线的实体范围内。

识别标准

- 此形态处于上升趋势中，第一天出现一根大阳线。
- 第二天出现十字星，并且存在向上跳空缺口。
- 第三天收阴线，并且插入第一天 K 线实体内部。

量化指标说明

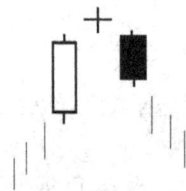

图 2.119　十字黄昏星
形态（反转，看跌）

- 第一天 K 线为大阳线，实体长度大于前七天 K 线实体长度平均值的 2 倍。
- 第二天出现十字星，市场跳空高开，K 线颜色并不重要，实体长度小于整根 K 线长度的十分之一。
- 第三天 K 线跳空低开，实体长度大于整根 K 线长度的十分之一，收盘价在第一天的实体范围内。

实例

实例如图 2.120 所示。

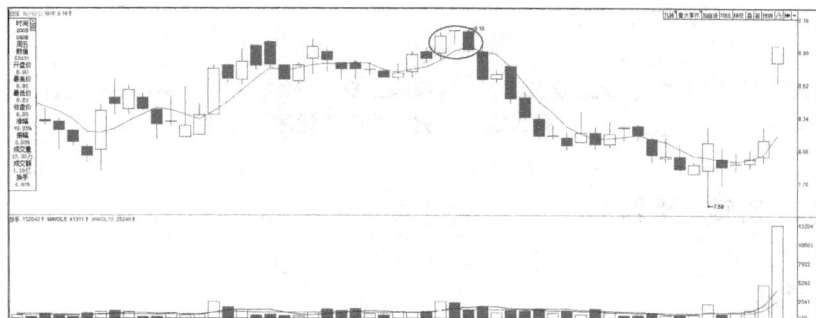

图 2.120　首创股份日 K 线图

16. 弃婴形态（反转，看跌）

形态介绍

如图 2.121 所示，弃婴形态中第二天所形成的十字星的上下影线与第一天和第三天的
K 线并不重合，具有明显的跳空缺口。该形态可视为看跌黄昏星形态和看跌十字黄昏星形
态的变形。

识别标准

- 此形态处于上升趋势中，第一天出现一根大阳线。
- 第二天出现一根十字星，且与前后两根 K 线之间存在价格跳空
  （包括影线在内）。
- 第三天收阴线，并插入第一天 K 线实体内。

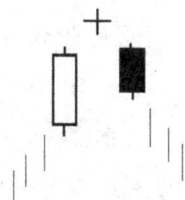

**图 2.121　弃婴形态
（反转，看跌）**

量化指标说明

- 第一根 K 线为大阳线，实体长度大于前七天 K 线实体长度平均值的 2 倍。
- 第二天出现一根十字星，实体长度小于整根 K 线长度的十分之一，最低价高于第一
  天和第三天的最高价。
- 第三天出现一根阴线，实体长度大于整根 K 线长度的十分之一，收盘价低于第一天
  K 线实体的中点。

实例

实例如图 2.122 所示。

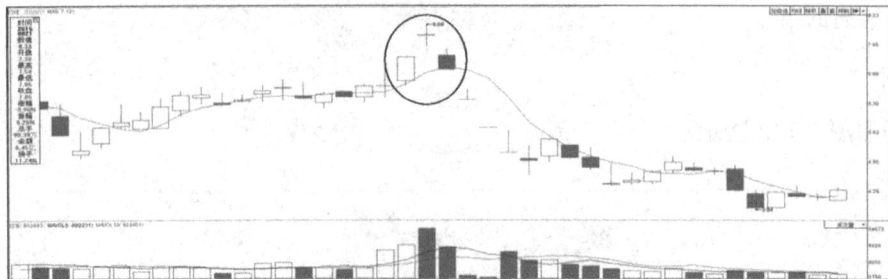

图 2.122　凌钢股份日 K 线图

17. 三星形态（反转，看跌）

形态介绍

如图 2.123 所示，三星形态是由三根十字星组成的反转看跌形态。在一段上涨趋势之后，市场接连出现三根十字星。并且，第二根十字星与前后两根 K 线之间均有跳空缺口。该形态表示伴随市场涨势，多空斗争逐渐激烈，通过多次试探，市场阻力位显现，后续可能出现反转下跌的走势。

识别标准

- 此形态前期处于上升趋势中，三根 K 线均为十字星。
- 中间的十字星与前后两根 K 线之间存在跳空缺口。

图 2.123　三星形态（反转，看跌）

量化指标说明

- 此形态的 K 线都是十字星，实体长度小于整根 K 线长度的十分之一，K 线颜色不重要。
- 第二天的 K 线同第一天和第三天的 K 线之间形成两个跳空缺口。

实例

实例如图 2.124 所示。

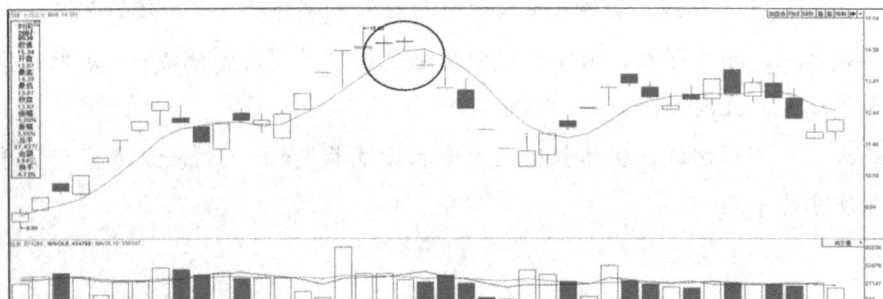

图 2.124　中国宝安日 K 线图

18. 向上跳空两只乌鸦形态（反转，看跌）

形态介绍

如图 2.125 所示，向上跳空两只乌鸦形态仅出现在上升趋势中。在一段上升趋势之后，市场出现一根大阳线。第二天市场高开跳空开盘，但随后高开低走，全天收在最低点附近，收一根假阴线。第三天市场继续跳空高开低走，收盘价低于前一天收盘

图 2.125　向上跳空两只乌鸦
形态（反转，看跌）

价，但未将第一天和第二天之间的缺口完全填补。该形态表示在上涨后期，市场顶部多空之间反复争斗，为后续市场反转下跌提供可能。

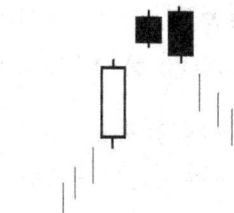

识别标准

- 此形态处于上升趋势中，第一天收大阳线。
- 第二天市场跳空高开低走，收假阴线，与第一天 K 线之间存在跳空缺口。
- 第三天市场跳空高开低走，实体部分完全吞没了前一天的实体，但收盘价并未将整个缺口填补。

量化指标说明

- 第一根 K 线为大阳线，实体长度大于前七天 K 线实体长度平均值的 2 倍。
- 第二天出现一根跳空高开低走的假阴线，收盘价高于前一天的收盘价，实体长度大于整根 K 线长度的十分之一。
- 第三天出现一根跳空高开低走的阴线，开盘价高于前一天的开盘价，收盘价低于前一天的收盘价，但收盘价高于第一天的收盘价。

实例

实例如图 2.126 所示。

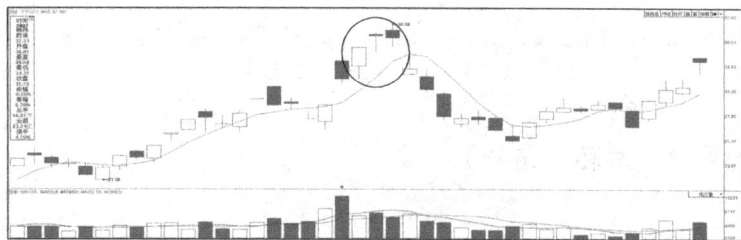

图 2.126　平安银行日 K 线图

19. 奇特三山顶部形态（反转，看跌）

形态介绍

如图 2.127 所示，奇特三山顶部形态是一种三日看跌反转形态。市场在上升途中出现

一根大阳线，第二天市场跳空低开，但继续上攻，随后空头发力，收一根具有较长上影线的小阳线。第三天市场高开低走，收一根假阴线。

识别标准

- 市场在上升趋势中出现了一根大阳线。
- 第二天市场跳空低开，出现一根具有较长上影线的小阳线。
- 第三天出现一根假阴线，市场跳空高开，但开盘价没有超过第二天的最高价，且收盘价高于前一天的收盘价。

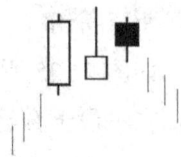

图 2.127 奇特三山顶部形态（反转，看跌）

量化指标说明

- 第一根 K 线为大阳线，实体长度大于前七天 K 线实体长度平均值的 2 倍。
- 第二天出现一根小阳线，实体长度大于整根 K 线长度的十分之一，且小于前七天 K 线实体长度平均值的 0.5 倍。这根小阳线的实体部分包含在前一天的实体范围内，其上影线大于下影线与实体长度之和的 2 倍，实体长度大于下影线长度的 1.5 倍。
- 第三天出现一根假阴线，实体长度大于整根 K 线长度的十分之一，且小于前七天 K 线实体长度平均值的 0.5 倍。这根假阴线的收盘价高于第二天的收盘价，最高价低于前一天的最高价。

实例

实例如图 2.128 所示。

图 2.128 京威股份日 K 线图

20. 三只黑乌鸦形态（反转，看跌）

形态介绍

如图 2.129 所示，三只黑乌鸦形态出现在上升趋势中，三根阴线顺次排列，收盘价逐步下跌。

识别标准

- 此形态处于上升趋势中，连续出现三根阴线。

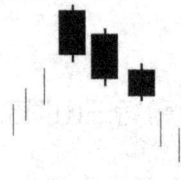

图 2.129 三只黑乌鸦形态（反转，看跌）

- 每日收盘价接近最低价位。
- 每日开盘价都在上一根K线的实体范围之内。

量化指标说明

- 第一根K线为大阴线，实体长度大于前七天K线实体长度平均值的2倍；第二天出现一根阴线，实体长度大于前七天K线实体长度平均值的0.5倍；第三天出现一根阴线，实体长度大于前七天K线实体长度平均值的0.5倍。
- 收盘价逐渐降低，每一根阴线都在前一日的实体内开盘。

实例

实例如图2.130所示。

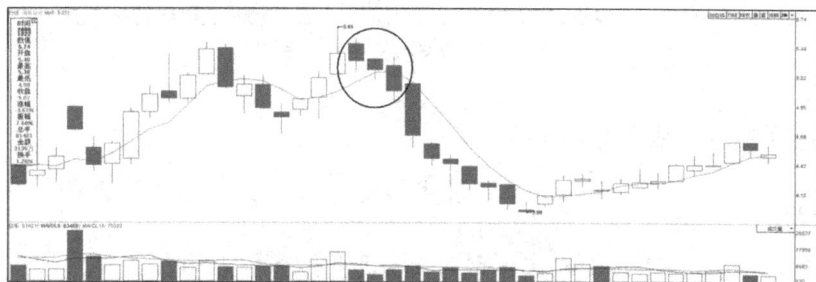

图2.130 海航投资日K线图

21. 前进受阻形态（反转，看跌）

形态介绍

如图2.131所示，前进受阻形态出现在上升趋势中，第一天出现一根大阳线，随后第二天和第三天市场连续跳空低开高走，出现较长的上影线。这表示市场上升趋势很难延续，上方阻力重重，市场逐渐走弱。

识别标准

- 此形态处于上升趋势中，连续出现三根阳线。其中，第一根K线实体比较大，后续两根K线收盘价逐次提高。

图2.131 前进受阻形态（反转，看跌）

- 每一根K线都低开高走，开盘价在前一根K线的实体之内。
- 第二天和第三天K线的上影线比较长。

量化指标说明

- 第一根K线为大阳线，实体长度大于前七天K线实体长度平均值的2倍。
- 第二天和第三天均出现阳线，实体长度大于整根K线长度的十分之一。这三天K线的实体长度逐次减小。

- 收盘价逐次提高，开盘价均在前一天的实体之内。第二天和第三天出现较长的上影
  线，长度占当日 K 线波动范围的 40% 以上。

实例

实例如图 2.132 所示。

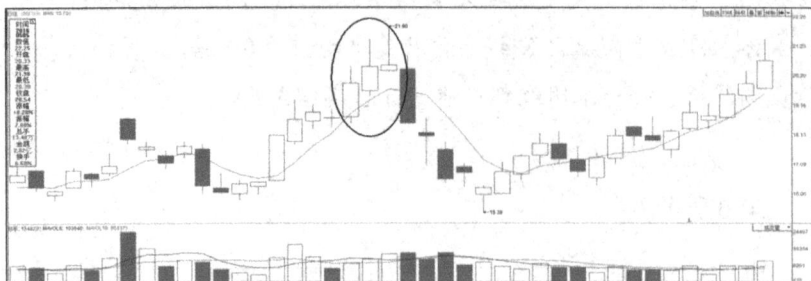

图 2.132　博晖创新日 K 线图

22. 深思形态（反转，看跌）

形态介绍

如图 2.133 所示，深思形态是由三根 K 线组成的反转看跌组合。在上涨趋势之后，市场出现一根大阳线，随后第二天跳空低开，市场显示出一定的抛压。但在多方努力下，市场继续高走并创出新高，收出第二根大阳线。第三天市场突然跳空高开，全天振幅较小，收出一根纺锤线或星线。

识别标准

- 市场上涨趋势明确，第一天出现一根大阳线。
- 第二天市场跳空低开高走，创出新高，收大阳线。
- 第三天市场跳空高开，收一根纺锤线或星线。

图 2.133　深思形态
（反转，看跌）

量化指标说明

- 第一根 K 线为大阳线，实体大于前七天 K 线实体长度平均值的 2 倍。
- 第二天出现一根大阳线，实体长度大于前七天 K 线实体长度平均值的 2 倍，开盘价在第一天的实体之内。
- 第三天出现一根星线或实体较短的阳线，实体长度小于前七天 K 线实体长度平均值的 0.5 倍，开盘价高于或等于前一天的收盘价。

实例

实例如图 2.134 所示。

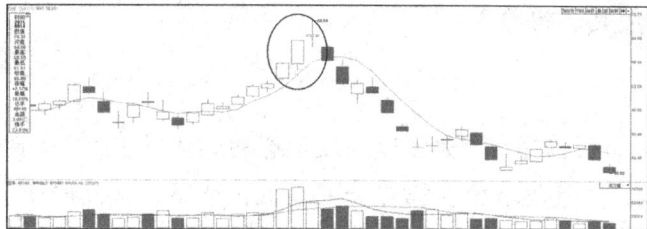

图 2.134　四通新材日 K 线图

23. 两只乌鸦形态（反转，看跌）

形态介绍

如图 2.135 所示，在反转看跌两只乌鸦形态中，第一天出现的阳线支持了市场的原有趋势。第二天，虽然市场高开低走，但留下一个向上跳空缺口。第三天，市场在第二天 K 线的实体部分内开盘，然后一路下滑，弥补了第二天的向上跳空缺口，突破到第一天的实体部分内。

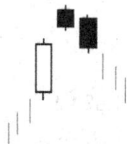

**图 2.135　两只乌鸦
形态（反转，看跌）**

识别标准

- 市场上涨趋势明确，第一天出现一根大阳线。
- 第二天市场高开低走，收假阴线，且与第一天形成向上跳空缺口。
- 第三天市场低开低走，开盘价位于第二天黑色实体内，收盘价位于第一天阳线实体内，使得之前形成的缺口被消除了。

量化指标说明

- 第一根 K 线是大阳线，实体长度大于前七天 K 线实体长度平均值的 2 倍。
- 第二天出现一根跳空高开低走的假阴线，实体长度超过整根 K 线长度的十分之一，收盘价高于前一天的收盘价。
- 第三天也出现一根阴线，开盘价在第二天 K 线的实体内；收盘价在第一天 K 线的实体内，位于第一天 K 线的开盘价和收盘价之间。

实例

实例如图 2.136 所示。

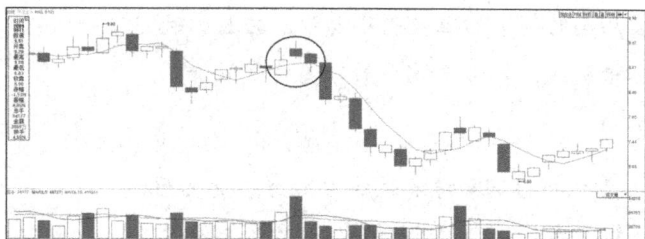

图 2.136　深深宝 A 日 K 线图

24. 三内降形态（反转，看跌）

形态介绍

如图 2.137 所示，三内降形态是看跌孕线形态的确认形态。在看跌孕线形态出现后，第三天收一根阴线，并且收盘价在第二天的最低价之下，从而确认了市场转向看跌的趋势。

识别标准

- 根据看跌孕线形态的判定标准来确定前两天的 K 线形态。
- 第三天出现一根阴线，收盘价在第二天的最低价之下。

量化指标说明

- 前两天 K 线的量化指标需参考看跌孕线形态的量化指标。
- 第三天出现一根阴线，收盘价低于第二天 K 线的最低价。

图 2.137　三内降形态
（反转，看跌）

实例

实例如图 2.138 所示。

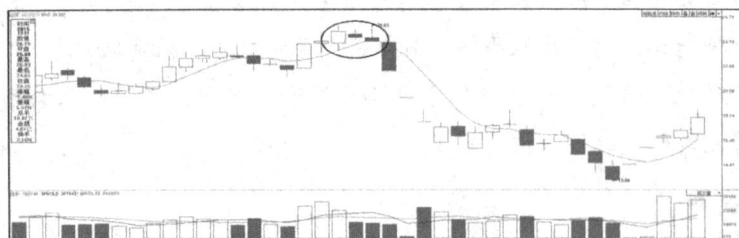

图 2.138　威创股份日 K 线图

25. 三外降形态（反转，看跌）

形态介绍

如图 2.139 所示，三外降形态是看跌吞没形态的确认形态。在看跌吞没形态出现之后，第三天出现下跌阴线，收盘价低于第二天的最低价。

识别标准

- 根据看跌吞没形态的判定标准来确定前两天的 K 线形态。
- 第三天出现一根阴线，收盘价低于第二天的最低价。

量化指标说明

- 前两天 K 线的量化指标需参考看跌吞没形态的量化指标。
- 第三天出现一根阴线，收盘价低于前一天的最低价。

图 2.139　三外降
形态（反转，看跌）

实例

实例如图 2.140 所示。

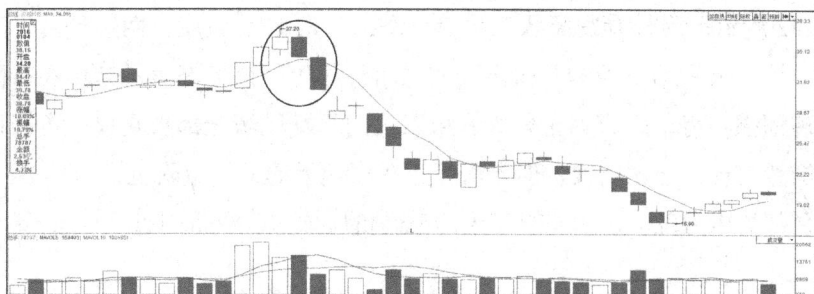

图 2.140　汉威科技日 K 线图

26. 北方三星形态（反转，看跌）

形态介绍

如图 2.141 所示，北方三星形态是一个三日看跌反转形态，与看涨南方三星形态对后续行情预测相反。该形态在上涨途中显示出市场阻力逐渐增大，多空双方博弈激烈，可能出现反转下跌的走势。

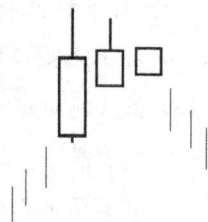

图 2.141　北方三星形态（反转，看跌）

识别标准

- 该形态由三根阳线组成，且这三根阴线的最高价逐渐降低，最低价逐渐升高。
- 第一天出现一根大阳线，其具有长上影线，且没有下影线或者下影线很短。
- 第二天的开盘价比第一天的收盘价低，收盘价比第一天的收盘价高。
- 第三天出现一根光头阳线，其实体部分位于第二天价格波动范围内。

量化指标说明

- 第一根 K 线为大阳线，实体长度大于前七天 K 线实体长度平均值的 2 倍，上影线长度大于这一天价格波动范围的 40%。
- 第二天出现一根阳线，实体长度大于整根 K 线长度的十分之一，开盘价低于第一天的收盘价，收盘价高于第一天的收盘价；最高价低于第一天的最高价，最低价高于第一天的最低价，上影线长度大于第二天价格波动范围的 40%。
- 第三天出现一根阳线，实体长度大于整根 K 线长度的 0.5 倍。这根阳线最高价低于第二天的最高价，最低价高于第二天的最低价；开盘价高于第二天的最低价，收盘价低于第二天的最高价。

27. 竖状三明治形态（反转，看跌）

形态介绍

如图 2.142 所示，反转看跌竖状三明治形态由三根 K 线组成，两边是两根阳线，中间是一根阴线。第一天和第三天的两根阳线的收盘价相等。该形态表示市场在一段加速上涨趋势之后出现回撤走势，多方力量较大，第二天的下跌区域全部被吃掉。市场顶部压力很大，第三天虽然出现一根大阳线，但上涨停止在第一天的最高点附近，表明了市场顶部的压力位。该形态第三天的最高价应该在收盘价附近。

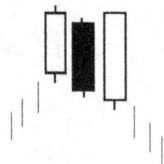

识别标准

- 市场前期处于上涨趋势中，第一天收阳线。
- 第二天出现一根阴线，跳空低开，开盘价比第一天的收盘价低，收盘价比第一天的开盘价低。

图 2.142　竖状三明治形态（反转，看跌）

- 第三天的 K 线跳空低开高走，大阳线将第二天的阴线吞没，收盘于第一天阳线的收盘价附近。

量化指标说明

- 第一根 K 线为阳线，实体长度大于前七天 K 线实体长度平均值的 0.5 倍。
- 第二天出现一根大阴线，实体长度大于前七天 K 线实体长度平均值的 2 倍，开盘价低于前一天的收盘价，收盘价低于前一天的开盘价。
- 第三天出现一根大阳线，实体长度大于前七天 K 线实体长度平均值的 2 倍，开盘价低于前一天的收盘价，收盘价与第一天阳线的收盘价相差不到 1%。

实例

实例如图 2.143 所示。

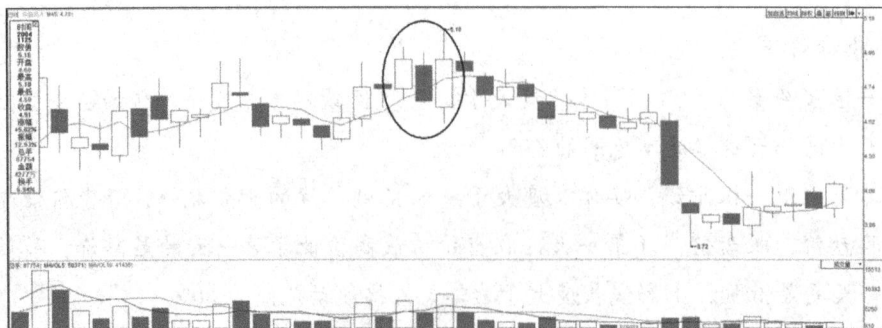

图 2.143　陕国投 A 日 K 线图

28. 挤压报警形态（反转，看跌）

形态介绍

如图 2.144 所示，挤压报警形态是一种三日看跌反转形态，这一形态说明市场处于小周期的三角形整理中，可以随时向两个方向突破。

识别标准

- 此形态出现前，市场处于上涨趋势中。
- 第一天出现一根大阳线，第二天和第三天的最高价逐渐降低，最低价逐渐升高。
- 后两天对K线实体颜色没有限制。

图 2.144 挤压报警形态
（反转，看跌）

量化指标说明

- 第一天阳线实体长度大于前七天K线实体长度平均值的2倍。
- 第二天的最高价高于第三天的最高价，低于第一天的最高价；第二天的最低价低于第三天的最低价，高于第一天的最低价。

实例

实例如图 2.145 所示。

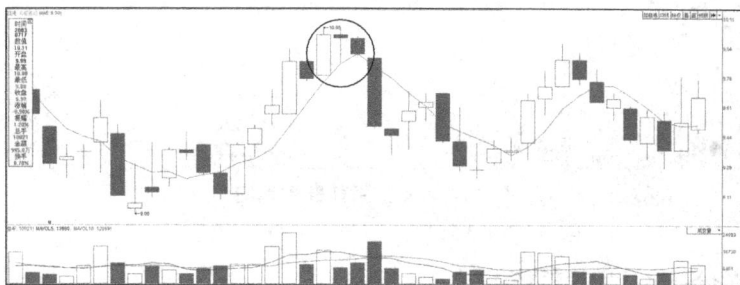

图 2.145 彩虹股份日K线图

29. 脱离形态（反转，看跌）

形态介绍

如图 2.146 所示，脱离形态的第一天出现一根大阳线，然后出现一个向上跳空缺口，在跳空缺口后是三根连续的小K线，市场不断创出新高，最后一根低开跳空阴线确定了市场转向下跌的趋势。

识别标准

- 市场在上涨趋势过后的第一天收一根大阳线。
- 第二天出现形成跳空缺口的小阳线。

图 2.146 脱离形态
（反转，看跌）

- 第三天和第四天的 K 线不断创出新高，可出现小阳线或小阴线。
- 第五天的 K 线是一根跳空低开阴线，且收盘价在第一天和第二天形成的跳空缺口之间。

量化指标说明

- 第一根 K 线为大阳线，实体长度大于前七天 K 线实体长度平均值的 2 倍。
- 第二天出现一根阳线，实体长度大于整根 K 线长度的十分之一，开盘价高于第一天的收盘价。
- 第三天 K 线的颜色不重要，实体长度大于整根 K 线长度的十分之一，最低价高于第二天的最低价，最高价高于第二天的最高价。
- 第四天出现一根阳线，实体长度大于整根 K 线长度的十分之一，最低价高于第三天的最低价，最高价高于第三天的最高价。
- 第五天出现一根阴线，实体长度大于前七天 K 线实体长度平均值，收盘价低于第二天的开盘价，且高于第一天的收盘价。

实例

实例如图 2.147 所示。

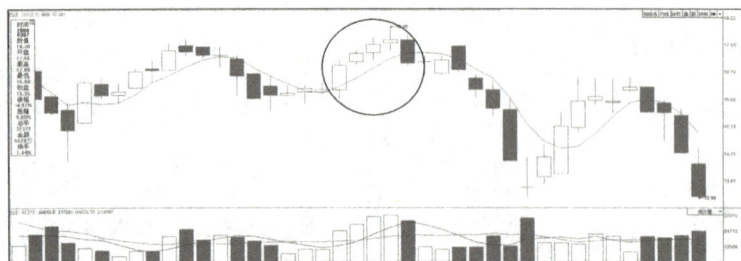

图 2.147　华东医药日 K 线图

30. 梯形顶部形态（反转，看跌）

形态介绍

如图 2.148 所示，梯形顶部形态是一个五日看跌反转形态。市场在上涨趋势之后连续出现三根低开阳线，第二天和第三天市场连续低开高走，收盘创出新高。这表明，市场经过长期上涨趋势之后，逐步抛压增加，但多方力量仍然占主导。第四天，市场同样低开，但盘中大幅回撤，显示空方已经按捺不住，市场反转随时发生。因为市场长期形成的多方氛围，最终仍然收出阳线，并创出新高。第五天，空方积聚力量，市场跳空低开，全天下跌，预示市场即将反转看跌。

图 2.148　梯形顶部形态
（反转，看跌）

识别标准

- 市场在上涨趋势之后，连续三天出现低开阳线，并且开盘价和收盘价逐渐升高。
- 第四天出现一根带有下影线的阳线，下影线深入至第三天的价格波动范围内。
- 第五天出现一根阴线，跳空低开，在第四天的K线实体之下开盘，收盘价低于第四天的最低价。

量化指标说明

- 梯形顶部形态第一根K线为阳线，实体长度大于前七天K线实体长度平均值的0.5倍。
- 第二天出现一根阳线，实体长度大于前七天K线实体长度平均值的0.5倍，开盘价低于第一天的收盘价，收盘价高于第一天的收盘价。
- 第三天出现一根阳线，实体长度大于前七天K线实体长度平均值的0.5倍，开盘价低于第二天的收盘价，收盘价高于第二天的收盘价。
- 第四天出现一根阳线，实体长度大于整根K线长度的十分之一，开盘价低于第三天的收盘价，收盘价高于第三天的收盘价，下影线长度大于当天价格波动范围的40%，最低价低于第三天价格波动范围的中点。
- 第五根K线为阴线，实体长度大于前七天K线实体长度平均值的0.5倍，开盘价低于第四天的开盘价，收盘价低于第四天的最低价。

实例

实例如图2.149所示。

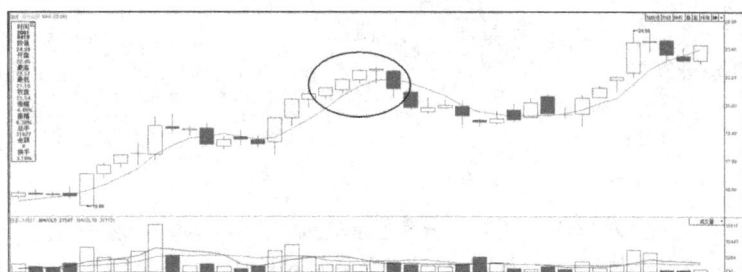

图2.149 海欣股份日K线图

31. 触顶后向下跳空形态（反转，看跌）

形态介绍

如图2.150所示，触顶后向下跳空形态是一个五日看跌反转形态。其中，第三天和第四天分别出现一根阳线和一根阴线，与之前的第二天及之后的第五天的K线之间均有跳空缺口，类似岛型反转形态，预示后续市场反转下跌的趋势。

图2.150 触顶后向下跳空形态（反转，看跌）

识别标准

- 第一天出现一根大阳线，并且市场处于上升趋势中。
- 第二天和第三天的 K 线也是阳线，每一天的收盘价都比前一天的收盘价高。
- 第三天和第二天的 K 线之间存在跳空缺口，开盘价高于第二天的收盘价。
- 第四天出现一根大阴线。
- 第五天出现一根阴线，与第四天的 K 线之间存在跳空缺口，开盘价低于前一天的收盘价。

量化指标说明

- 第一根 K 线为大阳线，实体长度大于前七天 K 线实体长度平均值的 2 倍。
- 第二天出现一根阳线，实体长度大于整根 K 线长度的十分之一，收盘价高于第一天的收盘价。
- 第三天出现一根跳空高开阳线，实体长度大于整根 K 线长度的十分之一。
- 第四天出现一根大阴线，实体长度大于前七天 K 线实体长度平均值的 2 倍。
- 第五天出现一根向下跳空低开低走的阴线，实体长度大于整根 K 线长度的十分之一，开盘价低于第四天的收盘价，收盘价高于第一天的最低价。

实例

实例如图 2.151 所示。

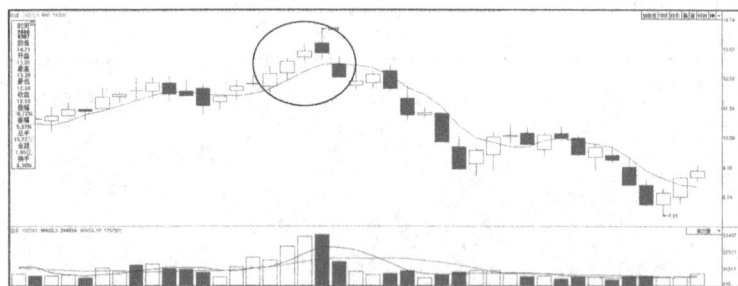

图 2.151　沙隆达 A 日 K 线图

32. 三次向上跳空形态（反转，看跌）

形态介绍

如图 2.152 所示，三次向上跳空形态是一种四日看跌反转形态。经过一个上涨趋势之后，市场连续三天向上跳空高开，并且最后两天波动增大，显示出多空博弈激烈。三个连续的向上跳空缺口导致市场出现严重的超买，从而为后续市场反转看跌提供了可能。

图 2.152　三次向上跳空形态
（反转，看跌）

识别标准

- 在一段上涨趋势之后，该形态第一天K线的颜色并不重要。
- 第二天K线跳空高开，收盘颜色无关紧要。
- 最后两根K线必须是阳线，价格波动范围需要增大，并且每根K线之间都有跳空缺口。

量化指标说明

- 第一根K线可以是阴线，也可以是阳线。
- 第二天K线的颜色不重要，但需要跳空高开。
- 第三天出现一根跳空高开阳线，实体长度大于整根K线长度的0.5倍，价格波动范围大于前七天K线价格波动范围的平均值。
- 第四天出现一根跳空高开阳线，实体长度大于整根K线长度的0.5倍，价格波动范围大于前七天K线价格波动范围的平均值。

实例

实例如图2.153所示。

图 2.153　澄星股份日K线图

33. 三只乌鸦接力形态（反转，看跌）

形态介绍

如图2.154所示，三只乌鸦接力形态是三只黑乌鸦形态的变形。它们的区别是三只乌鸦接力形态第二天的开盘价接近第一天的收盘价，第三天的开盘价接近第二天的收盘价。

识别标准

- 连续出现三根阴线，并且走势逐次下降。
- 除了第一根K线之外，每一根阴线的开盘价都是前一天K线的收盘价。

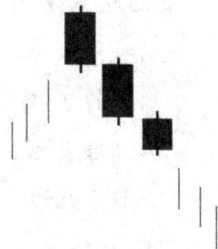

图 2.154　三只乌鸦接力形态（反转，看跌）

量化指标说明

- 第一天 K 线为阴线，实体长度大于整根 K 线长度的 0.5 倍。
- 第二天 K 线为阴线，实体长度大于整根 K 线长度的 0.5 倍，开盘价为第一天的收盘价。
- 第三天 K 线为阴线，实体长度大于整根 K 线长度的 0.5 倍，开盘价为第二天的收盘价。

实例

实例如图 2.155 所示。

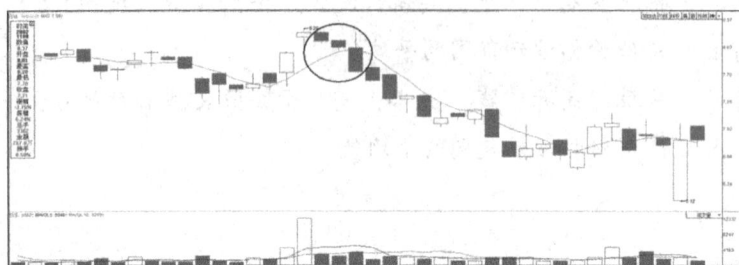

图 2.155　中核科技日 K 线图

34. 分手线形态（持续，看跌）

形态介绍

如图 2.156 所示，分手线形态是一类持续看跌形态。市场在一段下跌趋势之后，出现一根低开高走的阳线，随后第二天在市场空方的主导下大幅低开，开盘价位于前一天的开盘价附近，并且全天下跌。

识别标准

- 市场处于下跌趋势中，第一天的 K 线是一根低开高走的阳线。
- 第二天，市场在前一天的开盘价附近低开低走，全天收一根阴线。

量化指标说明

- 第一根 K 线为大阳线，实体长度大于前七天 K 线实体长度平均值的 2 倍。
- 第二根 K 线为大阴线，实体长度大于前七天 K 线实体长度平均值的 2 倍，开盘价等于前一天的开盘价。

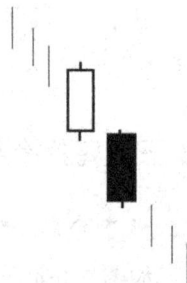

图 2.156　分手线形态
（持续，看跌）

实例

实例如图 2.157 所示。

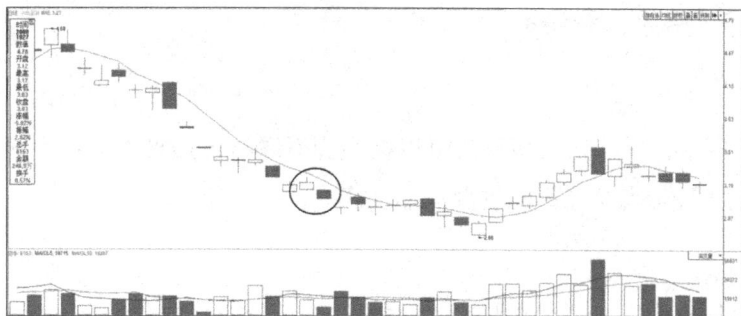

图 2.157　中钨高新日 K 线图

35. 待入线形态（持续，看跌）

形态介绍

如图 2.158 所示，待入线形态是一类持续看跌形态。在一段下降趋势之后，市场出现一根加速下跌的大阴线，第二天市场低开高走，最终收于前一日最低价附近。

识别标准

- 该形态出现之前，市场处于下跌趋势中，第一天的 K 线是一根大阴线。
- 第二天的 K 线是一根假阳线，开盘价大幅低于前一天的收盘价，收盘在第一天的最低价附近。

量化指标说明

- 第一根 K 线为大阴线，实体长度大于前七天 K 线实体长度平均值的 2 倍。
- 第二根 K 线为假阳线，实体长度大于整根 K 线长度的十分之一，开盘价低于前一天的最低价，收盘价等于前一天的最低价。

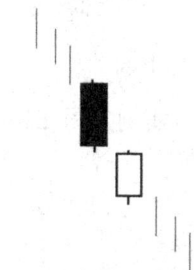

图 2.158　待入线形态（持续，看跌）

实例

实例如图 2.159 所示。

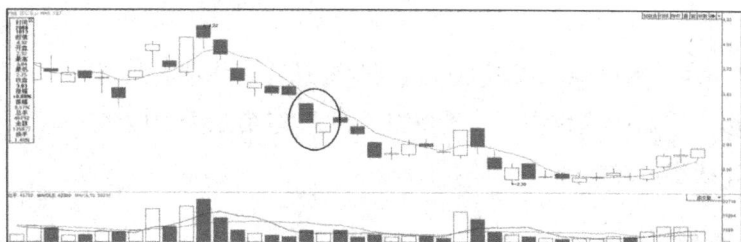

图 2.159　国旅联合日 K 线图

36. 切入线形态（持续，看跌）

形态介绍

如图 2.160 所示，看跌切入线形态可以被视为看跌待入线形态的一种变形。它们的区别在于，看跌切入线形态第二天的收盘价等于第一天的收盘价。

识别标准

- 在下跌趋势中出现了一根大阴线。
- 第二天市场大幅低开，随后市场上涨，最后收一根假阳线。
- 第二天的收盘价在第一天的收盘价附近。

量化指标说明

- 第一根 K 线为大阴线，实体长度大于前七天 K 线实体长度平均值的 2 倍。
- 第二根 K 线为假阳线，实体长度大于整根 K 线长度的十分之一，开盘价低于前一天的最低价，收盘价等于前一天的收盘价。

图 2.160　切入线形态
（持续，看跌）

实例

实例如图 2.161 所示。

图 2.161　英特集团日 K 线图

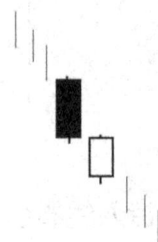

37. 插入线形态（持续，看跌）

形态介绍

如图 2.162 所示，看跌插入线形态可被视为看跌待入线和看跌切入线形态的变形。它们的区别在于，看跌插入线形态第二天的收盘价插入第一天 K 线实体的内部。

识别标准

- 在下跌趋势中出现了一根大阴线。

图 2.162　插入线形态
（持续，看跌）

- 第二天市场大幅低开，随后市场上涨，最后收一根阳线。
- 第二天的收盘价在第一天的实体内部，但并未超过第一天实体的中点。

量化指标说明

- 第一根 K 线为大阴线，实体长度大于前七天 K 线实体长度平均值的 2 倍。
- 第二根 K 线为阳线，实体长度大于整根 K 线长度的 0.5 倍，开盘价低于前一天的最低价，收盘价高于前一天的收盘价，且低于前一天实体的中点。

实例

实例如图 2.163 所示。

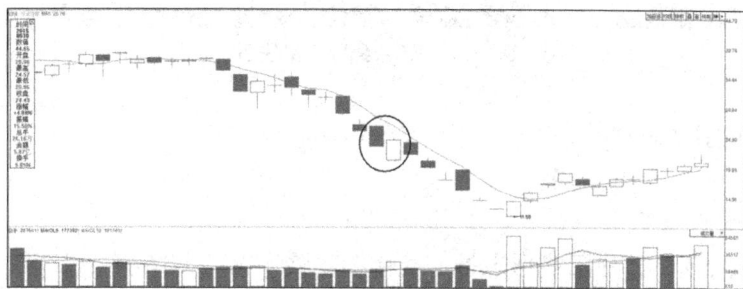

图 2.163 绿地控股日 K 线图

38. 向下跳空并列阴阳线形态（持续，看跌）

形态介绍

如图 2.164 所示，向下跳空并列阴阳线形态是一类持续看跌形态。市场在一段下跌趋势之后出现一根阴线，第二天市场低开低走收阴线，而第三天则高开高走，最后收盘于第一天与第二天的缺口中，但尚未将整个缺口填补。

识别标准

- 前两根 K 线都是阴线，并且存在跳空缺口。
- 第三天出现一根阳线，开盘价在第二天 K 线的实体内。
- 第三天的收盘价在第一天和第二天 K 线形成的跳空缺口内，但是尚未将整个缺口填补。

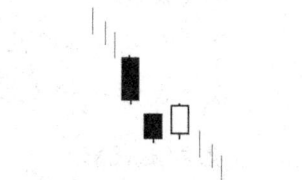

图 2.164 向下跳空并列阴阳线形态（持续，看跌）

量化指标说明

- 第一根 K 线为阴线，实体长度大于整根 K 线长度的十分之一。
- 第二根 K 线为阴线，实体长度大于整根 K 线长度的十分之一，开盘价低于前一天的收盘价。
- 第三根 K 线为阳线，实体长度大于整根 K 线长度的十分之一，开盘价高于第二天的收盘价，低于第二天的开盘价；收盘价高于第二天的开盘价，低于第一天的收盘价。

实例

实例如图 2.165 所示。

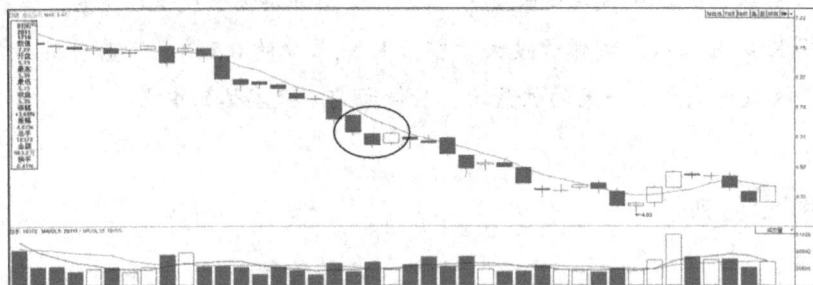

图 2.165　通化金马日 K 线图

39. 并列阳线形态（持续，看跌）

形态介绍

如图 2.166 所示，并列阳线形态是一类持续看跌形态。市场在一段下跌趋势之后出现一根阴线，第二天市场大幅低开，随后市场反攻，最终收一根假阳线。第三天市场继续低开高走，开盘价与前一天开盘价相近，最后收盘于第一天与第二天的缺口中，但尚未将整个缺口填补。

识别标准

- 市场处于下跌趋势中，第一天的 K 线为大阴线。
- 第二天市场低开，与第一天的 K 线之间形成跳空缺口，最终形成假阳线。
- 第三天 K 线继续低开，开盘价也与第二天的开盘价接近，收盘价低于第一天的收盘价。

图 2.166　并列阳线形态（持续，看跌）

量化指标说明

- 第一天出现一根大阴线，实体长度大于整根 K 线长度的 2 倍。
- 第二天出现一根假阳线，实体长度大于整根 K 线长度的十分之一，收盘价低于第一天的收盘价。
- 第三天出现一根阳线，实体长度大于整根 K 线长度的十分之一，收盘价低于第一天的收盘价；开盘价和第二天的开盘价相近。

实例

实例如图 2.167 所示。

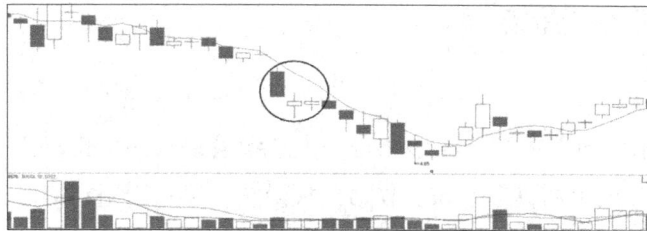

图 2.167　宁波富邦日K线图

40. 并列阴线形态（持续，看跌）

形态介绍

如图 2.168 所示，并列阴线形态是一类持续看跌形态。市场在一段下跌趋势之后出现一根阴线，第二天市场大幅低开，随后市场继续下跌，最终收一根阴线。第三天市场高开低走，开盘价高于第二天价格波动范围的中点，最后收盘于最低价附近。

识别标准

- 第一天出现一根大阴线，并且处于下跌趋势中。
- 第二天也出现一根阴线，其实体与第一天K线实体之间存在跳空缺口。
- 第三天的开盘价比第二天的开盘价高，但比第一天的收盘价低。第三天的价格一路走低，在接近当天最低价处收盘。

图 2.168　并列阴线形态（持续，看跌）

量化指标说明

- 第一天出现一根大阴线，实体长度大于前七天K线实体长度平均值的2倍。
- 第二天出现一根阴线，实体长度大于整根K线长度的十分之一，开盘价低于第一天的收盘价。
- 第三天出现一根阴线，实体长度大于整根K线长度的十分之一，开盘价高于第二天价格波动范围的中点，并低于第一天的收盘价。

实例

实例如图 2.169 所示。

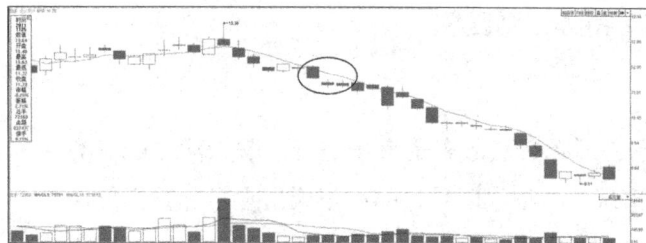

图 2.169　宏达股份日K线图

41. 向下跳空三法形态（持续，看跌）

形态介绍

如图 2.170 所示，向下跳空三法形态是一类持续看跌形态。市场在一段下跌趋势之后出现一根阴线，第二天市场跳空下跌，收第二根阴线。第三天则在第二天 K 线的实体范围内开盘，多头反攻，最后价格进入第一天的价格区域中。

识别标准

- 第一天和第二天都出现一根阴线，且两根阴线之间形成跳空缺口。
- 第三天出现一根阳线，它的开盘价和收盘价分别位于前两根阴线的实体范围内，有效回补了先前出现的跳空缺口。

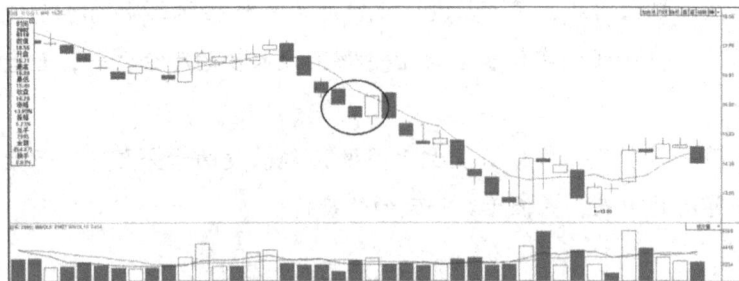

图 2.170　向下跳空三法形态（持续，看跌）

量化指标说明

- 第一天出现一根阴线，实体长度大于整根 K 线长度的 0.5 倍。
- 第二天出现一根阴线，实体长度大于整根 K 线长度的 0.5 倍，开盘价低于第一天的收盘价。
- 第三天出现一根阳线，实体长度大于整根 K 线长度的 0.5 倍，开盘价位于第二天 K 线实体内，收盘价位于第一天 K 线实体内。

实例

实例如图 2.171 所示。

图 2.171　青海春天日 K 线图

42. 下降三法形态（持续，看跌）

形态介绍

如图 2.172 所示，下降三法形态是市场处于下跌趋势中的一类形态。第一天市场出现了一根大阴线，随后三天出现了一系列反抽小阳线，但这一系列小 K 线没有超越第一天的价格波动范围。第五

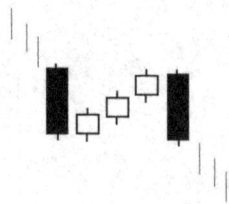

图 2.172　下降三法形态（持续，看跌）

天出现一根大阴线，收盘价低于第一天的收盘价。

识别标准

- 市场处于下跌趋势中，第一天出现一根大阴线。
- 在第一天出现阴线之后，出现一群实体短小的小阳线。
- 这群小阳线呈逆势走势，位于第一天K线的价格波动范围内。
- 最后一天出现强劲的跌势，其收盘价低于第一天的收盘价。

量化指标说明

- 第一天出现一根大阴线，实体长度大于前七天K线实体长度平均值的2倍。
- 第二天出现一根阳线，实体长度大于整根K线长度的十分之一，收盘价低于第一天的最高价，开盘价高于第一天的最低价。
- 第三天出现一根阳线，实体长度大于整根K线长度的十分之一，收盘价低于第一天的最高价，开盘价高于第一天的最低价。
- 第四天出现一根阳线，实体长度大于整根K线长度的十分之一，收盘价低于第一天的最高价，开盘价高于第一天的最低价。
- 第五天出现一根阴线，开盘价低于或等于第四天的收盘价，收盘价低于第一天的收盘价。

实例

实例如图 2.173 所示。

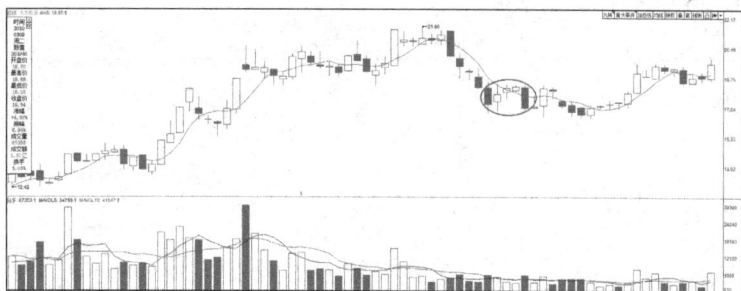

图 2.173　永泰能源日K线图

43. 铺垫形态（持续，看跌）

形态介绍

如图 2.174 所示，铺垫形态是一个五日持续看跌形态，与看跌下降三法形态比较相似，区别主要在于看跌铺垫形态第二天出现的是一根跳空低开高走的假阳线，实体超出了第一天大阴线的范围，而

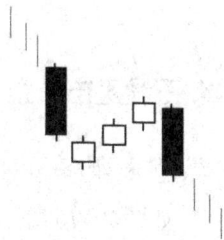

图 2.174　铺垫形态（持续，看跌）

下降三法形态中小阳线的波动均在第一根阴线范围之内。

识别标准

- 市场处于下跌趋势中，第一天出现一根大阴线。
- 第二天出现一根跳空低开高走的假阳线，实体与前一天的实体之间存在一个跳空缺口。
- 随后两天出现小 K 线，最高价与最低价逐渐升高。
- 第五天出现一根大阴线，开盘价在第四天的实体内，收盘价比第二天的开盘价低。

量化指标说明

- 第一天出现一根大阴线，实体长度大于前七天 K 线实体长度平均值的 2 倍。
- 第二天出现一根假阳线，收盘价低于第一天的收盘价，最高价低于第三天的最高价，最低价低于第三天的最低价。
- 第三天出现的 K 线可以为阴线，也可为阳线，收盘价和开盘价的较高者低于第一天的开盘价，最高价低于第四天的最高价，最低价低于第四天的最低价。
- 第四天出现的 K 线可以为阴线，也可为阳线，收盘价和开盘价的较高者低于第一天的开盘价。
- 第五天出现的 K 线为大阴线，实体长度大于前七天 K 线实体长度平均值的 2 倍，开盘价低于第四天收盘价和开盘价的较高者，收盘价低于第二天的开盘价。

实例

实例如图 2.175 所示。

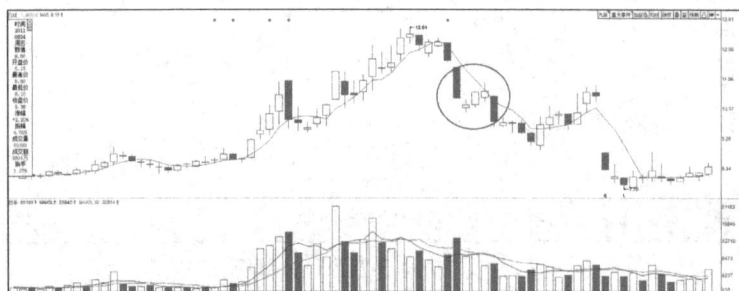

图 2.175　九鼎投资日 K 线图

44. 三线直击形态（持续，看跌）

形态介绍

如图 2.176 所示，三线直击形态是由四根 K 线组成的持续看跌形态。前三天的 K 线类似三只黑乌鸦形态，第四天市场低开高走，出现大幅反

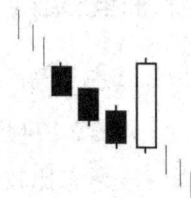

图 2.176　三线直击形态（持续，看跌）

弹，收盘价高于第一天的开盘价。

识别标准

- 市场处于下跌趋势中，前三天的K线看似是三只黑乌鸦形态。
- 第四天的收盘价在第一天的收盘价之上，市场低开高走。

量化指标说明

- 第一天出现一根阴线，实体长度大于整根K线长度的十分之一。
- 第二天出现一根阴线，实体长度大于整根K线长度的十分之一，收盘价低于第一天的收盘价，开盘价低于第一天的开盘价。
- 第三天出现一根阴线，实体长度大于整根K线长度的十分之一，收盘价低于第二天的收盘价，开盘价低于第二天的开盘价。
- 第四天出现一根阳线，开盘价低于第三天的收盘价，收盘价高于第一天的开盘价。

实例

实例如图2.177所示。

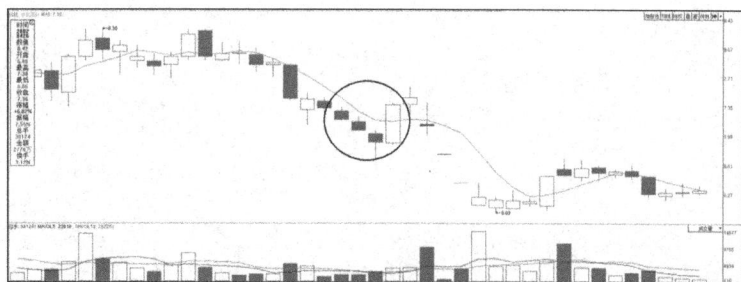

图2.177　中航高科日K线图

第二篇

股票交易

第三章

看涨 K 线形态在股票交易中的量化分析

本书作者对 2000 年 1 月 1 日至 2019 年 3 月 31 日在沪深两市股票中出现的 45 种看涨 K 线组合进行分析，统计内容包括每类 K 线组合形态出现后 7 个交易日内，在上述时间范围和样本范围内的出现总次数、成功次数、平均收益率、累计收益率、盈亏比、成功率、总盈利率以及总亏损率等数据。

假定我们在第 n 日判定某类看涨 K 线形态会出现，按照第 2 日的开盘价进行买入，然后分别按照第 n+1、n+2、…、n+7 交易日的收盘价平仓。按照沪深股市现有的 T+1 规则，当我们统计持有 1 日的相关数据时，按照 n+2 的开盘价平仓。如果该轮操作的收益为正，则投资 "成功"。我们可以根据开仓及平仓价格计算收益率及其他相关指标。在 7 日的跟踪过程中，如发生除权，则停止跟踪。如果该类 K 线组合出现次数较多，其结果具有一定的统计意义，我们就能以累计收益率为标准筛选出历史最佳股票。

1. 倒锤子线形态（反转，看涨）

如表 3.1 所示，该形态在过去 19 年内出现的次数较多，总计 31 982 次。作为反转看涨形态，其最高成功率为 54%，需持有 2 日或 3 日。伴随持有日的增加，该形态盈亏比逐渐上升，平均收益率和累计收益率的峰值出现在持有日第 4 日。投资者如果在出现该形态之后第 2 日开盘买入，持有 4 日之后平仓，则该操作具有统计意义上的最高收益。按照持有

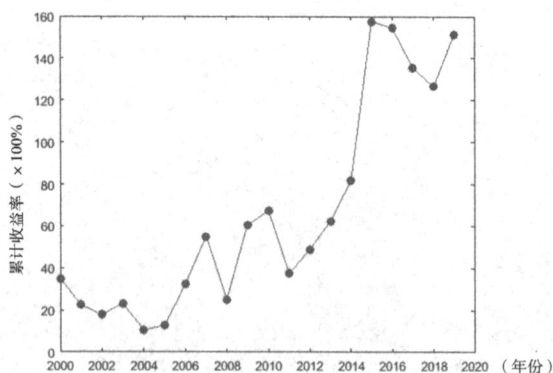

图 3.1　倒锤子线形态累计收益率

7 日统计，如图 3.1 所示，该形态累计收益率呈现出波动向上的趋势。

表 3.1　倒锤子线形态出现后 7 日内的指标统计

持有日	出现总次数 （次）	成功次数 （次）	平均收益率 （%）	累计收益率 （%）	盈亏比	成功率 （%）	总盈利率 （%）	总亏损率 （%）
第 1 日	31 982	16 590	-0.09	-2 948.37	0.866 7	52	41862.01	-44 810.37
第 2 日	31 890	17 302	0.27	86 83.44	0.974 5	54	61344.85	-52 661.42
第 3 日	31 624	17 215	0.47	14 985.86	1.053 7	54	76749.33	-61 763.46
第 4 日	31 495	16 756	0.50	15 936.80	1.072 2	53	84848.21	-68 911.41

（续表）

持有日	出现总次数 （次）	成功次数 （次）	平均收益率 （%）	累计收益率 （%）	盈亏比	成功率 （%）	总盈利率 （%）	总亏损率 （%）
第 5 日	31 232	16 291	0.49	15 592.97	1.091 6	52	91 400.50	−758 07.53
第 6 日	31 169	15 805	0.41	12 945.88	1.099 2	51	94 368.39	−814 22.51
第 7 日	30 958	15 796	0.47	15 114.34	1.126 9	51	101 483.35	−863 69.00

在个股方面，该形态下具有较好收益的股票有中航重机（600765）、首创股份（600008）、安琪酵母（600298）等。根据统计，在过去 19 年里，中航重机共出现该形态 22 次，最高成功率为 86%，需持有 3 日；最高盈亏比为 3.67，需持有 7 日（成功率为 64%）；最高累计收益率为 123%，同样需持有 7 日。首创股份共出现该形态 18 次，最高成功率为 78%，需持有 2 日；最高盈亏比为 7.89，需持有 2 日；最高累计收益率为 113%，需持有 4 日（成功率为 72%，盈亏比为 4.29）。上述两只股票累计收益率曲线图分别如图 3.2 和图 3.3 所示。

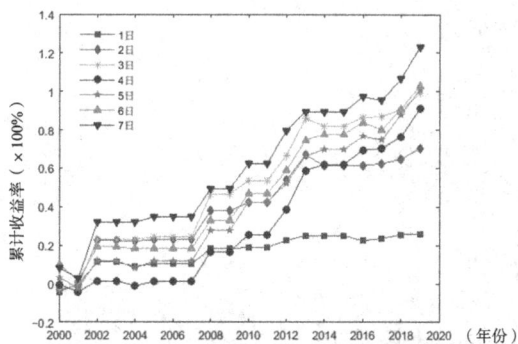

图 3.2 中航重机倒锤子线形态累计收益率

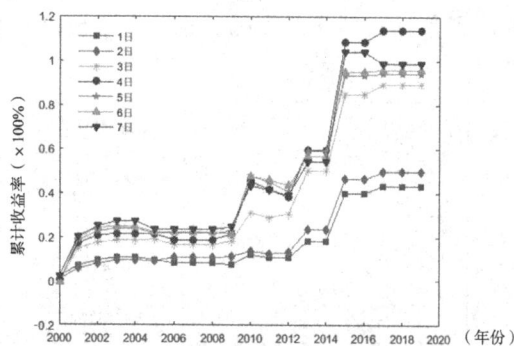

图 3.3 首创股份倒锤子线形态累计收益率

2. 锤子线形态（反转，看涨）

如表 3.2 所示，该形态在过去 19 年内出现的次数较多，总计 36 116 次。作为反转看涨形态，其最高成功率为 54%，需持有 1 日，并且成功率伴随着持有日的增加而减少。该形态最高盈亏比、平均收益率和累计收益率的峰值出现在持有日第 2 日。根据表 3.2 我们可看出，伴随持有日的增加，锤子线形态的各方面统计数据均在下降。当持有 7 日时，其累计收益率为 -947.27%。综上所述，在出现锤子线形态之后，不宜持有太久。按照持有 1 日进行统计，根据图 3.4 所示，该形态累计收益率在过去 19 年里呈现波动向上的趋势。

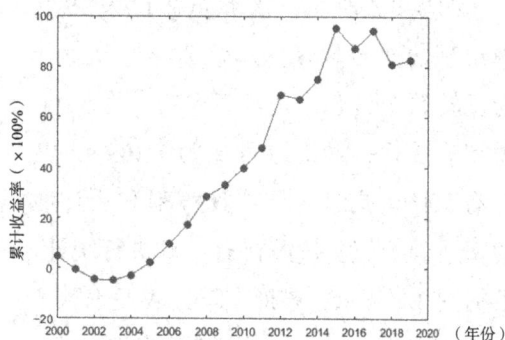

图 3.4 锤子线形态累计收益率

表 3.2　锤子线形态出现后 7 日内的指标统计

持有日	出现总次数（次）	成功次数（次）	平均收益率（%）	累计收益率（%）	盈亏比	成功率（%）	总盈利率（%）	总亏损率（%）
第 1 日	36 116	19 319	0.23	8 270.28	1.075 9	54	43 035.55	-34 765.27
第 2 日	36 116	18 927	0.25	8 984.57	1.081 5	52	56 063.52	-47 078.95
第 3 日	36 091	18 439	0.08	2 976.54	1.002 3	51	66 297.88	-63 321.34
第 4 日	36 070	18 148	0.07	2 449.27	1.020 1	50	76 738.71	-74 289.43
第 5 日	36 051	18 084	0.10	3 508.02	1.037 1	50	83 483.80	-79 975.78
第 6 日	36 012	17 796	0.05	1 705.13	1.043 4	49	89 806.91	-88 101.79
第 7 日	35 984	17 565	-0.03	-947.27	1.038 3	49	95 438.98	-96 386.25

在个股方面，该形态具有较好收益的股票有鹏欣资源（600490）、京蓝科技（000711）等。根据统计，在过去 19 年里，鹏欣资源共出现该形态 18 次，最高成功率为 72%，需持有 2 日；最高盈亏比为 5.97，需持有 5 日（成功率为 56%）；最高累计收益率为 109%，需持有 7 日。京蓝科技共计出现该形态 19 次，最高成功率为 84%，需持有 4 日；最高盈亏比为 3.58，需持有 2 日（成功率为 63%）；最高累计收益率为 124%，需持有 7 日。上述两只股票累计收益率曲线图分别如图 3.5 和图 3.6 所示。

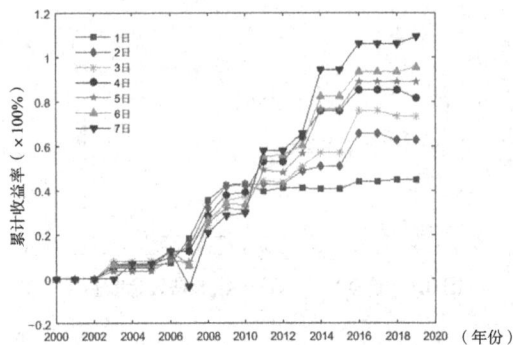

图 3.5　鹏欣资源锤子线形态累计收益率

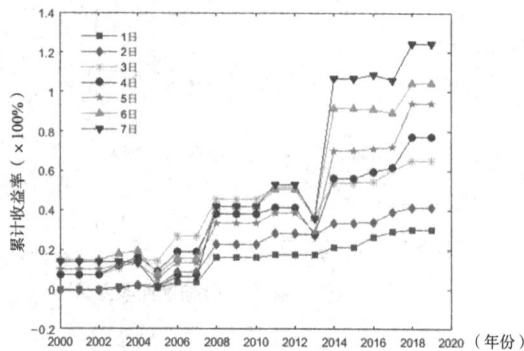

图 3.6　京蓝科技锤子线形态累计收益率

3. 执带线形态（反转，看涨）

如表 3.3 所示，该形态在过去 19 年内出现的次数较多，总计 28 815 次。作为反转看涨形态，其最高成功率为 56%，需持有 3 日；最高盈亏比为 1.369 9，需持有 7 日。此时，平均收益率和累计收益率达到峰值。按照持有 3 日进行统计，根据图 3.7 所示，该形态累计收益率除了2000 年至 2002 年有一个短暂的下跌之外，

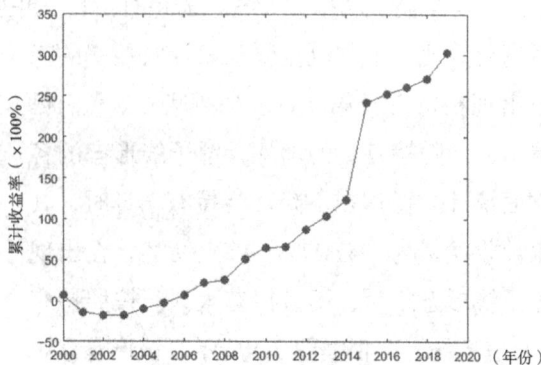

图 3.7　执带线形态累计收益率

在其余时间里均呈现持续向上的趋势，并且在 2015 年和 2019 年的前 3 个月均出现加速上涨的情况。2015 年和 2019 年第一季度为牛市行情，我们可以看出该形态组合在大盘行情较好的情况下，具有良好表现。

表 3.3　执带线形态出现后 7 日内的指标统计

持有日	出现总次数（次）	成功次数（次）	平均收益率（%）	累计收益率（%）	盈亏比	成功率（%）	总盈利率（%）	总亏损率（%）
第 1 日	28 815	14 820	0.38	11 080.72	1.301 0	51	40 417.37	-29 336.66
第 2 日	28 801	15 779	0.72	20 793.86	1.324 7	55	55 152.04	-34 358.18
第 3 日	28 775	16 078	1.05	30 252.24	1.331 6	56	74 342.57	-44 090.33
第 4 日	28 745	15 835	1.00	28 667.18	1.263 9	55	80 762.67	-52 095.48
第 5 日	28 713	15 207	0.92	26 390.38	1.280 2	53	86 174.22	-59 783.84
第 6 日	28 692	15 097	1.13	32 486.46	1.349 0	53	97 711.31	-65 224.86
第 7 日	28 663	14 981	1.24	35 447.00	1.369 9	52	106 348.98	-70 901.98

在个股方面，该形态下具有较好收益的股票有特力 A（000025）和西昌电力（600505）等。根据统计，在过去 19 年里，特力 A 共计出现该形态 25 次，最高成功率为 68%，需持有 6 日；最高盈亏比为 4.56，需持有 1 日（成功率为 48%）；最高累计收益率为 151%，出现在持有日第 7 日（成功率为 60%，盈亏比为 2.25）。西昌电力共计出现该形态 16 次，最高成功率为 81%，需持有 3 日或 4 日；最高盈亏比为 3.56，需持有 7 日（成功率为 75%）；最高累计收益率为 119%，需持有 7 日。上述两只股票累计收益率曲线图分别如图 3.8 和图 3.9 所示。

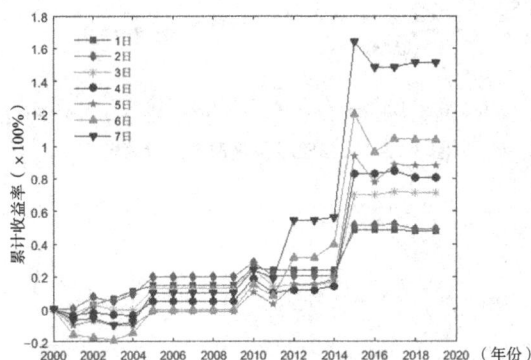

图 3.8　特力 A 执带线形态累计收益率　　图 3.9　西昌电力执带线形态累计收益率

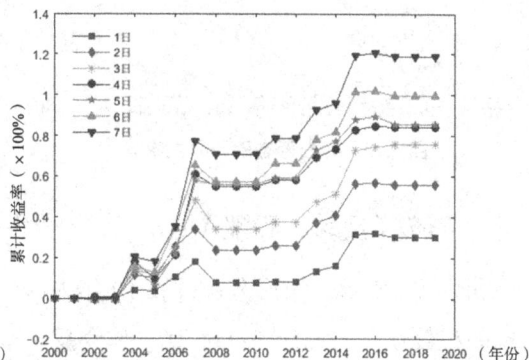

4. 吞没形态（反转，看涨）

如表 3.4 所示，该形态在过去 19 年内出现的次数较多，总计 23 843 次。作为反转看涨形态，其最高成功率为 56%，需持有 3 日；最高盈亏比为 1.241 1，需持有 6 日；平均收益率和累计收益率的峰值出现在持有日第 4 日，此时盈亏比为 1.203 0，成功率为 53%。如果按照持有 2 日进行统计，根据图 3.10 所示，自 2008 年开始，该形态累计收益率呈现持续向上的趋势。

表 3.4　吞没形态出现后 7 日内的指标统计

持有日	出现总次数（次）	成功次数（次）	平均收益率（%）	累计收益率（%）	盈亏比	成功率（%）	总盈利率（%）	总亏损率（%）
第1日	23 843	12 191	0.17	4 107.43	1.117 6	51	28 368.61	−24 261.18
第2日	23 831	12 966	0.48	11 383.15	1.191 3	54	38 376.55	−26 993.40
第3日	23 819	13 319	0.63	14 980.09	1.127 0	56	49 850.66	−34 870.58
第4日	23 808	12 621	0.64	15 204.54	1.203 0	53	57 764.64	−42 560.10
第5日	23 787	12 156	0.51	12 110.36	1.190 0	51	61 806.33	−49 695.98
第6日	23 768	11 869	0.56	13 301.99	1.241 1	50	69 197.46	−55 895.48
第7日	23 744	11 549	0.45	10 738.90	1.238 6	48	72 818.10	−62 079.20

　　在个股方面，该形态下具有较好收益的股票有天成控股（600112）等。根据统计，在过去 19 年里，天成控股共出现该形态 14 次，最高成功率为 93%，需持有 3 日或 6 日；最高盈亏比为 5.63，需持有 4 日（成功率为 79%）；最高累计收益率为 110%，需持有 7 日（成功率为 86%，盈亏比为 3.44）。上述股票累计收益率曲线图如图 3.11 所示。

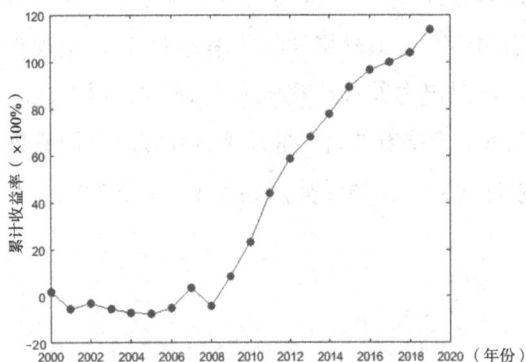

图 3.10　吞没形态累计收益率

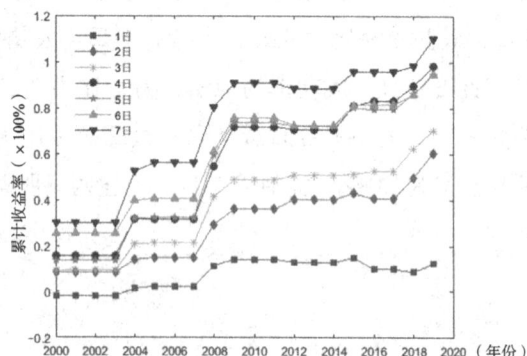

图 3.11　天成控股吞没形态累计收益率

5. 孕线形态（反转，看涨）

　　如表 3.5 所示，该形态在过去 19 年内出现的次数较多，总计 40 805 次。作为反转看涨形态，其最高成功率为 59%，需持有 4 日；最高盈亏比为 1.121 1，需持有 2 日；平均收益率和累计收益率的峰值出现在持有日第 5 日，此时盈亏比为 1.101 3，成功率为 58%。如果按照持有 4 日进行统计，根据图 3.12 所示，该形态累计收益率呈现出持续向上的趋势。

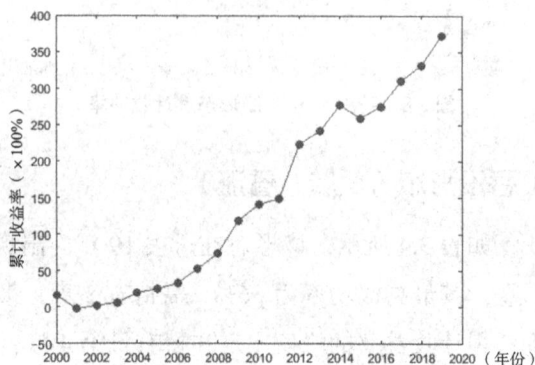

图 3.12　孕线形态累计收益率

表 3.5 孕线形态出现后 7 日内的指标统计

持有日	出现总次数 （次）	成功次数 （次）	平均收益率 （%）	累计收益率 （%）	盈亏比	成功率 （%）	总盈利率 （%）	总亏损率 （%）
第 1 日	40 805	22 430	0.33	13 564.64	1.112 0	55	51 524.50	-37 959.85
第 2 日	40 785	23 322	0.57	23 330.15	1.121 1	57	70 254.03	-46 923.87
第 3 日	40 771	23 739	0.67	27 400.48	1.051 6	58	86 244.20	-58 843.72
第 4 日	40 730	23 867	0.91	37 202.45	1.100 3	59	103 961.23	-66 758.77
第 5 日	40 681	23 659	0.94	38 365.38	1.101 3	58	110 658.28	-72 292.90
第 6 日	40 651	22 561	0.71	28 797.65	1.073 8	55	113 706.22	-84 908.57
第 7 日	40 618	22 505	0.74	30 033.59	1.066 1	55	122 547.41	-92 513.82

在个股方面，该形态下具有较好收益的股票有石化机械（000852）、苏常柴 A（000570）等。根据统计，在过去 19 年里石化机械共出现该形态 21 次，最高成功率为 81%，需持有 7 日；最高盈亏比为 5.42，需持有 7 日；最高累计收益率为 143%，同样需持有 7 日。苏常柴 A 共出现该形态 31 次，最高成功率为 77%，需持有 5 日；最高盈亏比为 3.33，需持有 1 日；最高累计收益率为 113%，需持有 5 日。上述两只股票累计收益率曲线图分别如图 3.13 和图 3.14 所示。

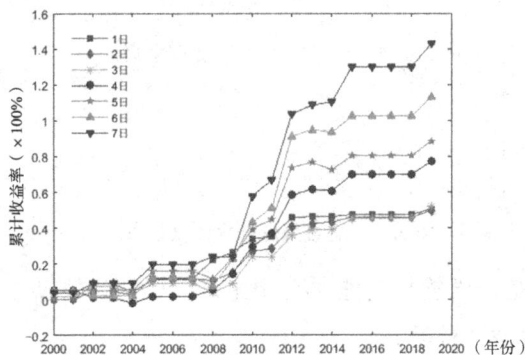

图 3.13 石化机械孕线形态累计收益率

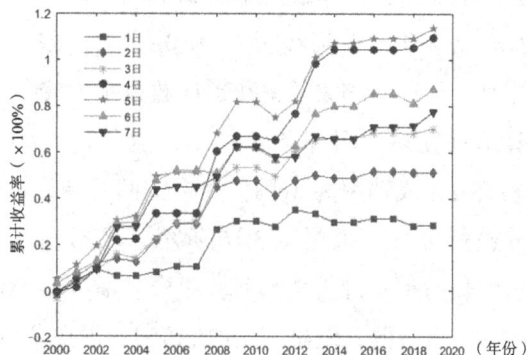

图 3.14 苏常柴 A 孕线形态累计收益率

6. 十字孕线形态（反转，看涨）

如表 3.6 所示，该形态在过去 19 年内出现的次数较少，仅 1 172 次。作为反转看涨形态，其最高成功率为 57%，出现在持有日第 3 日和第 4 日；最高盈亏比为 1.205 4，需持有 4 日；平均收益率和累计收益率的峰值出现在持有日第 4 日。如果按照持有 6 日进行统计，根据图 3.15 所示，该形态累计收益率呈现持续向上的趋势。

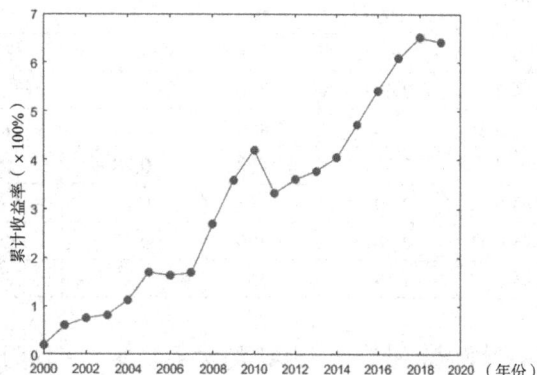

图 3.15 十字孕线形态累计收益率

表3.6　十字孕线形态出现后7日内的指标统计

持有日	出现总次数（次）	成功次数（次）	平均收益率（%）	累计收益率（%）	盈亏比	成功率（%）	总盈利率（%）	总亏损率（%）
第1日	1 172	645	0.32	375.61	1.108 3	55	1 421.60	-1 045.99
第2日	1 172	637	0.39	452.48	1.093 5	54	1 915.53	-1 463.05
第3日	1 172	673	0.61	713.48	1.053 2	57	2 410.54	-1 697.06
第4日	1 172	669	0.92	1 077.79	1.205 4	57	2 864.47	-1 786.68
第5日	1 171	646	0.82	954.70	1.191 6	55	3 002.40	-2 047.70
第6日	1 169	617	0.59	688.29	1.144 7	53	3 150.82	-2 462.53
第7日	1 169	617	0.75	879.94	1.196 4	53	3 489.17	-2 609.23

　　因为个股出现该形态的次数较少（平均为个位数），因此，本书暂不提供个股在该形态下的统计结果。

7. 刺透线形态（反转，看涨）

　　如表3.7所示，该形态在过去19年内出现次数较少，仅2 606次。作为反转看涨形态，其最高成功率为56%，需持有3日或4日；最高盈亏比为0.976 4，需持有7日；平均收益率和累计收益率的峰值出现在持有日第4日，此时盈亏比为0.858 2，成功率为56%。如果按照持有7日进行统计，根据图3.16所示，该形态

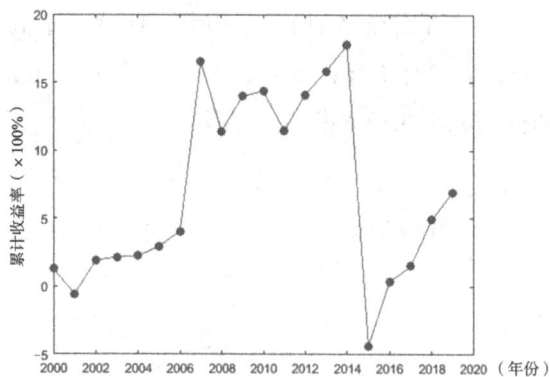

图3.16　刺透线形态累计收益率

累计收益率呈现震荡趋势。投资者需要注意的是，虽然与其他形态相比，该形态的最高成功率不算最低，但盈亏比均低于1，因此累计收益率较低。

表3.7　刺透线形态出现后7日内的指标统计

持有日	出现总次数（次）	成功次数（次）	平均收益率（%）	累计收益率（%）	盈亏比	成功率（%）	总盈利率（%）	总亏损率（%）
第1日	2 606	1 269	-0.21	-535.51	0.917 0	49	3 596.14	-4 131.65
第2日	2 604	1 406	-0.01	-28.48	0.847 3	54	5 095.62	-5 124.11
第3日	2 600	1 446	0.07	183.47	0.820 3	56	6 775.75	-6 592.28
第4日	2 597	1 458	0.28	726.87	0.858 2	56	8 102.98	-7 376.11
第5日	2 591	1 435	0.22	579.39	0.862 1	55	8 791.51	-8 212.12
第6日	2 589	1 390	0.27	696.14	0.930 4	54	9 555.57	-8 859.43
第7日	2 585	1 355	0.27	691.52	0.976 4	52	9 832.62	-9 141.09

　　因为个股出现该形态的次数较少（平均为个位数），因此，本书暂不提供个股在该形态下的统计结果。

8. 十字星形态（反转，看涨）

如表 3.8 所示，该形态在过去 19 年内出现的次数较少，仅 2 878 次。作为反转看涨形态，其最高成功率为 53%，需持有 2 日、5 日或 6 日；最高盈亏比为 1.593 8，需持有 7 日；平均收益率和累计收益率的峰值出现在持有日第 7 日。如果按照持有 7 日进行统计，根据图 3.17 所示，该形态累计收益率呈现出震荡向上的趋势。该形态的成功率较低，但盈亏比相对较高，投资者可以在该形态出现后持有相对较长的时间。

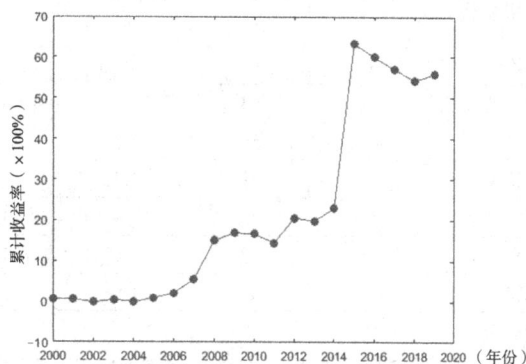

图 3.17 十字星形态累计收益率

表 3.8 十字星形态出现后 7 日内的指标统计

持有日	出现总次数（次）	成功次数（次）	平均收益率（%）	累计收益率（%）	盈亏比	成功率（%）	总盈利率（%）	总亏损率（%）
第 1 日	2 878	1 488	-0.08	-222.42	0.883 6	52	3 891.32	-4 113.74
第 2 日	2 875	1 536	0.41	1 191.21	1.096 5	53	5 810.72	-4 619.51
第 3 日	2 873	1 492	0.84	2 425.29	1.334 8	52	7 910.85	-5 485.56
第 4 日	2 870	1 506	1.10	3 148.19	1.332 7	52	9 826.44	-6 678.25
第 5 日	2 870	1 508	1.53	4 393.51	1.473 7	53	11 349.22	-6 955.71
第 6 日	2 866	1 510	1.34	3 850.59	1.370 0	53	11 176.77	-7 326.18
第 7 日	2 863	1 488	1.95	5 584.16	1.593 8	52	13 288.41	-7 704.25

因为个股出现该形态的次数较少（平均为个位数），因此，本书暂不提供个股在该形态下的统计结果。

9. 约会线形态（反转，看涨）

如表 3.9 所示，该形态在过去 19 年内出现的次数很少，仅 97 次。作为反转看涨形态，其最高成功率为 62%，需持有 4 日，但当投资者持有 1 日时，成功率仅为 43%；最高盈亏比为 1.652 0，需持有 6 日；平均收益率和累计收益率的峰值出现在持有日第 6 日，成功率为 56%。如果按照持有 6 日进行统计，根据图 3.18 所示，该形态累计收益率呈现出震荡向上的趋势。

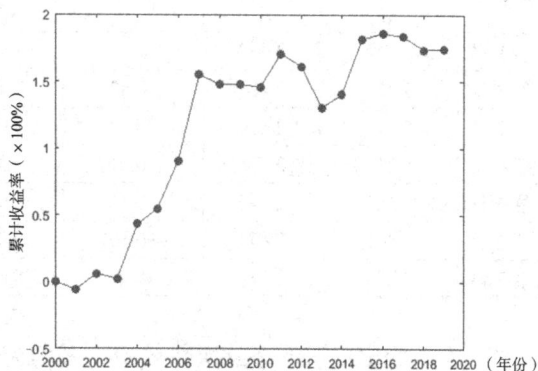

图 3.18 约会线形态累计收益率

表 3.9 约会线形态出现后 7 日内的指标统计

表 3.9 约会线形态出现后 7 日内的指标统计

持有日	出现总次数（次）	成功次数（次）	平均收益率（%）	累计收益率（%）	盈亏比	成功率（%）	总盈利率（%）	总亏损率（%）
第 1 日	97	42	-0.11	-11.14	1.180 4	43	101.87	-113.02
第 2 日	97	55	0.64	61.67	1.243 2	57	159.87	-98.20
第 3 日	96	59	1.17	112.69	1.245 8	61	226.91	-114.22
第 4 日	95	59	1.35	128.65	1.208 0	62	259.96	-131.31
第 5 日	95	55	1.48	140.58	1.433 0	58	285.44	-144.86
第 6 日	95	53	1.83	174.31	1.652 0	56	335.02	-160.71
第 7 日	95	51	1.53	145.36	1.607 8	54	313.69	-168.33

因为个股出现该形态的次数较少（平均为个位数），因此，本书暂不提供个股在该形态下的统计结果。

10. 信鸽形态（反转，看涨）

如表 3.10 所示，该形态在过去 19 年内出现 5 224 次。作为反转看涨形态，其最高成功率为 52%，需持有 4 日、5 日或 7 日；最高盈亏比为 0.973 5，需持有 7 日；平均收益率和累计收益率的峰值出现在持有日第 7 日。如果按照持有 7 日进行统计，根据图 3.19 所示，该形态累计收益率呈现出震荡的趋势。该形态成功率较低，盈亏比均低于 1，平均收益率除持有日第 7 日外，均为负值。因此，在该形态出现后，投资者需要谨慎判断市场趋势。

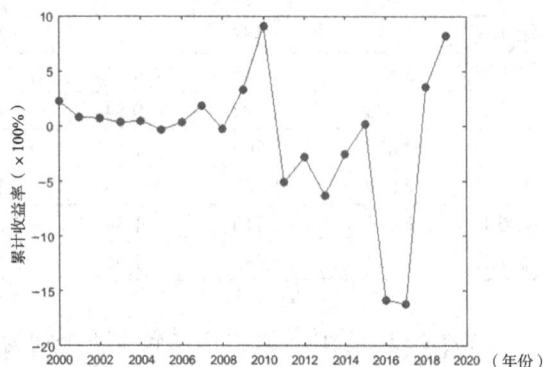

图 3.19 信鸽形态累计收益率

表 3.10 信鸽形态出现后 7 日内的指标统计

持有日	出现总次数（次）	成功次数（次）	平均收益率（%）	累计收益率（%）	盈亏比	成功率（%）	总盈利率（%）	总亏损率（%）
第 1 日	5 224	2 430	-0.48	-2 488.26	0.777 9	47	5 226.28	-7 714.55
第 2 日	5 224	2 432	-0.47	-2 440.38	0.852 8	47	7 049.08	-9 489.46
第 3 日	5 216	2 650	-0.38	-1 958.10	0.803 1	51	9 522.28	-11 480.38
第 4 日	5 214	2 715	-0.01	-67.45	0.914 6	52	10 642.30	-10 709.75
第 5 日	5 207	2 687	-0.31	-1 623.55	0.820 9	52	11 401.03	-13 024.58
第 6 日	5 205	2 671	-0.19	-974.31	0.880 5	51	12 578.40	-13 552.71
第 7 日	5 202	2 716	0.16	818.10	0.973 5	52	13 689.83	-12 871.73

因为个股出现该形态的次数较少（平均为个位数），因此，本书暂不提供个股在该形态下的统计结果。

11. 相同低价形态（反转，看涨）

如表 3.11 所示，该形态在过去 19 年内出现了 1 476 次。作为反转看涨形态，其最高成功率为 53%，出现在持有日第 3 日、第 4 日、第 6 日、第 7 日；最高盈亏比为 1.040 9，需持有 7 日；平均收益率和累计收益率的峰值出现在持有日第 7 日。如果按照持有 7 日进行统计，根据图 3.20 所示，该形态累计收益率呈现出震荡向上的趋势，并且在 2019 年第一季度，该形态的累计收益率出现较大提升。

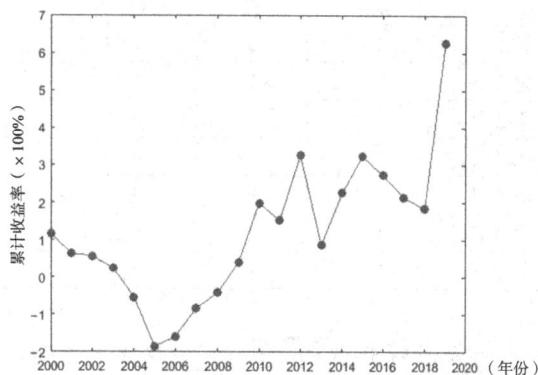

图 3.20 相同低价形态累计收益率

表 3.11 相同低价形态出现后 7 日内的指标统计

持有日	出现总次数（次）	成功次数（次）	平均收益率（%）	累计收益率（%）	盈亏比	成功率（%）	总盈利率（%）	总亏损率（%）
第 1 日	1 476	746	-0.10	-149.45	0.867 5	51	1 196.62	-1 346.07
第 2 日	1 476	711	-0.23	-332.12	0.892 3	48	1 638.59	-1 970.72
第 3 日	1 476	782	-0.03	-39.25	0.870 1	53	2 301.13	-2 340.38
第 4 日	1 476	781	0.15	216.52	0.965 2	53	2 730.02	-2 513.50
第 5 日	1 476	772	0.13	198.66	0.975 1	52	3 064.75	-2 866.09
第 6 日	1 475	786	0.27	403.99	0.991 1	53	3 497.81	-3 093.82
第 7 日	1 475	789	0.42	625.97	1.040 9	53	3 799.57	-3 173.60

因为个股出现该形态的次数较少（平均为个位数），因此，本书暂不提供个股在该形态下的统计结果。

12. 反冲形态（反转，看涨）

如表 3.12 所示，按照现有对该形态的量化指标，在过去 19 年内，该形态仅在宁夏建材（600449）出现 1 次，平均收益率和累计收益率的峰值出现在持有日第 5 日。在统计过程中，就算放宽量化约束条件，该形态出现的次数依然很少。按照持有 5 日进行统计，该形态累计收益率如图 3.21 所示。

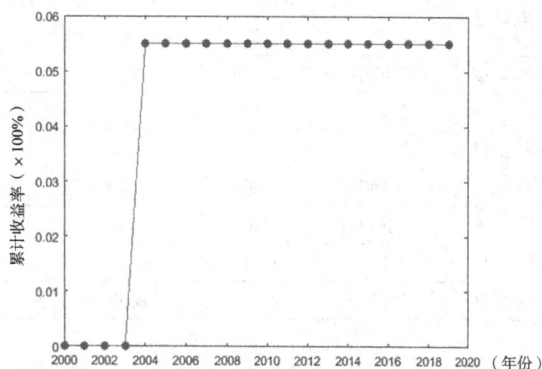

图 3.21 反冲形态累计收益率

表 3.12　反冲形态出现后 7 日内的指标统计

持有日	出现总次数 （次）	成功次数 （次）	平均收益率 （%）	累计收益率 （%）	盈亏比	成功率 （%）	总盈利率 （%）	总亏损率 （%）
第 1 日	1	1	1.04	1.04	NAN	100	1.04	0
第 2 日	1	1	2.08	2.08	NAN	100	2.08	0
第 3 日	1	1	5.21	5.21	NAN	100	5.21	0
第 4 日	1	1	4.46	4.46	NAN	100	4.46	0
第 5 日	1	1	5.51	5.51	NAN	100	5.51	0
第 6 日	1	1	4.61	4.61	NAN	100	4.61	0
第 7 日	1	1	3.72	3.72	NAN	100	3.72	0

　　因为个股出现该形态的次数较少（平均为个位数），因此，本书暂不提供个股在该形态下的统计结果。

13. 白色一兵形态（反转，看涨）

　　如表 3.13 所示，该形态在过去 19 年内出现 2 470 次。作为反转看涨形态，其最高成功率为 56%，需持有 3 日；最高盈亏比为 1.417 8，需持有 4 日；平均收益率和累计收益率的峰值出现在持有日第 4 日。如果按照持有 4 日进行统计，根据图 3.22 所示，该形态累计收益率呈现出持续向上的趋势。该形态出现的次数较少，虽然成功率并不突出，但盈亏比较好，投资者持有 4~5 天，会有较好的平均收益率。

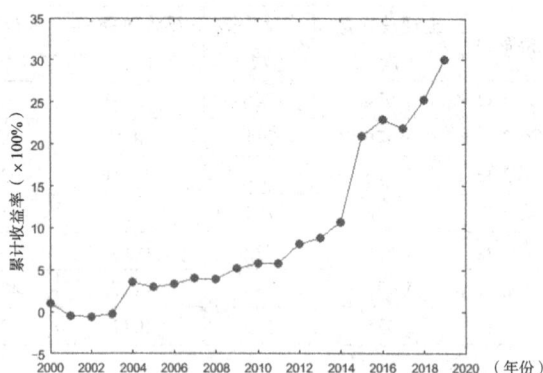

图 3.22　白色一兵形态累计收益率

表 3.13　白色一兵形态出现后 7 日内的指标统计

持有日	出现总次数 （次）	成功次数 （次）	平均收益率 （%）	累计收益率 （%）	盈亏比	成功率 （%）	总盈利率 （%）	总亏损率 （%）
第 1 日	2 470	1 230	0.16	391.00	1.167 1	50	2 870.22	-2 479.22
第 2 日	2 468	1 319	0.52	1 273.60	1.268 0	53	4 068.78	-2 795.18
第 3 日	2 464	1 369	0.92	2 277.55	1.343 6	56	5 627.94	-3 350.39
第 4 日	2 460	1 365	1.22	3 000.44	1.417 8	55	6 910.04	-3 909.60
第 5 日	2 457	1 305	1.08	2 647.43	1.395 7	53	7 203.95	-4 556.53
第 6 日	2 455	1 259	0.88	2 154.59	1.323 9	51	7 628.75	-5 474.15
第 7 日	2 450	1 218	0.97	2 375.58	1.409 3	50	8 415.78	-6 040.20

　　因为个股出现该形态的次数较少（平均为个位数），因此，本书暂不提供个股在该形态下的统计结果。

14. 启明星形态（反转，看涨）

如表 3.14 所示，该形态在过去 19 年内出现 831 次。作为反转看涨形态，其最高成功率为 48%，需持有 7 日；最高盈亏比为 1.071 4，需持有 6 日；在所有持有日，平均收益率和累计收益率均为负值。如果按照持有 6 日进行统计，根据图 3.23 所示，该形态累计收益率呈现震荡向下的趋势。该形态出现的次数较少，成功率均低于 50%，盈亏比在 1 附近，导致平均收益率低至负值。

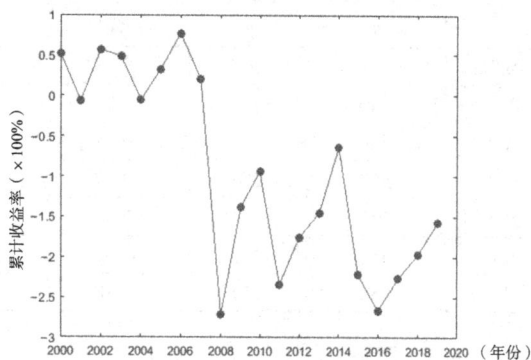

图 3.23　启明星形态累计收益率

表 3.14　启明星形态出现后 7 日内的指标统计

持有日	出现总次数（次）	成功次数（次）	平均收益率（%）	累计收益率（%）	盈亏比	成功率（%）	总盈利率（%）	总亏损率（%）
第 1 日	831	351	−0.41	−338.94	0.945 4	42	758.98	−1 097.91
第 2 日	831	356	−0.33	−275.90	1.057 5	43	1 054.21	−1 330.11
第 3 日	830	369	−0.62	−516.81	0.893 5	44	1 297.73	−1 814.55
第 4 日	830	378	−0.41	−336.15	0.980 9	46	1 534.38	−1 870.54
第 5 日	828	377	−0.34	−282.98	1.033 5	46	1 797.21	−2 080.19
第 6 日	827	384	−0.19	−157.51	1.071 4	46	2 051.81	−2 209.32
第 7 日	827	395	−0.14	−115.85	1.040 9	48	2 283.50	−2 399.34

因为个股出现该形态的次数较少（平均为个位数），因此，本书暂不提供个股在该形态下的统计结果。

15. 十字启明星形态（反转，看涨）

如表 3.15 所示，该形态在过去 19 年内出现 561 次。作为反转看涨形态，其最高成功率为 49%，需持有 2 日；最高盈亏比为 1.071 0，需持有 7 日；在所有持有日，平均收益率和累计收益率均为负值。如果按照持有 7 日进行统计，根据图 3.24 所示，该形态累计收益率呈现出大幅震荡趋势。该形态与启明星形态较为相近，但成功率略高于启明星形态。

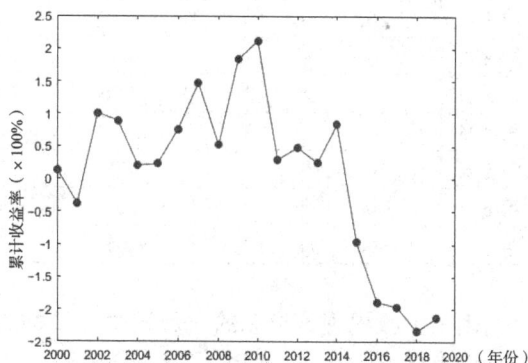

图 3.24　十字启明星形态累计收益率

表 3.15　十字启明星形态出现后 7 日内的指标统计

持有日	出现总次数（次）	成功次数（次）	平均收益率（%）	累计收益率（%）	盈亏比	成功率（%）	总盈利率（%）	总亏损率（%）
第 1 日	561	267	-0.23	-128.26	0.896 1	48	560.52	-688.78
第 2 日	560	274	-0.22	-122.75	0.899 6	49	765.82	-888.57
第 3 日	560	255	-0.71	-399.69	0.825 7	46	891.18	-1 290.87
第 4 日	559	260	-0.47	-261.34	0.912 1	47	1 002.22	-1 263.56
第 5 日	557	258	-0.32	-178.40	1.003 3	46	1 149.85	-1 328.25
第 6 日	557	267	-0.23	-127.47	0.992 4	48	1 349.61	-1 477.08
第 7 日	557	250	-0.38	-213.27	1.071 0	45	1 454.85	-1 668.11

因为个股出现该形态的次数较少（平均为个位数），因此，本书暂不提供个股在该形态下的统计结果。

16. 弃婴形态（反转，看涨）

如表 3.16 所示，该形态在过去 19 年内仅出现 6 次。因为出现次数较少，各持有日的统计数据波动较大。比如，其最高成功率为 67%，需持有 4 日，而最低成功率为 0；最高盈亏比为 4.059 4，需持有 5 日；在持有日前三天，平均收益率和累计收益率均为负值，其相对峰值出现在持有日第 5 日。如果按照持有 5 日进行统计，该形态累计收益率如图 3.25 所示。

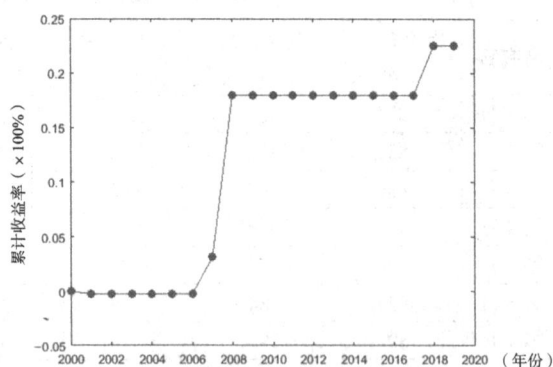

图 3.25　弃婴形态累计收益率

表 3.16　弃婴形态出现后 7 日内的指标统计

持有日	出现总次数（次）	成功次数（次）	平均收益率（%）	累计收益率（%）	盈亏比	成功率（%）	总盈利率（%）	总亏损率（%）
第 1 日	6	0	-4.17	-25.04	0	0	0	-25.04
第 2 日	6	1	-4.32	-25.94	0.030 6	17	0.16	-26.10
第 3 日	6	3	-1.76	-10.54	0.378 9	50	6.43	-16.98
第 4 日	6	4	1.74	10.42	1.198 5	67	17.88	-7.46
第 5 日	6	3	3.76	22.54	4.059 4	50	29.91	-7.37
第 6 日	6	3	0.67	4.05	1.217 6	50	22.66	-18.61
第 7 日	6	2	0.55	3.28	2.320 9	33	23.69	-20.42

因为个股出现该形态的次数较少（平均为个位数），因此，本书暂不提供个股在该形态下的统计结果。

17. 三星形态（反转，看涨）

如表 3.17 所示，该形态在过去 19 年内出现 75 次，出现的频率较低。其最高成功率为 53%，需持有 2 日；盈亏比均低于 1，最高盈亏比仅为 0.905 9，出现在持有日第 1 日；在所有持有日，平均收益率和累计收益率均为负值。如果按照持有 1 日进行统计，如图 3.26 所示，该形态累计收益率呈现出震荡下降的趋势。

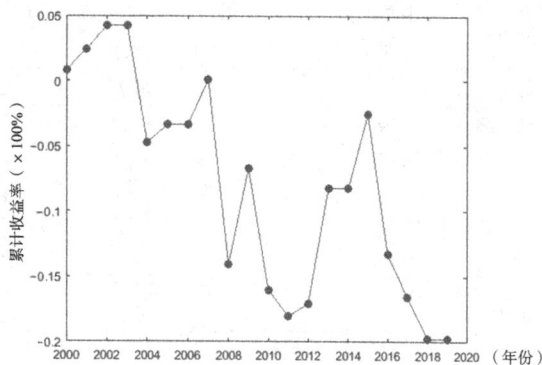

图 3.26　三星形态累计收益率

表 3.17　三星形态出现后 7 日内的指标统计

持有日	出现总次数（次）	成功次数（次）	平均收益率（%）	累计收益率（%）	盈亏比	成功率（%）	总盈利率（%）	总亏损率（%）
第 1 日	75	36	-0.26	-19.72	0.905 9	48	100.69	-120.41
第 2 日	75	40	-0.20	-14.95	0.776 0	53	117.18	-132.13
第 3 日	75	35	-0.77	-57.61	0.802 9	47	136.06	-193.66
第 4 日	75	39	-0.91	-68.11	0.612 6	52	134.40	-202.50
第 5 日	75	38	-0.69	-51.92	0.734 1	51	159.11	-211.03
第 6 日	75	38	-0.97	-72.89	0.655 9	51	150.47	-223.36
第 7 日	75	34	-0.93	-69.38	0.840 9	45	159.84	-229.22

因为个股出现该形态的次数较少（平均为个位数），因此，本书暂不提供个股在该形态下的统计结果。

18. 向下跳空两只兔子形态（反转，看涨）

按照本书目前设定的量化指标，在过去 19 年里，沪深两市没有筛选出该形态的实例。

19. 奇特三川底部形态（反转，看涨）

如表 3.18 所示，该形态在过去 19 年内仅出现 19 次，出现频率较低。其最高成功率为 63%，需持有 2 日、3 日或 4 日；最低成功率仅为 32%，出现在持有日第 1 日，主要原因是该形态样本数较少，导致统计数据波动幅度大；最高盈亏比为 1.233 7，需持有 3 日。如果按照持有 3 日进行统计，如图 3.27 所示，该形态累计收益率整体呈现上涨趋势。

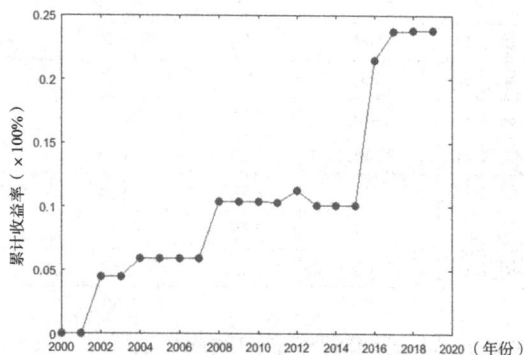

图 3.27　奇特三川底部形态累计收益率

表 3.18　奇特三川底部形态出现后 7 日内的指标统计

持有日	出现总次数（次）	成功次数（次）	平均收益率（%）	累计收益率（%）	盈亏比	成功率（%）	总盈利率（%）	总亏损率（%）
第 1 日	19	6	-0.71	-13.47	1.193 4	32	16.51	-29.98
第 2 日	19	12	0.27	5.20	0.713 6	63	28.49	-23.29
第 3 日	19	12	1.25	23.77	1.233 7	63	45.09	-21.32
第 4 日	19	12	0.06	1.15	0.596 9	63	50.52	-49.38
第 5 日	19	10	-0.47	-9.02	0.749 9	53	45.05	-54.06
第 6 日	19	8	-1.02	-19.29	0.978 1	42	47.54	-66.83
第 7 日	19	8	-0.50	-9.47	1.194 3	42	62.57	-72.04

因为个股出现该形态的次数较少（平均为个位数），不具有统计意义。因此，本书暂不提供个股在该形态下的统计结果。

20. 白色三兵形态（反转，看涨）

如表 3.19 所示，该形态在过去 19 年内出现 347 次，出现的频率较低。其成功率普遍较低，最高成功率为 49%，需持有 2 日或 3 日；盈亏比均低于 1，最高盈亏比为 0.986 7，需持有 2 日；在所有持有日，平均收益率和累计收益率均为负值。如果按照持有 2 日进行统计，如图 3.28 所示，该形态累计收益率出现大幅震荡，在 2000 年至 2010 年，累计收益率逐年下降，但在 2011 年之后，累计收益率开始出现震荡回升。

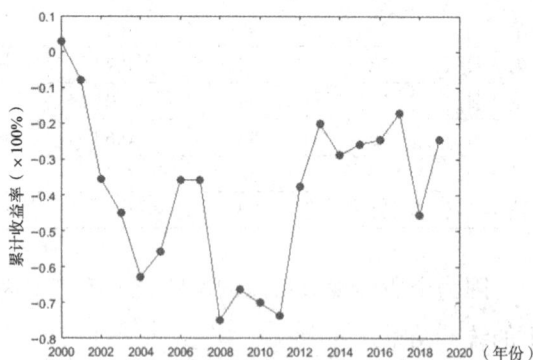

图 3.28　白色三兵形态累计收益率

表 3.19　白色三兵形态出现后 7 日内的指标统计

持有日	出现总次数（次）	成功次数（次）	平均收益率（%）	累计收益率（%）	盈亏比	成功率（%）	总盈利率（%）	总亏损率（%）
第 1 日	347	150	-0.53	-184.29	0.850 3	43	338.44	-522.74
第 2 日	346	170	-0.07	-24.46	0.986 7	49	496.10	-520.56
第 3 日	346	171	-0.55	-190.32	0.776 3	49	597.86	-788.19
第 4 日	346	155	-0.85	-292.99	0.847 9	45	646.23	-939.23
第 5 日	346	158	-0.64	-222.98	0.911 7	46	730.87	-953.85
第 6 日	344	158	-0.85	-291.53	0.862 0	46	797.13	-1 088.66
第 7 日	343	152	-1.01	-346.48	0.891 4	44	845.78	-1 192.26

因为个股出现该形态的次数较少（平均为个位数），因此，本书暂不提供个股在该形态下的统计结果。

21. 下降受阻形态（反转，看涨）

如表 3.20 所示，该形态在过去 19 年内仅出现 105 次，出现频率较低。其最高成功率为 52%，需持有 3 日；盈亏比普遍较低，基本低于 1，其中最高盈亏比为 0.807 4，需持有 5 日；在所有持有日，平均收益率和累计收益率均为负值。如果按照持有 5 日进行统计，如图 3.29 所示，该形态累计收益率在 2006 年出现一个峰值之后，呈现震荡下降的趋势。

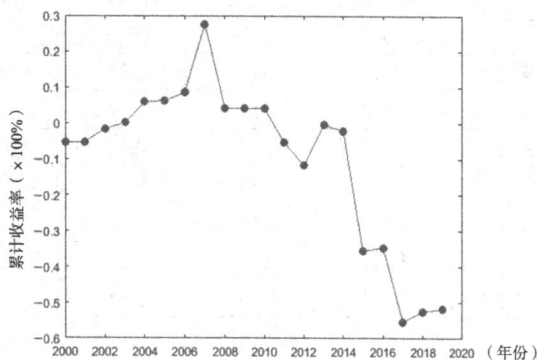

图 3.29 下降受阻形态累计收益率

表 3.20 下降受阻形态出现后 7 日内的指标统计

持有日	出现总次数（次）	成功次数（次）	平均收益率（%）	累计收益率（%）	盈亏比	成功率（%）	总盈利率（%）	总亏损率（%）
第 1 日	105	54	−0.74	−78.20	0.526 3	51	98.43	−176.63
第 2 日	103	53	−0.75	−77.30	0.579 1	51	122.89	−200.19
第 3 日	103	54	−0.73	−75.34	0.598 1	52	145.70	−221.04
第 4 日	103	52	−0.44	−44.99	0.775 1	50	169.56	−214.54
第 5 日	103	50	−0.50	−51.84	0.807 4	49	165.67	−217.51
第 6 日	103	49	−0.84	−86.92	0.748 3	48	183.86	−270.78
第 7 日	103	46	−1.22	−126.12	0.748 9	45	192.64	−318.77

因为个股出现该形态的次数平均仅为个位数，不具有统计意义。因此，本书暂不提供个股在该形态下的统计结果。

22. 深思形态（反转，看涨）

如表 3.21 所示，该形态在过去 19 年内出现 1 119 次，出现频率较低。其最高成功率为 54%，需持有 6 日；盈亏比普遍高于 1，其中最高盈亏比为 1.328 9，需持有 7 日，此时成功率为 52%；平均收益率和累计收益率的最高值出现在持有日第 6 日。如果按照持有 7 日进行统计，如图 3.30 所示，该形态累计收益率出现震荡上升的趋势。

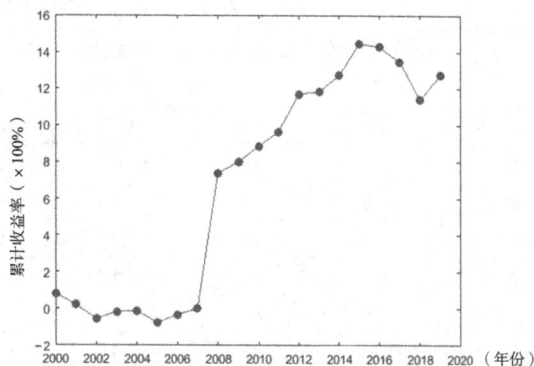

图 3.30 深思形态累计收益率

表 3.21　深思形态出现后 7 日内的指标统计

持有日	出现总次数 （次）	成功次数 （次）	平均收益率 （%）	累计收益率 （%）	盈亏比	成功率 （%）	总盈利率 （%）	总亏损率 （%）
第 1 日	1 119	597	0.24	268.87	1.032 8	53	1 753.07	-1 484.20
第 2 日	1 114	563	0.34	383.58	1.173 4	51	2 269.69	-1 886.11
第 3 日	1 113	595	0.57	636.49	1.130 2	53	2 770.82	-2 134.33
第 4 日	1 113	556	0.23	257.39	1.098 4	50	2 927.65	-2 670.27
第 5 日	1 112	567	0.42	464.50	1.118 8	51	3 297.50	-2 833.00
第 6 日	1 112	606	1.15	1 282.27	1.259 1	54	3 807.04	-2 524.77
第 7 日	1 112	580	1.14	1 272.04	1.328 9	52	4 106.01	-2 833.97

　　因为个股出现该形态的次数较少（平均为个位数），因此，本书暂不提供个股在该形态下的统计结果。

23. 两只兔子形态（反转，看涨）

　　如表 3.22 所示，该形态在过去 19 年内仅出现 196 次，出现频率较低。其成功率普遍较低，最高成功率仅为 42%；盈亏比均低于 1，其中最高盈亏比为 0.718 5，出现在持有日第 1 日，此时成功率为 35%；在所有持有日，平均收益率和累计收益率均为负值。如果按照持有 6 日进行统计，如图 3.31 所示，该形态累计收益率出现震荡下降的趋势。该形态无论成功率还是盈亏比均比较低，所以在统计过程中，调整量化参数效果不明显。

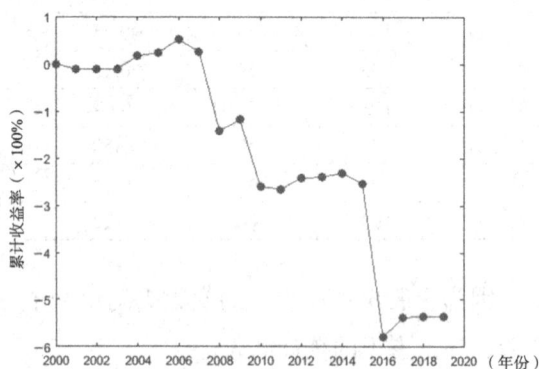

图 3.31　两只兔子形态累计收益率

表 3.22　两只兔子形态出现后 7 日内的指标统计

持有日	出现总次数 （次）	成功次数 （次）	平均收益率 （%）	累计收益率 （%）	盈亏比	成功率 （%）	总盈利率 （%）	总亏损率 （%）
第 1 日	196	69	-1.38	-269.54	0.718 5	35	172.57	-442.11
第 2 日	196	73	-1.50	-294.34	0.665 5	37	192.13	-486.47
第 3 日	196	82	-1.95	-381.88	0.636 3	42	322.29	-704.17
第 4 日	195	76	-2.57	-500.18	0.663 3	39	367.59	-867.78
第 5 日	195	79	-3.17	-617.94	0.605 3	41	433.41	-1 051.35
第 6 日	195	81	-2.74	-534.93	0.649 5	42	458.45	-993.38
第 7 日	195	82	-3.12	-607.58	0.597 0	42	464.43	-1 072.01

　　因为个股出现该形态的次数较少（平均为个位数），因此，本书暂不提供个股在该形态下的统计结果。

24. 三内升形态（反转，看涨）

如表 3.23 所示，该形态在过去 19 年内出现 7 485 次，出现频率中等。其成功率普遍高于 50%，最高成功率为 58%，需持有 3 日或 4 日；盈亏比均高于 1，其中最高盈亏比为 1.248 2，需持有 3 日，此时成功率为 58%；平均收益率和累计收益率均为正值，峰值出现在持有日第 4 日。如果按照持有 3 日进行统计，如图 3.32 所示，该形态累计收益率出现持续上升的趋势。

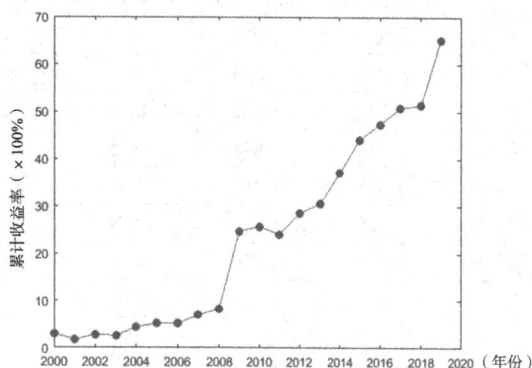

图 3.32 三内升形态累计收益率

表 3.23 三内升形态出现后 7 日内的指标统计

持有日	出现总次数（次）	成功次数（次）	平均收益率（%）	累计收益率（%）	盈亏比	成功率（%）	总盈利率（%）	总亏损率（%）
第 1 日	7 485	3 916	0.21	1 608.25	1.158 6	52	7 536.37	−5 928.12
第 2 日	7 482	3 949	0.32	2 415.80	1.148 6	53	10 925.93	−8 510.13
第 3 日	7 470	4 344	0.87	6 506.59	1.248 2	58	15 364.67	−8 858.08
第 4 日	7 461	4 318	0.96	7 142.79	1.237 8	58	17 338.19	−10 195.40
第 5 日	7 452	3 897	0.66	4 918.34	1.245 8	52	18 367.52	−13 449.17
第 6 日	7 449	3 827	0.56	4 170.07	1.196 0	51	19 985.53	−15 815.46
第 7 日	7 439	3 739	0.38	2 799.77	1.141 3	50	21 055.42	−18 255.65

因为个股出现该形态的次数较少（平均为个位数），因此，本书暂不提供个股在该形态下的统计结果。

25. 三外升形态（反转，看涨）

如表 3.24 所示，该形态在过去 19 年内出现 3 508 次，出现频率中等。其成功率普遍高于 50%，最高成功率为 54%（低于三内升形态），需持有 2 日；盈亏比均高于 1，其中最高盈亏比为 1.250 8，需持有 5 日，此时成功率为 52%；平均收益率和累计收益率均为正值，峰值出现在持有日第 7 日。如果按照持有 5 日进行统计，如图 3.33 所示，该形态累计收益率自 2010 年之后出现持续上升的趋势。

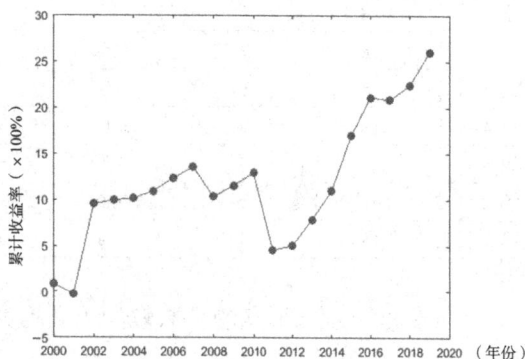

图 3.33 三外升形态累计收益率

表 3.24　三外升形态出现后 7 日内的指标统计

总体	出现总次数（次）	成功次数（次）	平均收益率（%）	累计收益率（%）	盈亏比	成功率（%）	总盈利率（%）	总亏损率（%）
第 1 日	3 508	1 833	0.23	813.65	1.125 4	52	4 316.25	-3 502.59
第 2 日	3 508	1 881	0.36	1 269.12	1.090 2	54	6 143.17	-4 874.05
第 3 日	3 504	1 848	0.55	1 943.46	1.195 0	53	7 770.73	-5 827.28
第 4 日	3 503	1 761	0.43	1 508.68	1.198 4	50	8 642.87	-7 134.19
第 5 日	3 495	1 804	0.74	2 601.87	1.250 8	52	10 383.95	-7 782.08
第 6 日	3 493	1 779	0.70	2 441.50	1.226 0	51	11 400.94	-8 959.44
第 7 日	3 492	1 815	0.90	3 157.87	1.238 8	52	12 425.27	-9 267.40

　　因为个股出现该形态的次数平均仅为个位数，不具有统计意义。因此，本书暂不提供个股在该形态下的统计结果。

26. 南方三星形态（反转，看涨）

　　如表 3.25 所示，该形态在过去 19 年内仅出现 18 次，出现频率很低。因为出现该形态的样本较少，所以各项统计指标波动较大。该形态最高成功率为 50%，最低成功率为 33%。最高盈亏比为 1.251 0，需持有 4 日，此时成功率为 44%；最低盈亏比为 0.529 2，出现在持有日第 7 日。如果按照持有 4 日进行统计，如图 3.34 所示，该形态累计收益率出现持续下降的趋势。

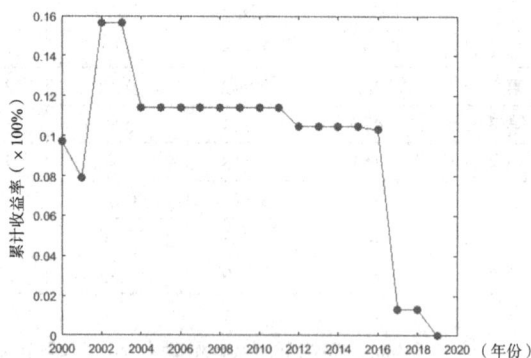

图 3.34　南方三星形态累计收益率

表 3.25　南方三星形态出现后 7 日内的指标统计

持有日	出现总次数（次）	成功次数（次）	平均收益率（%）	累计收益率（%）	盈亏比	成功率（%）	总盈利率（%）	总亏损率（%）
第 1 日	18	6	-0.77	-13.94	0.813 3	33	9.56	-23.50
第 2 日	18	8	-0.54	-9.63	0.709 9	44	12.66	-22.29
第 3 日	18	8	-0.06	-0.99	1.200 2	44	23.96	-24.95
第 4 日	18	9	0.00	0.02	1.251 0	44	24.71	-24.69
第 5 日	18	9	-0.89	-15.96	0.588 4	50	22.82	-38.79
第 6 日	18	9	-0.85	-15.28	0.641 0	50	27.28	-42.55
第 7 日	18	9	-1.30	-23.38	0.529 2	50	26.28	-49.67

　　因为个股出现该形态的次数较少（平均为个位数），因此，本书暂不提供个股在该形态下的统计结果。

27. 竖状三明治形态（反转，看涨）

如表 3.26 所示，该形态在过去 19 年内仅出现 14 次，出现频率很低。因为该形态出现的样本较少，所以各项统计指标波动较大。该形态最高成功率为 71%，需持有 4 日，最低成功率为 43%，出现在持有日第 1 日。其最高盈亏比为 1.281 5，需持有 5 日，此时成功率为 57%；最低盈亏比为 0.512 2，出现在持有日第 1 日。除了

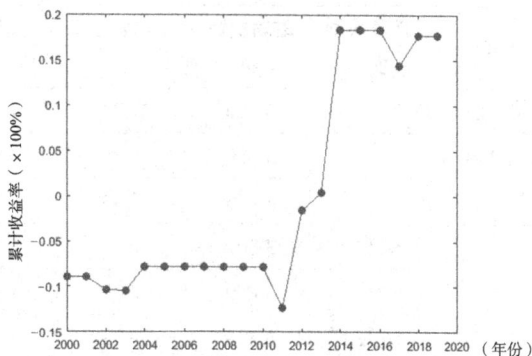

图 3.35 竖状三明治形态累计收益率

持有日头两日之外，其余持有日的平均收益率和累计收益率均为正值。按照持有 5 日进行统计，如图 3.35 所示，该形态累计收益率出现震荡上升的趋势。因为样本总数较少，单次样本的结果会对整体产生较大影响，所以，持有日第 1 日和第 5 日的统计结果存在较大差异。

表 3.26 竖状三明治形态出现后 7 日内的指标统计

持有日	出现总次数（次）	成功次数（次）	平均收益率（%）	累计收益率（%）	盈亏比	成功率（%）	总盈利率（%）	总亏损率（%）
第 1 日	14	6	−1.03	−14.45	0.512 2	43	9.01	−23.46
第 2 日	14	7	−0.66	−9.23	0.671 8	50	18.89	−28.12
第 3 日	14	9	0.63	8.80	0.770 2	64	31.57	−22.77
第 4 日	14	10	1.18	16.58	0.656 4	71	42.44	−25.86
第 5 日	14	8	1.26	17.67	1.281 5	57	42.60	−24.93
第 6 日	14	9	0.94	13.15	0.797 1	64	43.40	−30.25
第 7 日	14	7	0.53	7.40	1.246 8	50	37.37	−29.98

因为个股出现该形态的次数较少（平均为个位数），因此，本书暂不提供个股在该形态下的统计结果。

28. 挤压报警形态（反转，看涨）

如表 3.27 所示，该形态在过去 19 年内出现 5 735 次，出现频率中等。该形态成功率普遍高于 50%，最高成功率为 61%，需持有 3 日；盈亏比均略高于 1，最高盈亏比为 1.099 7，需持有 3 日；平均收益率和累计收益率均为正值，峰值出现在持有日第 3 日。按照持有 3 日进行统计，

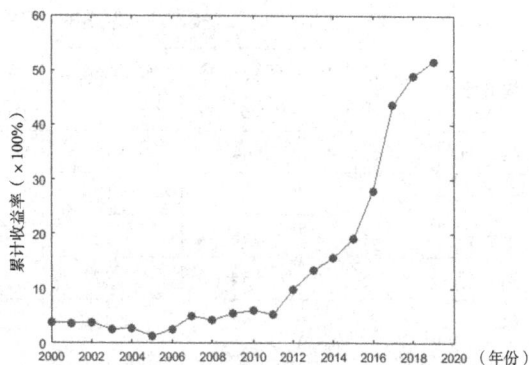

图 3.36 挤压报警形态累计收益率

如图 3.36 所示，该形态累计收益率自 2005 年就出现持续上升的趋势。

表 3.27 挤压报警形态出现后 7 日内的指标统计

持有日	出现总次数（次）	成功次数（次）	平均收益率（%）	累计收益率（%）	盈亏比	成功率（%）	总盈利率（%）	总亏损率（%）
第 1 日	5 735	3 120	0.22	1 282.17	1.050 2	54	6 254.32	−4 972.14
第 2 日	5 729	3 450	0.68	3 869.19	1.090 1	60	9 820.31	−5 951.12
第 3 日	5 721	3 475	0.90	5 157.82	1.099 7	61	12 511.28	−7 353.46
第 4 日	5 717	3 397	0.83	4 765.87	1.067 9	59	13 221.73	−8 455.86
第 5 日	5 714	3 279	0.76	4 345.44	1.079 3	57	13 928.44	−9 583.01
第 6 日	5 712	3 218	0.78	4 453.73	1.084 8	56	15 594.98	−11 141.25
第 7 日	5 704	3 097	0.60	3 397.13	1.069 3	54	15 968.66	−12 571.53

因为个股出现该形态的次数较少（平均为个位数），因此，本书暂不提供个股在该形态下的统计结果。

29. 脱离形态（反转，看涨）

如表 3.28 所示，该形态在过去 19 年内仅出现 85 次，出现频率较少，但各项统计数据较好。该形态成功率普遍较高，在持有日第 3 日至第 6 日，成功率均高于 60%，最高成功率为 66%；盈亏比也普遍较高，最高盈亏比为 1.924 6，需持有 4 日；平均收益率和累计收益率均为正值，峰值出现在持有日第 6 日。按照持有 4 日进行

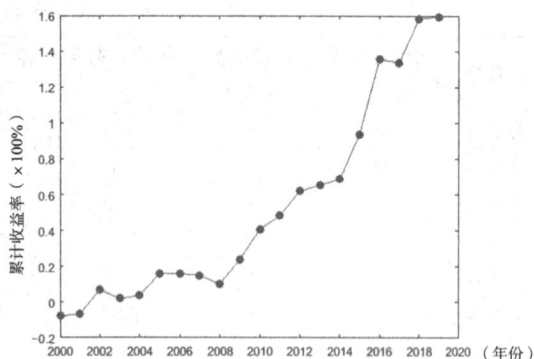

图 3.37 脱离形态累计收益率

统计，如图 3.37 所示，该形态累计收益率出现持续上升的趋势。

表 3.28 脱离形态出现后 7 日内的指标统计

持有日	出现总次数（次）	成功次数（次）	平均收益率（%）	累计收益率（%）	盈亏比	成功率（%）	总盈利率（%）	总亏损率（%）
第 1 日	85	44	0.75	63.43	1.847 5	52	127.97	−64.54
第 2 日	85	50	1.12	94.93	1.794 3	59	155.66	−60.73
第 3 日	85	56	1.63	138.56	1.633 0	66	202.91	−64.35
第 4 日	85	54	1.87	159.35	1.924 6	64	227.09	−67.74
第 5 日	85	53	1.85	157.51	1.538 6	62	259.24	−101.73
第 6 日	85	56	1.89	160.97	1.156 8	66	291.43	−130.46
第 7 日	85	46	1.31	111.04	1.442 7	54	269.29	−158.25

因为个股出现该形态的次数较少（平均为个位数），因此，本书暂不提供个股在该形态下的统计结果。

30. 藏婴吞没形态（反转，看涨）

如表 3.29 所示，该形态在过去 19 年内仅出现 1 次，相关统计和分析见表 3.29 和图 3.38。该统计结果仅供参考。

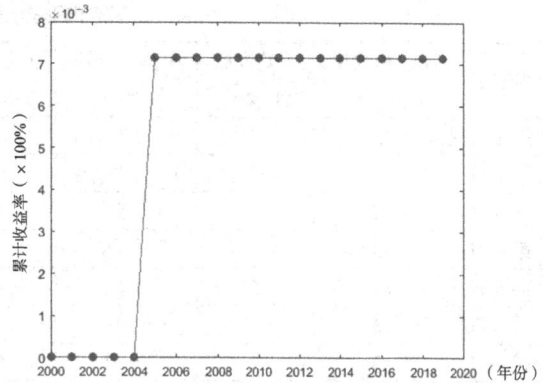

图 3.38　藏婴吞没形态累计收益率

表 3.29　藏婴吞没形态出现后 7 日内的指标统计

持有日	出现总次数（次）	成功次数（次）	平均收益率（%）	累计收益率（%）	盈亏比	成功率（%）	总盈利率（%）	总亏损率（%）
第 1 日	1	1	0.71	0.71	NaN	100	0.71	0
第 2 日	1	0	-1.79	-1.79	NaN	0	0	-1.79
第 3 日	1	1	1.43	1.43	NaN	100	1.43	0
第 4 日	1	1	0.36	0.36	NaN	100	0.36	0
第 5 日	1	0	-2.14	-2.14	NaN	0	0	-2.14
第 6 日	1	0	-3.57	-3.57	NaN	0	0	-3.57
第 7 日	1	0	-6.07	-6.07	NaN	0	0	-6.07

因为个股出现该形态的次数较少（平均为个位数），因此，本书暂不提供个股在该形态下的统计结果。

31. 梯形底部形态（反转，看涨）

如表 3.30 所示，该形态在过去 19 年内仅出现 13 次，出现频率较少。其最高成功率为 54%，需持有 2 日、6 日或 7 日；盈亏比波动幅度较大，最高盈亏比为 2.193 4，出现在持有日第 2 日；平均收益率和累计收益率的峰值出现在持有日第 2 日。按照持有 2 日进行统计，如图 3.39 所示，该形态累计收益率出现震荡上升的趋势。但投资者需要注意，当持有日在第 4 日、第 5 日、第 6 日时，平均收益率为负值，说明因为样本较少，所以统计结果并不稳定。

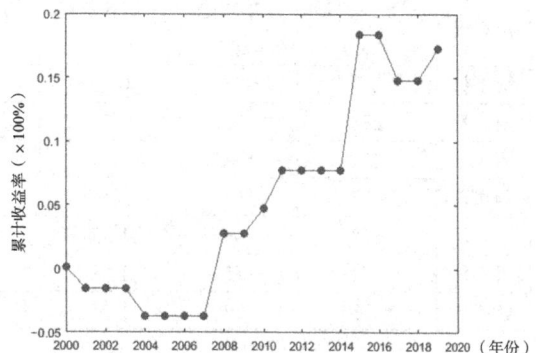

图 3.39　梯形底部形态累计收益率

表 3.30　梯形底部形态出现后 7 日内的指标统计

持有日	出现总次数（次）	成功次数（次）	平均收益率（%）	累计收益率（%）	盈亏比	成功率（%）	总盈利率（%）	总亏损率（%）
第 1 日	13	5	0.35	4.49	2.094 7	38	19.00	-14.51
第 2 日	13	7	1.33	17.24	2.193 4	54	28.30	-11.06
第 3 日	13	6	0.63	8.13	1.781 9	46	23.55	-15.42
第 4 日	13	5	-0.06	-0.78	1.552 4	38	25.44	-26.22
第 5 日	13	5	-0.81	-10.47	1.086 4	38	22.15	-32.62
第 6 日	13	7	-1.10	-14.31	0.488 2	54	18.93	-33.23
第 7 日	13	7	0.68	8.84	1.105 6	54	39.36	-30.51

　　因为个股出现该形态的次数较少（平均为个位数），因此，本书暂不提供个股在该形态下的统计结果。

32. 触底后向上跳空形态（反转，看涨）

　　如表 3.31 所示，该形态在过去 19 年内仅出现 278 次，出现频率较少。该形态具有较高的成功率，最高成功率为 64%，需持有 3 日；除了持有日第 2 日外，其余持有日盈亏比均大于 1，最高盈亏比为 1.472 0，需持有 4 日，成功率为 58%；平均收益率和累计收益率均为正值，峰值出现在持有日第 4 日。按照持有 4 日进行统计，如图 3.40 所示，该形态累计收益率从 2013 年开始出现持续上升的趋势。

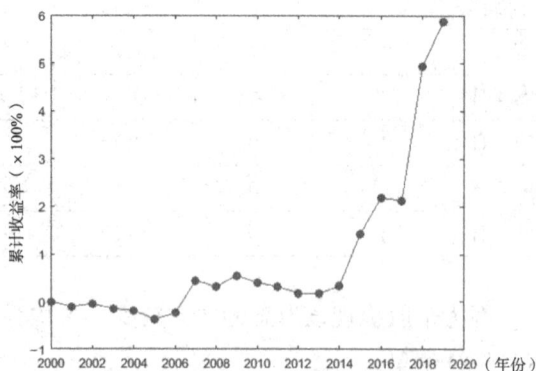

图 3.40　触底后向上跳空形态累计收益率

表 3.31　触底后向上跳空形态出现后 7 日内的指标统计

持有日	出现总次数（次）	成功次数（次）	平均收益率（%）	累计收益率（%）	盈亏比	成功率（%）	总盈利率（%）	总亏损率（%）
第 1 日	278	156	0.45	125.56	1.081 6	56	453.37	-327.81
第 2 日	278	172	0.83	230.75	0.995 4	62	605.89	-375.13
第 3 日	278	178	2.09	582.15	1.305 7	64	1 021.82	-439.67
第 4 日	278	162	2.11	585.81	1.472 0	58	1 140.71	-554.89
第 5 日	278	163	1.59	443.31	1.171 9	59	1 113.91	-670.60
第 6 日	278	155	1.68	466.45	1.331 2	56	1 154.90	-688.45
第 7 日	278	152	1.76	490.61	1.400 0	55	1 202.84	-712.23

　　因为个股出现该形态的次数较少（平均为个位数），因此，本书暂不提供个股在该形态下的统计结果。

33. 三次向下跳空形态（反转，看涨）

如表3.32所示，该形态在过去19年内出现1 386次，出现频率较低。该形态成功率较高，在所有持有日，成功率均在55%以上。其中，最高成功率为66%，出现在持有日第1日。在所有持有日，盈亏比均高于1。其中，最高盈亏比为1.411 2，出现在持有日第2日，此时成功率为60%。该形态平均收益率和累计收益

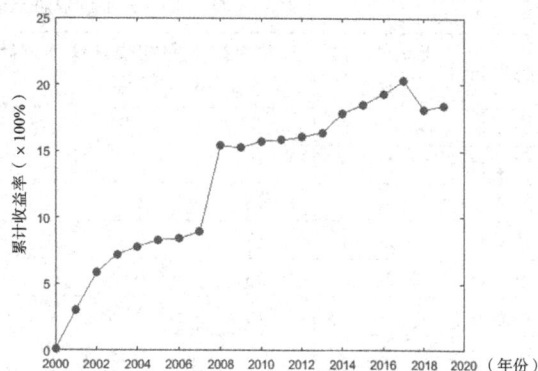

图3.41 三次向下跳空形态累计收益率

率均为正值，且较高，峰值出现在持有日第6日。按照持有2日进行统计，如图3.41所示，该形态累计收益率呈现持续上升的趋势，但从2016年开始出现震荡。该形态最大的特点是成功率随持有日的增加而单调下降，但每次交易的平均收益率逐步上升。

表3.32 三次向下跳空形态出现后7日内的指标统计

持有日	出现总次数（次）	成功次数（次）	平均收益率（%）	累计收益率（%）	盈亏比	成功率（%）	总盈利率（%）	总亏损率（%）
第1日	1 386	907	1.01	1 392.70	1.083 1	66	2 696.65	-1 303.95
第2日	1 386	822	1.33	1 839.90	1.411 2	60	3 551.26	-1 711.36
第3日	1 386	825	1.50	2 069.53	1.332 8	60	4 186.56	-2 117.03
第4日	1 386	821	1.35	1 871.38	1.197 9	59	4 398.19	-2 526.82
第5日	1 385	796	1.46	2 024.60	1.254 5	57	4 936.17	-2 911.56
第6日	1 384	804	1.58	2 192.38	1.228 4	58	5 311.90	-3 119.51
第7日	1 384	773	1.51	2 085.74	1.276 9	56	5 474.89	-3 389.15

因为个股出现该形态的次数较少（平均为个位数），因此，本书暂不提供个股在该形态下的统计结果。

34. 分手线形态（持续，看涨）

如表3.33所示，该形态在过去19年内仅出现20次，出现频率很少。因为样本较少，所以统计数据波动较大。该形态成功率普遍较高，其中最高成功率为70%，且在大部分持有日，成功率均高于60%。但同时我们需要看到，当持有1日时，成功率仅有45%，而此时的盈亏比最高。当

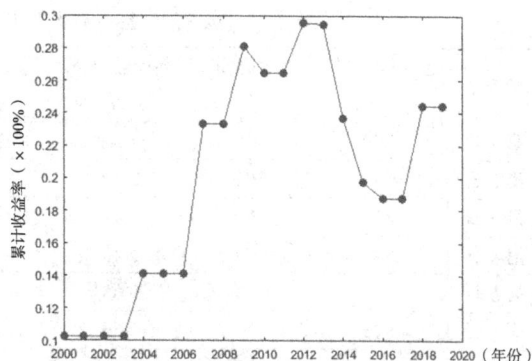

图3.42 分手线形态累计收益率

成功率的峰值位于持有日第3日时，增加或减少持有日都会导致上述指标的下降。如果按照持有3日进行统计，如图3.42所示，该形态累计收益率呈现震荡上升的趋势。

表 3.33　分手线形态出现后 7 日内的指标统计

持有日	出现总次数（次）	成功次数（次）	平均收益率（%）	累计收益率（%）	盈亏比	成功率（%）	总盈利率（%）	总亏损率（%）
第 1 日	20	9	0.20	4.07	1.444 1	45	26.48	-22.41
第 2 日	20	12	0.37	7.34	0.875 9	60	30.71	-23.37
第 3 日	20	14	1.22	24.44	1.035 1	70	41.71	-17.27
第 4 日	20	12	0.88	17.68	1.107 5	60	44.42	-26.74
第 5 日	20	13	0.96	19.12	0.872 4	65	49.96	-30.83
第 6 日	20	13	-0.08	-1.60	0.521 1	65	48.09	-49.69
第 7 日	20	13	0.36	7.24	0.618 5	65	55.92	-48.68

因为个股出现该形态的次数较少（平均为个位数），因此，本书暂不提供个股在该形态下的统计结果。

35. 待入线形态（持续，看涨）

如表 3.34 所示，该形态在过去 19 年内出现 839 次，出现频率较少。该形态成功率较低，最高成功率仅为 52%。除了持有日第 6 日、第 7 日之外，其余持有日的成功率均低于 50%。该形态盈亏比普遍大于 1，其中最高盈亏比为 1.408 0，出现在持有日第 3 日。除了持有日第 1 日之外，该形态平均收益率均为正值，峰值出现在持有日第 7 日。如果按照持有 3 日进行统计，如图 3.43 所示，该形态累计收益率呈现震荡上升的趋势。

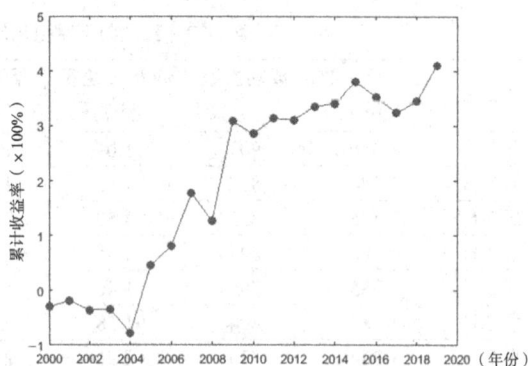

图 3.43　待入线形态累计收益率

表 3.34　待入线形态出现后 7 日内的指标统计

持有日	出现总次数（次）	成功次数（次）	平均收益率（%）	累计收益率（%）	盈亏比	成功率（%）	总盈利率（%）	总亏损率（%）
第 1 日	839	370	-0.19	-156.07	1.099 6	44	1 022.00	-1 178.07
第 2 日	837	391	0.19	158.75	1.287 5	47	1 392.05	-1 233.30
第 3 日	833	398	0.49	410.61	1.408 0	48	1 835.12	-1 424.51
第 4 日	828	398	0.46	383.17	1.326 5	48	2 065.47	-1 682.30
第 5 日	826	407	0.65	539.18	1.328 1	49	2 398.16	-1 858.99
第 6 日	825	418	0.66	543.62	1.230 5	51	2 605.00	-2 061.38
第 7 日	825	432	0.78	644.33	1.183 7	52	2 783.60	-2 139.27

因为个股出现该形态的次数较少（平均为个位数），因此，本书暂不提供个股在该形态下的统计结果。

36. 切入线形态（持续，看涨）

如表 3.35 所示，该形态在过去 19 年内出现 276 次，出现频率较少。该形态的成功率随持有日的增加逐渐上升，最高成功率为 58%，需持有 6 日或 7 日；盈亏比伴随成功率的上升也逐步提高，最高盈亏比为 1.685 6，需持有 7 日；平均收益率均为正值，并且伴随持有日的增加逐渐升高，峰值出现在持有日第 7 日。如果按照持有 7 日进行统计，如图 3.44 所示，该形态累计收益率呈现持续上升的趋势。

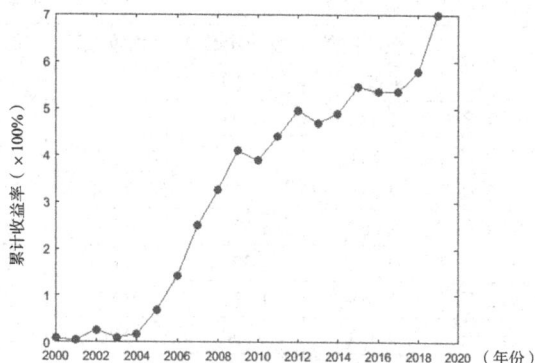

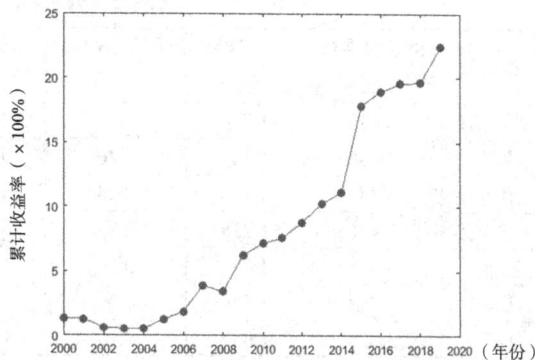

图 3.44 切入线形态累计收益率

表 3.35 切入线形态出现后 7 日内的指标统计

持有日	出现总次数（次）	成功次数（次）	平均收益率（%）	累计收益率（%）	盈亏比	成功率（%）	总盈利率（%）	总亏损率（%）
第 1 日	276	125	0.15	40.26	1.353 1	45	375.40	−335.14
第 2 日	276	139	0.48	132.56	1.358 1	50	483.30	−350.74
第 3 日	276	140	0.92	252.66	1.568 2	51	663.91	−411.25
第 4 日	274	148	1.20	327.98	1.465 2	54	782.84	−454.86
第 5 日	273	151	1.55	424.21	1.473 5	55	939.16	−514.94
第 6 日	273	158	2.09	570.82	1.489 0	58	1 116.68	−545.86
第 7 日	273	157	2.56	699.91	1.685 6	58	1 246.12	−546.22

因为个股出现该形态的次数较少（平均为个位数），因此，本书暂不提供个股在该形态下的统计结果。

37. 插入线形态（持续，看涨）

如表 3.36 所示，该形态在过去 19 年内出现 2 681 次。该形态成功率较低，最高成功率仅为 51%，发生在持有日第 3 日；盈亏比整体较好，最高盈亏比为 1.414 4，出现在持有日第 3 日，随后盈亏比随持有日的增加略有下降；平均收益率均为正值，伴随持有日的增加，平均收益率逐步提升，峰值出现在持有日第 7 日。按照持有 3 日

图 3.45 插入线形态累计收益率

进行统计，如图 3.45 所示，该形态累计收益率呈现持续上升的趋势。虽然该形态成功率不

高，但盈亏比始终维持在较高水平，因此，该形态累计收益率走势较好。

表 3.36　插入线形态出现后 7 日内的指标统计

持有日	出现总次数（次）	成功次数（次）	平均收益率（%）	累计收益率（%）	盈亏比	成功率（%）	总盈利率（%）	总亏损率（%）
第 1 日	2 681	1 298	0.18	475.83	1.198 4	48	4 289.85	-3 814.02
第 2 日	2 677	1 312	0.50	1 338.72	1.357 8	49	5 727.20	-4 388.48
第 3 日	2 671	1 353	0.84	2 238.00	1.414 4	51	7 189.60	-4 951.59
第 4 日	2 661	1 337	0.76	2 035.40	1.321 5	50	8 121.40	-6 086.01
第 5 日	2 656	1 324	0.65	1 725.36	1.244 4	50	9 008.00	-7 282.64
第 6 日	2 648	1 331	0.82	2 160.01	1.255 9	50	10 183.45	-8 023.43
第 7 日	2 643	1 324	0.86	2 266.40	1.253 8	50	11 030.80	-8 764.40

因为个股出现该形态的次数较少（平均为个位数），因此，本书暂不提供个股在该形态下的统计结果。

38. 向上跳空并列阴阳线形态（持续，看涨）

如表 3.37 所示，该形态在过去 19 年内出现 3 488 次。该形态成功率较低，最高成功率为 53%，需持有 6 日或 7 日；盈亏比均略大于 1，最高盈亏比为 1.285 4，需持有 6 日。平均收益率均为正值，并且，随着持有日的增加，平均收益率逐步上升，峰值出现在持有日第 7 日。如果按照持有 6 日进行统计，如图 3.46 所示，该形态累计收益率呈现震荡上升的趋势。

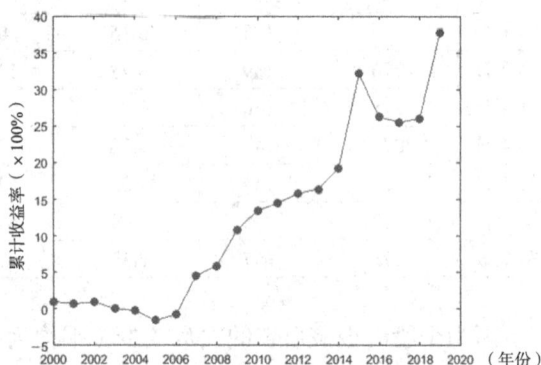

图 3.46　向上跳空并列阴阳线形态累计收益率

表 3.37　向上跳空并列阴阳线形态出现后 7 日内的指标统计

持有日	出现总次数（次）	成功次数（次）	平均收益率（%）	累计收益率（%）	盈亏比	成功率（%）	总盈利率（%）	总亏损率（%）
第 1 日	3 488	1 770	0.11	374.62	1.052 9	51	4 793.54	-4 418.93
第 2 日	3 485	1 704	0.20	693.82	1.174 2	49	6 313.56	-5 619.74
第 3 日	3 480	1 708	0.24	819.46	1.160 8	49	7 714.01	-6 894.55
第 4 日	3 476	1 718	0.25	859.77	1.128 9	49	9 189.93	-8 330.16
第 5 日	3 468	1 749	0.59	2 034.34	1.210 6	50	10 815.12	-8 780.78
第 6 日	3 462	1 826	1.09	3 764.37	1.285 4	53	12 424.50	-8 660.13
第 7 日	3 456	1 832	1.10	3 812.64	1.248 2	53	13 156.30	-9 343.66

因为个股出现该形态的次数较少（平均为个位数），因此，本书暂不提供个股在该形态下的统计结果。

39. 并列阳线形态（持续，看涨）

如表 3.38 所示，该形态在过去 19 年内出现 256 次，出现频率较少。该形态最高成功率为 58%，需持有 4 日；最高盈亏比为 1.532 5，需持有 7 日，此时成功率为 55%；平均收益率均为正值，峰值出现在持有日第 7 日。按照持有 7 日进行统计，如图 3.47 所示，该形态累计收益率呈现持续上升的趋势。该形态成功率的峰值出现在持有日

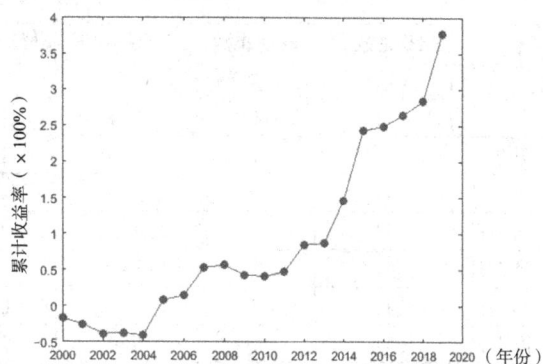

图 3.47　并列阳线形态累计收益率

第 4 日，过长或过短的持有时间都会使成功率下降。同时我们需要看到，该形态不论是盈亏比还是平均收益率都是随持有日的增加而上升。此现象普遍存在于持续看涨的形态中。

表 3.38　并列阳线形态出现后 7 日内的指标统计

持有日	出现总次数（次）	成功次数（次）	平均收益率（%）	累计收益率（%）	盈亏比	成功率（%）	总盈利率（%）	总亏损率（%）
第 1 日	256	128	0.18	46.20	1.192 7	50	285.95	-239.75
第 2 日	256	117	0.19	48.92	1.383 5	46	346.24	-297.32
第 3 日	256	138	0.69	176.03	1.303 9	54	511.36	-335.34
第 4 日	256	149	1.19	304.28	1.359 0	58	645.25	-340.97
第 5 日	256	145	1.21	308.95	1.348 1	57	714.94	-405.99
第 6 日	255	141	1.36	347.54	1.453 3	55	783.35	-435.81
第 7 日	255	139	1.48	376.45	1.532 5	55	826.57	-450.12

因为个股出现该形态的次数较少（平均为个位数），因此，本书暂不提供个股在该形态下的统计结果。

40. 并列阴线形态（持续，看涨）

如表 3.39 所示，该形态在过去 19 年内仅出现 11 次，出现频率很少。但该形态的数据表现较好，成功率大于或等于 55%，最高成功率为 73%，出现在持有日第 6 日；盈亏比也较高，最高盈亏比为 5.242 7，出现在持有日第 3 日；平均收益率均为正值，且数值较高，峰值出现在持有日第 6 日，此时累计收益率达到 66.13%。

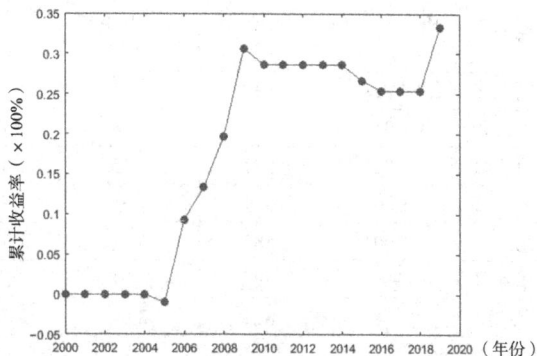

图 3.48　并列阴线形态累计收益率

投资者需要注意的是，在持有日第 7 日，累计收益率出现明显的下降，主要因为该形态的样本数比较少，所以个别样本的盈亏整体影响比较大。按照持有 3 日进行统计，该形态累计收益率如图 3.48 所示。

表 3.39　并列阴线形态出现后 7 日内的指标统计

持有日	出现总次数（次）	成功次数（次）	平均收益率（%）	累计收益率（%）	盈亏比	成功率（%）	总盈利率（%）	总亏损率（%）
第 1 日	11	6	1.51	16.60	4.655 7	55	20.22	−3.62
第 2 日	11	7	2.28	25.13	1.850 5	64	36.35	−11.23
第 3 日	11	6	3.03	33.31	5.242 7	55	39.61	−6.30
第 4 日	11	7	3.78	41.55	3.334 6	64	50.15	−8.59
第 5 日	11	7	3.44	37.89	3.289 4	64	45.85	−7.97
第 6 日	11	8	6.01	66.13	3.292 5	73	74.63	−8.50
第 7 日	11	7	2.84	31.27	1.804 4	64	45.77	−14.49

41. 向上跳空三法形态（持续，看涨）

如表 3.40 所示，该形态在过去 19 年内出现 1 018 次，出现频率较少。但该形态数据表现较好，在多数持有日，成功率均大于 60%，其中最高成功率为 63%，出现在持有日第 1 日；盈亏比均大于 1，最高盈亏比为 1.466 3，出现在持有日第 2 日；平均收益率均为正值，且数值较高，峰值出现在持有日第 7 日，此时成功率为 62%，盈亏比为 1.204 6。按照持有 2 日进行统计，

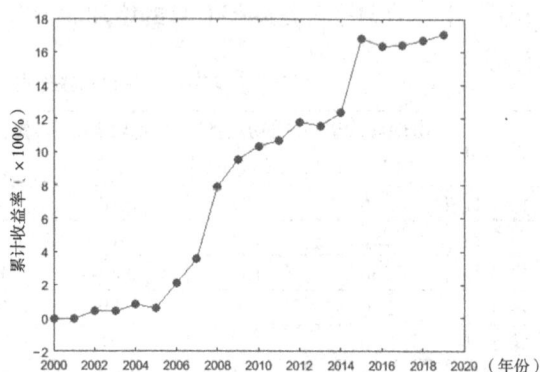

图 3.49　向上跳空三法形态累计收益率

如图 3.49 所示，该形态累计收益率呈现持续上升趋势。

表 3.40　向上跳空三法形态出现后 7 日内的指标统计

持有日	出现总次数（次）	成功次数（次）	平均收益率（%）	累计收益率（%）	盈亏比	成功率（%）	总盈利率（%）	总亏损率（%）
第 1 日	1 018	638	1.39	1 416.30	1.374 3	63	2 499.56	−1 083.26
第 2 日	1 013	628	1.68	1 703.89	1.466 3	62	2 928.06	−1 224.18
第 3 日	1 011	571	1.55	1 569.15	1.413 9	56	3 448.64	−1 879.50
第 4 日	1 004	579	1.66	1 670.19	1.319 7	58	3 763.27	−2 093.08
第 5 日	1 001	585	1.71	1 711.13	1.239 4	58	4 014.52	−2 303.39
第 6 日	999	597	2.01	2 003.77	1.216 0	60	4 490.09	−2 486.32
第 7 日	998	622	2.59	2 588.86	1.204 6	62	5 196.73	−2 607.87

因为个股出现该形态的次数较少（平均为个位数），因此，本书暂不提供个股在该形态下的统计结果。

42. 战后休整形态（持续，看涨）

如表 3.41 所示，该形态在过去 19 年内出现 19 277 次，出现频率较高。该形态成功率随持有日的增加而上升，最高成功率为 51%，需持有 7 日；盈亏比均大于 1，最高盈亏比为 1.246 7，需持有 6 日。除持有日第 1 日之外，该形态其余持有日的平均收益率均为正值，峰值出现在持有日第 7 日。按照持有 6 日进行统计，该形态累计收益率如图 3.50 所示。

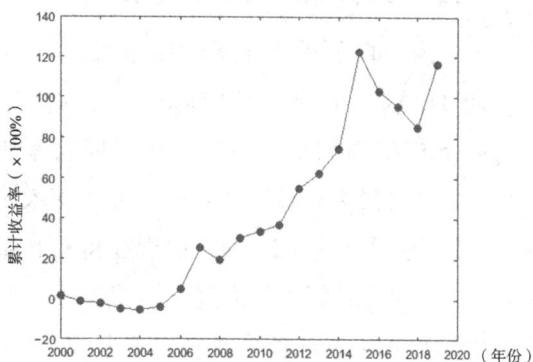

图 3.50 战后休整形态累计收益率

表 3.41 战后休整形态出现后 7 日内的指标统计

持有日	出现总次数（次）	成功次数（次）	平均收益率（%）	累计收益率（%）	盈亏比	成功率（%）	总盈利率（%）	总亏损率（%）
第 1 日	19 277	8 766	-0.20	-3 934.51	1.004 0	45	20 249.32	-24 183.83
第 2 日	19 254	8 910	0.03	635.96	1.187 0	46	28 955.13	-28 319.18
第 3 日	19 216	9 083	0.13	2 569.59	1.200 8	47	36 226.96	-33 657.37
第 4 日	19 195	9 389	0.28	5 393.63	1.190 7	49	43 911.96	-38 518.33
第 5 日	19 174	9 467	0.40	7 749.84	1.211 0	49	50 555.46	-42 805.61
第 6 日	19 137	9 595	0.61	11 656.74	1.246 7	50	57 618.49	-45 961.75
第 7 日	19 113	9 681	0.69	13 137.75	1.233 7	51	62 478.83	-49 341.08

在个股方面，该形态下具有较好收益的股票有山西汾酒（600809）、贵州百灵（002424）等。根据统计，在过去 19 年里，山西汾酒共出现该形态 22 次，最高成功率为 73%，出现在持有日第 6 日；最高盈亏比为 2.998 2，同样出现在持有日第 6 日，此时累计收益率最高，为 100%。贵州百灵共计出现该形态 12 次，最高成功率为 82%，出现在持有日第 6 日；最高盈亏比为 6.025 6，出现在持有日第 7 日（成功率为 64%）；最高累计收益率为 69%，出现在持有日第 7 日。上述两只股票累计收益率曲线图分别如图 3.51 和图 3.52 所示。

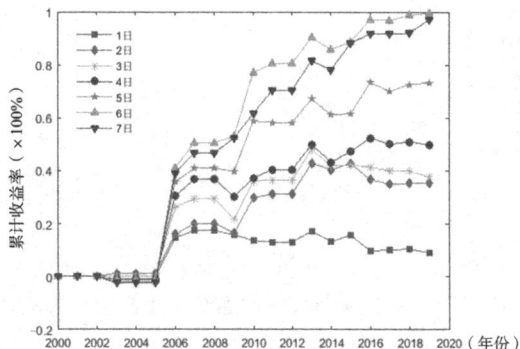

图 3.51 山西汾酒（600809）战后休整形态累计收益率

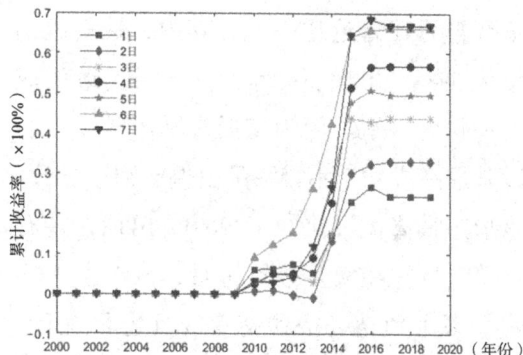

图 3.52 贵州百灵（002424）战后休整形态累计收益率

43. 上升三法形态（持续，看涨）

如表 3.42 所示，该形态在过去 19 年内出现 842 次，出现频率较低。在各种持有周期下成功率均低于 50%，最高成功率为 49%，出现在持有日第 3 日；盈亏比均大于 1，最高盈亏比为 1.243 4，出现在持有日第 4 日。除持有日第 1 日之外，该形态平均收益率均为正值，峰值出现在持有日第 4 日。按照持有 4 日进行统计，如图 3.53 所示，该

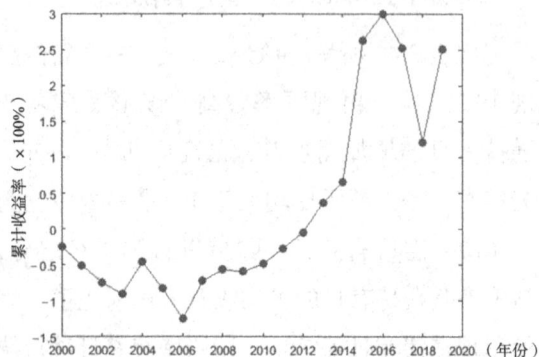

图 3.53　上升三法形态累计收益率

形态累计收益率自 2006 年以来呈现持续上升趋势，但近几年该形态出现震荡趋势。

表 3.42　上升三法形态出现后 7 日内的指标统计

持有日	出现总次数（次）	成功次数（次）	平均收益率（%）	累计收益率（%）	盈亏比	成功率（%）	总盈利率（%）	总亏损率（%）
第 1 日	842	357	−0.24	−205.54	1.106 3	42	901.46	−1 107.01
第 2 日	841	399	0.12	103.64	1.199 7	47	1 353.21	−1 249.56
第 3 日	840	408	0.26	220.74	1.217 8	49	1 690.89	−1 470.15
第 4 日	837	401	0.30	250.79	1.243 4	48	1 997.55	−1 746.77
第 5 日	836	397	0.27	225.57	1.235 9	47	2 143.41	−1 917.84
第 6 日	832	391	0.08	68.66	1.163 8	47	2 222.31	−2 153.65
第 7 日	829	393	0.14	114.43	1.166 4	47	2 342.97	−2 228.54

因为个股出现该形态的次数较少（平均为个位数），因此，本书暂不提供个股在该形态下的统计结果。

44. 铺垫形态（持续，看涨）

如表 3.43 所示，该形态在过去 19 年内出现 32 次，出现频率很低。该形态成功率和盈亏比普遍比较低。其中，最高成功率为 59%，出现在持有日第 2 日，最低成功率仅为 37%。因为该形态样本较少，所以其最高成功率不排除是由偶然因素导致。该形态最高盈亏比为 1.390 0，出现在持有日第 7 日。在大多数持有日，该形态平均收益率为负值。按照持有 5 日进行统计，

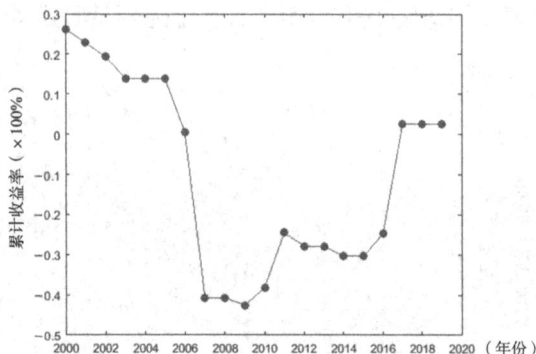

图 3.54　铺垫形态累计收益率

如图 3.54 所示，该形态累计收益率呈现大幅震荡趋势。

表 3.43　铺垫形态出现后 7 日内的指标统计

持有日	出现总次数（次）	成功次数（次）	平均收益率（%）	累计收益率（%）	盈亏比	成功率（%）	总盈利率（%）	总亏损率（%）
第 1 日	32	16	−0.19	−6.03	0.881 5	50	44.86	−50.89
第 2 日	32	19	0.06	1.90	0.705 7	59	62.35	−60.45
第 3 日	32	15	−0.63	−20.25	0.857 2	47	62.86	−83.12
第 4 日	31	14	−0.30	−9.29	1.094 9	45	85.16	−94.45
第 5 日	31	15	0.09	2.65	1.092 7	48	111.50	−108.84
第 6 日	31	15	0.07	2.29	1.088 8	48	112.71	−110.41
第 7 日	30	11	−0.74	−22.12	1.390 0	37	91.18	−113.31

45. 三线直击形态（持续，看涨）

如表 3.44 所示，该形态在过去 19 年内出现 550 次。该形态数据表现较好，在所有持有日，成功率均大于 60%，其中最高成功率为 69%，需持有 2 日；盈亏比均大于 1，最高盈亏比为 1.686 9，出现在持有日第 1 日；平均收益率均为正值，且数值较高，峰值出现在持有日第 7 日，此时成功率为 64%，盈亏比为 1.519 0。按照持有 1 日进行统计，如图 3.55 所示，该形态累计收益率呈现持续上升趋势。

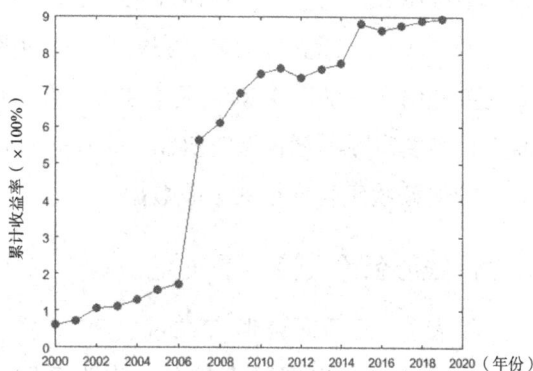

图 3.55　三线直击形态累计收益率

表 3.44　三线直击形态出现后 7 日内的指标统计

持有日	出现总次数（次）	成功次数（次）	平均收益率（%）	累计收益率（%）	盈亏比	成功率（%）	总盈利率（%）	总亏损率（%）
第 1 日	550	357	1.62	892.72	1.686 9	65	1 313.75	−421.03
第 2 日	550	379	2.04	1 122.66	1.566 2	69	1 576.95	−454.29
第 3 日	550	369	2.58	1 417.46	1.555 9	67	2 070.04	−652.58
第 4 日	549	352	2.77	1 522.76	1.648 9	64	2 305.13	−782.37
第 5 日	548	361	3.04	1 666.76	1.519 9	66	2 528.51	−861.75
第 6 日	548	362	3.55	1 945.69	1.565 9	67	2 895.91	−950.22
第 7 日	548	352	3.56	1 949.65	1.519 0	64	3 077.91	−1 128.26

因为个股出现该形态的次数较少（平均为个位数），因此，本书暂不提供个股在该形态下的统计结果。

第四章

看跌 K 线形态在股票交易中的量化分析

虽然中国股市目前不支持做空，但为了验证看跌 K 线组合在中国沪深两市的准确率和可行性，本书作者在假定可做空的情况下，对 44 种看跌 K 线组合进行了量化统计。其中，统计时间为 2000 年 1 月 1 日至 2019 年 3 月 31 日，统计股票范围为沪深两市所有上市交易股票，统计内容与看涨 K 线组合相同。

假设我们在第 n 日判断某种看跌 K 线形态出现，按照第 n+1 日的开盘价卖出（假设可以卖空操作），然后分别按照第 n+1、n+2、…、n+7 交易日的收盘价平仓。如果收益为正值，则交易"成功"。此时，我们可根据开仓和平仓价格计算收益率及其他指标。上述统计结果主要是用来鉴别看跌 K 线组合在中国股市中的可行性，对投资起到参考作用。考虑到目前交易制度实际不存在做空机制，提供个股的做空结果也就不存在实际意义，因此本书不提供看跌 K 线组合详细的个股数据。

1. 上吊线形态（反转，看跌）

如表 4.1 所示，该形态在过去 19 年内出现 31 723 次，出现频率较高。作为看跌形态，该形态成功率随持有周期的增长而逐步降低，最高成功率为 55%，出现在持有日第 1 日；最低成功率为 49%，出现在持有日第 7 日；最高盈亏比为 0.937 5，出现在持有日第 1 日。在持有日前两日，该形态平均收益率为正值，其余持有日为负值。按照持有 1 日进行统计，如图 4.1 所示，该形态累计收益率呈现震荡向上的趋势。

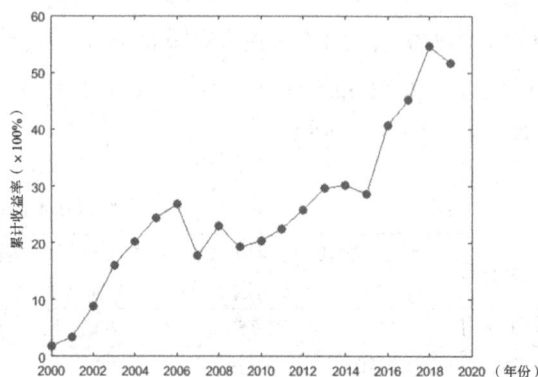

图 4.1　上吊线形态累计收益率

表 4.1　上吊线形态出现后 7 日内的指标统计

持有日	出现总次数（次）	成功次数（次）	平均收益率（%）	累计收益率（%）	盈亏比	成功率（%）	总盈利率（%）	总亏损率（%）
第 1 日	31 723	17 441	0.16	5 171.62	0.937 5	55	40 877.88	-35 706.26
第 2 日	31 658	17 075	0.03	1 082.30	0.873 2	54	49 330.81	-48 248.51
第 3 日	31 562	16 693	-0.03	-950.99	0.876 8	53	59 874.71	-60 825.71
第 4 日	31 509	16 236	-0.19	-5 889.89	0.865 8	52	68 093.31	-73 983.19

（续表）

持有日	出现总次数（次）	成功次数（次）	平均收益率（%）	累计收益率（%）	盈亏比	成功率（%）	总盈利率（%）	总亏损率（%）
第 5 日	31 464	15 975	-0.34	-10 598.49	0.847 3	51	73 448.07	-84 046.56
第 6 日	31 355	15 750	-0.40	-12 509.29	0.857 6	50	80 536.09	-93 045.39
第 7 日	31 303	15 451	-0.58	-18 281.57	0.844 7	49	85 179.27	-103 460.84

2. 执带线形态（反转，看跌）

如表 4.2 所示，该形态在过去 19 年内出现 32 842 次，出现频率较高。作为看跌形态，该形态成功率普遍低于 50%；盈亏比较低，最高盈亏比仅为 0.883 0，出现在持有日第 1 日，并且随着持有日的增加，盈亏比逐渐下降。在所有持有日，该形态平均收益率均为负值。按照持有 1 日进行统计，如图 4.2 所示，该形态累计收益率呈现持续下降趋势。

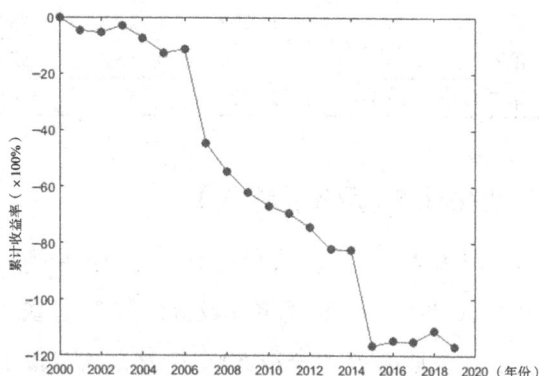

图 4.2 执带线形态累计收益率

表 4.2 执带线形态出现后 7 日内的指标统计

持有日	出现总次数（次）	成功次数（次）	平均收益率（%）	累计收益率（%）	盈亏比	成功率（%）	总盈利率（%）	总亏损率（%）
第 1 日	32 842	15 254	-0.36	-11 667.56	0.883 0	46	38 152.22	-49 819.78
第 2 日	32 755	15 099	-0.75	-24 484.35	0.742 1	46	42 521.15	-67 005.50
第 3 日	32 699	15 656	-0.80	-26 097.51	0.735 8	48	54 437.62	-80 535.13
第 4 日	32 607	15 580	-0.90	-29 198.07	0.749 7	48	63 779.20	-92 977.27
第 5 日	32 566	15 262	-1.09	-35 375.72	0.755 7	47	70 710.11	-106 085.84
第 6 日	32 520	14 912	-1.25	-40 564.59	0.776 6	46	77 924.58	-118 489.17
第 7 日	32 475	14 939	-1.80	-58 491.26	0.696 8	46	85 435.96	-143 927.21

3. 吞没形态（反转，看跌）

如表 4.3 所示，该形态在过去 19 年内出现 26 644 次，出现频率较高。作为看跌形态，该形态成功率普遍低于 50%，其中最高成功率仅为 44%，需持有 3 日；最高盈亏比为 0.802 0，出现在持有日第 1 日。在所有持有日，该形态平均收益率均为负

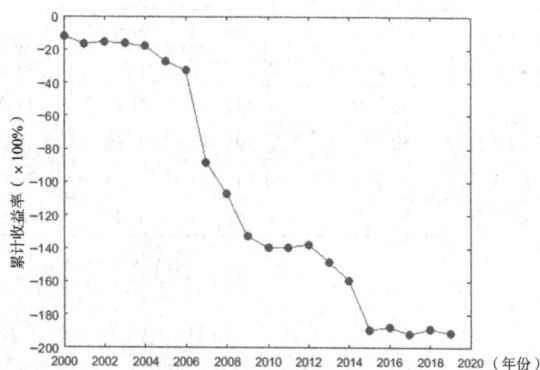

图 4.3 吞没形态累计收益率

值。按照持有 1 日进行统计，如图 4.3 所示，该形态累计收益率呈现持续下降趋势。

表 4.3　吞没形态出现后 7 日内的指标统计

持有日	出现总次数（次）	成功次数（次）	平均收益率（%）	累计收益率（%）	盈亏比	成功率（%）	总盈利率（%）	总亏损率（%）
第 1 日	26 644	11 288	-0.72	-19 103.26	0.802 0	42	27 435.10	-46 538.36
第 2 日	26 590	11 167	-1.17	-31 094.07	0.680 4	42	30 190.68	-61 284.75
第 3 日	26 537	11 571	-1.31	-34 735.65	0.682 9	44	38 856.45	-73 592.10
第 4 日	26 447	11 464	-1.43	-37 899.13	0.713 6	43	45 573.68	-83 472.81
第 5 日	26 411	11 185	-1.66	-43 866.63	0.727 7	42	50 383.02	-94 249.65
第 6 日	26 383	10 766	-1.98	-52 243.19	0.744 5	41	55 092.46	-107 335.66
第 7 日	26 344	10 929	-2.66	-70 124.31	0.656 1	41	60 986.48	-131 110.79

4. 孕线形态（反转，看跌）

如表 4.4 所示，该形态在过去 19 年内出现 50 991 次，出现频率较高。作为看跌形态，该形态成功率在 50% 左右，其中最高成功率为 52%，出现在持有日第 1 日、第 3 日和第 4 日；盈亏比普遍低于 1，最高盈亏比为 0.990 1，出现在持有日第 1 日。除持有日第 1 日之外，该形态在其他持有日的平均收益率均为负值。按照持有 1 日进行统计，如图 4.4 所示，该形态累计收益率呈现持续上升的趋势。

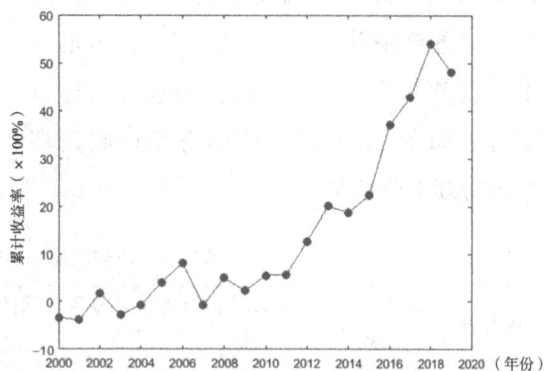

图 4.4　孕线形态累计收益率

表 4.4　孕线形态出现后 7 日内的指标统计

持有日	出现总次数（次）	成功次数（次）	平均收益率（%）	累计收益率（%）	盈亏比	成功率（%）	总盈利率（%）	总亏损率（%）
第 1 日	50 991	26 632	0.09	4 813.43	0.990 1	52	63 156.19	-58 342.77
第 2 日	50 882	25 959	-0.22	-11 237.62	0.831 3	51	72 523.29	-83 760.91
第 3 日	50 805	26 282	-0.24	-12 313.45	0.820 6	52	89 881.60	-102 195.04
第 4 日	50 710	26 247	-0.22	-11 206.46	0.843 0	52	106 130.30	-117 336.75
第 5 日	50 632	25 901	-0.36	-18 007.43	0.827 5	51	117 008.62	-135 016.05
第 6 日	50 582	24 944	-0.65	-32 786.94	0.813 2	49	124 246.53	-157 033.47
第 7 日	50 512	24 568	-0.83	-41 935.36	0.802 0	49	132 422.52	-174 357.88

5.十字孕线形态（反转，看跌）

如表 4.5 所示，该形态在过去 19 年内出现 2 138 次，出现频率较低。作为看跌形态，该形态成功率普遍较高，其中最高成功率为 60%，出现在持有日第 1 日和第 4 日；最高盈亏比为 1.24，出现在持有日第 1 日。在所有持有日，该形态平均收益率均为正值。按照持有 1 日进行统计，如图 4.5 所示，该形态累计收益率呈现持续上升趋势。

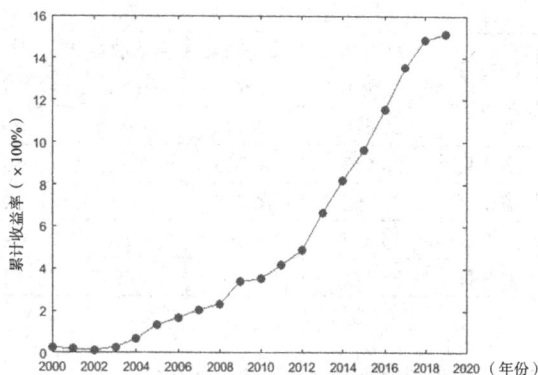

图 4.5 十字孕线形态累计收益率

表 4.5 十字孕线形态出现后 7 日内的指标统计

持有日	出现总次数（次）	成功次数（次）	平均收益率（%）	累计收益率（%）	盈亏比	成功率（%）	总盈利率（%）	总亏损率（%）
第 1 日	2 138	1 279	0.71	1 512.54	1.240 0	60	3 299.74	-1 787.20
第 2 日	2 133	1 259	0.47	993.31	0.951 1	59	3 677.86	-2 684.55
第 3 日	2 130	1 253	0.52	1 099.50	0.929 3	59	4 453.88	-3 354.38
第 4 日	2 129	1 269	0.81	1 715.91	0.983 3	60	5 521.39	-3 805.48
第 5 日	2 126	1 261	0.77	1 630.21	0.941 1	59	6 013.22	-4 383.01
第 6 日	2 119	1 210	0.69	1 453.01	0.975 7	57	6 316.57	-4 863.56
第 7 日	2 113	1 198	0.73	1 546.77	0.986 5	57	6 851.38	-5 304.61

6.流星线形态（反转，看跌）

如表 4.6 所示，该形态在过去 19 年内出现 35 723 次，出现频率较高。作为看跌形态，该形态成功率最高为 50%；盈亏比普遍低于 1，最高盈亏比为 0.874 8，出现在持有日第 1 日。在所有持有日，该形态平均收益率均为负值。按照持有 1 日进行统计，如图 4.6 所示，该形态累计收益率呈现持续下降趋势。

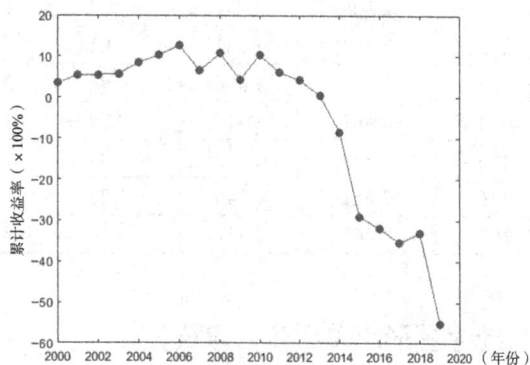

图 4.6 流星线形态累计收益率

表 4.6 流星线形态出现后 7 日内的指标统计

持有日	出现总次数（次）	成功次数（次）	平均收益率（%）	累计收益率（%）	盈亏比	成功率（%）	总盈利率（%）	总亏损率（%）
第 1 日	35 723	17 983	-0.15	-5 512.65	0.874 8	50	43 199.89	-48 712.54
第 2 日	35 673	16 981	-0.58	-20 832.96	0.769 8	48	48 457.77	-69 290.73

（续表）

持有日	出现总次数（次）	成功次数（次）	平均收益率（%）	累计收益率（%）	盈亏比	成功率（%）	总盈利率（%）	总亏损率（%）
第 3 日	35 624	16 970	-0.75	-26 585.78	0.758 4	48	59 159.37	-85 745.15
第 4 日	35 553	16 733	-0.85	-30 162.00	0.782 4	47	68 924.25	-99 086.25
第 5 日	35 468	16 775	-0.91	-32 337.46	0.790 8	47	79 038.61	-111 376.07
第 6 日	35 427	16 596	-1.13	-39 860.87	0.770 5	47	84 342.02	-124 202.90
第 7 日	35 341	16 308	-1.25	-44 080.96	0.783 4	46	90 003.51	-134 084.46

7. 乌云盖顶形态（反转，看跌）

如表 4.7 所示，该形态在过去 19 年内出现 2 905 次，出现频率较低。作为看跌形态，该形态成功率均低于 50%；盈亏比普遍低于 1，最高盈亏比为 0.773 2，需持有 6 日。在所有持有日，该形态平均收益率均为负值。按照持有 4 日进行统计，如图 4.7 所示，该形态累计收益率呈现震荡下降趋势。

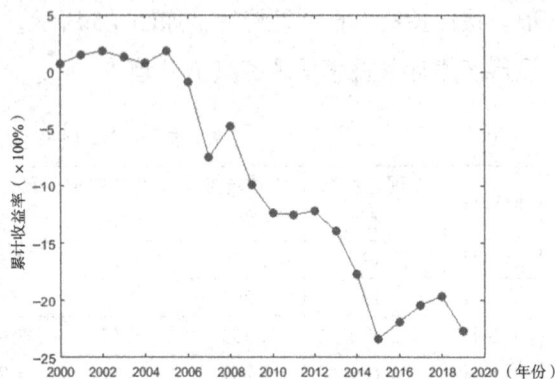

图 4.7 乌云盖顶形态累计收益率

表 4.7 乌云盖顶形态出现后 7 日内的指标统计

持有日	出现总次数（次）	成功次数（次）	平均收益率（%）	累计收益率（%）	盈亏比	成功率（%）	总盈利率（%）	总亏损率（%）
第 1 日	2 905	1 402	-0.59	-1 699.45	0.754 5	48	4 038.25	-5 737.70
第 2 日	2 894	1 382	-1.01	-2 924.16	0.654 7	48	4 357.57	-7 281.73
第 3 日	2 882	1 406	-0.97	-2 809.10	0.695 1	49	5 504.48	-8 313.59
第 4 日	2 867	1 416	-0.79	-2 264.58	0.765 1	49	6 672.86	-8 937.44
第 5 日	2 860	1 383	-0.99	-2 843.40	0.767 4	48	7 259.50	-10 102.90
第 6 日	2 851	1 346	-1.23	-3 508.25	0.773 2	47	7 863.18	-11 371.43
第 7 日	2 847	1 334	-1.46	-4 161.58	0.755 1	47	8 290.32	-12 451.90

8. 十字星形态（反转，看跌）

如表 4.8 所示，该形态在过去 19 年内出现 2 333 次，出现频率较低。作为看跌形态，该形态成功率普遍高于 50%，最高成功率为 56%，出现在持有日第 1 日；但盈亏比普遍低于 1，最高盈亏比为 0.954 9，出现在持有日第 2 日。在持有日较短的情况下，比

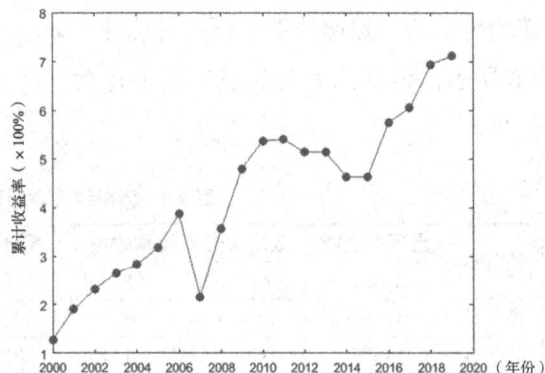

图 4.8 十字星形态累计收益率

如，在持有日第 1 日至第 3 日，平均收益率均为正值。按照持有 1 日进行统计，如图 4.8 所示，该形态累计收益率呈现震荡上升趋势。

表 4.8　十字星形态出现后 7 日内的指标统计

持有日	出现总次数（次）	成功次数（次）	平均收益率（%）	累计收益率（%）	盈亏比	成功率（%）	总盈利率（%）	总亏损率（%）
第 1 日	2 333	1 313	0.30	711.27	0.953 6	56	3 836.86	−3 125.59
第 2 日	2 330	1 257	0.20	469.93	0.954 9	54	4 432.40	−3 962.47
第 3 日	2 327	1 265	0.09	219.50	0.875 7	54	5 317.60	−5 098.10
第 4 日	2 324	1 243	−0.16	−383.08	0.816 9	53	5 931.56	−6 314.64
第 5 日	2 318	1 216	−0.14	−316.75	0.865 5	52	6 735.30	−7 052.05
第 6 日	2 316	1 210	−0.33	−762.71	0.826 7	52	7 214.26	−7 976.97
第 7 日	2 313	1 177	−0.36	−835.02	0.870 5	51	7 677.55	−8 512.57

9. 约会线形态（反转，看跌）

如表 4.9 所示，该形态在过去 19 年内出现 84 次，出现频率很低。作为看跌形态，该形态最高成功率为 55%，出现在持有日第 1 日；最高盈亏比为 1.379 2，出现在持有日第 3 日，但此时成功率仅有 35%。此外，该形态的盈亏比均低于 1，平均收益率均为负值。按照持有 3 日进行统计，如图 4.9 所示，该形态累计收益率呈现大幅震荡趋势。

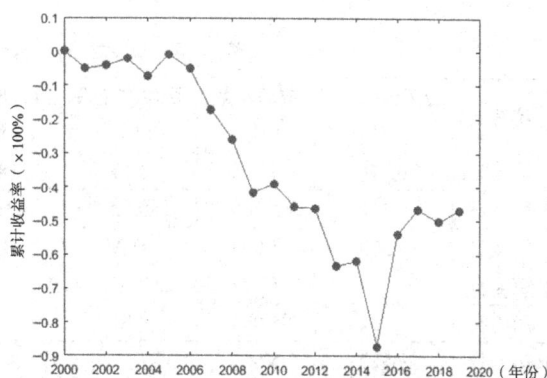

图 4.9　约会线形态累计收益率

表 4.9　约会线形态出现后 7 日内的指标统计

持有日	出现总次数（次）	成功次数（次）	平均收益率（%）	累计收益率（%）	盈亏比	成功率（%）	总盈利率（%）	总亏损率（%）
第 1 日	84	46	−0.35	−29.73	0.628 6	55	94.65	−124.38
第 2 日	83	38	−0.29	−24.42	0.957 9	46	103.33	−127.75
第 3 日	83	29	−0.56	−46.85	1.379 2	35	133.83	−180.69
第 4 日	83	38	−0.67	−55.86	0.897 3	46	174.70	−230.55
第 5 日	83	37	−0.71	−58.80	0.951 0	45	191.39	−250.19
第 6 日	82	38	−0.92	−75.32	0.817 7	46	181.05	−256.37
第 7 日	82	41	−1.16	−95.48	0.672 8	50	196.31	−291.79

10. 俯冲之鹰形态（反转，看跌）

如表 4.10 所示，该形态在过去 19 年内出现 9 596 次，出现频率中等。作为看跌形态，该形态成功率普遍高于 50%，并且较为稳定，最高成功率为 56%，出现在持有日第 1 日；盈亏比均低于 1，最高盈亏比为 0.996 9，出现在持有日第 1 日。在多数持有日，该形态平均收益率为负值。按照持有 1 日进行统计，如图 4.10 所示，该形态累计收益率呈现震荡向上趋势。该形态在不同持有日的平均收益率波动比较剧烈，随着持有日的增加，该形态成功率呈现出明显的下降趋势。

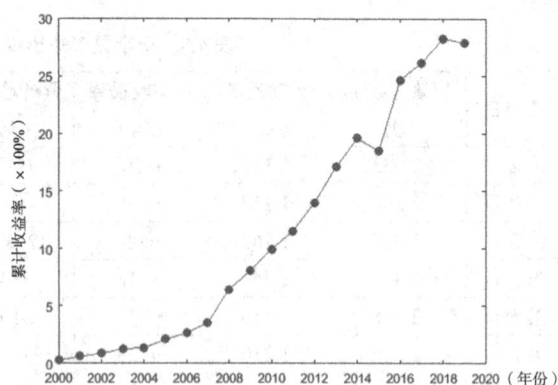

图 4.10 俯冲之鹰形态累计收益率

表 4.10 俯冲之鹰形态出现后 7 日内的指标统计

持有日	出现总次数（次）	成功次数（次）	平均收益率（%）	累计收益率（%）	盈亏比	成功率（%）	总盈利率（%）	总亏损率（%）
第 1 日	9 596	5 370	0.29	2 783.51	0.996 9	56	13 220.25	-10 436.74
第 2 日	9 582	5 200	0.02	233.12	0.855 5	54	15 612.69	-15 379.57
第 3 日	9 570	5 099	-0.06	-552.11	0.851 3	53	18 367.11	-18 919.23
第 4 日	9 559	5 114	0.14	1 370.49	0.926 0	53	22 352.14	-20 981.65
第 5 日	9 532	5 089	0.01	62.40	0.875 3	53	24 353.90	-24 291.50
第 6 日	9 522	5 006	-0.05	-522.10	0.884 8	53	26 610.92	-27 133.03
第 7 日	9 501	4 841	-0.32	-3 072.54	0.866 4	51	27 679.39	-30 751.92

11. 相同高价形态（反转，看跌）

如表 4.11 所示，该形态在过去 19 年内出现 292 次，出现频率较低。该形态成功率普遍高于 50%，最高成功率为 57%，出现在持有日第 1 日；最高盈亏比为 1.033 5，出现在持有日第 2 日。如果持有时间超过 5 日，则该形态平均收益率为负值。按照持有 1 日进行统计，如图 4.11 所示，该形态累计收益率呈现震荡向上趋势。

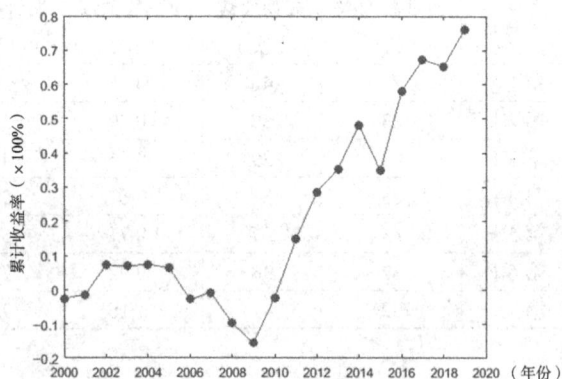

图 4.11 相同高价形态累计收益率

表 4.11　相同高价形态出现后 7 日内的指标统计

持有日	出现总次数（次）	成功次数（次）	平均收益率（%）	累计收益率（%）	盈亏比	成功率（%）	总盈利率（%）	总亏损率（%）
第 1 日	292	165	0.26	76.15	1.004 3	57	325.94	−249.79
第 2 日	292	151	0.12	36.35	1.033 5	52	376.70	−340.35
第 3 日	291	155	0.07	19.00	0.918 0	53	429.81	−410.81
第 4 日	291	157	0.07	19.50	0.887 4	54	511.23	−491.73
第 5 日	291	155	−0.33	−95.85	0.753 9	53	585.28	−681.13
第 6 日	291	156	−0.17	−48.29	0.808 4	54	685.61	−733.90
第 7 日	291	152	−0.44	−128.40	0.772 9	52	701.10	−829.50

12. 反冲形态（反转，看跌）

如表 4.12 所示，该形态在过去 19 年内仅在长江电力（600900）出现 1 次，出现频率极低。除了在持有日第 1 日之外，该形态均为盈利状态。当持有日达到 7 日时，该形态平均收益率最高，达到 3.3%。按照持有 7 日进行统计，该形态累计收益率如图 4.12 所示。

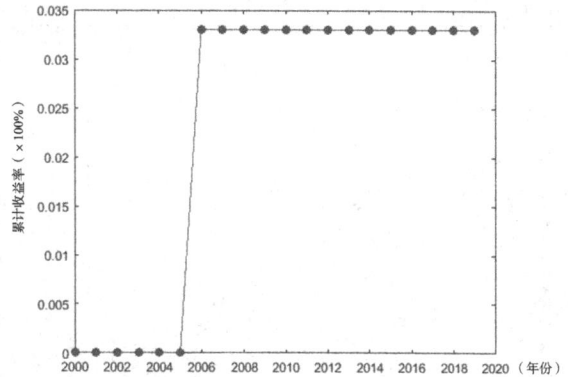

图 4.12　反冲形态累计收益率

表 4.12　反冲形态出现后 7 日内的指标统计

持有日	出现总次数（次）	成功次数（次）	平均收益率（%）	累计收益率（%）	盈亏比	成功率（%）	总盈利率（%）	总亏损率（%）
第 1 日	1	0	−0.27	−0.27	NaN	0	0.00	−0.27
第 2 日	1	1	0.69	0.69	NaN	100	0.69	0
第 3 日	1	1	2.34	2.34	NaN	100	2.34	0
第 4 日	1	1	0.69	0.69	NaN	100	0.69	0
第 5 日	1	1	3.02	3.02	NaN	100	3.02	0
第 6 日	1	1	2.75	2.75	NaN	100	2.75	0
第 7 日	1	1	3.30	3.30	NaN	100	3.30	0

13. 一只黑乌鸦形态（反转，看跌）

如表 4.13 所示，该形态在过去 19 年内出现 4 367 次。该形态成功率较低，最高成功率仅为 42%，需持有 4 日。无论持有日过长还是过短，成功率均有所下降。该形态盈亏比普遍低于 1，最高盈亏比为 0.821 1，需持有 6 日。在所有持有日，该形态平均收益率均为负值。按照持有 6 日进行统计，如图 4.13 所示，该形态累计收益率呈现持续下降趋势。该形态描述了上涨趋势里的一次大幅回撤，但统计结果显示，这一形态更易继续维持上涨趋势。

表 4.13 一只黑乌鸦形态出现后 7 日内的指标统计

持有日	出现总次数（次）	成功次数（次）	平均收益率（%）	累计收益率（%）	盈亏比	成功率（%）	总盈利率（%）	总亏损率（%）
第 1 日	4 367	1 621	−1.37	−6 001.40	0.731 2	37	4 557.52	−10 558.92
第 2 日	4 353	1 587	−2.01	−8 762.24	0.623 7	36	4 882.57	−13 644.81
第 3 日	4 348	1 742	−1.96	−8 532.34	0.653 3	40	6 615.68	−15 148.02
第 4 日	4 335	1 832	−1.74	−7 557.69	0.701 5	42	7 975.66	−15 533.35
第 5 日	4 330	1 720	−1.99	−8 626.08	0.780 0	40	9 123.86	−17 749.94
第 6 日	4 324	1 632	−2.33	−10 084.21	0.821 1	38	9 994.20	−20 078.40
第 7 日	4 318	1 656	−2.53	−10 905.73	0.801 2	38	10 837.52	−21 743.24

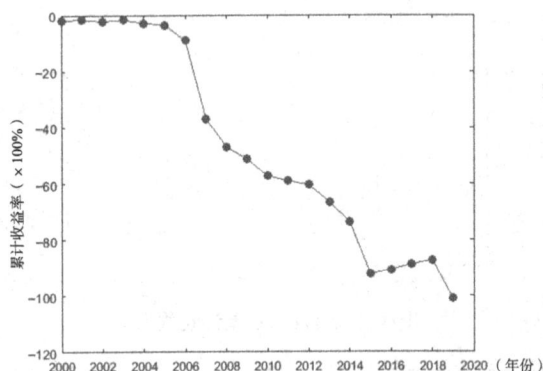

图 4.13 一只黑乌鸦形态累计收益率

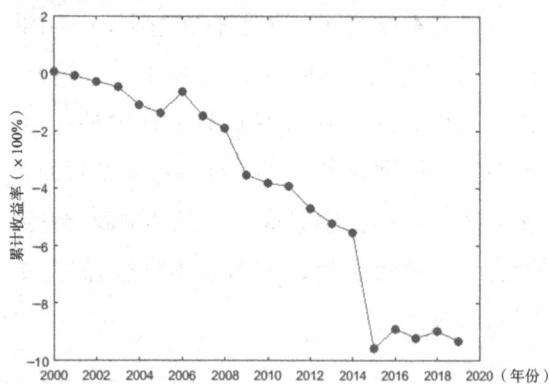

图 4.14 黄昏星形态累计收益率

14. 黄昏星形态（反转，看跌）

如表 4.14 所示，该形态在过去 19 年内出现 1 084 次，出现频率较低。该形态成功率较低，最高成功率仅为 44%，出现在持有日第 3 日；最低成功率仅为 37%，出现在持有日第 1 日。该形态盈亏比均低于 1，最高盈亏比为 0.964 0，出现在持有日第 1 日。在所有持有日，该形态平均收益率全部为负值。按照持有 1 日进行统计，如图 4.14 所示，该形态累计收益率呈现持续下降趋势。

表 4.14 黄昏星形态出现后 7 日内的指标统计

持有日	出现总次数（次）	成功次数（次）	平均收益率（%）	累计收益率（%）	盈亏比	成功率（%）	总盈利率（%）	总亏损率（%）
第 1 日	1 084	405	−0.86	−930.27	0.964 0	37	1 258.56	−2 188.83
第 2 日	1 080	422	−1.34	−1 445.47	0.744 6	39	1 321.31	−2 766.79
第 3 日	1 078	469	−1.17	−1 260.96	0.775 1	44	1 867.53	−3 128.49
第 4 日	1 076	456	−1.47	−1 580.36	0.769 9	42	2 063.00	−3 643.35

（续表）

持有日	出现总次数（次）	成功次数（次）	平均收益率（%）	累计收益率（%）	盈亏比	成功率（%）	总盈利率（%）	总亏损率（%）
第 5 日	1 075	459	-1.79	-1 927.13	0.717 6	43	2 214.64	-4 141.77
第 6 日	1 075	445	-2.12	-2 273.69	0.727 9	41	2 406.29	-4 679.99
第 7 日	1 073	459	-2.13	-2 281.74	0.727 6	43	2 721.43	-5 003.18

15. 十字黄昏星形态（反转，看跌）

如表 4.15 所示，该形态在过去 19 年内出现 326 次，出现频率较低。该形态成功率较低，最高成功率仅为 41%，出现在持有日第 5 日或第 7 日。在大多数持有日，该形态成功率均低于 40%。该形态盈亏比均低于 1，最高盈亏比为 0.862 1，出现在持有日第 1 日。在所有持有日，该形态平均收益率全部为负值。按照持有 1 日进行统计，如图 4.15 所示，该形态累计收益率呈现持续下降趋势。

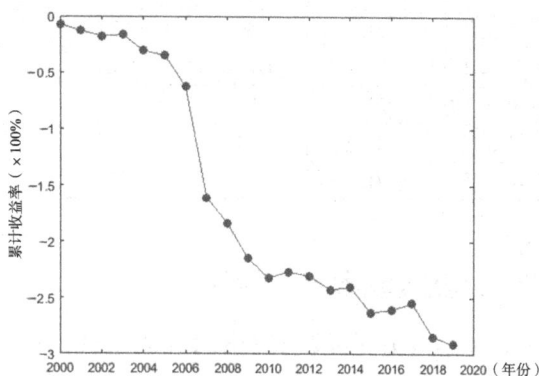

图 4.15 十字黄昏星形态累计收益率

表 4.15 十字黄昏星形态出现后 7 日内的指标统计

持有日	出现总次数（次）	成功次数（次）	平均收益率（%）	累计收益率（%）	盈亏比	成功率（%）	总盈利率（%）	总亏损率（%）
第 1 日	326	126	-0.89	-291.01	0.862 1	39	345.94	-636.95
第 2 日	324	127	-1.51	-488.22	0.642 2	39	344.94	-833.16
第 3 日	322	115	-1.74	-560.40	0.787 5	36	435.90	-996.30
第 4 日	320	122	-2.03	-650.07	0.717 6	38	515.29	-1 165.36
第 5 日	320	130	-2.44	-779.79	0.645 6	41	617.03	-1 396.82
第 6 日	319	124	-2.81	-896.57	0.694 0	39	708.12	-1 604.69
第 7 日	318	131	-2.95	-939.30	0.629 9	41	741.81	-1 681.11

16. 弃婴形态（反转，看跌）

如表 4.16 所示，该形态在过去 19 年内仅出现 21 次，出现频率较低。因为样本较少，该形态成功率波动较大，最高成功率为 62%，需持有 4 日，而最低成功率仅为 38%。该形态最高盈亏比为 1.258 8，需持有 6 日。除了在持有日第 6 日之外，在其

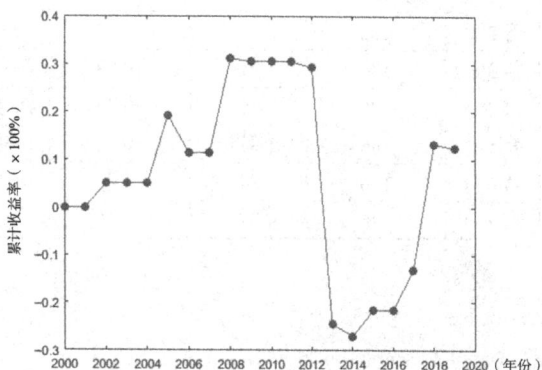

图 4.16 弃婴形态累计收益率

余持有日，该形态平均收益率均为负值。按照持有 6 日进行统计，如图 4.16 所示，该形态累计收益率呈现大幅震荡趋势。

表 4.16　弃婴形态出现后 7 日内的指标统计

持有日	出现总次数（次）	成功次数（次）	平均收益率（%）	累计收益率（%）	盈亏比	成功率（%）	总盈利率（%）	总亏损率（%）
第 1 日	21	11	−0.17	−3.56	0.826 5	52	35.61	−39.17
第 2 日	21	8	−1.34	−28.08	0.780 9	38	25.97	−54.05
第 3 日	21	9	−0.37	−7.77	1.165 7	43	54.03	−61.80
第 4 日	21	13	−0.24	−5.00	0.575 6	62	72.25	−77.26
第 5 日	21	12	−0.10	−2.07	0.732 5	57	86.53	−88.60
第 6 日	21	10	0.59	12.32	1.258 8	48	97.71	−85.38
第 7 日	21	11	−0.83	−17.38	0.765 6	52	92.76	−110.15

17. 三星形态（反转，看跌）

如表 4.17 所示，该形态在过去 19 年内仅出现 187 次，出现频率较低。该形态最高成功率为 51%，出现在持有日第 2 日，其余持有日成功率均低于 50%。该形态盈亏比均小于 1，最高盈亏比为 0.824 5，出现在持有日第 1 日。在所有持有日，该形态平均收益率均为负值。按照持有 1 日进行统计，如图 4.17 所示，该形态累计收益率呈现震荡下降趋势。

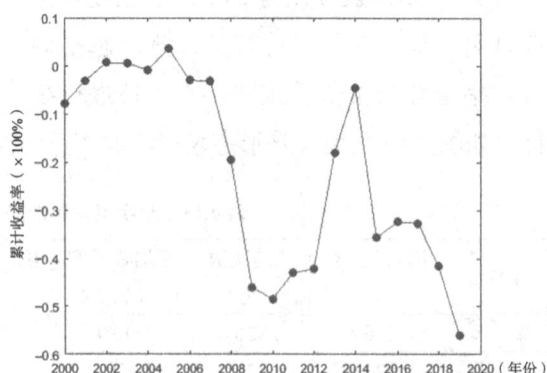

图 4.17　三星形态累计收益率

表 4.17　三星形态出现后 7 日内的指标统计

持有日	出现总次数（次）	成功次数（次）	平均收益率（%）	累计收益率（%）	盈亏比	成功率（%）	总盈利率（%）	总亏损率（%）
第 1 日	187	92	−0.30	−56.08	0.824 5	49	222.13	−278.20
第 2 日	187	95	−0.38	−71.44	0.775 0	51	286.20	−357.64
第 3 日	186	91	−0.78	−144.22	0.713 9	49	311.92	−456.14
第 4 日	186	90	−0.77	−142.56	0.782 2	48	392.08	−534.64
第 5 日	186	87	−0.94	−174.46	0.807 1	47	425.65	−600.11
第 6 日	186	84	−1.94	−360.82	0.621 1	45	377.83	−738.65
第 7 日	186	77	−2.10	−390.68	0.715 8	41	399.67	−790.35

18. 向上跳空两只乌鸦形态（反转，看跌）

如表 4.18 所示，该形态在过去 19 年内仅出现 101 次，出现频率较低。该形态最高成功率为 49%，出现在持有日第 1 日；盈亏比均小于 1，最高盈亏比为 0.831 9，出现在持有日第 1 日。在所有持有日，该形态平均收益率均为负值。按照持有 1 日进行统计，如图 4.18 所示，该形态累计收益率呈现震荡下降趋势。

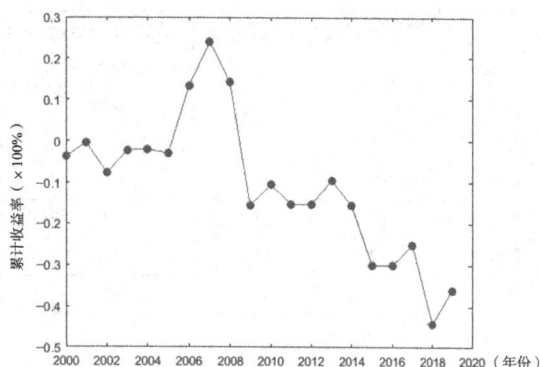

图 4.18　向上跳空两只乌鸦形态累计收益率

表 4.18　向上跳空两只乌鸦形态出现后 7 日内的指标统计

持有日	出现总次数（次）	成功次数（次）	平均收益率（%）	累计收益率（%）	盈亏比	成功率（%）	总盈利率（%）	总亏损率（%）
第 1 日	101	49	-0.36	-36.09	0.831 9	49	130.91	-167.00
第 2 日	100	40	-1.43	-143.05	0.629 0	40	103.31	-246.36
第 3 日	100	40	-1.82	-182.43	0.673 7	40	148.76	-331.19
第 4 日	99	41	-1.86	-184.09	0.656 4	41	159.37	-343.46
第 5 日	99	40	-2.69	-266.13	0.599 8	40	182.41	-448.54
第 6 日	99	41	-2.61	-258.13	0.609 3	41	195.32	-453.45
第 7 日	99	44	-2.77	-274.17	0.579 5	44	236.95	-511.11

19. 奇特三山顶部形态（反转，看跌）

如表 4.19 所示，该形态在过去 19 年内仅出现 18 次，出现频率很低。但该形态具有较高的成功率，其中最高成功率为 76%，需持有 5 日。在持有日较短的情况下，该形态盈亏比大于 1，最高盈亏比为 1.641 2，需持有 4 日。在所有持有日，该形态平均收益率均为正值，峰值出现在持有日第 5 日。按照持有 4 日进行统计，如图 4.19 所示，该形态累计收益率呈现震荡上升趋势。

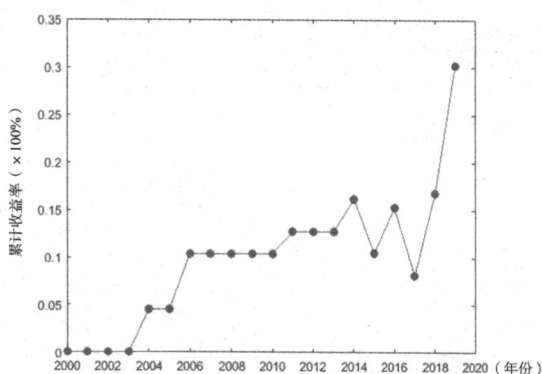

图 4.19　奇特三山顶部形态累计收益率

表 4.19　奇特三山顶部形态出现后 7 日内的指标统计

持有日	出现总次数（次）	成功次数（次）	平均收益率（%）	累计收益率（%）	盈亏比	成功率（%）	总盈利率（%）	总亏损率（%）
第 1 日	18	11	1.10	19.79	1.350 3	61	37.42	-17.64

（续表）

持有日	出现总次数（次）	成功次数（次）	平均收益率（%）	累计收益率（%）	盈亏比	成功率（%）	总盈利率（%）	总亏损率（%）
第 2 日	18	12	1.90	34.11	1.197 0	67	58.58	−24.47
第 3 日	18	12	1.65	29.71	1.113 8	67	53.90	−24.20
第 4 日	17	10	1.77	30.17	1.641 2	59	52.61	−22.44
第 5 日	17	13	2.99	50.83	1.102 8	76	70.50	−19.67
第 6 日	17	12	1.81	30.78	0.826 3	71	62.09	−31.31
第 7 日	17	11	1.64	27.94	0.987 7	65	62.41	−34.47

20. 三只黑乌鸦形态（反转，看跌）

如表 4.20 所示，该形态在过去 19 年内仅出现 109 次，出现频率较低，所以统计数据的波动较大。该形态成功率大部分维持在 50% 以上，其中最高成功率为 58%，需持有 6 日；最高盈亏比为 1.609 5，出现在持有日第 1 日。该形态平均收益率的峰值出现在持有日第 7 日。按照持有 1 日进行统计，如图 4.20 所示，该形态累计收益率呈现震荡上升趋势。

表 4.20　三只黑乌鸦形态出现后 7 日内的指标统计

持有日	出现总次数（次）	成功次数（次）	平均收益率（%）	累计收益率（%）	盈亏比	成功率（%）	总盈利率（%）	总亏损率（%）
第 1 日	109	55	0.54	58.76	1.609 5	50	150.67	−91.91
第 2 日	108	53	−0.06	−6.61	0.996 2	49	158.61	−165.23
第 3 日	108	54	−0.19	−20.68	0.896 8	50	179.66	−200.33
第 4 日	108	58	−0.66	−71.00	0.609 9	54	171.77	−242.77
第 5 日	108	58	−0.37	−40.39	0.737 8	54	239.85	−280.24
第 6 日	107	62	0.43	46.38	0.859 6	58	297.97	−251.59
第 7 日	107	59	0.72	76.82	1.085 3	55	306.82	−229.99

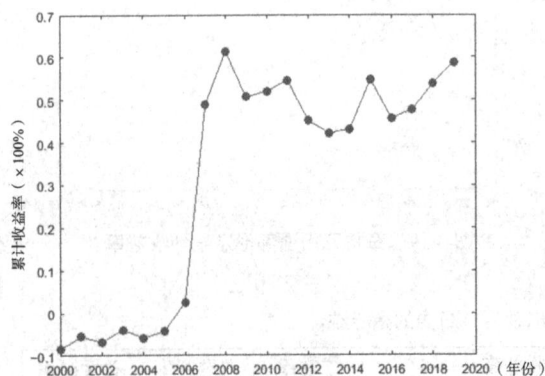

图 4.20　三只黑乌鸦形态累计收益率

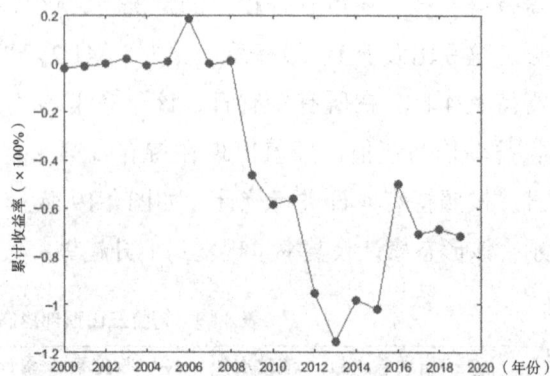

图 4.21　前进受阻形态累计收益率

21. 前进受阻形态（反转，看跌）

如表 4.21 所示，该形态在过去 19 年内仅出现 411 次，出现频率较低。该形态成功率大部分低于 50%，其中最高成功率为 52%，出现在持有日第 1 日；最高盈亏比为 0.882 3，出现在持有日第 5 日。在所有持有日，该形态平均收益率均为负值，峰值出现在持有日第 1 日。按照持有 1 日进行统计，如图 4.21 所示，该形态累计收益率呈现震荡下降趋势。

表 4.21 前进受阻形态出现后 7 日内的指标统计

持有日	出现总次数（次）	成功次数（次）	平均收益率（%）	累计收益率（%）	盈亏比	成功率（%）	总盈利率（%）	总亏损率（%）
第 1 日	411	212	-0.17	-71.55	0.822 9	52	508.48	-580.03
第 2 日	411	196	-0.42	-173.66	0.861 6	48	635.72	-809.37
第 3 日	411	203	-0.51	-209.49	0.807 4	49	778.72	-988.21
第 4 日	409	193	-0.60	-246.96	0.877 0	47	894.51	-1 141.47
第 5 日	409	185	-0.88	-360.41	0.882 3	45	968.05	-1 328.46
第 6 日	407	185	-1.11	-452.10	0.825 0	45	994.52	-1 446.62
第 7 日	407	192	-1.19	-484.86	0.767 5	47	1 056.16	-1 541.02

22. 深思形态（反转，看跌）

如表 4.22 所示，该形态在过去 19 年内出现 1 882 次。该形态成功率在 50% 附近，最高成功率为 52%，出现在持有日第 1 日；最高盈亏比为 0.872 9，同样出现在持有日第 1 日。在所有持有日，该形态平均收益率均为负值。按照持有 1 日进行统计，如图 4.22 所示，该形态累计收益率呈现大幅震荡趋势。

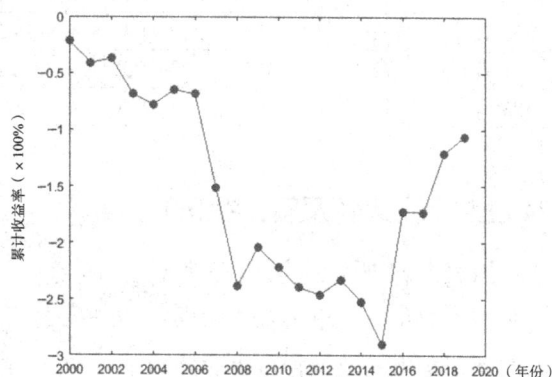

图 4.22 深思形态累计收益率

表 4.22 深思形态出现后 7 日内的指标统计

持有日	出现总次数（次）	成功次数（次）	平均收益率（%）	累计收益率（%）	盈亏比	成功率（%）	总盈利率（%）	总亏损率（%）
第 1 日	1 882	987	-0.06	-106.00	0.872 9	52	2 729.64	-2 835.64
第 2 日	1 880	963	-0.19	-361.36	0.859 1	51	3 332.95	-3 694.31
第 3 日	1 879	930	-0.50	-932.90	0.818 2	49	3 773.53	-4 706.43
第 4 日	1 877	913	-0.83	-1 552.13	0.770 4	49	4 188.30	-5 740.43
第 5 日	1 870	906	-0.93	-1 733.71	0.775 1	48	4 650.50	-6 384.21
第 6 日	1 867	905	-0.90	-1 688.88	0.802 0	48	5 189.89	-6 878.77
第 7 日	1 866	876	-1.14	-2 118.48	0.818 4	47	5 561.83	-7 680.31

23. 两只乌鸦形态（反转，看跌）

如表 4.23 所示，该形态在过去 19 年内出现 776 次，出现频率较低。该形态成功率均低于 50%，最高成功率为 48%，出现在持有日第 3 日、第 5 日；最高盈亏比为 0.838 9，出现在持有日第 1 日。在所有持有日，该形态平均收益率均为负值。按照持有 1 日进行统计，如图 4.23 所示，该形态累计收益率呈现震荡下降趋势。

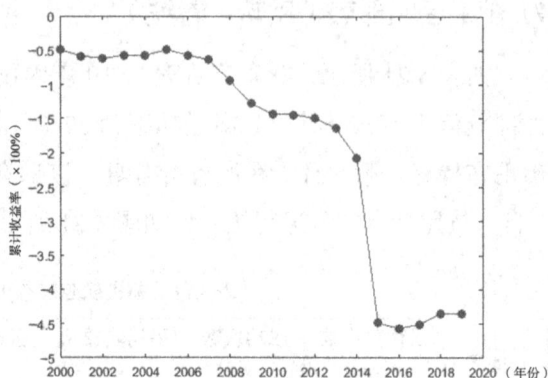

图 4.23　两只乌鸦形态累计收益率

表 4.23　两只乌鸦形态出现后 7 日内的指标统计

持有日	出现总次数（次）	成功次数（次）	平均收益率（%）	累计收益率（%）	盈亏比	成功率（%）	总盈利率（%）	总亏损率（%）
第 1 日	776	339	-0.56	-435.51	0.838 9	44	811.63	-1 247.14
第 2 日	775	363	-0.75	-580.44	0.722 4	47	1 016.11	-1 596.55
第 3 日	772	367	-0.91	-701.85	0.718 8	48	1 311.01	-2 012.85
第 4 日	772	363	-1.08	-836.43	0.732 3	47	1 553.15	-2 389.58
第 5 日	772	374	-1.37	-1 056.53	0.656 2	48	1 699.42	-2 755.95
第 6 日	772	355	-1.59	-1 226.35	0.703 3	46	1 829.63	-3 055.98
第 7 日	772	361	-1.26	-973.07	0.783 6	47	2 148.46	-3 121.53

24. 三内降形态（反转，看跌）

如表 4.24 所示，该形态在过去 19 年内出现 7 756 次，出现频率中等。该形态最高成功率为 50%，出现在持有日第 3 日、第 4 日；最高盈亏比为 0.863 4，出现在持有日第 1 日。在所有持有日，该形态平均收益率均为负值。按照持有 3 日进行统计，如图 4.24 所示，该形态累计收益率呈现震荡下降趋势。

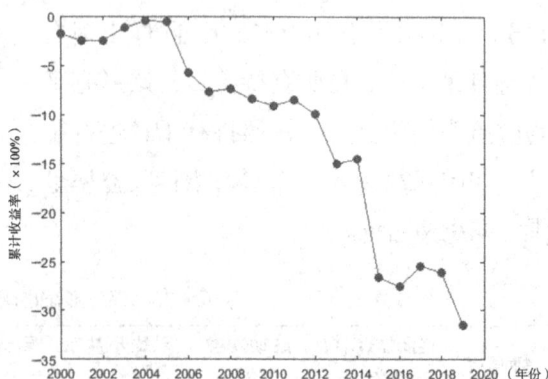

图 4.24　三内降形态累计收益率

表 4.24　三内降形态出现后 7 日内的指标统计

持有日	出现总次数（次）	成功次数（次）	平均收益率（%）	累计收益率（%）	盈亏比	成功率（%）	总盈利率（%）	总亏损率（%）
第 1 日	7 756	3 404	-0.43	-3 335.14	0.863 4	44	6 937.60	-10 272.74
第 2 日	7 740	3 548	-0.63	-4 889.56	0.756 4	46	8 698.63	-13 588.20

（续表）

持有日	出现总次数（次）	成功次数（次）	平均收益率（%）	累计收益率（%）	盈亏比	成功率（%）	总盈利率（%）	总亏损率（%）
第 3 日	7 731	3 834	-0.41	-3 146.02	0.808 4	50	12 225.58	-15 371.60
第 4 日	7 716	3 875	-0.45	-3 487.00	0.797 3	50	14 338.28	-17 825.28
第 5 日	7 708	3 786	-0.64	-4 924.48	0.793 6	49	16 131.59	-21 056.07
第 6 日	7 696	3 700	-0.86	-6 606.64	0.783 9	48	17 491.20	-24 097.85
第 7 日	7 686	3 732	-0.82	-6 284.62	0.797 5	49	19 135.40	-25 420.01

25. 三外降形态（反转，看跌）

如表 4.25 所示，该形态在过去 19 年内出现 2 443 次，出现频率较少。该形态成功率均低于 50%；最高盈亏比为 0.806 3，出现在持有日第 1 日。在所有持有日，该形态平均收益率均为负值。按照持有 7 日进行统计，如图 4.25 所示，该形态累计收益率呈现震荡下降趋势。

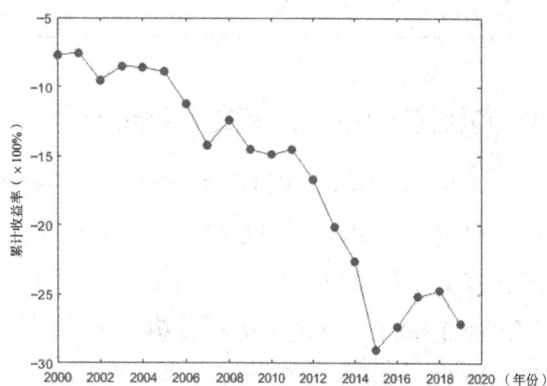

图 4.25 三外降形态累计收益率

表 4.25 三外降形态出现后 7 日内的指标统计

持有日	出现总次数（次）	成功次数（次）	平均收益率（%）	累计收益率（%）	盈亏比	成功率（%）	总盈利率（%）	总亏损率（%）
第 1 日	2 443	1 018	-0.68	-1 651.46	0.806 3	42	2 243.33	-3 894.79
第 2 日	2 437	1 134	-0.82	-1 996.67	0.664 1	47	2 734.03	-4 730.70
第 3 日	2 425	1 137	-1.04	-2 520.07	0.657 7	47	3 489.16	-6 009.23
第 4 日	2 422	1 104	-1.21	-2 931.78	0.689 5	46	4 007.98	-6 939.76
第 5 日	2 421	1 080	-1.49	-3 607.20	0.694 0	45	4 571.28	-8 178.48
第 6 日	2 415	1 105	-1.34	-3 226.99	0.744 3	46	5 444.00	-8 670.99
第 7 日	2 413	1 120	-1.12	-2 712.70	0.804 8	46	6 244.77	-8 957.47

26. 北方三星形态（反转，看跌）

如表 4.26 所示，因为该形态仅被筛选出 1 次，所以统计数据仅供参考。按照持有 1 日进行统计，该形态累计收益率如图 4.26 所示。

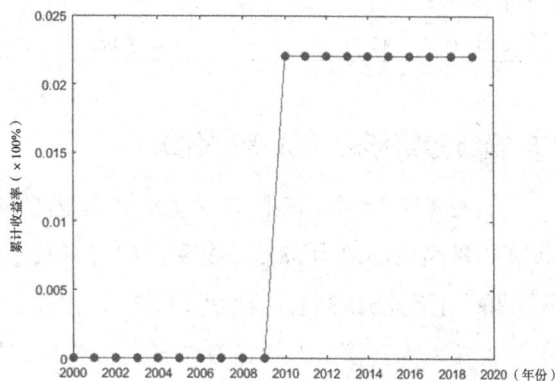

图 4.26 北方三星形态累计收益率

表 4.26　北方三星形态出现后 7 日内的指标统计

持有日	出现总次数（次）	成功次数（次）	平均收益率（%）	累计收益率（%）	盈亏比	成功率（%）	总盈利率（%）	总亏损率（%）
第 1 日	1	1	2.21	2.21	NaN	100	2.21	0
第 2 日	1	1	1.47	1.47	NaN	100	1.47	0
第 3 日	1	0	-0.25	-0.25	NaN	0	0	-0.25
第 4 日	1	1	3.02	3.02	NaN	100	3.02	0
第 5 日	1	1	4.00	4.00	NaN	100	4.00	0
第 6 日	1	1	2.78	2.78	NaN	100	2.78	0
第 7 日	1	1	0.25	0.25	NaN	100	0.25	0

27. 竖状三明治形态（反转，看跌）

如表 4.27 所示，该形态在过去 19 年内仅出现 46 次，出现频率很少。该形态成功率比较低，最高成功率仅为 41%；最高盈亏比为 0.988 8，出现在持有日第 1 日。在所有持有日，该形态平均收益率均为负值。按照持有 1 日进行统计，如图 4.27 所示，该形态累计收益率呈现震荡下降趋势。

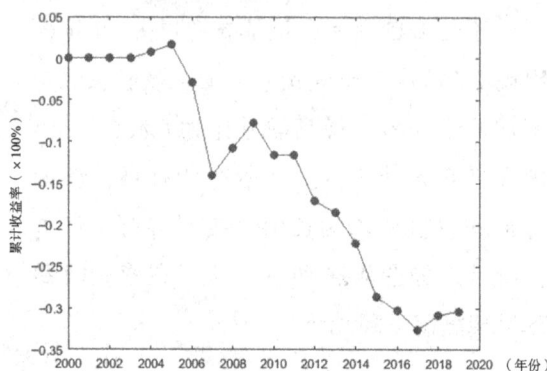

图 4.27　竖状三明治形态累计收益率

表 4.27　竖状三明治形态出现后 7 日内的指标统计

持有日	出现总次数（次）	成功次数（次）	平均收益率（%）	累计收益率（%）	盈亏比	成功率（%）	总盈利率（%）	总亏损率（%）
第 1 日	46	13	-0.66	-30.35	0.988 8	28	19.36	-49.71
第 2 日	46	16	-0.92	-42.24	0.752 4	35	28.31	-70.55
第 3 日	46	18	-1.50	-69.11	0.542 1	39	36.97	-106.09
第 4 日	46	18	-1.71	-78.55	0.550 1	39	42.98	-121.53
第 5 日	46	16	-2.78	-127.83	0.463 2	35	41.94	-169.78
第 6 日	46	19	-3.03	-139.20	0.396 7	41	53.91	-193.12
第 7 日	46	17	-4.08	-187.45	0.355 4	37	49.33	-236.78

28. 挤压报警形态（反转，看跌）

如表 4.28 所示，该形态在过去 19 年内出现 8 150 次，出现频率中等。该形态成功率比较高，最高成功率为 58%，出现在持有日第 1 日。随着持有周期的增长，该形态成功率有所下降。该形态最高盈亏比为 1.062 5，出现在持有日第 1 日。若持有周期较短，则该形态平均收益率为正值。按照持有 1 日进行统计，如图 4.28 所示，该形态累计收益率呈现持续上升趋势。

表 4.28 挤压报警形态出现后 7 日内的指标统计

持有日	出现总次数（次）	成功次数（次）	平均收益率（%）	累计收益率（%）	盈亏比	成功率（%）	总盈利率（%）	总亏损率（%）
第 1 日	8 150	4 690	0.41	3 329.50	1.062 5	58	10 892.38	-7 562.87
第 2 日	8 134	4 556	0.21	1 738.37	0.911 8	56	12 535.26	-10 796.88
第 3 日	8 122	4 523	0.17	1 395.37	0.877 3	56	14 999.49	-13 604.12
第 4 日	8 112	4 317	-0.10	-778.84	0.839 7	53	16 589.70	-17 368.54
第 5 日	8 105	4 321	-0.22	-1 793.19	0.797 6	53	18 305.86	-20 099.05
第 6 日	8 093	4 229	-0.34	-2 781.55	0.802 0	52	19 972.32	-22 753.87
第 7 日	8 060	4 098	-0.52	-4 214.95	0.806 3	51	21 173.16	-25 388.11

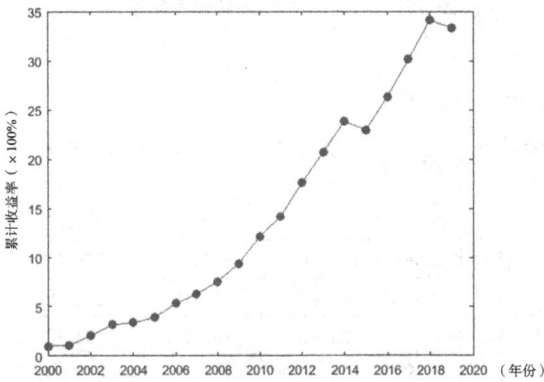

图 4.28 挤压报警形态累计收益率

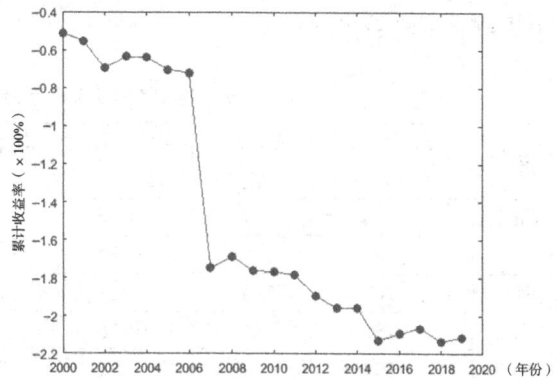

图 4.29 脱离形态累计收益率

29. 脱离形态（反转，看跌）

如表 4.29 所示，该形态在过去 19 年内仅出现 76 次，出现频率很少。该形态成功率比较低，最高成功率为 43%，最低成功率为 25%；盈亏比同样较低，最高盈亏比为 0.787 7，出现在持有日第 7 日。在所有持有日，该形态平均收益率均为负值。按照持有 7 日进行统计，如图 4.29 所示，该形态累计收益率呈现震荡下降趋势。

表 4.29 脱离形态出现后 7 日内的指标统计

持有日	出现总次数（次）	成功次数（次）	平均收益率（%）	累计收益率（%）	盈亏比	成功率（%）	总盈利率（%）	总亏损率（%）
第 1 日	76	19	-2.11	-160.39	0.602 7	25	40.32	-200.71
第 2 日	76	26	-2.41	-183.04	0.381 3	34	45.27	-228.31
第 3 日	76	29	-2.63	-200.25	0.492 2	38	87.33	-287.58
第 4 日	76	29	-2.62	-199.04	0.595 1	38	115.50	-314.54
第 5 日	75	32	-2.32	-173.69	0.584 7	43	133.78	-307.46
第 6 日	75	30	-3.22	-241.76	0.573 7	40	149.75	-391.51
第 7 日	75	29	-2.82	-211.15	0.787 7	39	208.28	-419.43

30. 梯形顶部形态（反转，看跌）

如表 4.30 所示，该形态在过去 19 年内仅出现 108 次，出现频率很少。该形态成功率比较低，最高成功率为 44%，但在大部分持有日，成功率均低于 40%；盈亏比均低于 1，最高盈亏比为 0.891 5，出现在持有日第 5 日。在所有持有日，该形态平均收益率均为负值。按照持有 5 日进行统计，如图 4.30 所示，该形态累计收益率呈现震荡下降趋势。

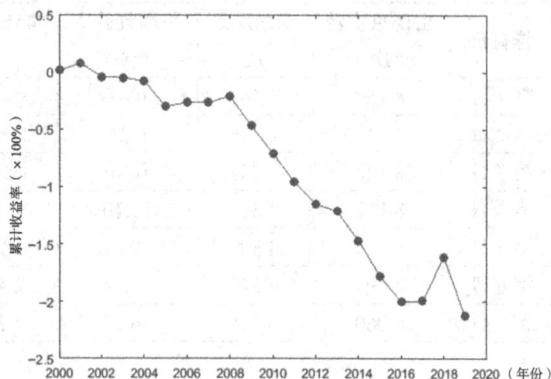

图 4.30 梯形顶部形态累计收益率

表 4.30 梯形顶部形态出现后 7 日内的指标统计

持有日	出现总次数（次）	成功次数（次）	平均收益率（%）	累计收益率（%）	盈亏比	成功率（%）	总盈利率（%）	总亏损率（%）
第 1 日	108	37	-1.26	-136.05	0.838 7	34	105.62	-241.67
第 2 日	108	39	-1.34	-144.41	0.843 9	36	131.70	-276.11
第 3 日	108	48	-1.21	-131.11	0.686 0	44	159.47	-290.58
第 4 日	108	46	-1.36	-146.75	0.752 0	43	185.24	-331.99
第 5 日	107	39	-1.98	-211.91	0.891 5	36	221.74	-433.65
第 6 日	107	37	-2.71	-290.48	0.820 5	35	222.44	-512.92
第 7 日	107	41	-3.12	-334.37	0.645 2	38	223.67	-558.05

31. 触顶后向下跳空形态（反转，看跌）

如表 4.31 所示，该形态在过去 19 年内仅出现 543 次，出现频率很少。该形态成功率比较低，最高成功率为 48%；盈亏比均低于 1，最高盈亏比为 0.776 9，出现在持有日第 7 日。在所有持有日，该形态平均收益率均为负值。按照持有 7 日进行统计，如图 4.31 所示，该形态累计收益率呈现震荡下降趋势。

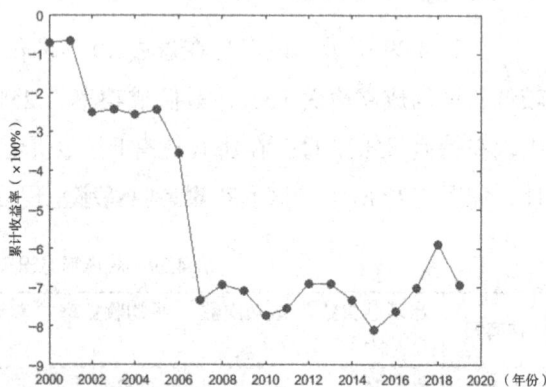

图 4.31 触顶后向下跳空形态累计收益率

表 4.31 触顶后向下跳空形态出现后 7 日内的指标统计

持有日	出现总次数（次）	成功次数（次）	平均收益率（%）	累计收益率（%）	盈亏比	成功率（%）	总盈利率（%）	总亏损率（%）
第 1 日	543	203	-1.24	-675.56	0.696 7	37	481.19	-1 156.75

（续表）

持有日	出现总次数（次）	成功次数（次）	平均收益率（%）	累计收益率（%）	盈亏比	成功率（%）	总盈利率（%）	总亏损率（%）
第 2 日	542	246	−1.14	−619.51	0.582 8	45	581.90	−1 201.41
第 3 日	538	250	−1.19	−642.90	0.650 2	46	833.13	−1 476.03
第 4 日	535	248	−1.38	−736.59	0.679 7	46	1 048.26	−1 784.85
第 5 日	532	250	−1.71	−909.30	0.631 3	47	1 155.58	−2 064.89
第 6 日	531	257	−1.61	−855.26	0.648 8	48	1 329.56	−2 184.82
第 7 日	530	249	−1.31	−694.33	0.776 9	47	1 534.35	−2 228.68

32. 三次向上跳空形态（反转，看跌）

如表 4.32 所示，该形态在过去 19 年内出现 1 300 次，出现频率较少。该形态成功率相对较高，最高成功率为 61%，出现在持有日第 1 日；盈亏比均低于 1，最高盈亏比为 0.891 1，出现在持有日第 1 日。如果持有周期较短，则该形态平均收益率为正值。按照持有 1 日进行统计，如图 4.32 所示，该形态累计收益率呈现震荡上升趋势。

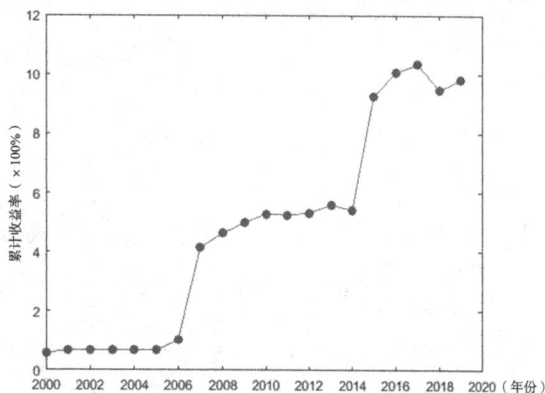

图 4.32 三次向上跳空形态累计收益率

表 4.32 三次向上跳空形态出现后 7 日内的指标统计

持有日	出现总次数（次）	成功次数（次）	平均收益率（%）	累计收益率（%）	盈亏比	成功率（%）	总盈利率（%）	总亏损率（%）
第 1 日	1 300	799	0.75	980.77	0.891 1	61	3 309.73	−2 328.95
第 2 日	1 292	757	0.26	332.04	0.784 9	59	3 334.59	−3 002.55
第 3 日	1 284	727	0.05	61.60	0.778 2	57	3 973.42	−3 911.81
第 4 日	1 271	715	−0.20	−256.58	0.733 8	56	4 297.27	−4 553.86
第 5 日	1 266	709	−0.26	−332.74	0.733 8	56	4 713.47	−5 046.21
第 6 日	1 264	697	−0.67	−847.99	0.695 6	55	5 003.56	−5 851.55
第 7 日	1 262	675	−0.98	−1 234.07	0.702 9	53	5 203.63	−6 437.70

33. 三只乌鸦接力形态（反转，看跌）

如表 4.33 所示，该形态在过去 19 年内出现 3 125 次。该形态成功率普遍低于 50%，最高成功率为 46%，出现在持有日第 7 日；最高盈亏比为 1.215 3，出现在持有日第 1 日。在所有持有日，该形态平均收益率均为负值。按照持有 1 日进行统计，如图 4.33 所示，该形态累计收益率呈现震荡下降趋势。

表 4.33 三只乌鸦接力形态出现后 7 日内的指标统计

持有日	出现总次数（次）	成功次数（次）	平均收益率（%）	累计收益率（%）	盈亏比	成功率（%）	总盈利率（%）	总亏损率（%）
第 1 日	3 125	1 346	−0.09	−269.45	1.215 3	43	3 310.57	−3 580.02
第 2 日	3 125	1 352	−0.37	−1 164.33	0.995 8	43	3 761.55	−4 925.89
第 3 日	3 125	1 364	−0.51	−1 590.23	0.945 4	44	4 443.44	−6 033.67
第 4 日	3 125	1 350	−0.75	−2 350.12	0.881 7	43	4 792.16	−7 142.29
第 5 日	3 125	1 409	−0.73	−2 277.16	0.862 6	45	5 539.83	−7 816.98
第 6 日	3 125	1 412	−0.75	−2 359.00	0.878 0	45	6 179.87	−8 538.87
第 7 日	3 122	1 430	−0.71	−2 217.40	0.897 8	46	6 976.03	−9 193.43

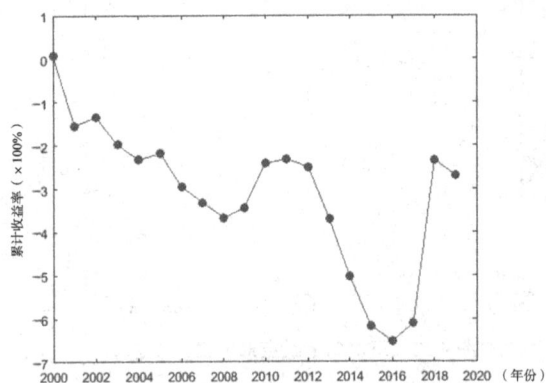

图 4.33 三只乌鸦接力形态累计收益率

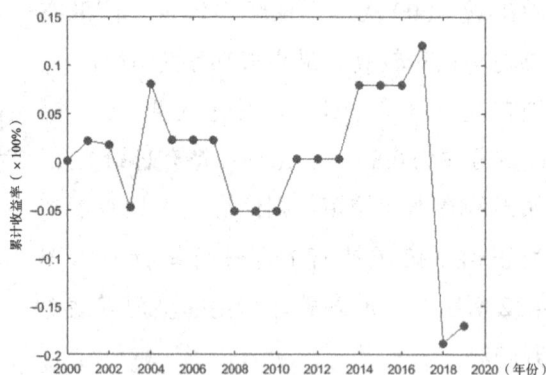

图 4.34 分手线形态累计收益率

34. 分手线形态（持续，看跌）

如表 4.34 所示，该形态在过去 19 年内仅出现 27 次，出现频率很少。因为该形态样本较少，所以统计数据波动较大。该形态最高成功率为 52%，最低成功率仅为 33%。在不同持有日，该形态盈亏比波动较大，最高盈亏比为 1.154 1，最低盈亏比仅为 0.572 1。在所有持有日，该形态平均收益率均为负值。按照持有 6 日进行统计，如图 4.34 所示，该形态累计收益率呈现大幅震荡趋势。

表 4.34 分手线形态出现后 7 日内的指标统计

持有日	出现总次数（次）	成功次数（次）	平均收益率（%）	累计收益率（%）	盈亏比	成功率（%）	总盈利率（%）	总亏损率（%）
第 1 日	27	9	−0.75	−20.36	1.040 4	33	22.07	−42.43
第 2 日	27	11	−0.84	−22.81	0.821 3	41	29.59	−52.40
第 3 日	27	14	−0.84	−22.59	0.572 1	52	36.26	−58.85
第 4 日	27	10	−1.00	−26.95	0.994 4	37	37.98	−64.94

（续表）

持有日	出现总次数（次）	成功次数（次）	平均收益率（%）	累计收益率（%）	盈亏比	成功率（%）	总盈利率（%）	总亏损率（%）
第5日	27	11	-0.69	-18.54	1.091 1	41	55.65	-74.20
第6日	27	11	-0.63	-16.94	1.154 1	41	65.09	-82.03
第7日	27	14	-1.02	-27.60	0.626 9	52	57.36	-84.96

35.待入线形态（持续，看跌）

如表 4.35 所示，该形态在过去 19 年内出现 1 080 次，出现频率较少。该形态成功率低于 50%，普遍维持在 48% 附近震荡；最高盈亏比为 1.061 7，出现在持有日第 1 日。在所有持有日，该形态平均收益率均为负值。按照持有 1 日进行统计，如图 4.35 所示，该形态累计收益率呈现大幅震荡趋势。

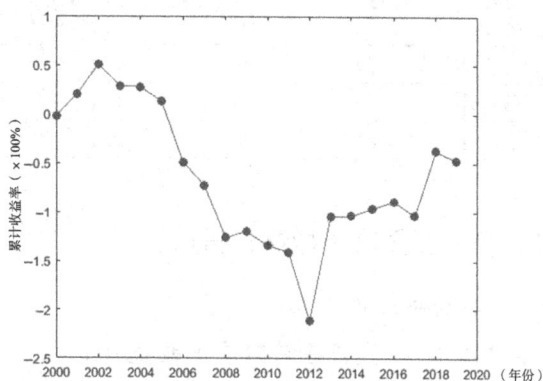

图 4.35 待入线形态累计收益率

表 4.35 待入线形态出现后 7 日内的指标统计

持有日	出现总次数（次）	成功次数（次）	平均收益率（%）	累计收益率（%）	盈亏比	成功率（%）	总盈利率（%）	总亏损率（%）
第1日	1 080	512	-0.04	-47.38	1.061 7	48	1 202.70	-1 250.08
第2日	1 080	522	-0.14	-152.75	0.960 1	49	1 449.24	-1 601.98
第3日	1 080	512	-0.28	-301.65	0.934 5	47	1 629.93	-1 931.58
第4日	1 080	514	-0.24	-254.70	0.972 3	48	1 950.63	-2 205.33
第5日	1 080	523	-0.32	-341.80	0.916 8	48	2 114.60	-2 456.40
第6日	1 080	532	-0.31	-338.04	0.900 8	49	2 354.57	-2 692.61
第7日	1 080	532	-0.37	-402.09	0.891 0	49	2 576.00	-2 978.09

36.切入线形态（持续，看跌）

如表 4.36 所示，该形态在过去 19 年内出现 392 次，出现频率较少。该形态最高成功率为 50%，出现在持有日第 1 日；最高盈亏比为 0.988 8，出现在持有日第 3 日。在所有持有日，该形态平均收益率均为负值。按照持有 7 日进行统计，如图 4.36 所示，该形态累计收益率呈现震荡下

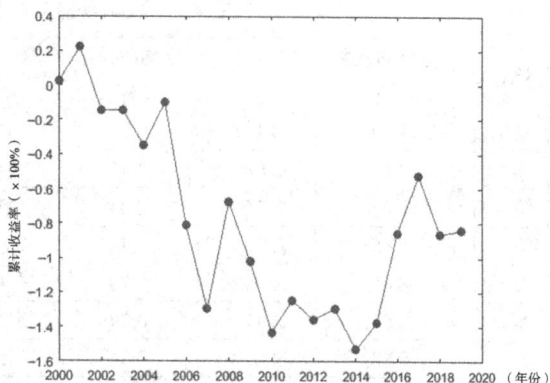

图 4.36 切入线形态累计收益率

降趋势。

表 4.36　切入线形态出现后 7 日内的指标统计

持有日	出现总次数 （次）	成功次数 （次）	平均收益率 （%）	累计收益率 （%）	盈亏比	成功率 （%）	总盈利率 （%）	总亏损率 （%）
第1日	392	195	−0.15	−59.82	0.893 4	50	457.28	−517.09
第2日	392	188	−0.28	−109.51	0.912 5	48	578.80	−688.31
第3日	392	175	−0.43	−169.23	0.988 8	45	666.00	−835.23
第4日	392	187	−0.37	−143.90	0.928 3	48	795.50	−939.40
第5日	392	192	−0.31	−119.69	0.909 1	49	820.95	−940.64
第6日	392	190	−0.21	−82.14	0.976 9	48	929.71	−1 011.85
第7日	391	190	−0.21	−84.03	0.976 6	49	1 008.90	−1 092.92

37. 插入线形态（持续，看跌）

如表 4.37 所示，该形态在过去 19 年内出现 8 679 次，在持续看跌形态中，出现频率相对较高。该形态成功率普遍低于 50%，最高成功率为 48%，出现在持有日第 1 日、第 6 日；盈亏比均高于 1，最高盈亏比为 1.410 1，出现在持有日第 4 日。在所有持有日，该形态平均收益率均为正值。按照持有 5 日进行统计，如图 4.37 所示，该形态累计收益率呈现大幅震荡趋势。投资者需要注意的是，该形态在 2014 年之

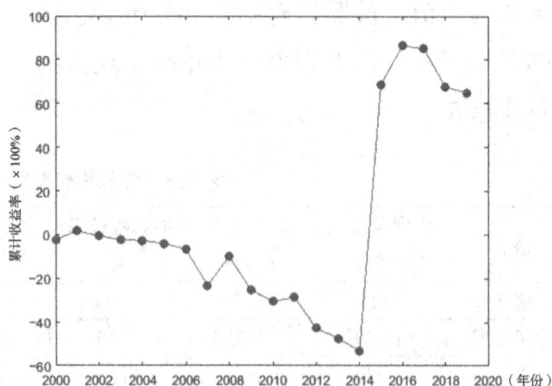

图 4.37　插入线形态累计收益率

前的累计收益率均呈持续下降趋势，但在 2014 年至 2016 年出现大幅增长。因此，该形态累计收益率在很大程度上得益于上述两年的累计收益。

表 4.37　插入线形态出现后 7 日内的指标统计

持有日	出现总次数 （次）	成功次数 （次）	平均收益率 （%）	累计收益率 （%）	盈亏比	成功率 （%）	总盈利率 （%）	总亏损率 （%）
第1日	8 679	4 151	0.08	654.05	1.145 0	48	13 823.96	−13 169.92
第2日	8 676	3 989	0.11	917.02	1.239 6	46	17 589.12	−16 672.10
第3日	8 668	3 765	0.09	774.63	1.350 1	43	21 869.24	−21 094.61
第4日	8 658	3 833	0.33	2 894.25	1.410 1	44	26 981.44	−24 087.19
第5日	8 647	4 093	0.75	6 498.41	1.409 1	47	30 890.39	−24 391.99
第6日	8 642	4 118	0.79	6 858.92	1.386 6	47	33 022.59	−26 163.66
第7日	8 633	3 967	0.36	3 146.76	1.303 9	46	32 138.45	−28 991.69

38. 向下跳空并列阴阳线形态（持续，看跌）

如表 4.38 所示，该形态在过去 19 年内出现 3 845 次。该形态成功率普遍低于 50%，最高成功率为 49%，出现在持有日第 6 日、第 7 日；最高盈亏比为 1.073 1，出现在持有日第 3 日。在所有持有日，该形态平均收益率均为负值。按照持有 3 日进行统计，如图 4.38 所示，该形态累计收益率呈现震荡下降趋势。

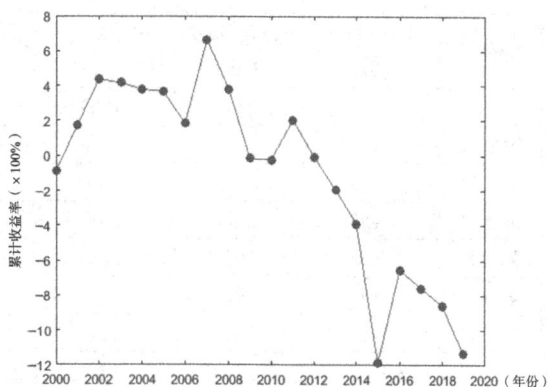

图 4.38 向下跳空并列阴阳线形态累计收益率

表 4.38 向下跳空并列阴阳线形态出现后 7 日内的指标统计

持有日	出现总次数（次）	成功次数（次）	平均收益率（%）	累计收益率（%）	盈亏比	成功率（%）	总盈利率（%）	总亏损率（%）
第 1 日	3 845	1 796	−0.31	−1 194.69	0.904 8	47	4 579.37	−5 774.06
第 2 日	3 843	1 723	−0.56	−2 162.69	0.887 1	45	5 587.80	−7 750.49
第 3 日	3 842	1 726	−0.30	−1 133.71	1.073 1	45	7 960.86	−9 094.57
第 4 日	3 840	1 729	−0.79	−3 026.39	0.902 3	45	8 568.61	−11 595.00
第 5 日	3 834	1 737	−0.81	−3 104.75	0.902 9	45	9 210.19	−12 314.94
第 6 日	3 828	1 877	−0.19	−723.86	0.976 6	49	11 261.22	−11 985.07
第 7 日	3 826	1 883	−0.39	−1 481.23	0.920 5	49	12 246.16	−13 727.39

39. 并列阳线形态（持续，看跌）

如表 4.39 所示，该形态在过去 19 年内出现 155 次，出现次数很少。该形态成功率普遍较高，平均高于 50%，最高成功率为 63%，出现在持有日第 6 日；最高盈亏比为 1.485 3，出现在持有日第 2 日。除了持有日第 1 日之外，该形态在其他持有日的平均收益率为正值。按照持有 3 日进行统计，如图 4.39 所示，该形态累计收益率呈现震荡上升趋势。

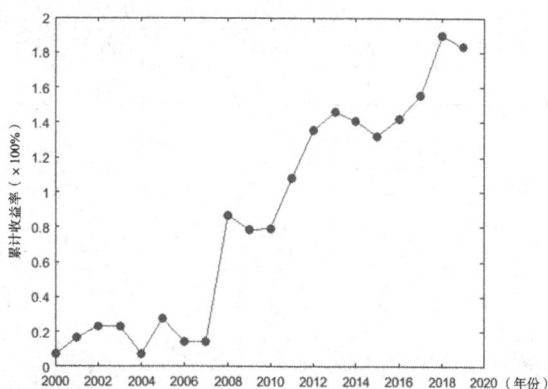

图 4.39 并列阳线形态累计收益率

表 4.39　并列阳线形态出现后 7 日内的指标统计

持有日	出现总次数（次）	成功次数（次）	平均收益率（%）	累计收益率（%）	盈亏比	成功率（%）	总盈利率（%）	总亏损率（%）
第 1 日	155	81	−0.03	−4.16	0.884 1	52	124.82	−128.98
第 2 日	155	80	0.58	89.51	1.485 3	52	242.68	−153.17
第 3 日	155	93	1.18	183.12	1.356 3	60	360.14	−177.02
第 4 日	155	88	1.10	171.38	1.410 3	56	379.09	−207.72
第 5 日	155	92	1.11	172.81	1.211 6	59	405.82	−233.01
第 6 日	155	98	1.17	182.50	1.017 4	63	436.31	−253.82
第 7 日	155	89	1.16	181.15	1.251 3	57	454.69	−273.55

40. 并列阴线形态（持续，看跌）

如表 4.40 所示，该形态在过去 19 年内出现 82 次，出现次数很少。该形态成功率普遍高于 50%，最高成功率为 61%，出现在持有日第 3 日；最高盈亏比为 0.905 2，出现在持有日第 6 日；平均收益率的峰值出现在持有日第 3 日，但随着持有日的增加具有较大波动。按照持有 3 日进行统计，如图 4.40 所示，该形态累计收益率呈现震荡上升趋势。

表 4.40　并列阴线形态出现后 7 日内的指标统计

持有日	出现总次数（次）	成功次数（次）	平均收益率（%）	累计收益率（%）	盈亏比	成功率（%）	总盈利率（%）	总亏损率（%）
第 1 日	82	43	−0.04	−3.49	0.861 8	52	66.54	−70.02
第 2 日	82	45	0.11	8.83	0.895 9	55	107.34	−98.51
第 3 日	82	50	0.51	41.88	0.897 1	61	146.14	−104.25
第 4 日	82	44	0.05	4.40	0.890 3	54	146.68	−142.29
第 5 日	82	43	−0.07	−6.06	0.871 7	52	149.64	−155.70
第 6 日	82	43	0.00	−0.33	0.905 2	52	169.48	−169.81
第 7 日	82	44	−0.05	−4.16	0.843 7	54	175.98	−180.14

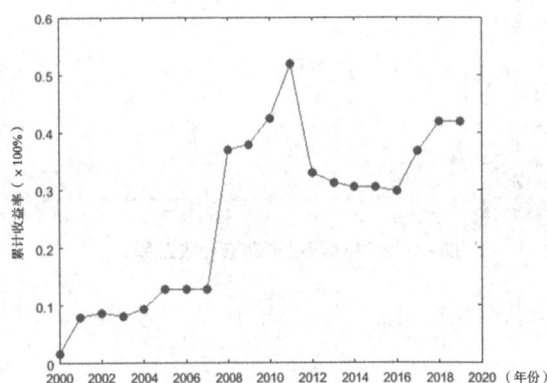

图 4.40　并列阴线形态累计收益率

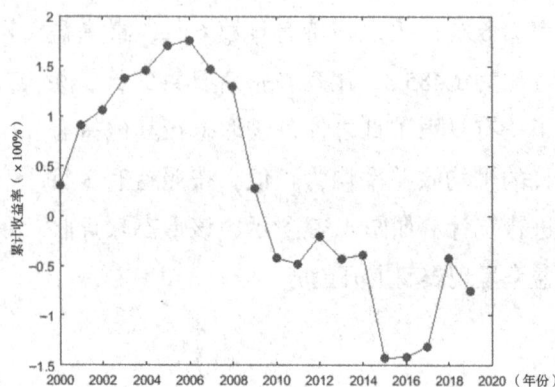

图 4.41　向下跳空三法形态累计收益率

41. 向下跳空三法形态（持续，看跌）

如表 4.41 所示，该形态在过去 19 年内出现 1 144 次，出现次数较少。该形态成功率普遍低于 50%，最高成功率为 48%，出现在持有日第 1 日；最高盈亏比为 1.043 9，出现在持有日第 1 日。在所有持有日，该形态平均收益率均为负值。按照持有 1 日进行统计，如图 4.41 所示，该形态累计收益率呈现震荡下降趋势。

表 4.41　向下跳空三法形态出现后 7 日内的指标统计

持有日	出现总次数（次）	成功次数（次）	平均收益率（%）	累计收益率（%）	盈亏比	成功率（%）	总盈利率（%）	总亏损率（%）
第 1 日	1 144	545	−0.07	−75.08	1.043 9	48	1 421.55	−1 496.63
第 2 日	1 140	510	−0.55	−626.98	0.867 3	45	1 477.80	−2 104.78
第 3 日	1 138	499	−0.78	−887.41	0.876 3	44	1 923.65	−2 811.06
第 4 日	1 135	484	−1.12	−1 275.0	0.824 8	43	2 021.57	−3 296.59
第 5 日	1 132	485	−1.23	−1 397.11	0.812 7	43	2 178.25	−3 575.36
第 6 日	1 132	508	−1.34	−1 519.83	0.757 6	45	2 446.12	−3 965.95
第 7 日	1 132	502	−1.49	−1 691.10	0.772 6	44	2 708.49	−4 399.59

42. 下降三法形态（持续，看跌）

如表 4.42 所示，该形态在过去 19 年内出现 1 509 次，出现次数较少。该形态成功率普遍低于 50%，最高成功率为 47%，出现在持有日第 7 日。除了在持有日第 2 日之外，在其他持有日，该形态盈亏比均高于 1，最高盈亏比为 1.164 8，出现在持有日第 1 日。在所有持有日，该形态平均收益率均为负值。按照持有 1 日进行统计，如图 4.42 所示，该形态累计收益率呈现大幅震荡趋势。

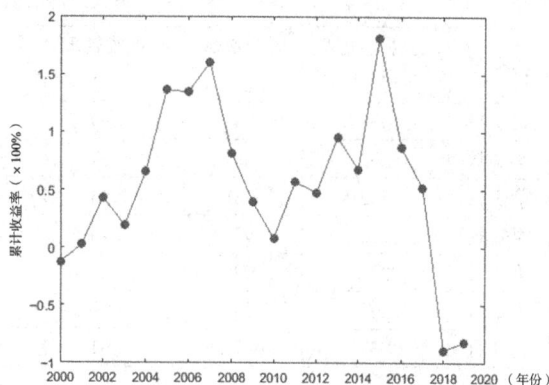

图 4.42　下降三法形态累计收益率

表 4.42　下降三法形态出现后 7 日内的指标统计

持有日	出现总次数（次）	成功次数（次）	平均收益率（%）	累计收益率（%）	盈亏比	成功率（%）	总盈利率（%）	总亏损率（%）
第 1 日	1 509	677	−0.05	−82.14	1.164 8	45	1 490.80	−1 572.95
第 2 日	1 509	670	−0.41	−617.81	0.957 2	44	2 004.05	−2 621.86
第 3 日	1 509	695	−0.26	−386.61	1.019 2	46	2 591.76	−2 978.37
第 4 日	1 509	695	−0.30	−457.62	1.016 4	46	3 003.12	−3 460.73
第 5 日	1 509	691	−0.33	−496.73	1.031 4	46	3 362.61	−3 859.33

（续表）

持有日	出现总次数 （次）	成功次数 （次）	平均收益率 （%）	累计收益率 （%）	盈亏比	成功率 （%）	总盈利率 （%）	总亏损率 （%）
第6日	1 509	676	-0.35	-525.39	1.080 0	45	3 727.03	-4 252.41
第7日	1 507	713	-0.11	-162.18	1.072 4	47	4 222.77	-4 384.96

43. 铺垫形态（持续，看跌）

如表 4.43 所示，该形态在过去 19 年内出现 232 次，出现次数较少。该形态成功率普遍低于 50%，最高成功率仅为 43%，出现在持有日第 3 日。除了在持有日第 2 日之外，该形态在其他持有日的盈亏比普遍高于 1，最高盈亏比为 1.403 1，出现在持有日第 7 日。在所有持有日，该形态平均收益率均为负值。按照持有 1 日

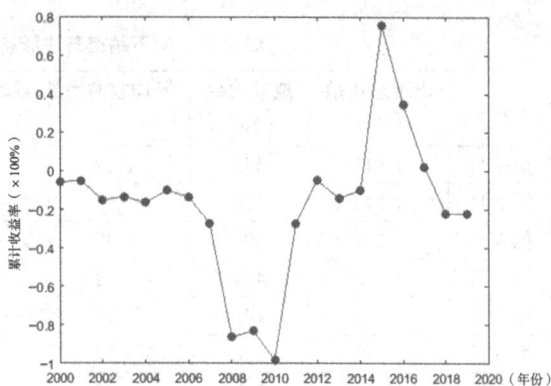

图 4.43　铺垫形态累计收益率

进行统计，如图 4.43 所示，该形态累计收益率呈现大幅震荡趋势。

表 4.43　铺垫形态出现后 7 日内的指标统计

持有日	出现总次数 （次）	成功次数 （次）	平均收益率 （%）	累计收益率 （%）	盈亏比	成功率 （%）	总盈利率 （%）	总亏损率 （%）
第1日	232	95	-0.09	-21.86	1.342 5	41	294.53	-316.39
第2日	232	88	-0.99	-230.70	0.883 5	38	270.72	-501.41
第3日	232	100	-0.53	-122.47	1.021 4	43	418.86	-541.33
第4日	232	97	-0.73	-168.72	1.050 4	42	519.10	-687.82
第5日	232	92	-0.73	-169.78	1.183 1	40	593.11	-762.89
第6日	232	84	-0.99	-230.71	1.290 1	36	630.92	-861.64
第7日	232	87	-0.61	-142.65	1.403 1	38	759.40	-902.05

44. 三线直击形态（持续，看跌）

如表 4.44 所示，该形态在过去 19 年内出现 253 次，出现次数较少。该形态最高成功率为 55%，出现在持有日第 1 日；最高盈亏比为 1.076 0，出现在持有日第 1 日。在持有日头两日，该形态平均收益率为正值。按照持有 1 日进行统计，如图 4.44 所示，该形态累计收益率呈现大幅震

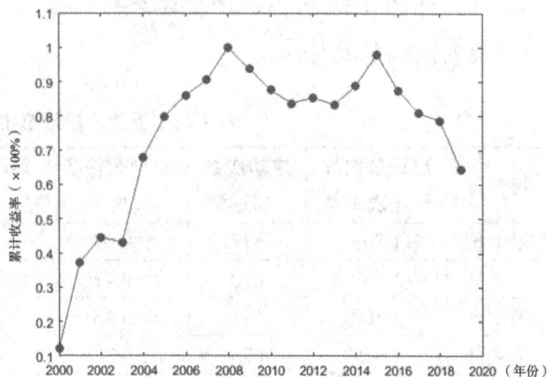

图 4.44　三线直击形态累计收益率

荡趋势。

表 4.44　三线直击形态出现后 7 日内的指标统计

持有日	出现总次数（次）	成功次数（次）	平均收益率（%）	累计收益率（%）	盈亏比	成功率（%）	总盈利率（%）	总亏损率（%）
第 1 日	253	139	0.25	64.28	1.076 0	55	270.32	-206.04
第 2 日	253	135	0.01	1.49	0.878 4	53	306.61	-305.11
第 3 日	253	122	-0.30	-77.07	0.889 6	48	372.30	-449.38
第 4 日	253	117	-0.25	-63.01	1.017 0	46	440.76	-503.77
第 5 日	253	126	-0.10	-24.33	0.965 3	50	551.12	-575.44
第 6 日	253	127	-0.13	-33.03	0.942 5	50	627.16	-660.19
第 7 日	252	122	-0.16	-39.30	1.006 2	48	665.87	-705.16

第三篇

期货交易

　　本书作者对 2004 年 1 月 1 日至 2019 年 3 月 31 日在上海期货交易所、大连期货交易所、郑州期货交易所及上期能源等交易的相关期货商品中出现的 89 种 K 线组合进行分析。统计内容包括每种 K 线形态出现后 7 个交易日内，在上述时间和样本范围内的各项交易统计数据。最后，本书作者对统计结果进行了汇总和排序，包括"最佳持有周期数""出现总次数""成功次数""盈亏比""成功率""单次交易平均价差"等。针对每类 K 线组合，作者仅将统计结果中平均收益为正的商品的相关统计信息列出。

　　作者对期货交易中的 K 线组合分析做出以下几点说明。

　　（1）相比股票而言，期货可做多做空，并且无"T+1"的限制。因此，为了更好地挖掘 K 线组合在期货市场的机会，作者分别根据 5 分钟线、30 分钟线、日线三个时间周期统计各项指标。

　　（2）为了保证统计结果在实盘中的有效性，在分析过程中，本书作者对所有的开仓及平仓交易均采用对手价成交。买入时按照"卖一价"成交，卖出时按照"买一价"成交。统计结果按照一手交易标的在主力合约进行计算，暂不考虑市场流动性。[1]

　　（3）排序标准是针对形态出现超过 3 次并且平均收益为正的所有商品，按照成功率进行降序排列。经筛选，符合条件的 K 线组合形态共计 61 种。

---

[1]　商品期货中单次交易平均价差的单位为"元"。因为不同种类商品期货报价相差较大，单次交易平均价差只作为相对收益能力给读者进行参考，所以，为避免读者可能出现理解上的混淆，作者在表格和正文中只写出单次交易平均价差的数值，不再注明单位。

第五章

看涨 K 线形态在期货交易中的量化分析

1. 倒锤子线形态（反转，看涨）

如表 5.1 所示，该形态为反转看涨形态。在 5 分钟周期中，倒锤子线形态的成功率和盈亏比均不高。依据该形态进行开 / 平仓，仅有 2 种期货商品具有平均正收益。pp 具有相对较高的成功率，但也仅为 52.41%，需持有 4 个周期，并且单次交易平均价差不超过 1。

表 5.1　倒锤子线形态出现后的指标统计（5 分钟周期）

期货商品名称	最佳持有周期数（个）	出现总次数（次）	成功次数（次）	盈亏比	成功率（%）	单次交易平均价差
pp	4	166	87	0.954 8	52.41	0.566 3
ZC	7	22	11	1.285 7	50.00	0.363 6

如表 5.2 所示，在 30 分钟周期中，相比 5 分钟周期而言，该形态的成功率有所提高，我们可以筛选出更多平均收益率为正的期货商品种类。个别期货商品出现该形态的次数较少，比如 sp、JR，但具有较高的成功率和盈亏比。有的期货商品，比如 CF、a，出现该形态的次数超过 100 次，成功率超过 50%，盈亏比维持在 1 左右。还有的期货商品，比如 jd，出现该形态 25 次，成功 16 次，成功率超过 60%，盈亏比超过 1.3，单次交易平均价差接近 10。

表 5.2　倒锤子线形态出现后的指标统计（30 分钟周期）

期货商品名称	最佳持有周期数（个）	出现总次数（次）	成功次数（次）	盈亏比	成功率（%）	单次交易平均价差
sp	3	5	4	5.500 0	80.00	8.400 0
JR	6	4	3	5.933 3	75.00	21.000 0
AP	3	7	5	0.631 9	71.43	17.142 9
MA	7	26	17	0.903 9	65.38	4.461 5
jd	5	25	16	1.313 5	64.00	9.720 0
LR	1	8	5	1.800 0	62.50	4.250 0
l	7	72	45	0.907 7	62.50	17.986 1
ni	7	39	24	0.800 4	61.54	71.025 6
TC	6	5	3	1.866 7	60.00	1.800 0
ZC	6	32	19	1.339 3	59.38	1.406 3
fu	3	64	38	0.939 9	59.38	4.531 3

期货商品名称	最佳持有周期数（个）	出现总次数（次）	成功次数（次）	盈亏比	成功率（%）	单次交易平均价差
cs	6	39	23	0.705 1	58.97	0.076 9
SM	4	31	18	0.918 0	58.06	6.645 2
CF	7	136	77	1.031 0	56.62	11.102 9
y	7	84	46	0.905 6	54.76	2.071 4
a	6	115	62	0.928 5	53.91	0.782 6
SR	5	78	42	0.978 8	53.85	1.589 7
b	3	29	15	1.179 9	51.72	2.413 8
RM	2	30	15	1.225 2	50.00	0.833 3
SF	3	26	13	1.338 6	50.00	8.307 7

如表 5.3 所示，在日线周期中，符合该形态筛选条件的期货商品种类较多，每种期货商品出现该形态的次数较少。部分期货商品具有很高的成功率，比如，AP、OI、bu、j、jm、rb 的成功率均达到 100%。部分期货商品也具有较高的盈亏比，比如，m、v、JR、WH 的盈亏比均超过 2。对于日线形态来说，伴随持有周期的增长，单次交易平均价差普遍比 30 分钟或者 5 分钟周期要高。比如 AP，单次交易平均价差超过 165，投资者可获得不错的收益。

表 5.3　倒锤子线形态出现后的指标统计（日线周期）

期货商品名称	最佳持有周期数（个）	出现总次数（次）	成功次数（次）	盈亏比	成功率（%）	单次交易平均价差
AP	6	3	3	NaN	100.00	165.333 3
OI	2	4	4	NaN	100.00	44.500 0
bu	4	4	4	NaN	100.00	59.500 0
j	6	4	4	NaN	100.00	20.750 0
jm	4	3	3	NaN	100.00	7.333 3
rb	2	5	5	NaN	100.00	35.600 0
y	7	6	5	0.816 7	83.33	86.333 3
ru	3	5	4	0.297 1	80.00	16.000 0
fb	5	4	3	0.833 3	75.00	0.750 0
SR	4	7	5	0.532 2	71.43	11.000 0
b	6	10	7	1.063 8	70.00	24.900 0
a	3	12	8	1.043 9	66.67	21.666 7
cs	2	3	2	0.529 4	66.67	0.333 3
sc	1	3	2	1.500 0	66.67	2.000 0
TA	1	14	9	0.750 0	64.29	7.000 0
CF	3	10	6	0.672 1	60.00	0.500 0
m	2	5	3	2.733 3	60.00	6.200 0

（续表）

期货商品名称	最佳持有周期数 （个）	出现总次数 （次）	成功次数 （次）	盈亏比	成功率 （%）	单次交易 平均价差
v	6	5	3	7.238 1	60.00	69.000 0
JR	3	4	2	2.500 0	50.00	13.500 0
WH	3	6	3	8.000 0	50.00	19.833 3

2. 锤子线形态（反转，看涨）

如表 5.4 所示，该形态为反转看涨形态。在 5 分钟周期中，锤子线形态出现次数较多，但具有正收益的期货商品种类较少，仅有 4 种期货商品符合筛选条件。其中，pp 的成功率最高，为 55.24%，盈亏比低于 1，单次交易平均价差为 0.690 5。

表 5.4　锤子线形态出现后的指标统计（5 分钟周期）

期货商品名称	最佳持有周期数 （个）	出现总次数 （次）	成功次数 （次）	盈亏比	成功率 （%）	单次交易 平均价差
pp	4	210	116	0.860 9	55.24	0.690 5
AP	1	52	28	1.090 2	53.85	1.788 5
Sp	5	23	12	0.988 6	52.17	0.347 8
Al	7	815	299	1.770 3	36.69	0.932 5

如表 5.5 所示，在 30 分钟周期中，具有更多收益为正的期货商品种类。个别期货商品具有比较高的成功率，比如，SM 出现该形态 14 次，成功 13 次，成功率达到 92.86%。虽然其盈亏比低于 1，但单次交易平均价差超过 70，说明锤子线形态在期货商品 SM 行情分析上具有统计意义上的可行性。此外，MA 出现该形态 39 次，成功 31 次，成功率接近 80%；fu 出现该形态 52 次，成功 33 次，成功率为 63.46%；ru 出现该形态 97 次，成功 59 次，成功率为 60.82%。在保证一定样本量的情况下，该形态对上述期货商品行情的研判具有一定的参考意义。另外，bu、sn、a、i 等期货商品的成功率均超过 50%，盈亏比在 1 附近。

表 5.5　锤子线形态出现后的指标统计（30 分钟周期）

期货商品名称	最佳持有周期数 （个）	出现总次数 （次）	成功次数 （次）	盈亏比	成功率 （%）	单次交易 平均价差
SM	5	14	13	0.857 1	92.86	71.000 0
LR	5	6	5	1.050 0	83.33	19.833 3
MA	6	39	31	0.784 0	79.49	8.256 4
AP	3	6	4	1.154 8	66.67	33.833 3
sp	1	3	2	1.625 0	66.67	6.000 0
fu	7	52	33	1.122 3	63.46	11.134 6

（续表）

期货商品名称	最佳持有周期数（个）	出现总次数（次）	成功次数（次）	盈亏比	成功率（%）	单次交易平均价差
ru	7	97	59	0.858 4	60.82	27.268 0
SF	5	19	11	1.406 5	57.89	11.894 7
bu	7	54	30	1.050 2	55.56	3.740 7
sn	6	124	66	1.086 1	53.23	62.096 8
a	4	128	68	0.958 5	53.13	0.765 6
i	6	67	35	1.201 4	52.24	0.567 2
ni	5	47	24	1.208 9	51.06	68.085 1
rb	2	90	39	1.438 7	43.33	0.544 4

如表 5.6 所示，在日线周期中，符合锤子线形态筛选条件的期货商品种类较少，每类期货商品出现该形态的样本次数也较少。但部分期货商品成功率很高，比如，RM、i、pp 的成功率达到 100%。投资者需要注意的是，因为样本数少，所以个别交易对整体影响比较大。比如，pb 出现该形态 3 次，成功 2 次，但盈亏比达到 53.5，达到这个数值是因为个别交易出现极端走势，导致统计结果受到影响。

表 5.6 锤子线形态出现后的指标统计（日线周期）

期货商品名称	最佳持有周期数（个）	出现总次数（次）	成功次数（次）	盈亏比	成功率（%）	单次交易平均价差
RM	4	5	5	NaN	100.00	32.600 0
i	4	4	4	NaN	100.00	6.000 0
pp	1	4	4	NaN	100.00	34.500 0
CF	4	6	5	0.497 1	83.33	84.166 7
SR	2	11	9	0.721 1	81.82	20.000 0
jm	6	5	4	0.515 6	80.00	13.600 0
wr	7	4	3	5.037 0	75.00	63.500 0
p	2	7	5	0.797 0	71.43	37.428 6
a	4	10	7	0.937 3	70.00	16.500 0
pb	2	3	2	53.500 0	66.67	353.333 3
JR	5	5	2	3.954 5	40.00	7.200 0

3. 执带线形态（反转，看涨）

如表 5.7 所示，该形态为反转看涨形态。在 5 分钟周期中，依据该形态进行开平仓，有 3 种期货商品具有平均正收益。其中，ni 具有较高的成功率，出现该形态 153 次，当持有 3 个周期时，成功率超过 60%，盈亏比略大于 1，单次交易平均价差超过 38。

表 5.7 执带线形态出现后的指标统计（5 分钟周期）

期货商品名称	最佳持有周期数（个）	出现总次数（次）	成功次数（次）	盈亏比	成功率（%）	单次交易平均价差
ni	3	153	93	1.062 6	60.78	38.104 6
sp	5	14	8	0.781 3	57.14	0.142 9
wr	7	71	32	1.334 6	45.07	0.619 7

如表 5.8 所示，在 30 分钟周期中有更多收益为正的期货商品种类。个别期货商品具有较高的成功率，比如，AP、pp 的成功率为 100%，AP 的单次交易平均价差达到 14.75，pp 的单次交易平均价差超过 82。再如 jd，出现该形态 14 次，成功 10 次，成功率达到 71.43%，盈亏比大于 1，单次交易平均价差超过 5；rb 出现该形态的次数较多，达到 52 次，成功率超过 55%，盈亏比为 1.333 4，单次交易平均价差超过 5。此外，虽然 m、TC、fb、au 等期货商品的成功率不高，均低于 50%，但具有不错的盈亏比，所以平均收益为正。

表 5.8 执带线形态出现后的指标统计（30 分钟周期）

期货商品名称	最佳持有周期数（个）	出现总次数（次）	成功次数（次）	盈亏比	成功率（%）	单次交易平均价差
AP	1	4	4	NaN	100.00	14.750 0
pp	6	7	7	NaN	100.00	82.714 3
jd	2	14	10	1.104 8	71.43	5.285 7
SR	6	52	31	0.714 2	59.62	0.673 1
MA	4	27	16	0.743 8	59.26	0.518 5
l	6	54	32	0.840 4	59.26	10.648 1
rb	5	52	29	1.333 4	55.77	5.384 6
pb	7	45	25	0.881 6	55.56	5.555 6
a	7	78	42	0.916 3	53.85	0.692 3
cs	2	15	8	1.976 9	53.33	2.266 7
i	7	61	30	1.086 0	49.18	0.131 1
b	3	25	12	1.441 7	48.00	1.760 0
m	7	68	31	1.213 0	45.59	0.147 1
TC	6	26	11	1.565 7	42.31	0.153 8
fb	1	10	4	4.500 0	40.00	0.400 0
au	7	166	60	2.446 2	36.14	0.271 1

如表 5.9 所示，在日线周期中，与倒锤子线和锤子线形态相比较，执带线形态最大的特点是盈亏比有显著提高。比如，m 出现该形态 6 次，成功 5 次，盈亏比达到 7.32，单次交易平均价差接近 30。另外，a、c 的盈亏比也超过 2，成功率达到 83.33%，投资者可获得不错的单次交易平均价差收益。

表5.9 执带线形态出现后的指标统计（日线周期）

期货商品名称	最佳持有周期数（个）	出现总次数（次）	成功次数（次）	盈亏比	成功率（%）	单次交易平均价差
pb	7	3	3	NaN	100.00	143.333 3
l	2	7	6	0.421 8	85.71	88.571 4
a	5	6	5	2.428 6	83.33	52.000 0
c	6	6	5	2.320 0	83.33	8.833 3
m	5	6	5	7.320 0	83.33	29.666 7
pp	2	4	3	0.748 2	75.00	43.250 0
ag	3	3	2	1.042 9	66.67	12.666 7
j	1	6	4	1.261 9	66.67	5.333 3
wr	6	3	2	1.448 3	66.67	18.333 3
au	3	37	24	2.066 4	64.86	2.054 1
CF	2	6	3	1.318 2	50.00	5.833 3
v	1	6	3	1.684 2	50.00	10.833 3
TC	2	5	2	2.142 9	40.00	0.600 0
LR	1	3	1	3.857 1	33.33	26.000 0

4. 吞没形态（反转，看涨）

如表5.10所示，该形态为反转看涨形态。在5分钟周期中，依据该形态进行开平仓，有4种期货商品具有平均正收益。其中，sc具有较高的成功率，当投资者持有4个周期时，成功率超过70%，但出现该形态的次数较少，仅有7次，并且盈亏比小于1。

表5.10 吞没形态出现后的指标统计（5分钟周期）

期货商品名称	最佳持有周期数（个）	出现总次数（次）	成功次数（次）	盈亏比	成功率（%）	单次交易平均价差
sc	4	7	5	0.720 0	71.43	0.571 4
sp	4	12	7	0.909 1	58.33	1.000 0
JR	6	4	2	1.200 0	50.00	1.000 0
SM	7	86	41	1.319 6	47.67	3.232 6

如表5.11所示，在30分钟周期中，该形态具有更多收益为正的期货商品种类。个别期货商品具有比较高的成功率，比如，sc出现该形态8次，成功6次，盈亏比大于1，单次交易平均价差为1.375 0；ru出现该形态次数较多，超过100次，成功率为60%，并且盈亏比大于1.1，单次交易平均价差接近50，具有较好的数据表现。此外，l、pp等期货商品具有一定的样本量，成功率超过50%，盈亏比超过1，投资者可获得较高的单次交易平均价差收益。还有一部分期货商品，如y、al等，出现该形态的样本次数均接近或超过100次，成功率虽然低于50%，但盈亏比较高。

表 5.11 吞没形态出现后的指标统计（30 分钟周期）

期货商品名称	最佳持有周期数（个）	出现总次数（次）	成功次数（次）	盈亏比	成功率（%）	单次交易平均价差
au	4	4	3	1.222 2	75.00	2.000 0
sc	3	8	6	1.066 7	75.00	1.375 0
SM	6	29	19	0.994 7	65.52	18.413 8
ni	1	48	30	0.965 5	62.50	36.041 7
i	6	42	26	0.938 5	61.90	1.000 0
ru	6	125	75	1.128 9	60.00	48.560 0
SF	5	21	12	0.906 6	57.14	3.619 0
l	7	63	36	1.033 7	57.14	12.698 4
pp	4	28	16	1.600 7	57.14	21.714 3
FG	5	44	25	1.024 6	56.82	1.068 2
SR	6	101	56	0.805 7	55.45	0.039 6
CF	7	112	61	0.851 6	54.46	0.848 2
pb	3	61	33	1.112 8	54.10	7.786 9
hc	3	55	29	0.903 6	52.73	0.072 7
p	7	106	55	1.339 2	51.89	7.660 4
m	6	111	57	1.370 9	51.35	2.964 0
a	3	106	54	0.981 5	50.94	0.113 2
AP	3	8	4	1.023 7	50.00	0.750 0
jd	1	32	16	1.026 5	50.00	0.093 8
y	4	97	48	1.797 8	49.48	8.474 2
WH	7	25	12	1.306 2	48.00	1.440 0
al	6	105	45	1.639 3	42.86	7.190 5

如表 5.12 所示，在日线周期中，符合吞没形态筛选条件的期货商品种类较多，但每种期货商品出现该形态的样本次数较少。其中，a 出现该形态 10 次，全部成功，单次交易平均价差超过 26，具有较好的数据表现。此外，al 出现该形态 11 次，成功 10 次，盈亏比大于 1.1，单次交易平均价差接近 100，也具有不错的数据表现。再比如，期货商品 v 的单次交易平均价差超过 90，sn 的单次交易平均价差超过 1 000，rb 的单次交易平均价差超过 25，它们都具有不错的数据表现。

表 5.12 吞没形态出现后的指标统计（日线周期）

期货商品名称	最佳持有周期数（个）	出现总次数（次）	成功次数（次）	盈亏比	成功率（%）	单次交易平均价差
a	2	10	10	NaN	100.00	26.800 0
al	1	11	10	1.180 0	90.91	98.181 8
c	7	8	7	0.785 7	87.50	13.500 0
m	6	6	5	0.416 1	83.33	22.333 3
OI	3	4	3	7.750 0	75.00	44.500 0

期货商品名称	最佳持有周期数（个）	出现总次数（次）	成功次数（次）	盈亏比	成功率（％）	单次交易平均价差
cs	1	4	3	1.444 4	75.00	5.000 0
hc	1	4	3	0.768 1	75.00	7.500 0
jm	4	4	3	2.333 3	75.00	7.500 0
pb	5	4	3	1.709 2	75.00	242.500 0
pp	5	4	3	0.867 8	75.00	46.500 0
v	3	4	3	1.685 2	75.00	91.250 0
RM	1	3	2	0.789 5	66.67	3.666 7
TC	1	3	2	1.000 0	66.67	1.000 0
i	4	3	2	1.025 0	66.67	7.000 0
sn	7	6	4	1.879 2	66.67	1 103.333 3
CF	5	8	5	0.821 7	62.50	68.125 0
au	3	5	3	2.666 7	60.00	3.000 0
p	1	5	3	0.766 7	60.00	1.200 0
ZC	1	7	4	4.950 0	57.14	4.000 0
SR	2	9	5	1.044 3	55.56	4.444 4
ag	1	4	2	1.733 3	50.00	2.750 0
j	1	4	2	1.666 7	50.00	0.500 0
l	1	4	2	28.000 0	50.00	33.750 0
rb	5	8	4	1.971 3	50.00	25.375 0

5. 孕线形态（反转，看涨）

如表 5.13 所示，该形态为反转看涨形态。在 5 分钟周期中，依据该形态进行开平仓，有 7 种期货商品具有平均正收益。其中，AP 具有较高的成功率，当投资者持有 5 个周期时，成功率超过 60%，但盈亏比小于 1；ni 的表现也不错，成功率接近 57%；al 出现该形态的次数较多，成功率较低，但盈亏比接近 3，单次交易平均价差接近 20。

表 5.13　孕线形态出现后的指标统计（5 分钟周期）

期货商品名称	最佳持有周期数（个）	出现总次数（次）	成功次数（次）	盈亏比	成功率（％）	单次交易平均价差
AP	5	90	56	0.665 4	62.22	1.400 0
RS	7	54	32	1.242 5	59.26	3.259 3
ni	6	799	455	0.802 1	56.95	7.647 1
JR	2	9	5	1.216 0	55.56	1.444 4
sp	7	40	22	0.949 4	55.00	0.850 0
ZC	7	138	63	1.528 9	45.65	0.210 1
al	7	1 267	506	2.884 3	39.94	19.123 9

如表 5.14 所示，在 30 分钟周期中，该形态出现次数较多，比如，fu、MA、pb、ni、l、y 等期货商品出现该形态均超过 100 次。其中，fu 出现该形态 106 次，成功 68 次，盈亏比大于 1.1，单次交易平均价差为 10.971 7；ni 和 l 的成功率也超过 50%，同时盈亏比大于 1.1，投资者可获得不错的单次交易平均价差收益。

表 5.14 孕线形态出现后的指标统计（30 分钟周期）

期货商品名称	最佳持有周期数（个）	出现总次数（次）	成功次数（次）	盈亏比	成功率（%）	单次交易平均价差
sp	3	10	7	0.875 8	70.00	4.800 0
fu	7	106	68	1.101 8	64.15	10.971 7
RS	3	10	6	1.137 6	60.00	7.700 0
MA	4	100	59	0.739 7	59.00	0.530 0
pb	5	126	70	0.971 9	55.56	7.817 5
SF	5	37	20	1.103 0	54.05	5.567 6
ni	2	133	71	1.115 6	53.38	37.518 8
l	3	185	98	1.172 1	52.97	8.432 4
y	7	267	140	0.912 9	52.43	0.142 3
TA	6	218	108	1.064 5	49.54	0.990 8
FG	7	113	55	1.301 0	48.67	0.858 4
rb	2	204	97	1.227 7	47.55	0.647 1
j	3	192	85	1.600 4	44.27	1.140 6

如表 5.15 所示，在日线周期中，符合孕线形态筛选条件的期货商品种类较多。其中，三类贵金属期货商品 au、ni、sn 均出现 100% 的成功率，而且具有很不错的单次交易平均价差，比如，ni 的单次交易平均价差达到 1 242.5，sn 的单次交易平均价差超过 3 000。而 jm 出现该形态 5 次，成功率为 100%，单次交易平均价差接近 50，投资者同样可获得不错的单次交易平均价差收益。此外，m、CF、fu 等期货商品也具有良好的数据表现。

表 5.15 孕线形态出现后的指标统计（日线周期）

期货商品名称	最佳持有周期数（个）	出现总次数（次）	成功次数（次）	盈亏比	成功率（%）	单次交易平均价差
au	6	6	6	NaN	100.00	4.166 7
jm	5	5	5	NaN	100.00	49.400 0
ni	4	4	4	NaN	100.00	1 242.500 0
sn	6	6	6	NaN	100.00	3 013.333 3
MA	1	5	4	1.662 5	80.00	22.600 0
WH	5	5	4	0.326 9	80.00	3.200 0
j	5	10	8	0.555 3	80.00	16.000 0
m	2	20	16	1.082 2	80.00	24.800 0
LR	6	4	3	1.070 2	75.00	10.500 0

期货商品名称	最佳持有周期数（个）	出现总次数（次）	成功次数（次）	盈亏比	成功率（%）	单次交易平均价差
RM	3	8	6	1.232 7	75.00	17.875 0
SF	7	4	3	0.796 9	75.00	89.000 0
cs	1	4	3	0.410 3	75.00	1.500 0
pp	7	8	6	1.241 9	75.00	146.500 0
wr	1	4	3	2.933 3	75.00	39.000 0
ag	3	11	8	0.675 7	72.73	14.727 3
CF	6	14	10	0.796 4	71.43	78.571 4
b	6	3	2	1.017 9	66.67	9.666 7
l	2	15	10	0.771 2	66.67	32.000 0
rb	1	6	4	1.942 3	66.67	12.500 0
SR	2	17	11	0.923 9	64.71	15.058 8
a	2	19	12	0.894 3	63.16	11.473 7
c	2	16	10	0.689 1	62.50	0.937 5
jd	3	5	3	0.916 7	60.00	4.200 0
FG	3	12	7	1.574 9	58.33	8.333 3
fu	3	12	7	3.483 6	58.33	39.416 7
ZC	1	4	2	6.500 0	50.00	2.750 0
TC	7	5	2	1.600 0	40.00	0.200 0

6. 十字孕线形态（反转，看涨）

如表 5.16 所示，该形态为反转看涨形态。在 5 分钟周期中，依据该形态进行开平仓，有 8 种期货商品具有平均正收益。该形态的成功率普遍较高，但出现次数均不多。其中，sn 出现该形态 32 次，成功率超过 60%，并且单次交易平均价差接近 40，具有较高的参考价值。

表 5.16　十字孕线形态出现后的指标统计（5 分钟周期）

期货商品名称	最佳持有周期数（个）	出现总次数（次）	成功次数（次）	盈亏比	成功率（%）	单次交易平均价差
ni	1	3	2	1.200 0	66.67	23.333 3
jd	3	8	5	1.270 6	62.50	2.375 0
sn	7	32	20	0.978 0	62.50	39.375 0
SF	2	5	3	1.583 3	60.00	4.400 0
SR	3	22	13	1.038 5	59.09	1.636 4
wr	7	9	5	1.357 6	55.56	2.555 6
RS	7	10	5	1.442 3	50.00	2.300 0
au	7	82	35	3.581 0	42.68	0.304 9

如表5.17所示，在30分钟周期中，该形态出现次数较少。其中，ru的数据比较突出，出现该形态6次，成功5次，盈亏比达到2.148 6，单次交易平均价差达到284.166 7。此外，fu、CF、FG等期货商品在该形态下的成功率均达到或超过50%，盈亏比大于1，个别期货商品的盈亏比甚至超过7，投资者可获得较高的单次交易平均价差收益。

表5.17 十字孕线出现后的指标统计（30分钟周期）

期货商品名称	最佳持有周期数（个）	出现总次数（次）	成功次数（次）	盈亏比	成功率（%）	单次交易平均价差
y	4	3	3	NaN	100.00	78.000 0
ru	3	6	5	2.148 6	83.33	284.166 7
fu	3	4	3	3.800 0	75.00	13.000 0
sc	7	8	6	0.350 0	75.00	0.125 0
CF	4	11	6	2.000 0	54.55	22.272 7
c	7	15	8	1.184 9	53.33	1.133 3
FG	4	4	2	7.333 3	50.00	9.500 0
m	1	4	2	3.500 0	50.00	1.250 0
al	3	13	6	1.213 6	46.15	2.307 7
au	4	81	36	1.317 0	44.44	0.037 0

该形态没有符合筛选条件的日线周期统计结果。

7. 刺透线形态（反转，看涨）

如表5.18所示，该形态为反转看涨形态。在5分钟周期中，满足该形态筛选条件的期货商品种类较多，在该形态下的成功率也较高。其中，y出现该形态7次，成功6次，成功率达到85.71%；ni出现该形态9次，成功7次，盈亏比大于1，单次交易平均价差超过154。

表5.18 刺透线形态出现后的指标统计（5分钟周期）

期货商品名称	最佳持有周期数（个）	出现总次数（次）	成功次数（次）	盈亏比	成功率（%）	单次交易平均价差
y	3	7	6	0.708 3	85.71	3.714 3
hc	3	6	5	Inf	83.33	4.666 7
OI	1	10	8	0.568 2	80.00	2.800 0
ni	3	9	7	1.209 3	77.78	154.444 4
wr	7	4	3	3.133 3	75.00	10.500 0
CF	6	7	5	0.740 7	71.43	16.428 6
cs	5	3	2	1.000 0	66.67	1.000 0
pp	1	3	2	14.250 0	66.67	18.333 3
rb	6	3	2	1.000 0	66.67	3.000 0
SR	7	14	8	0.968 8	57.14	1.000 0

（续表）

期货商品名称	最佳持有周期数（个）	出现总次数（次）	成功次数（次）	盈亏比	成功率（%）	单次交易平均价差
MA	1	4	2	1.333 3	50.00	0.250 0
al	2	10	5	2.000 0	50.00	7.500 0
p	1	4	2	1.200 0	50.00	0.500 0
pb	3	8	4	2.400 0	50.00	8.750 0

如表 5.19 所示，在 30 分钟周期中，符合该形态筛选条件的仅有 2 种期货商品。其中，al 成功率从 5 分钟周期中的 50% 提升至 30 分钟周期中的 75%，单次交易平均价差提升至 37.5。

表 5.19　刺透线形态出现后的指标统计（30 分钟周期）

期货商品名称	最佳持有周期数（个）	出现总次数（次）	成功次数（次）	盈亏比	成功率（%）	单次交易平均价差
al	3	4	3	1.047 6	75.00	37.500 0
jd	1	3	2	5.500 0	66.67	6.666 7

如表 5.20 所示，在日线周期中，符合该形态筛选条件的期货商品种类仅 ru 一种，成功率为 66.67%，盈亏比大于 2，但出现该形态的样本次数较少，所以数据仅供参考。

表 5.20　刺透线形态出现后的指标统计（日线周期）

期货商品名称	最佳持有周期数（个）	出现总次数（次）	成功次数（次）	盈亏比	成功率（%）	单次交易平均价差
ru	1	3	2	2.212 1	66.67	188.333 3

8. 十字星形态（反转，看涨）

如表 5.21 所示，该形态为反转看涨形态。在 5 分钟周期中，该形态出现次数不多，但成功率较高。其中，MA 出现该形态 11 次，成功 9 次，成功率达到 81.82%；而 v 出现该形态 10 次，成功 7 次，盈亏比达到 4.857 1，单次交易平均价差为 15.5。

表 5.21　十字星形态出现后的指标统计（5 分钟周期）

期货商品名称	最佳持有周期数（个）	出现总次数（次）	成功次数（次）	盈亏比	成功率（%）	单次交易平均价差
MA	7	11	9	1.959 6	81.82	7.818 2
SR	4	12	9	1.117 6	75.00	3.333 3
m	4	14	10	2.276 9	71.43	4.357 1
ni	4	7	5	1.010 5	71.43	82.857 1
y	4	17	12	0.790 2	70.59	3.058 8

（续表）

期货商品名称	最佳持有周期数（个）	出现总次数（次）	成功次数（次）	盈亏比	成功率（%）	单次交易平均价差
v	4	10	7	4.857 1	70.00	15.500 0
OI	7	16	11	2.283 5	68.75	10.562 5
pb	7	27	15	0.998 2	55.56	5.185 2
rb	3	14	9	2.738 1	64.29	3.928 6
j	5	11	6	1.500 0	54.55	0.727 3
TA	1	19	8	2.062 5	42.11	1.894 7

如表 5.22 所示，在 30 分钟周期中，符合该形态筛选条件的样本次数较少，但具有比较高的成功率和盈亏比。比如，sn 和 pp 的成功率为 100%，其中，sn 的单次交易平均价差达到 220。此外，l、y、CF、a、OI、SM、ru 等期货商品的成功率均高于 60%，并且盈亏比大于 1；个别期货商品，如 SM，盈亏比大于 4。上述期货商品也具有较好的单次交易平均价差收益。

表 5.22　十字星形态出现后的指标统计（30 分钟周期）

期货商品名称	最佳持有周期数（个）	出现总次数（次）	成功次数（次）	盈亏比	成功率（%）	单次交易平均价差
sn	2	4	4	NaN	100.00	220.000 0
pp	1	3	3	NaN	100.00	30.000 0
RM	1	5	4	0.500 0	80.00	2.200 0
FG	2	4	3	0.583 3	75.00	0.750 0
l	3	4	3	7.500 0	75.00	53.750 0
y	3	4	3	2.233 3	75.00	28.500 0
CF	3	11	8	1.054 7	72.73	26.363 6
a	7	14	10	1.987 1	71.43	17.571 4
OI	3	3	2	1.203 7	66.67	25.333 3
SM	1	3	2	4.562 5	66.67	43.333 3
ru	3	8	5	1.174 7	62.50	56.875 0
SR	5	11	8	0.809 1	57.14	0.714 3
TA	1	8	4	1.368 4	50.00	5.250 0
j	2	4	2	2.000 0	50.00	2.750 0

该形态没有符合筛选条件的日线周期统计结果。

9. 约会线形态（反转，看涨）

如表 5.23 所示，该形态为反转看涨形态。在 5 分钟周期中，依据该形态进行开平仓，仅有 5 种期货商品具有平均正收益。虽然 RM 和 y 的成功率达到 100%，但该形态出现次数很少。

表 5.23　约会线形态出现后的指标统计（5 分钟周期）

期货商品名称	最佳持有周期数（个）	出现总次数（次）	成功次数（次）	盈亏比	成功率（%）	单次交易平均价差
RM	5	3	3	NaN	100.00	2.333 3
y	5	4	4	NaN	100.00	10.000 0
a	5	8	6	2.666 7	75.00	6.125 0
WH	4	7	3	6.000 0	42.86	1.000 0
CF	7	10	3	2.893 3	30.00	3.000 0

该形态没有符合筛选条件的 30 分钟周期和日线周期统计结果。

10. 信鸽形态（反转，看涨）

如表 5.24 所示，该形态为反转看涨形态。在 5 分钟周期中，该形态出现的次数较少。如表 5.24 所示，符合条件的各种期货商品的盈亏比和成功率均比较高。其中，部分期货商品的成功率高于 70%，并且大部分盈亏比大于 1。

表 5.24　信鸽形态出现后的指标统计（5 分钟周期）

期货商品名称	最佳持有周期数（个）	出现总次数（次）	成功次数（次）	盈亏比	成功率（%）	单次交易平均价差
p	2	5	4	1.250 0	80.00	4.800 0
MA	4	4	3	8.333 3	75.00	6.000 0
y	1	4	3	1.000 0	75.00	3.000 0
TA	3	7	5	2.640 0	71.43	8.000 0
a	6	10	7	1.118 0	70.00	3.700 0
RS	7	3	2	3.375 0	66.67	7.666 7
wr	6	12	7	0.770 1	58.33	0.833 3
CF	3	8	4	1.583 3	50.00	8.750 0
SR	3	6	3	1.218 8	50.00	1.166 7
ru	1	4	2	5.500 0	50.00	11.250 0

如表 5.25 所示，在 30 分钟周期中，SR、TA 以及 m 具有 100% 的成功率，但该形态筛选出的样本次数比较少。

表 5.25　信鸽形态出现后的指标统计（30 分钟周期）

期货商品名称	最佳持有周期数（个）	出现总次数（次）	成功次数（次）	盈亏比	成功率（%）	单次交易平均价差
SR	3	3	3	NaN	100.00	8.333 3
TA	1	3	3	NaN	100.00	9.333 3
m	3	3	3	NaN	100.00	6.000 0
l	2	3	2	2.000 0	66.67	10.000 0

期货商品名称	最佳持有周期数 （个）	出现总次数 （次）	成功次数 （次）	盈亏比	成功率 （%）	单次交易 平均价差
jm	4	3	2	2.000 0	66.67	4.000 0
ru	2	4	2	5.375 0	50.00	43.750 0

如表 5.26 所示，在日线周期中，CF、SR、ag、sn 具有 100% 的成功率，并且上述 4 种期货商品的单次交易平均价差收益均不错。

表 5.26　信鸽形态出现后的指标统计（日线周期）

期货商品名称	最佳持有周期数 （个）	出现总次数 （次）	成功次数 （次）	盈亏比	成功率 （%）	单次交易 平均价差
CF	7	3	3	NaN	100.00	186.666 7
SR	4	4	4	NaN	100.00	65.750 0
ag	2	3	3	NaN	100.00	19.333 3
sn	4	4	4	NaN	100.00	1 875.000 0
y	4	5	4	0.488 9	80.00	77.200 0
a	1	7	5	1.842 1	71.43	19.571 4
TA	1	6	4	0.969 4	66.67	15.333 3

11. 相同低价形态（反转，看涨）

如表 5.27 所示，该形态为反转看涨形态。在 5 分钟周期中，各种期货商品的盈亏比和成功率均比较高。其中，SF 出现该形态 11 次，成功 8 次，盈亏比达到 2.761 4，成功率超过 70%，单次交易平均价差超过 12。

表 5.27　相同低价形态出现后的指标统计（5 分钟周期）

期货商品名称	最佳持有周期数 （个）	出现总次数 （次）	成功次数 （次）	盈亏比	成功率 （%）	单次交易 平均价差
pp	7	7	6	0.362 1	85.71	4.857 1
RS	7	6	5	0.911 1	83.33	5.333 3
SF	5	11	8	2.761 4	72.73	12.727 3
ni	2	11	7	0.962 4	63.64	23.636 4
SR	5	59	34	0.837 3	57.63	0.576 3
au	2	7	4	3.000 0	57.14	0.428 6
MA	3	41	23	0.805 0	56.10	0.048 8
sc	3	10	5	2.333 3	50.00	0.400 0
RM	2	53	26	1.395 4	49.06	0.415 1
fu	6	43	21	2.069 7	48.84	1.697 7
ag	7	144	60	1.836 4	41.67	0.701 4

如表 5.28 所示，在 30 分钟周期中，符合该形态筛选条件的期货商品具有比较高的成功率和盈亏比。比如，l 和 pb 的成功率为 100%，pb 的单次交易平均价差超过 113。此外，FG、jm、SR、fu、hc 等期货商品的成功率均高于 60%，并且盈亏比大于 1，投资者可获得较高的单次交易平均价差收益。

表 5.28　相同低价形态出现后的指标统计（30 分钟周期）

期货商品名称	最佳持有周期数（个）	出现总次数（次）	成功次数（次）	盈亏比	成功率（%）	单次交易平均价差
l	2	3	3	NaN	100.00	36.666 7
pb	2	3	3	NaN	100.00	113.333 3
RM	4	5	4	0.875 0	80.00	4.000 0
FG	4	9	7	2.928 6	77.78	4.111 1
ag	5	17	13	0.318 0	76.47	0.235 3
WH	6	4	3	0.833 3	75.00	1.500 0
y	4	4	3	0.611 1	75.00	5.000 0
jm	6	8	6	1.277 8	75.00	4.250 0
SR	2	3	2	5.000 0	66.67	3.000 0
fu	4	3	2	2.178 6	66.67	15.666 7
hc	2	3	2	2.750 0	66.67	6.000 0
j	6	11	7	0.658 6	63.64	0.818 2
p	1	9	5	0.923 1	55.56	0.444 4
a	3	11	5	1.578 1	45.45	2.090 9

该形态没有符合筛选条件的日线周期统计结果。

12. 白色一兵形态（反转，看涨）

如表 5.29 所示，该形态为反转看涨形态。在 5 分钟周期中，pp 出现该形态 31 次，成功率超过 60%，盈亏比超过 1，单次交易平均价差超过 6，具有较高的参考价值。

表 5.29　白色一兵形态出现后的指标统计（5 分钟周期）

期货商品名称	最佳持有周期数（个）	出现总次数（次）	成功次数（次）	盈亏比	成功率（%）	单次交易平均价差
RI	5	4	3	0.428 6	75.00	0.500 0
pp	7	31	19	1.285 8	61.29	6.516 1
wr	3	10	6	0.920 4	60.00	5.100 0
MA	5	31	18	1.231 3	58.06	1.387 1
jd	7	26	15	1.118 8	57.69	1.576 9
SM	7	20	11	1.560 8	55.00	11.800 0
TA	5	55	30	1.439 4	54.55	4.654 5
rb	4	55	29	1.035 1	52.73	0.581 8
SF	5	20	10	1.122 4	50.00	1.200 0

期货商品名称	最佳持有周期数（个）	出现总次数（次）	成功次数（次）	盈亏比	成功率（%）	单次交易平均价差
ZC	6	6	3	2.000 0	50.00	0.333 3
jm	7	28	14	1.240 5	50.00	0.678 6
l	7	44	22	1.121 0	50.00	1.704 5
b	7	16	6	2.124 0	37.50	2.812 5

如表 5.30 所示，在 30 分钟周期中，符合该形态筛选条件的期货商品种类比较多，但单个期货商品出现该形态的次数较少。其中，v 出现 7 次，全部成功，单次交易平均价差接近 60；SR 出现 12 次，成功 10 次，成功率高达 83.33%。但有的期货商品，如 ni、y 等，虽然成功率较高，但盈亏比较低，对单次交易平均价差有影响。

表 5.30 白色一兵形态出现后的指标统计（30 分钟周期）

期货商品名称	最佳持有周期数（个）	出现总次数（次）	成功次数（次）	盈亏比	成功率（%）	单次交易平均价差
v	6	7	7	NaN	100.00	59.285 7
SR	1	12	10	4.640 0	83.33	9.250 0
OI	2	5	4	1.000 0	80.00	7.200 0
RM	1	10	8	0.816 7	80.00	3.400 0
bu	7	5	4	0.762 5	80.00	16.400 0
l	3	5	4	1.687 5	80.00	23.000 0
cs	2	4	3	1.370 4	75.00	7.000 0
i	7	4	3	3.000 0	75.00	2.000 0
ni	7	4	3	0.379 3	75.00	20.000 0
y	5	16	12	0.717 6	75.00	12.250 0
CF	4	11	8	0.533 7	72.73	10.000 0
ZC	4	3	2	0.750 0	66.67	0.666 7
sn	3	10	6	0.885 8	60.00	48.000 0
a	6	14	8	0.955 2	57.14	2.071 4
ru	1	26	14	1.437 8	53.85	16.153 8
sc	3	4	2	1.666 7	50.00	0.500 0
j	1	11	5	1.327 3	45.45	0.636 4

如表 5.31 所示，在日线周期中，仅有 2 种期货商品满足该形态筛选条件。因为该形态出现的样本次数较少，所以数据仅供参考。

表 5.31 白色一兵形态出现后的指标统计（30 分钟周期）

期货商品名称	最佳持有周期数（个）	出现总次数（次）	成功次数（次）	盈亏比	成功率（%）	单次交易平均价差
pb	6	3	3	NaN	100.00	233.333 3
TA	1	3	2	0.892 9	66.67	7.333 3

13. 下降受阻形态（反转，看涨）

如表 5.32 所示，该形态为反转看涨形态。在 30 分钟周期中，仅 sn 符合该形态筛选条件，出现该形态 4 次，全部成功，单次交易平均价差较大，超过 450。

表 5.32　下降受阻形态出现后的指标统计（30 分钟周期）

期货商品名称	最佳持有周期数（个）	出现总次数（次）	成功次数（次）	盈亏比	成功率（%）	单次交易平均价差
sn	7	4	4	NaN	100.00	455.000 0

该形态没有符合筛选条件的 5 分钟周期和日线周期统计结果。

14. 深思形态（反转，看涨）

如表 5.33 所示，该形态为反转看涨形态。在 5 分钟周期中，各类期货商品的成功率普遍比较高。其中，ni 出现该形态 6 次，成功 5 次，成功率超过 83%，虽然盈亏比略低于 1，但最终单次交易平均价差还是超过 83；cs 的盈亏比超过 2，单次交易平均价差超过 3。

表 5.33　深思形态出现后的指标统计（5 分钟周期）

期货商品名称	最佳持有周期数（个）	出现总次数（次）	成功次数（次）	盈亏比	成功率（%）	单次交易平均价差
ni	2	6	5	0.969 2	83.33	83.333 3
fu	3	9	7	0.612 2	77.78	2.666 7
SM	2	3	2	0.750 0	66.67	3.333 3
wr	3	3	2	2.000 0	66.67	1.000 0
WH	1	5	3	1.333 3	60.00	0.600 0
a	5	20	12	0.892 5	60.00	1.050 0
cs	2	5	3	2.083 3	60.00	3.400 0
OI	5	12	7	1.369 0	58.33	2.750 0
Jd	2	7	4	1.375 0	57.14	1.428 6
sn	4	32	18	0.930 4	56.25	25.625 0
ag	6	9	5	0.862 3	55.56	0.666 7

如表 5.34 所示，在 30 分钟周期中，符合该形态筛选条件的期货商品及出现该形态的样本次数较少。其中，sn 出现该形态 8 次，全部成功，单次交易平均价差为 585，具有比较引人注目的统计结果。此外，p 出现该形态 6 次，成功 5 次，成功率高达 83.33%，盈亏比超过 2.2，单次交易平均价差超过 53。

表 5.34 深思形态出现后的指标统计（30 分钟周期）

期货商品名称	最佳持有周期数（个）	出现总次数（次）	成功次数（次）	盈亏比	成功率（%）	单次交易平均价差
al	3	4	4	NaN	100.00	65.000 0
sn	4	8	8	NaN	100.00	585.000 0
ni	4	6	5	0.505 9	83.33	86.666 7
p	5	6	5	2.212 5	83.33	53.666 7
CF	1	8	6	1.166 7	75.00	21.875 0
pp	2	4	3	0.377 3	75.00	3.000 0
SR	5	3	2	1.050 0	66.67	7.333 3
l	1	5	3	1.416 7	60.00	9.000 0
y	1	6	3	2.000 0	50.00	5.666 7
j	2	5	2	3.150 0	40.00	2.200 0

该形态没有符合筛选条件的日线周期统计结果。

15. 三内升形态（反转，看涨）

如表 5.35 所示，该形态为反转看涨形态。在 5 分钟周期中，大部分期货商品的盈亏比较高。AP 出现该形态 13 次，成功率接近 70%，单次交易平均价差超过 6；jd 出现该形态 42 次，盈亏比超过 1.5，成功率为 57.14%，单次交易平均价差超过 4。

表 5.35 三内升形态出现后的指标统计（5 分钟周期）

期货商品名称	最佳持有周期数（个）	出现总次数（次）	成功次数（次）	盈亏比	成功率（%）	单次交易平均价差
AP	6	13	9	0.688 2	69.23	6.538 5
RS	4	13	9	1.074 1	69.23	2.615 4
jd	5	42	24	1.508 7	57.14	4.166 7
SM	7	34	19	1.502 1	55.88	6.000 0
bu	7	47	25	0.898 0	53.19	0.127 7
p	7	123	64	1.014 3	52.03	0.796 7
hc	6	55	28	1.264 4	50.91	1.709 1
ni	7	121	61	1.113 1	50.41	14.628 1
sp	5	8	4	2.333 3	50.00	3.000 0
a	7	150	73	1.090 6	48.67	0.153 3
OI	4	70	34	1.091 4	48.57	0.185 7
m	4	137	66	1.323 5	48.18	0.598 5
b	7	27	13	1.513 8	48.15	1.592 6
MA	5	57	27	1.232 5	47.37	0.456 1
CF	7	139	64	1.489 6	46.04	6.007 2
wr	7	7	3	1.806 5	42.86	1.571 4
v	6	33	14	1.809 5	42.42	3.939 4

如表 5.36 所示，在 30 分钟周期中，符合该形态筛选条件的期货商品种类比较多。其中，部分期货商品的统计结果较好。比如，fu 出现该形态 21 次，成功 15 次，具有较高的成功率，盈亏比超过 1.8，单次交易平均价差接近 9；pp 的盈亏比超过 2.2，单次交易平均价差为 19；ru 出现该形态 35 次，成功率达到 60%，盈亏比为 1.200 7，单次交易平均价差超过 44。此外，jd、rb 等期货商品也有不错的数据表现。

表 5.36　三内升形态出现后的指标统计（30 分钟周期）

期货商品名称	最佳持有周期数（个）	出现总次数（次）	成功次数（次）	盈亏比	成功率（%）	单次交易平均价差
fu	6	21	15	1.838 5	71.43	8.904 8
pp	2	7	5	2.234 5	71.43	19.000 0
OI	4	15	10	0.557 4	66.67	1.133 3
i	4	3	2	1.500 0	66.67	1.133 3
m	7	31	20	0.615 3	64.52	1.548 4
RM	2	19	12	1.693 9	63.16	5.210 5
TA	5	26	16	1.313 0	61.54	10.923 1
CF	6	31	19	0.874 8	61.29	11.612 9
l	1	23	14	1.400 5	60.87	14.347 8
cs	1	5	3	1.111 1	60.00	0.800 0
ru	5	35	21	1.200 7	60.00	44.857 1
y	7	35	21	1.340 3	60.00	16.514 3
jd	3	5	3	2.000 0	60.00	8.800 0
rb	3	22	13	1.141 0	59.09	3.181 8
v	6	21	12	0.997 0	57.14	6.428 6
ni	6	25	14	0.879 7	56.00	38.800 0
SR	5	29	16	0.905 2	55.17	1.034 5
bu	4	17	9	2.473 4	52.94	4.823 5
al	3	19	15	1.034 2	51.72	2.758 6
MA	7	10	5	1.987 2	50.00	7.700 0
hc	7	4	2	1.466 7	50.00	1.750 0
sn	4	20	10	1.272 0	50.00	65.000 0
ag	5	42	20	1.195 7	47.62	1.309 5

如表 5.37 所示，在日线周期中，符合该形态筛选条件的期货商品的种类较少，并且出现该形态的样本次数也较少，所以数据仅供参考。

表 5.37　三内升形态出现后的指标统计（日线周期）

期货商品名称	最佳持有周期数（个）	出现总次数（次）	成功次数（次）	盈亏比	成功率（%）	单次交易平均价差
p	5	3	3	NaN	100.00	115.333 3
a	6	5	4	1.425 0	80.00	47.000 0
l	3	4	3	0.412 7	75.00	25.000 0

16. 三外升形态（反转，看涨）

如表 5.38 所示，该形态为反转看涨形态，符合该形态筛选条件的期货商品的种类较多，部分期货商品具有较高的盈亏比和成功率。比如，SM 出现该形态 10 次，成功率为 70%，盈亏比为 2.634 9，单次交易平均价差超过 27。此外，bu、RM、pp 等期货商品均具有较高的盈亏比和成功率。

表 5.38　三外升形态出现后的指标统计（5 分钟周期）

期货商品名称	最佳持有周期数（个）	出现总次数（次）	成功次数（次）	盈亏比	成功率（%）	单次交易平均价差
b	5	8	6	0.750 0	75.00	1.875 0
SM	7	10	7	2.634 9	70.00	27.800 0
cs	5	10	7	0.500 0	70.00	0.300 0
bu	7	9	6	1.166 7	66.67	3.555 6
RM	7	25	16	1.524 7	64.00	2.600 0
pp	4	27	17	2.036 6	62.96	10.851 9
ru	2	62	36	1.831 1	58.06	15.725 8
ni	6	41	23	1.170 3	56.10	38.780 5
fu	5	17	9	1.045 8	52.94	0.705 9
jm	5	17	9	1.119 3	52.94	0.411 8
hc	6	38	20	1.077 4	52.63	1.078 9
TA	7	53	27	1.603 5	50.94	5.622 6
i	2	6	3	1.500 0	50.00	0.166 7
m	5	52	25	1.170 6	48.08	0.230 8
c	6	11	5	1.380 0	45.45	0.272 7
al	5	37	15	1.628 1	40.54	1.621 6

如表 5.39 所示，在 30 分钟周期中，符合该形态筛选条件的期货商品的种类比较多。其中，SF、ag、v 的成功率均为 100%；ni 出现 8 次，成功 7 次，盈亏比超过 1.1，单次交易平均价差达到 400；bu 和 m 的成功率均达到 60%，并且两者的盈亏比均超过 3，单次交易平均价差分别为 8.8 和 9.1。上述期货商品均具有良好的数据表现。

表 5.39　三外升形态出现后的指标统计（30 分钟周期）

期货商品名称	最佳持有周期数（个）	出现总次数（次）	成功次数（次）	盈亏比	成功率（%）	单次交易平均价差
SF	5	3	3	NaN	100.00	24.666 7
ag	7	6	6	NaN	100.00	23.333 3
v	1	3	3	NaN	100.00	15.000 0
y	6	9	8	0.705 6	88.89	32.000 0
ni	4	8	7	1.158 7	87.50	400.000 0
hc	2	6	5	0.528 6	83.33	7.666 7
sn	5	12	10	0.676 5	83.33	270.000 0

（续表）

期货商品名称	最佳持有周期数（个）	出现总次数（次）	成功次数（次）	盈亏比	成功率（%）	单次交易平均价差
MA	2	4	3	0.800 0	75.00	1.750 0
pb	6	4	3	1.087 0	75.00	65.000 0
j	3	7	5	0.950 0	71.43	3.142 9
al	5	16	11	2.493 1	68.75	46.250 0
WH	2	3	2	3.600 0	66.67	10.333 3
rb	4	6	4	1.090 9	66.67	4.333 3
p	2	8	5	1.354 8	62.50	9.750 0
bu	3	5	3	3.111 1	60.00	8.800 0
m	4	10	6	3.555 6	60.00	9.100 0
l	5	11	6	0.856 2	54.55	0.909 1
a	3	8	4	1.170 7	50.00	0.875 0

如表 5.40 所示，在日线周期中，符合该形态筛选条件的期货商品的种类较少，并且出现该形态的样本次数也较少，所以数据仅供参考。

表 5.40　三外升形态出现后的指标统计（日线周期）

期货商品名称	最佳持有周期数（个）	出现总次数（次）	成功次数（次）	盈亏比	成功率（%）	单次交易平均价差
a	1	5	4	0.541 7	80.00	4.200 0
pb	4	3	2	0.666 7	66.67	35.000 0

17. 挤压报警形态（反转，看涨）

如表 5.41 所示，该形态为反转看涨形态。在 5 分钟周期中，ni 出现该形态 101 次，成功 66 次，成功率超过 65%，盈亏比为 0.890 7，单次交易平均价差超过 62。此外，SM 出现该形态 37 次，成功率为 54.05%，盈亏比为 1.533 8，单次交易平均价差超过 5。

表 5.41　挤压报警形态出现后的指标统计（5 分钟周期）

期货商品名称	最佳持有周期数（个）	出现总次数（次）	成功次数（次）	盈亏比	成功率（%）	单次交易平均价差
RS	7	7	6	2.617 6	85.71	35.714 3
i	4	6	4	5.500 0	66.67	1.666 7
ni	6	101	66	0.890 7	65.35	62.376 2
MA	4	38	23	0.691 9	60.53	0.184 2
AP	4	20	12	0.691 1	60.00	0.500 0
l	7	58	33	1.331 2	56.90	9.137 9
SM	5	37	20	1.533 8	54.05	5.783 8
fu	6	67	36	0.915 5	53.73	0.343 3

如表 5.42 所示，在 30 分钟周期中，符合该形态筛选条件的期货商品种类比较多。比如，ZC、b、wr 具有 100% 的成功率；i 的成功率和盈亏比均比较高，但出现该形态的次数比较少；RM、c、pb、cs、fu 的成功率均超过 60%，盈亏比均超过 1，投资者可获得相对较好的单次交易平均价差收益；sn 出现该形态 56 次，成功率虽然低于 50%，但盈亏比超过 1.7，单次交易平均价差超过 100。

表 5.42　挤压报警形态出现后的指标统计（30 分钟周期）

期货商品名称	最佳持有周期数（个）	出现总次数（次）	成功次数（次）	盈亏比	成功率（%）	单次交易平均价差
ZC	7	6	6	NaN	100.00	3.666 7
b	3	3	3	NaN	100.00	31.000 0
wr	6	4	4	NaN	100.00	11.500 0
hc	6	13	10	0.566 9	76.92	8.692 3
i	1	4	3	3.000 0	75.00	4.000 0
ni	2	23	17	0.455 1	73.91	43.043 5
RM	1	24	17	1.355 4	70.83	2.291 7
SF	3	13	9	0.826 0	69.23	14.923 1
c	6	21	14	1.500 0	66.67	2.761 9
pb	2	23	15	1.095 0	65.22	21.521 7
cs	6	13	8	1.176 5	61.54	3.461 5
fu	6	18	11	1.038 4	61.11	7.055 6
SR	6	46	28	0.723 5	60.87	2.130 4
SM	6	10	6	0.874 0	60.00	10.200 0
y	5	39	23	0.881 7	58.97	4.512 8
rb	6	34	19	1.490 3	55.88	7.441 2
a	7	58	32	0.929 6	55.17	1.913 8
FG	5	15	8	2.262 9	53.33	3.066 7
ag	4	37	19	1.306 0	51.35	3.621 6
v	3	20	10	1.105 3	50.00	1.500 0
sn	7	56	26	1.718 0	46.43	102.500 0
jd	1	21	8	1.804 4	38.10	0.809 5

如表 5.43 所示，在日线周期中，符合该形态筛选条件的期货商品种类较少，并且出现该形态的样本次数也较少，所以数据仅供参考。

表 5.43　挤压报警形态出现后的指标统计（日线周期）

期货商品名称	最佳持有周期数（个）	出现总次数（次）	成功次数（次）	盈亏比	成功率（%）	单次交易平均价差
j	6	3	3	NaN	100.00	16.333 3
hc	2	4	3	0.487 2	75.00	7.500 0
p	1	3	2	24.500 0	66.67	32.000 0
v	1	3	1	4.666 7	33.33	13.333 3

18. 触底后向上跳空形态（反转，看涨）

如表 5.44 所示，该形态为反转看涨形态。在 5 分钟周期中，仅有一种符合该形态筛选条件的期货商品 rb。rb 出现该形态 3 次，成功 2 次，盈亏比为 1.687 5，单次交易平均价差超过 6。因为出现该形态的样本次数太少，所以数据仅供参考。

表 5.44　触底后向上跳空形态出现后的指标统计（5 分钟周期）

期货商品名称	最佳持有周期数 （个）	出现总次数 （次）	成功次数 （次）	盈亏比	成功率 （%）	单次交易 平均价差
rb	7	3	2	1.687 5	66.67	6.333 3

该形态没有符合筛选条件的 30 分钟周期和日线周期统计结果。

19. 三次向下跳空形态（反转，看涨）

如表 5.45 所示，该形态为反转看涨形态。在 5 分钟周期中，有 4 种符合该形态筛选条件的期货商品，每种期货商品均出现该形态 3 次。其中，CF 的成功率为 100%，单次交易平均价差超过 21。此外，SM、ag、jd 也具有较高的成功率和盈亏比。

表 5.45　三次向下跳空形态出现后的指标统计（5 分钟周期）

期货商品名称	最佳持有周期数 （个）	出现总次数 （次）	成功次数 （次）	盈亏比	成功率 （%）	单次交易 平均价差
CF	3	3	3	NaN	100.00	21.666 7
SM	1	3	2	6.500 0	66.67	8.000 0
ag	1	3	2	1.250 0	66.67	2.000 0
jd	3	3	2	2.500 0	66.67	2.666 7

如表 5.46 所示，在 30 分钟周期中，有 3 种期货商品符合该形态筛选条件，每种期货商品均出现该形态 3 次。其中，OI、pb 的成功率为 100%。

表 5.46　三次向下跳空形态出现后的指标统计（30 分钟周期）

期货商品名称	最佳持有周期数 （个）	出现总次数 （次）	成功次数 （次）	盈亏比	成功率 （%）	单次交易 平均价差
OI	1	3	3	NaN	100.00	21.333 3
pb	1	3	3	NaN	100.00	36.666 7
SR	1	3	2	3.750 0	66.67	4.333 3

该形态没有符合筛选条件的日线周期统计结果。

20. 分手线形态（持续，看涨）

如表 5.47 所示，该形态为持续看涨形态。在 5 分钟周期中，有 3 种符合该形态筛选条件的期货商品。其中，y 出现该形态 5 次，在持有 5 个周期后，成功率最高，为 80%。

表 5.47　分手线形态出现后的指标统计（5 分钟周期）

期货商品名称	最佳持有周期数（个）	出现总次数（次）	成功次数（次）	盈亏比	成功率（%）	单次交易平均价差
y	5	5	4	0.472 2	80.00	3.200 0
al	7	11	5	5.485 7	45.45	22.727 3
CF	6	5	2	1.875 0	40.00	5.000 0

该形态没有符合筛选条件的 30 分钟周期和日线周期统计结果。

21. 待入线形态（持续，看涨）

如表 5.48 所示，该形态为持续看涨形态。在 5 分钟周期中，有 7 种符合该形态筛选条件的期货商品。其中，l 的成功率达到 60%，盈亏比大于 2，单次交易平均价差为 6。

表 5.48　待入线形态出现后的指标统计（5 分钟周期）

期货商品名称	最佳持有周期数（个）	出现总次数（次）	成功次数（次）	盈亏比	成功率（%）	单次交易平均价差
j	4	5	4	0.409 1	80.00	1.400 0
l	1	5	3	2.666 7	60.00	6.000 0
wr	6	7	4	2.420 5	57.14	7.000 0
a	5	8	4	1.484 8	50.00	2.000 0
cs	1	6	3	1.250 0	50.00	0.166 7
TA	7	13	6	2.019 2	46.15	5.846 2
c	7	5	2	2.500 0	40.00	0.400 0

该形态没有符合筛选条件的 30 分钟周期和日线周期统计结果。

22. 切入线形态（持续，看涨）

如表 5.49 所示，该形态为持续看涨形态。在 5 分钟周期中，有 3 种符合该形态筛选条件的期货商品。其中，hc 出现该形态 4 次，当投资者持有 5 个周期时，成功率为 100%。

表 5.49　切入线形态出现后的指标统计（5 分钟周期）

期货商品名称	最佳持有周期数（个）	出现总次数（次）	成功次数（次）	盈亏比	成功率（%）	单次交易平均价差
hc	5	4	4	NaN	100.00	3.500 0
wr	6	3	2	1.125 0	66.67	1.666 7
RI	1	4	2	2.000 0	50.00	1.000 0

该形态没有符合筛选条件的 30 分钟周期和日线周期统计结果。

23. 插入线形态（持续，看涨）

如表 5.50 所示，该形态为持续看涨形态。在 5 分钟周期中，符合该形态筛选条件的期货商品的成功率较高。比如，SR、p 各出现该形态 3 次，全部成功，单次交易平均价差均维持在一个高水平；ni 出现该形态 4 次，成功 3 次，单次交易平均价差高达 147.5。

表 5.50　插入线形态出现后的指标统计（5 分钟周期）

期货商品名称	最佳持有周期数（个）	出现总次数（次）	成功次数（次）	盈亏比	成功率（%）	单次交易平均价差
SR	1	3	3	NaN	100.00	13.000 0
p	4	3	3	NaN	100.00	28.666 7
ru	6	4	4	NaN	100.00	12.500 0
ni	1	4	3	2.300 0	75.00	147.500 0
l	4	6	4	9.750 0	66.67	30.833 3
sn	4	12	8	0.892 9	66.67	18.333 3
y	3	4	2	1.666 7	50.00	1.000 0

如表 5.51 所示，在 30 分钟周期中，只有期货商品 l 符合该形态筛选条件。出现该形态 3 次，成功 2 次，单次交易平均价差超过 6。

表 5.51　插入线形态出现后的指标统计（30 分钟周期）

期货商品名称	最佳持有周期数（个）	出现总次数（次）	成功次数（次）	盈亏比	成功率（%）	单次交易平均价差
l	1	3	2	1.000 0	66.67	6.666 7

如表 5.52 所示，在日线周期中，期货商品 y 符合该形态筛选条件，出现该形态 3 次，成功 2 次，单次交易平均价差超过 50。

表 5.52　插入线形态出现后的指标统计（日线周期）

期货商品名称	最佳持有周期数（个）	出现总次数（次）	成功次数（次）	盈亏比	成功率（%）	单次交易平均价差
y	1	3	2	0.993 8	66.67	52.666 7

24. 向上跳空并列阴阳线形态（持续，看涨）

如表 5.53 所示，该形态为持续看涨形态。在 5 分钟周期中，有 4 种期货商品符合该形态筛选条件，均具有较高的成功率和盈亏比。比如，sn 出现该形态 10 次，全部盈利，单次交易平均价差达到 300。

表 5.53　向上跳空并列阴阳线形态出现后的指标统计（5 分钟周期）

期货商品名称	最佳持有周期数（个）	出现总次数（次）	成功次数（次）	盈亏比	成功率（%）	单次交易平均价差
sn	7	10	10	NaN	100.00	300.000 0
ru	7	9	7	1.233 8	77.78	40.555 6
bu	1	3	2	1.000 0	66.67	0.666 7
m	3	4	2	2.000 0	50.00	1.250 0

如表 5.54 所示，在 30 分钟周期中，有 3 种期货商品符合该形态筛选条件。其中，pb 的成功率为 100%，价差超过 170；其余 2 种期货商品的成功率在 60% 及以上。

表 5.54　向上跳空并列阴阳线形态出现后的指标统计（30 分钟周期）

期货商品名称	最佳持有周期数（个）	出现总次数（次）	成功次数（次）	盈亏比	成功率（%）	单次交易平均价差
pb	6	3	3	NaN	100.00	171.666 7
ag	4	3	2	0.708 3	66.67	1.666 7
TA	2	5	3	1.960 8	60.00	13.200 0

该形态没有符合筛选条件的日线周期统计结果。

25. 并列阳线形态（持续，看涨）

如表 5.55 所示，该形态为持续看涨形态。在 5 分钟周期中，有 2 种符合该形态筛选条件的期货商品，均具有较高的成功率和盈亏比。

表 5.55　并列阳线形态出现后的指标统计（5 分钟周期）

期货商品名称	最佳持有周期数（个）	出现总次数（次）	成功次数（次）	盈亏比	成功率（%）	单次交易平均价差
y	2	4	4	NaN	100.00	6.000 0
OI	3	3	2	5.500 0	66.67	6.666 7

该形态没有符合筛选条件的 30 分钟周期和日线周期统计结果。

26. 向上跳空三法形态（持续，看涨）

如表 5.56 所示，该形态为持续看涨形态。在 5 分钟周期中，有 2 种符合该形态筛选条件的期货商品，均具有较高的成功率和盈亏比。比如，wr 具有 100% 的成功率；ru 出现该形态 9 次，成功 7 次，盈亏比大于 2，单次交易平均价差超过 60。

表 5.56　向上跳空三法形态出现后的指标统计（5 分钟周期）

期货商品名称	最佳持有周期数（个）	出现总次数（次）	成功次数（次）	盈亏比	成功率（%）	单次交易平均价差
wr	1	3	3	NaN	100.00	3.333 3
ru	6	9	7	2.339 3	77.78	63.888 9

该形态没有符合筛选条件的 30 分钟周期和日线周期统计结果。

27. 战后休整形态（持续，看涨）

如表 5.57 所示，该形态为持续看涨形态。在 5 分钟周期中，j、MA、pp 等期货商品出现该形态的次数均超过 100，成功率虽然低于 50%，但盈亏比高于 1，所以平均收益为正。投资者可获得较好的单次交易平均价差收益。

表 5.57　战后休整形态出现后的指标统计（5 分钟周期）

期货商品名称	最佳持有周期数（个）	出现总次数（次）	成功次数（次）	盈亏比	成功率（%）	单次交易平均价差
b	2	14	9	2.094 0	64.29	2.571 4
wr	4	15	9	1.202 0	60.00	3.533 3
SM	7	60	34	0.997 7	56.67	4.133 3
WH	5	11	6	1.194 4	54.55	1.181 8
v	5	36	18	2.343 7	50.00	11.944 4
j	3	101	50	2.097 9	49.50	2.396 0
MA	5	111	51	1.553 8	45.95	1.225 2
pp	6	133	61	1.432 4	45.86	3.150 4
SF	7	41	18	1.690 1	43.90	3.951 2
cs	2	35	15	1.568 6	42.86	0.428 6
rb	4	208	89	1.687 2	42.79	0.956 7
FG	2	26	10	1.920 0	38.46	0.346 2

如表 5.58 所示，在 30 分钟周期中，符合该形态筛选条件的期货商品种类比较多。其中，AP 出现该形态 10 次，成功 8 次，盈亏比虽低于 1，但具有较高的单次交易平均价差；v 出现该形态 25 次，成功率达到 68%，盈亏比超过 1.1，单次交易平均价差达到 13.6；SM、rb、SR、y 等期货商品都具有较高的成功率和盈亏比，同时投资者也可获得不错的单次交易平均价差收益。此外，虽然 al、bu、j、c 等期货商品的成功率低于 50%，但凭借较高的盈亏比，投资者也可获得不错的单笔收益。

表 5.58 战后休整形态出现后的指标统计（30 分钟周期）

期货商品名称	最佳持有周期数（个）	出现总次数（次）	成功次数（次）	盈亏比	成功率（%）	单次交易平均价差
wr	2	6	5	0.517 6	83.33	4.500 0
AP	5	10	8	0.723 8	80.00	43.400 0
v	5	25	17	1.166 2	68.00	13.600 0
hc	2	36	23	1.015 5	63.89	3.916 7
SF	5	24	15	0.753 3	62.50	8.750 0
SM	4	24	15	1.328 1	62.50	27.000 0
rb	1	58	34	1.244 2	58.62	1.827 6
SR	5	91	52	1.277 9	57.14	7.000 0
b	5	14	8	0.971 7	57.14	2.428 6
l	5	62	34	0.919 2	54.84	3.951 6
OI	5	42	23	0.837 7	54.76	0.238 1
RM	7	44	24	1.024 7	54.55	1.795 5
y	7	83	45	1.096 7	54.22	8.747 0
FG	4	31	16	1.762 5	51.61	2.129 0
jm	6	30	15	1.073 0	50.00	0.433 3
al	6	75	36	1.623 3	48.00	20.600 0
bu	6	42	20	1.304 9	47.62	2.190 5
j	2	40	19	1.427 6	47.50	1.225 0
c	6	49	23	1.409 1	46.94	1.081 6
RI	2	3	1	3.733 3	33.33	4.333 3

如表 5.59 所示，在日线周期中，符合该形态筛选条件的期货商品种类较多。其中，bu、j、ni、p 均出现该形态 3 次，全部成功。bu 的单次交易平均价差超过 118，j 的单次交易平均价差接近 40，ni 的单次交易平均价差接近 2 000，均具有较好的数据表现。此外，rb 出现该形态 7 次，成功 6 次，单次交易平均价差超过 40；jd 的盈亏比超过 4.8，成功率为 66.67%，单次交易平均价差超过 17；TA 的盈亏比超过 2，成功率为 60%，单次交易平均价差超过 75，投资者均可获得不错的单次交易平均价差收益。

表 5.59 战后休整形态出现后的指标统计（日线周期）

期货商品名称	最佳持有周期数（个）	出现总次数（次）	成功次数（次）	盈亏比	成功率（%）	单次交易平均价差
bu	3	3	3	NaN	100.00	118.666 7
j	5	3	3	NaN	100.00	39.333 3
ni	2	3	3	NaN	100.00	1 986.666 7

（续表）

期货商品名称	最佳持有周期数 （个）	出现总次数 （次）	成功次数 （次）	盈亏比	成功率 （%）	单次交易 平均价差
p	6	3	3	NaN	100.00	78.000 0
rb	7	7	6	0.445 4	85.71	42.285 7
SM	2	6	5	1.563 6	83.33	75.000 0
MA	3	5	4	0.734 6	80.00	31.400 0
FG	2	4	3	4.444 4	75.00	9.250 0
RM	1	4	3	1.666 7	75.00	15.000 0
hc	3	4	3	0.544 1	75.00	35.250 0
al	6	7	5	0.712 9	71.43	56.428 6
jd	1	3	2	4.833 3	66.67	17.333 3
l	2	6	4	1.642 9	66.67	66.666 7
TA	2	5	3	2.337 8	60.00	75.200 0
c	6	7	4	1.425 0	57.14	5.142 9
WH	1	4	2	2.400 0	50.00	3.500 0
pp	2	4	2	3.070 2	50.00	29.500 0

28. 上升三法形态（持续，看涨）

如表 5.60 所示，该形态为持续看涨形态。在 5 分钟周期中，部分期货商品具有较高的成功率或盈亏比。比如，p 出现该形态 11 次，成功 8 次，盈亏比高达 4.187 5，且单次交易平均价差超过 11。

表 5.60　上升三法形态出现后的指标统计（5 分钟周期）

期货商品名称	最佳持有周期数 （个）	出现总次数 （次）	成功次数 （次）	盈亏比	成功率 （%）	单次交易 平均价差
al	4	4	3	0.381 0	75.00	1.250 0
p	4	11	8	4.187 5	72.73	11.090 9
RM	7	6	4	0.687 5	66.67	0.500 0
ru	3	9	6	0.865 4	66.67	21.111 1
SR	2	10	6	1.047 6	60.00	0.400 0
SM	3	9	5	2.103 7	55.56	9.777 8
hc	2	9	5	0.977 8	55.56	0.222 2
MA	4	10	5	1.033 3	50.00	0.100 0
j	1	6	3	1.916 7	50.00	1.833 3
jd	1	4	2	4.500 0	50.00	1.750 0

（续表）

期货商品名称	最佳持有周期数（个）	出现总次数（次）	成功次数（次）	盈亏比	成功率（%）	单次交易平均价差
wr	4	8	4	1.387 1	50.00	1.500 0
l	7	9	4	2.423 5	44.44	25.555 6
CF	1	7	3	2.074 1	42.86	3.571 4
ag	4	10	3	3.315 8	30.00	1.600 0

如表 5.61 所示，在 30 分钟周期中，共有 9 种期货商品符合该形态筛选条件。所有期货商品的盈亏比均大于 1，其中 ag、sn、OI 的盈亏比大于 2，而 bu 的盈亏比更是超过 5。大部分期货商品的成功率比较高，其中，sn 出现该形态 10 次，成功 8 次，单次交易平均价差高达 482。

表 5.61　上升三法形态出现后的指标统计（30 分钟周期）

期货商品名称	最佳持有周期数（个）	出现总次数（次）	成功次数（次）	盈亏比	成功率（%）	单次交易平均价差
ag	3	5	4	2.113 6	80.00	16.400 0
sn	4	10	8	2.760 4	80.00	482.000 0
pb	2	4	3	1.027 8	75.00	31.250 0
i	3	3	2	1.750 0	66.67	1.666 7
a	2	4	2	1.636 4	50.00	1.750 0
fu	2	4	2	1.423 1	50.00	2.750 0
p	7	10	5	1.362 5	50.00	5.800 0
OI	1	5	2	2.750 0	40.00	4.000 0
bu	2	5	2	5.250 0	40.00	6.000 0

该形态没有符合筛选条件的日线周期统计结果。

29. 三线直击形态（持续，看涨）

如表 5.62 所示，该形态为持续看涨形态。在 5 分钟周期中，只有 ni 符合该形态筛选条件，出现该形态 5 次，成功 4 次，单次交易平均价差为 70。

表 5.62　三线直击形态出现后的指标统计（5 分钟周期）

期货商品名称	最佳持有周期数（个）	出现总次数（次）	成功次数（次）	盈亏比	成功率（%）	单次交易平均价差
ni	1	5	4	0.875 0	80.00	70.000 0

如表 5.63 所示，在 30 分钟周期中，有 2 种期货商品符合该形态筛选条件。其中，1 出现该形态 4 次，成功 3 次，盈亏比超过 15，单次交易平均价差接近 60。

表 5.63　三线直击形态出现后的指标统计（30 分钟周期）

期货商品名称	最佳持有周期数（个）	出现总次数（次）	成功次数（次）	盈亏比	成功率（%）	单次交易平均价差
1	2	4	3	15.666 7	75.00	57.500 0
ru	1	3	2	1.000 0	66.67	6.666 7

该形态没有符合筛选条件的日线周期统计结果。

第六章

看跌 K 线形态在期货交易中的量化分析

1. 上吊线形态（反转，看跌）

如表 6.1 所示，该形态为反转看跌形态。在 5 分钟周期中，仅有 2 种期货商品具有正收益。

表 6.1　上吊线形态出现后的指标统计（5 分钟周期）

期货商品名称	最佳持有周期数（个）	出现总次数（次）	成功次数（次）	盈亏比	成功率（%）	单次交易平均价差
JR	6	11	7	0.922 1	63.64	2.454 5
fb	3	3	1	2.400 0	33.33	0.333 3

如表 6.2 所示，在 30 分钟周期中，各期货商品的成功率有所提升，符合该形态筛选条件的期货商品种类比较多。比如，OI 出现该形态 55 次，成功 40 次，成功率达到 72.73%，并且盈亏比达到 1.470 2，单次交易平均价差超过 20，具有较好的统计结果；虽然 SR、RI 的盈亏比低于 1，但成功率较高，均超过 60%，投资者也可获得正的单次交易平均价差收益。

表 6.2　上吊线形态出现后的指标统计（30 分钟周期）

期货商品名称	最佳持有周期数（个）	出现总次数（次）	成功次数（次）	盈亏比	成功率（%）	单次交易平均价差
AP	1	4	3	0.827 7	75.00	33.000 0
OI	7	55	40	1.470 2	72.73	20.072 7
SR	6	86	60	0.799 0	69.77	7.546 5
RI	4	13	9	0.515 4	69.23	1.153 8
sc	2	13	9	0.472 2	69.23	0.076 9
FG	4	62	38	0.746 8	61.29	0.467 7
LR	7	5	3	2.235 3	60.00	8.000 0
p	2	105	62	0.851 4	59.05	2.323 8
ni	3	53	31	0.939 5	58.49	55.849 1
jd	5	23	13	0.827 1	56.52	0.869 6
m	5	131	74	1.003 2	56.49	2.534 4
TA	2	111	62	0.850 1	55.86	0.792 8
SF	7	24	13	1.073 6	54.17	9.833 3

如表6.3所示，在日线周期中，各种期货商品的成功率继续有所提升，符合该形态筛选条件的期货商品种类比在30分钟周期中更多。其中，FG、OI、bu、sn的成功率为100%。并且，OI、bu等期货商品具有较高的单次交易平均价差。此外，ru出现该形态10次，成功8次，单次交易平均价差达到278.5，投资者可获得较高的单次交易平均价差收益。

表 6.3　上吊线形态出现后的指标统计（日线周期）

期货商品名称	最佳持有周期数（个）	出现总次数（次）	成功次数（次）	盈亏比	成功率（%）	单次交易平均价差
FG	1	3	3	NaN	100.00	7.000 0
OI	4	4	4	NaN	100.00	82.000 0
bu	1	3	3	NaN	100.00	42.000 0
sn	1	6	6	NaN	100.00	893.333 3
l	3	8	7	0.516 2	87.50	71.875 0
pp	1	6	5	1.184 4	83.33	52.500 0
ru	5	10	8	0.426 0	80.00	278.500 0
RM	2	4	3	1.628 2	75.00	25.250 0
cs	1	4	3	1.203 7	75.00	11.750 0
jd	3	4	3	0.730 0	75.00	29.750 0
m	4	8	6	0.351 9	75.00	0.875 0
ni	1	4	3	1.223 8	75.00	467.500 0
p	5	8	6	0.638 4	75.00	67.500 0
sc	3	4	3	0.800 0	75.00	5.250 0
SR	1	7	5	0.430 1	71.43	2.000 0
TA	4	7	5	0.455 4	71.43	4.000 0
a	7	7	5	0.664 2	71.43	15.571 4
y	6	7	5	0.774 5	71.43	54.571 4
ag	2	3	2	17.500 0	66.67	102.000 0
j	1	9	6	0.969 0	66.67	11.777 8
CF	5	4	2	1.299 0	50.00	36.250 0
JR	5	4	2	4.238 1	50.00	34.000 0
i	1	4	2	1.083 3	50.00	0.250 0

2. 执带线形态（反转，看跌）

如表6.4所示，该形态为反转看跌形态。在5分钟周期中，共有5种期货商品满足该形态筛选条件。其中，ni出现该形态159次，成功95次，成功率为59.75%，盈亏比接近1，单次交易平均价差超过50；MA出现该形态276次，成功率超过50%，盈亏比为2.578 8，单次交易平均交易价差为6.322 5。

表 6.4 执带线形态出现后的指标统计（5 分钟周期）

期货商品名称	最佳持有周期数（个）	出现总次数（次）	成功次数（次）	盈亏比	成功率（%）	单次交易平均价差
ni	7	159	95	0.997 9	59.75	51.509 4
jd	7	150	85	0.830 5	56.67	0.433 3
MA	5	276	145	2.578 8	52.54	6.322 5
ru	6	513	268	0.932 4	52.24	0.623 8
LR	5	29	15	1.080 7	51.72	0.413 8

如表 6.5 所示，在 30 分钟周期中，符合该形态筛选条件的期货商品种类比较多，部分期货商品出现该形态的样本次数较多。例如，ru 出现该形态 80 次，成功 57 次，成功率达到 71.25%，虽然盈亏比略低于 1，但单次交易平均价差超过 87；cs、fb、RI 等期货商品的成功率也均高于 70%；a 出现该形态 83 次，成功 49 次，成功率略低于 60%，但盈亏比高于 1，投资者同样可以获得较高的单次交易平均价差收益。

表 6.5 执带线形态出现后的指标统计（30 分钟周期）

期货商品名称	最佳持有周期数（个）	出现总次数（次）	成功次数（次）	盈亏比	成功率（%）	单次交易平均价差
cs	6	22	18	0.643 3	81.82	4.909 1
RI	4	13	10	0.542 9	76.92	2.615 4
fb	7	7	5	0.618 2	71.43	0.857 1
ru	7	80	57	0.940 6	71.25	87.437 5
TC	5	26	18	0.732 0	69.23	0.423 1
sp	6	3	2	0.642 9	66.67	8.000 0
rb	3	42	27	0.797 2	64.29	2.309 5
FG	6	47	30	1.231 9	63.83	2.297 9
MA	6	33	21	0.626 5	63.64	1.030 3
SR	6	55	34	0.753 6	61.82	2.618 2
a	6	83	49	1.134 3	59.04	4.710 8
jm	3	46	27	0.819 2	58.70	0.478 3
ag	4	60	34	0.977 7	56.67	1.583 3
hc	1	39	22	1.468 2	56.41	1.846 2
OI	2	41	23	1.089 8	56.10	2.317 1
ZC	1	48	26	0.918 2	54.17	0.083 3
i	5	68	36	1.069 7	52.94	0.352 9
fu	6	42	22	1.182 9	52.38	3.571 4
al	6	132	69	1.035 9	52.27	4.469 7
bu	6	41	21	1.078 5	51.22	1.414 6
jd	3	14	7	1.186 8	50.00	1.214 3
CF	5	82	39	1.413 1	47.56	11.524 4
p	3	72	34	1.177 6	47.22	0.694 4

如表 6.6 所示，在日线周期中，符合该形态筛选条件的期货商品种类较多。其中，RS、bu、sn、j 的成功率为 100%，投资者可获得不错的单次交易平均价差收益。例如，sn 出现该形态 6 次，全部成功，单次交易平均价差超过 1 300；p 出现该形态 5 次，成功 4 次，盈亏比达到 7.6，单次交易平均价差接近 60，具有较好的数据表现。

表 6.6　执带线形态出现后的指标统计（日线周期）

期货商品名称	最佳持有周期数（个）	出现总次数（次）	成功次数（次）	盈亏比	成功率（%）	单次交易平均价差
RS	4	4	4	NaN	100.00	34.750 0
bu	3	4	4	NaN	100.00	27.500 0
j	2	3	3	NaN	100.00	26.666 7
sn	1	6	6	NaN	100.00	1 306.666 7
y	3	11	9	0.581 9	81.82	60.909 1
p	1	5	4	7.600 0	80.00	58.800 0
c	6	8	6	0.526 3	75.00	4.125 0
l	2	7	5	0.462 6	71.43	12.857 1
a	6	6	4	0.512 0	66.67	0.666 7
m	1	6	4	4.115 4	66.67	15.666 7
WH	4	5	3	0.892 7	60.00	4.000 0
fu	7	9	5	1.122 7	55.56	15.777 8
FG	1	4	2	6.250 0	50.00	5.250 0
TC	1	3	1	7.000 0	33.33	1.666 7

3. 吞没形态（反转，看跌）

如表 6.7 所示，该形态为反转看跌形态。在 5 分钟周期中，符合该形态筛选条件的期货商品的种类较少。

表 6.7　吞没形态出现后的指标统计（5 分钟周期）

期货商品名称	最佳持有周期数（个）	出现总次数（次）	成功次数（次）	盈亏比	成功率（%）	单次交易平均价差
pp	6	231	118	0.982 3	51.08	0.346 3
fu	7	241	123	0.966 7	51.04	0.049 8
JR	2	6	3	1.153 8	50.00	0.333 3

如表 6.8 所示，在 30 分钟周期中，符合该形态筛选条件的期货商品的种类比较多，部分期货商品出现该形态的样本次数也较多。比如，v 出现该形态 60 次，成功率为 65%，盈亏比为 0.798 8，平均价差超过 6；ru 出现该形态 133 次，成功 78 次，成功率达到 58.65%，盈亏比为 1.102 2，单次交易平均价差超过 44；AP 出现该形态 7 次，盈亏比超过 1.2，成功率为 57.14%，单次交易平均价差超过 13。此外，m、l、al 等期货商品出现该形态的次

数超过 100 次，同样具有不错的成功率和盈亏比，单次交易也具有相对较好的收益。

表 6.8　吞没形态出现后的指标统计（30 分钟周期）

期货商品名称	最佳持有周期数（个）	出现总次数（次）	成功次数（次）	盈亏比	成功率（%）	单次交易平均价差
TC	4	5	4	0.750 0	80.00	0.800 0
RI	6	9	6	0.585 4	66.67	0.777 8
cs	7	38	25	0.920 0	65.79	3.947 4
v	3	60	39	0.798 8	65.00	6.083 3
ag	6	92	55	0.701 9	59.78	0.445 7
ru	5	133	78	1.102 2	58.65	44.436 1
FG	4	43	25	0.728 6	58.14	0.046 5
a	6	117	68	0.805 8	58.12	1.153 8
SR	7	106	61	1.062 6	57.55	5.896 2
AP	5	7	4	1.208 6	57.14	13.714 3
m	7	111	62	1.049 9	55.86	3.639 6
fu	5	56	31	1.131 6	55.36	6.250 0
jm	2	67	37	1.543 2	55.22	2.089 6
p	3	98	54	0.992 0	55.10	1.979 6
l	6	102	56	1.141 1	54.90	14.019 6
MA	3	42	23	0.903 4	54.76	0.595 2
al	2	108	56	1.391 5	51.85	8.055 6
jd	1	41	21	1.866 9	51.22	4.122 0
CF	5	102	44	1.360 8	43.14	1.225 5

　　如表 6.9 所示，如同看涨吞没形态一样，在日线周期中，符合看跌吞没形态筛选条件的期货商品种类也较多。其中，sn 的成功率为 100%，并且单次交易平均价差达到 1 775。此外，bu 出现该形态 7 次，成功 6 次，单次交易平均价差超过 27；fu 出现该形态 8 次，成功 6 次，盈亏比超过 3.3，单次交易平均价差超过 23。其他期货商品，如 CF、pb 等也具有比较好的数据表现。

表 6.9　吞没形态出现后的指标统计（日线周期）

期货商品名称	最佳持有周期数（个）	出现总次数（次）	成功次数（次）	盈亏比	成功率（%）	单次交易平均价差
sn	1	4	4	NaN	100.00	1 775.000 0
bu	4	7	6	0.813 3	85.71	27.714 3
CF	6	6	5	0.286 7	83.33	65.000 0
pb	3	6	5	1.836 4	83.33	225.000 0
SR	4	5	4	1.270 5	80.00	59.600 0
ag	1	5	4	1.062 5	80.00	18.200 0
fu	1	8	6	3.333 3	75.00	23.625 0

（续表）

期货商品名称	最佳持有周期数（个）	出现总次数（次）	成功次数（次）	盈亏比	成功率（%）	单次交易平均价差
j	1	4	3	3.166 7	75.00	4.250 0
ni	1	4	3	13.291 7	75.00	777.500 0
rb	4	15	11	0.664 3	73.33	22.600 0
m	1	11	8	1.048 8	72.73	10.454 5
RM	2	7	5	6.100 0	71.43	24.428 6
al	3	10	7	0.611 3	70.00	27.500 0
l	2	13	9	0.493 5	69.23	6.923 1
AP	2	3	2	1.012 2	66.67	14.000 0
FG	4	9	6	1.200 0	66.67	7.000 0
b	3	3	2	0.806 3	66.67	16.333 3
hc	2	3	2	1.288 5	66.67	13.666 7
y	3	11	7	0.646 3	63.64	6.909 1
p	3	8	5	0.783 5	62.50	13.000 0
a	5	15	9	1.601 1	60.00	34.666 7
c	7	10	6	0.929 1	60.00	5.000 0
v	1	5	3	0.969 7	60.00	5.000 0
ru	5	18	10	0.922 8	55.56	57.500 0

4. 孕线形态（反转，看跌）

如表 6.10 所示，该形态为反转看跌形态。在 5 分钟周期中，符合该形态筛选条件的期货商品的种类较少，单次交易平均价差也较小。比如，AP 出现该形态 105 次，成功 58 次，成功率为 55.24%，盈亏比为 0.829 1，单次交易平均价差为 0.6。

表 6.10　孕线形态出现后的指标统计（5 分钟周期）

期货商品名称	最佳持有周期数（个）	出现总次数（次）	成功次数（次）	盈亏比	成功率（%）	单次交易平均价差
au	5	10	8	1.666 7	80.00	1.700 0
JR	5	6	4	0.650 0	66.67	1.500 0
RS	4	43	26	0.717 4	60.47	0.720 9
ZC	5	161	97	0.664 9	60.25	0.006 2
AP	6	105	58	0.829 1	55.24	0.600 0

如表 6.11 所示，在 30 分钟周期中，符合该形态筛选条件的期货商品的种类比较多，部分期货商品出现该形态的样本次数也较多。比如，jd 出现该形态 70 次，成功率为 70%，盈亏比超过 1，单次交易平均价差超过 14，具有较好的数据表现；AP 出现该形态 12 次，成功率达到 66.67%，盈亏比为 1.454 5，单次交易平均价差超过 12；OI 出现该形态高达

137次，盈亏比虽然低于1，但成功率仍然在65%以上，单次交易平均价差超过4。

表6.11 孕线形态出现后的指标统计（30分钟周期）

期货商品名称	最佳持有周期数（个）	出现总次数（次）	成功次数（次）	盈亏比	成功率（%）	单次交易平均价差
TC	6	12	10	1.250 0	83.33	1.750 0
RI	7	15	11	1.610 4	73.33	6.400 0
jd	7	70	49	1.078 2	70.00	14.357 1
AP	1	12	8	1.454 5	66.67	12.250 0
OI	2	137	90	0.888 3	65.69	4.518 2
ag	6	197	118	0.705 3	59.90	0.461 9
jm	4	134	80	0.728 1	59.70	0.291 0
wr	7	22	13	0.715 1	59.09	0.500 0
j	4	148	86	1.262 1	58.11	3.540 5
pp	5	67	37	0.976 7	55.22	6.746 3
fu	4	119	65	0.858 7	54.62	0.386 6
RS	1	9	4	4.646 7	44.44	13.888 9
SM	3	52	23	1.349 1	44.23	1.692 3

如表6.12所示，在日线周期中，符合该形态筛选条件的期货商品种类较多。其中，RM出现该形态7次，全部成功，并且单次交易平均价差超过50；sn出现该形态10次，全部成功，单次交易平均价差超过2 000；ru出现该形态18次，成功14次，盈亏比为1.282 5，单次交易平均价差超过170；jd出现该形态5次，成功4次，单次交易平均价差达到55。此外OI、AP、fu等期货商品也具有比较好的数据表现。

表6.12 孕线形态出现后的指标统计（日线周期）

期货商品名称	最佳持有周期数（个）	出现总次数（次）	成功次数（次）	盈亏比	成功率（%）	单次交易平均价差
RM	4	7	7	NaN	100.00	50.285 7
sn	4	10	10	NaN	100.00	2 048.000 0
au	1	10	9	1.444 4	90.00	1.200 0
rb	3	15	13	0.522 9	86.67	49.733 3
i	1	12	10	0.942 9	83.33	4.333 3
OI	5	5	4	0.684 1	80.00	38.200 0
jd	1	5	4	14.000 0	80.00	55.000 0
ru	2	18	14	1.282 5	77.78	174.444 4
m	4	15	11	0.542 6	73.33	8.466 7
SR	3	11	8	0.629 3	72.73	12.454 5
fu	2	7	5	0.739 0	71.43	19.857 1
pb	2	7	5	0.431 3	71.43	9.285 7
j	1	10	7	1.166 4	70.00	16.700 0

期货商品名称	最佳持有周期数 （个）	出现总次数 （次）	成功次数 （次）	盈亏比	成功率 （%）	单次交易 平均价差
AP	3	3	2	1.247 0	66.67	126.000 0
CF	1	24	16	0.757 2	66.67	26.041 7
MA	1	3	2	1.116 3	66.67	17.666 7
ZC	1	6	4	0.607 1	66.67	0.500 0
c	7	15	10	1.394 4	66.67	8.466 7
hc	3	12	8	2.351 5	66.67	50.916 7
wr	1	3	2	1.812 5	66.67	14.000 0
cs	5	8	5	2.025 0	62.50	19.000 0

5. 十字孕线形态（反转，看跌）

如表 6.13 所示，该形态为反转看跌形态。在 5 分钟周期中，该形态出现的次数较多。某些期货商品具有较高的盈亏比和成功率。比如 rb，出现该形态 31 次，成功 20 次，盈亏比为 0.872 4，单次交易平均价差为 0.548 4。

表 6.13　十字孕线形态出现后的指标统计（5 分钟周期）

期货商品名称	最佳持有周期数 （个）	出现总次数 （次）	成功次数 （次）	盈亏比	成功率 （%）	单次交易 平均价差
sc	1	104	84	0.254 5	80.77	0.019 2
jd	7	11	8	0.534 1	72.73	1.272 7
rb	4	31	20	0.872 4	64.52	0.548 4

如表 6.14 所示，在 30 分钟周期中，符合该形态筛选条件的期货商品出现的样本次数较少。其中，RM、bu、fb 等期货商品的成功率均为 100%。au 出现该形态多达 111 次，并且成功率超过 89%，不过其盈亏比仅为 0.137 4，因此单次交易平均价差很小。y 的成功率和盈亏比均很高，单次交易平均价差超过 21，但出现该形态的样本次数较少。

表 6.14　十字孕线出现后的指标统计（30 分钟周期）

期货商品名称	最佳持有周期数 （个）	出现总次数 （次）	成功次数 （次）	盈亏比	成功率 （%）	单次交易 平均价差
RM	4	4	4	NaN	100.00	7.500 0
bu	6	3	3	NaN	100.00	8.000 0
fb	1	5	5	NaN	100.00	0.400 0
jm	6	6	6	NaN	100.00	3.166 7
au	1	111	99	0.137 4	89.19	0.018 0
ru	3	8	7	0.480 5	87.50	48.750 0
y	2	6	5	13.000 0	83.33	21.333 3

（续表）

期货商品名称	最佳持有周期数（个）	出现总次数（次）	成功次数（次）	盈亏比	成功率（%）	单次交易平均价差
hc	5	5	4	0.500 0	80.00	13.200 0
l	3	5	4	1.250 0	80.00	60.000 0
sc	7	10	8	0.285 7	80.00	0.100 0
j	3	11	7	1.224 5	63.64	1.454 5
FG	1	6	3	1.666 7	50.00	0.333 3
ZC	3	14	7	1.041 7	50.00	0.071 4

如表 6.15 所示，在日线周期中，符合该形态筛选条件的期货商品种类较少，并且出现该形态的样本次数也较少，所以数据仅供参考。

表 6.15 十字孕线形态出现后的指标统计（日线周期）

期货商品名称	最佳持有周期数（个）	出现总次数（次）	成功次数（次）	盈亏比	成功率（%）	单次交易平均价差
p	2	3	3	NaN	100.00	88.000 0
au	1	8	6	0.500 0	75.00	0.250 0
fb	6	3	2	0.625 0	66.67	0.333 3

6. 流星线形态（反转，看跌）

如表 6.16 所示，该形态为反转看跌形态。在 5 分钟周期中，符合该形态筛选条件的期货商品的种类较少。其中，AP 表现不错，出现该形态 59 次，成功 31 次，成功率为 52.54%，盈亏比为 1.411 3，最终单次交易平均价差为 2.440 7。

表 6.16 流星线形态出现后的指标统计（5 分钟周期）

期货商品名称	最佳持有周期数（个）	出现总次数（次）	成功次数（次）	盈亏比	成功率（%）	单次交易平均价差
sc	1	5	4	0.375 0	80.00	0.200 0
ZC	7	47	34	0.744 6	72.34	0.766 0
TC	1	7	5	0.600 0	71.43	0.142 9
JR	5	10	7	0.584 4	70.00	1.200 0
AP	1	59	31	1.411 3	52.54	2.440 7

如表 6.17 所示，在 30 分钟周期中，该形态较为常见，符合该形态筛选条件的期货商品种类比较多，部分期货商品出现该形态的样本次数也较多。比如，sp、SM、sc、jm 等期货商品都具有一定数量的样本量，并且成功率均高于 70%，虽然它们的盈亏比普遍比较低，但最后的收益为正。其中，SM 的单次交易平均价差超过 16，具有较好的数据表现。此外，y 出现该形态 98 次，成功 60 次，成功率超过 60%，盈亏比超过 1.3，单次交易平均价差超

过 18，单笔收益较好。

表 6.17 流星线形态出现后的指标统计（30 分钟周期）

期货商品名称	最佳持有周期数（个）	出现总次数（次）	成功次数（次）	盈亏比	成功率（%）	单次交易平均价差
au	2	3	3	NaN	100.00	0.333 3
TC	7	8	7	2.428 6	87.50	2.000 0
sp	6	6	5	0.206 5	83.33	0.333 3
SM	7	26	20	0.456 1	76.92	16.692 3
sc	5	15	11	0.606 1	73.33	1.066 7
jm	3	54	38	0.682 0	70.37	1.629 6
AP	1	9	6	0.916 0	66.67	11.000 0
OI	4	55	34	0.854 7	61.82	4.290 9
y	7	98	60	1.356 0	61.22	18.489 8
p	6	77	46	1.281 8	59.74	11.246 8
v	4	66	39	0.813 2	59.09	3.030 3
pp	3	35	20	1.040 2	57.14	7.285 7
al	3	156	89	1.016 9	57.05	7.275 6
a	7	128	73	0.793 9	57.03	0.523 4
ru	5	93	53	0.798 6	56.99	4.946 2
ni	6	41	23	0.930 5	56.10	41.951 2
i	5	50	28	1.066 3	56.00	0.700 0
l	3	75	42	0.874 0	56.00	2.666 7
SR	7	84	47	0.875 0	55.95	1.773 8
pb	5	77	42	0.875 6	54.55	1.623 4
CF	6	122	66	0.881 0	54.10	1.352 5
rb	5	71	38	0.876 7	53.52	0.098 6
WH	7	42	22	0.915 2	52.38	0.047 6
fu	7	47	24	1.297 8	51.06	4.319 1
bu	1	65	33	1.004 0	50.77	0.123 1
b	6	18	9	1.885 5	50.00	11.166 7

如表 6.18 所示，在日线周期中，符合该形态筛选条件的期货商品的种类较多。其中，LR、OI、ZC 的成功率为 100%。OI 的单次交易平均价差接近 20；m 出现该形态 10 次，成功 8 次，盈亏比超过 1.5，单次交易平均价差超过 58；fu 出现该形态 15 次，成功 9 次，单次交易平均价差超过 16，它们都具有比较好的数据表现。

表 6.18 流星线形态出现后的指标统计（日线周期）

期货商品名称	最佳持有周期数（个）	出现总次数（次）	成功次数（次）	盈亏比	成功率（%）	单次交易平均价差
LR	7	3	3	NaN	100.00	143.666 7

（续表）

期货商品名称	最佳持有周期数（个）	出现总次数（次）	成功次数（次）	盈亏比	成功率（%）	单次交易平均价差
OI	5	3	3	NaN	100.00	19.333 3
ZC	5	3	3	NaN	100.00	9.000 0
CF	1	6	5	0.980 0	83.33	32.500 0
FG	7	5	4	0.275 0	80.00	1.200 0
SF	5	5	4	4.464 3	80.00	94.400 0
c	1	10	8	1.225 0	80.00	3.900 0
m	3	10	8	1.555 8	80.00	58.500 0
p	1	5	4	0.933 3	80.00	16.400 0
y	1	10	7	0.681 4	70.00	11.800 0
JR	7	3	2	1.192 3	66.67	6.000 0
RI	7	3	2	1.051 7	66.67	10.666 7
ru	1	11	7	0.691 7	63.64	25.454 5
ZC	1	5	3	1.400 0	60.00	2.200 0
fb	1	5	3	1.000 0	60.00	0.800 0
fu	3	15	9	0.861 9	60.00	16.533 3
RM	1	4	2	2.120 7	50.00	16.250 0
hc	2	4	2	1.066 7	50.00	1.000 0
l	1	13	6	1.199 4	46.15	1.153 8
b	6	9	4	1.931 8	44.44	15.333 3
ag	1	5	2	1.632 7	40.00	2.000 0
ni	1	3	1	2.042 6	33.33	10.000 0

7. 乌云盖顶形态（反转，看跌）

如表 6.19 所示，该形态为反转看跌形态。在 5 分钟周期中，符合该形态筛选条件的期货商品出现的次数较少，但成功率普遍较高，有 4 种期货商品的成功率达到 100%，其余大部分期货商品的成功率都在 60% 以上。

表 6.19 乌云盖顶形态出现后的指标统计（5 分钟周期）

期货商品名称	最佳持有周期数（个）	出现总次数（次）	成功次数（次）	盈亏比	成功率（%）	单次交易平均价差
FG	4	3	3	NaN	100.00	2.000 0
hc	1	4	4	NaN	100.00	3.000 0
jd	1	5	5	NaN	100.00	2.000 0
ni	7	3	3	NaN	100.00	383.333 3
j	6	7	6	0.515 2	85.71	3.285 7
OI	5	6	5	4.600 0	83.33	7.333 3
RM	1	5	4	0.666 7	80.00	2.000 0

（续表）

期货商品名称	最佳持有周期数（个）	出现总次数（次）	成功次数（次）	盈亏比	成功率（%）	单次交易平均价差
l	6	8	6	0.862 7	75.00	16.875 0
SF	1	7	5	0.560 0	71.43	1.142 9
pb	4	14	10	0.727 3	71.43	9.642 9
TA	1	9	6	1.222 2	66.67	2.888 9
b	2	6	4	1.404 8	66.67	6.333 3
fu	1	3	2	1.000 0	66.67	0.333 3
pp	4	6	3	1.265 6	50.00	2.833 3

如表 6.20 所示，在 30 分钟周期中，符合该形态筛选条件的期货商品的成功率进一步提升。其中，ag、hc、ru、sn 出现该形态的次数较少，但成功率达到 100%。ru 的单次交易平均价差超过 120，sn 的单次交易平均价差为 175。虽然 m 的成功率没有达到 100%，但具有较高的盈亏比，单次交易平均价差达到 16.666 7。

表 6.20　乌云盖顶形态出现后的指标统计（30 分钟周期）

期货商品名称	最佳持有周期数（个）	出现总次数（次）	成功次数（次）	盈亏比	成功率（%）	单次交易平均价差
ag	1	3	3	NaN	100.00	9.666 7
hc	7	3	3	NaN	100.00	19.666 7
ru	6	3	3	NaN	100.00	121.666 7
sn	2	4	4	NaN	100.00	175.000 0
TA	4	6	5	0.438 1	83.33	8.333 3
m	1	3	2	6.750 0	66.67	16.666 7

如表 6.21 所示，在日线周期中，期货商品 l 和 m 符合该形态筛选条件，成功率均达到 100%。

表 6.21　乌云盖顶形态出现后的指标统计（日线周期）

期货商品名称	最佳持有周期数（个）	出现总次数（次）	成功次数（次）	盈亏比	成功率（%）	单次交易平均价差
l	5	3	3	NaN	100.00	95.000 0
m	2	4	4	NaN	100.00	43.000 0

8. 十字星形态（反转，看跌）

如表 6.22 所示，该形态为反转看跌形态。在 5 分钟周期中，部分期货商品表现出很高的盈亏比和成功率。例如 RS，出现该形态 4 次，成功 3 次，成功率为 75%，盈亏比高达 13.555 6，单次交易平均价差为 29.750 0。

表 6.22 十字星形态出现后的指标统计（5 分钟周期）

期货商品名称	最佳持有周期数（个）	出现总次数（次）	成功次数（次）	盈亏比	成功率（%）	单次交易平均价差
jd	7	4	4	NaN	100.00	7.750 0
hc	5	9	8	2.333 3	88.89	5.888 9
wr	2	7	6	0.452 4	85.71	1.714 3
pp	2	6	5	3.850 0	83.33	12.166 7
ag	3	15	12	1.350 0	80.00	2.933 3
RS	5	4	3	13.555 6	75.00	29.750 0
TA	4	18	13	0.390 8	72.22	0.111 1
bu	4	7	5	1.200 0	71.43	1.714 3
FG	3	9	6	0.800 0	66.67	0.333 3
SF	3	3	2	1.000 0	66.67	9.333 3
ni	1	15	10	0.513 0	66.67	1.333 3
rb	2	11	7	1.085 7	63.64	0.818 2
b	6	5	3	1.955 6	60.00	5.800 0
m	2	19	10	0.922 0	52.63	0.052 6
fu	3	14	7	1.203 7	50.00	0.785 7

如表 6.23 所示，在 30 分钟周期中，该形态在各类期货商品中的成功率进一步提升。其中，OI、SF、bu 的成功率均达到 100%。bu 的单次交易平均价差超过 14；ru 出现该形态 9 次，成功 8 次，成功率为 88.89%，盈亏比达到 3.562 5，单次交易平均价差超过 90，具有较好的数据表现；al、sn 也具有较高的成功率和单次交易平均价差。

表 6.23 十字星形态出现后的指标统计（30 分钟周期）

期货商品名称	最佳持有周期数（个）	出现总次数（次）	成功次数（次）	盈亏比	成功率（%）	单次交易平均价差
OI	2	3	3	NaN	100.00	8.000 0
SF	5	4	4	NaN	100.00	7.500 0
bu	5	3	3	NaN	100.00	14.666 7
ru	3	9	8	3.562 5	88.89	91.666 7
y	5	9	8	0.156 5	88.89	7.111 1
j	7	5	4	3.875 0	80.00	5.800 0
al	4	4	3	2.410 3	75.00	101.250 0
l	2	4	3	0.555 6	75.00	2.500 0
SR	1	11	8	1.044 6	72.73	2.272 7
sn	7	14	10	0.466 0	71.43	75.714 3
m	1	13	9	0.839 5	69.23	3.076 9
FG	2	6	4	1.100 0	66.67	1.000 0
MA	2	3	2	1.500 0	66.67	8.666 7
hc	2	6	4	0.968 8	66.67	5.000 0

期货商品名称	最佳持有周期数 （个）	出现总次数 （次）	成功次数 （次）	盈亏比	成功率 （%）	单次交易 平均价差
c	3	7	4	0.882 4	57.14	0.428 6
rb	5	6	2	2.444 4	33.33	3.333 3

如表 6.24 所示，在日线周期中，符合该形态筛选条件的期货商品种类较少，并且该形态出现的样本次数也较少，所以数据仅供参考。

表 6.24　十字星形态出现后的指标统计（日线周期）

期货商品名称	最佳持有周期数 （个）	出现总次数 （次）	成功次数 （次）	盈亏比	成功率 （%）	单次交易 平均价差
i	1	3	2	0.687 5	66.67	2.000 0

9. 约会线形态（反转，看跌）

如表 6.25 所示，该形态为反转看跌形态。在 5 分钟周期中，符合该形态筛选条件的大部分期货商品仅出现个位数样本。其中，hc 和 m 的成功率均为 100%。

表 6.25　约会线形态出现后的指标统计（5 分钟周期）

期货商品名称	最佳持有周期数 （个）	出现总次数 （次）	成功次数 （次）	盈亏比	成功率 （%）	单次交易 平均价差
hc	6	3	3	NaN	100.00	0.333 3
m	6	3	3	NaN	100.00	2.000 0
jm	6	6	5	0.800 0	83.33	1.000 0
ag	7	9	7	1.028 6	77.78	1.444 4
RM	4	3	2	1.000 0	66.67	1.000 0
y	4	4	2	1.333 3	50.00	0.500 0

该形态没有符合筛选条件的 30 分钟周期和日线周期统计结果。

10. 俯冲之鹰形态（反转，看跌）

如表 6.26 所示，该形态为反转看跌形态。在 5 分钟周期中，该形态出现次数较少，符合该形态筛选条件的大部分期货商品仅出现个位数样本。但部分期货商品具有较高的成功率。例如 TA，出现该形态 6 次，成功 4 次，盈亏比为 5.615 4，单次交易平均价差达到 44.333 3。

表 6.26　俯冲之鹰形态出现后的指标统计（5 分钟周期）

期货商品名称	最佳持有周期数 （个）	出现总次数 （次）	成功次数 （次）	盈亏比	成功率 （%）	单次交易 平均价差
SR	1	5	4	0.516 7	80.00	3.200 0
hc	1	5	4	0.500 0	80.00	0.600 0
p	4	7	5	0.529 7	71.43	3.428 6
pb	3	17	12	0.436 0	70.59	0.588 2
TA	6	6	4	5.615 4	66.67	44.333 3
rb	1	3	2	0.714 3	66.67	1.000 0
ru	6	3	2	0.700 0	66.67	3.333 3
WH	3	8	5	0.800 0	62.50	0.625 0
l	2	7	4	1.071 4	57.14	2.142 9
CF	1	3	1	4.600 0	33.33	21.666 7

如表 6.27 所示，在 30 分钟周期中，共有 5 种期货商品满足该形态筛选条件。其中，CF、MA、ni 和 wr 具有 100% 的成功率。

表 6.27　俯冲之鹰形态出现后的指标统计（30 分钟周期）

期货商品名称	最佳持有周期数 （个）	出现总次数 （次）	成功次数 （次）	盈亏比	成功率 （%）	单次交易 平均价差
CF	1	3	3	NaN	100.00	20.000 0
MA	4	4	4	NaN	100.00	16.250 0
ni	1	3	3	NaN	100.00	106.666 7
wr	7	4	4	NaN	100.00	59.250 0
rb	4	4	3	0.882 4	75.00	7.000 0

如表 6.28 所示，在日线周期中，符合该形态筛选条件的期货商品以农作物居多。比如，c 出现该形态 6 次，成功 5 次，单次交易平均价差超过 13；m 出现该形态 9 次，成功 6 次，单次交易平均价差超过 11；y 出现该形态 7 次，成功 4 次，单次交易平均价差超过 14。

表 6.28　俯冲之鹰形态出现后的指标统计（日线周期）

期货商品名称	最佳持有周期数 （个）	出现总次数 （次）	成功次数 （次）	盈亏比	成功率 （%）	单次交易 平均价差
c	6	6	5	0.744 8	83.33	13.166 7
al	4	3	2	1.295 5	66.67	175.000 0
m	1	9	6	1.014 4	66.67	11.888 9
v	1	3	2	1.333 3	66.67	16.666 7
y	6	7	4	0.955 3	57.14	14.857 1
ru	1	3	1	3.880 0	33.33	78.333 3

11. 相同高价形态（反转，看跌）

如表 6.29 所示，该形态为反转看跌形态。在 5 分钟周期中，au 出现该形态 5 次，具有 100% 的成功率；m 出现该形态 22 次，成功 12 次，成功率高于 50%，盈亏比大于 2，单次交易平均价差超过 5。

表 6.29　相同高价形态出现后的指标统计（5 分钟周期）

期货商品名称	最佳持有周期数（个）	出现总次数（次）	成功次数（次）	盈亏比	成功率（%）	单次交易平均价差
au	1	5	5	NaN	100.00	0.200 0
sc	1	13	12	0.166 7	92.31	0.076 9
SR	2	5	4	0.500 0	80.00	0.400 0
p	7	15	10	0.928 6	66.67	0.800 0
jm	4	14	9	1.666 7	64.29	0.857 1
j	6	23	14	0.730 5	60.87	0.130 4
RI	3	9	5	2.400 0	55.56	2.222 2
hc	4	9	5	0.914 3	55.56	0.222 2
m	7	22	12	2.963 0	54.55	5.227 3
rb	1	10	5	1.714 3	50.00	1.500 0
y	3	22	11	1.242 4	50.00	0.727 3

如表 6.30 所示，在 30 分钟周期中，共有 2 种期货商品符合该形态筛选条件，成功率均为 100%。

表 6.30　相同高价形态出现后的指标统计（30 分钟周期）

期货商品名称	最佳持有周期数（个）	出现总次数（次）	成功次数（次）	盈亏比	成功率（%）	单次交易平均价差
c	3	3	3	NaN	100.00	1.666 7
i	1	3	3	NaN	100.00	0.666 7

该形态没有符合筛选条件的日线周期统计结果。

12. 一只黑乌鸦形态（反转，看跌）

如表 6.31 所示，该形态为反转看跌形态。在 5 分钟周期中，MA 出现该形态 30 次，成功 20 次，成功率为 66.67%，盈亏比为 2.105 3，单次交易平均价差超过 4；SM 的成功率在 60% 以上，盈亏比略低于 1。

表 6.31　一只黑乌鸦形态出现后的指标统计（5 分钟周期）

期货商品名称	最佳持有周期数（个）	出现总次数（次）	成功次数（次）	盈亏比	成功率（%）	单次交易平均价差
MA	5	30	20	2.105 3	66.67	4.066 7
SM	6	19	12	0.998 1	63.16	6.736 8
ni	3	45	27	0.906 2	60.00	26.666 7
ru	3	87	46	1.047 0	52.87	5.229 9
pp	7	43	22	1.550 7	51.16	8.511 6
wr	4	8	4	1.178 6	50.00	0.625 0
fu	2	35	17	1.662 4	48.57	1.628 6
j	3	48	23	1.245 1	47.92	0.333 3

如表 6.32 所示，在 30 分钟周期中，符合该形态筛选条件的期货商品的种类较多。其中，WH、v 的成功率均达到 100%；ru 出现该形态 11 次，成功 10 次，成功率为 90.91%，盈亏比达到 1.339 1，单次交易平均价差超过 129，具有较好的数据表现；l 出现该形态 17 次，成功 13 次，成功率为 76.47%，盈亏比达到 1.553 8，单次交易平均价差超过 71。此外，SF、SR、ni、m 等期货商品的成功率均高于 50%，并且盈亏比大于 1，也具有不错的数据表现。

表 6.32　一只黑乌鸦形态出现后的指标统计（30 分钟周期）

期货商品名称	最佳持有周期数（个）	出现总次数（次）	成功次数（次）	盈亏比	成功率（%）	单次交易平均价差
WH	1	3	3	NaN	100.00	4.000 0
v	1	4	4	NaN	100.00	11.250 0
ru	7	11	10	1.339 1	90.91	129.545 5
fu	1	8	7	0.857 1	87.50	7.500 0
y	2	13	11	0.482 4	84.62	12.461 5
j	2	6	5	1.025 0	83.33	5.500 0
l	6	17	13	1.553 8	76.47	71.470 6
rb	1	8	6	1.750 0	75.00	4.250 0
p	4	11	8	0.461 5	72.73	3.272 7
a	1	18	13	1.289 6	72.22	2.222 2
hc	2	7	5	0.576 5	71.43	2.142 9
pb	6	10	7	0.513 3	70.00	8.500 0
SF	3	3	2	1.000 0	66.67	10.666 7
SR	7	12	7	1.000 7	58.33	7.083 3
ni	1	11	6	1.354 2	54.55	59.090 9
m	3	15	8	1.220 2	53.33	3.866 7
sn	1	8	2	3.115 4	25.00	2.500 0

如表 6.33 所示，在日线周期中，符合该形态筛选条件的期货商品种类较少，并且出现

该形态的样本次数也较少，所以数据仅供参考。

表 6.33　一只黑乌鸦形态出现后的指标统计（日线周期）

期货商品名称	最佳持有周期数（个）	出现总次数（次）	成功次数（次）	盈亏比	成功率（%）	单次交易平均价差
1	1	3	3	NaN	100.00	45.000 0
y	2	4	2	1.469 1	50.00	38.000 0

13. 黄昏星形态（反转，看跌）

如表 6.34 所示，该形态为反转看跌形态。在 5 分钟周期中，仅 WH 满足该形态筛选条件。

表 6.34　黄昏星形态出现后的指标统计（5 分钟周期）

期货商品名称	最佳持有周期数（个）	出现总次数（次）	成功次数（次）	盈亏比	成功率（%）	单次交易平均价差
WH	2	3	2	0.625 0	66.67	0.333 3

该形态没有符合筛选条件的 30 分钟周期和日线周期统计结果。

14. 十字黄昏星形态（反转，看跌）

如表 6.35 所示，该形态为反转看跌形态。在 5 分钟周期中，仅 sn 符合该形态筛选条件，出现该形态 4 次，成功率为 100%，单次交易平均价差为 140。

表 6.35　十字黄昏星形态出现后的指标统计（5 分钟周期）

期货商品名称	最佳持有周期数（个）	出现总次数（次）	成功次数（次）	盈亏比	成功率（%）	单次交易平均价差
sn	2	4	4	NaN	100.00	140.000 0

该形态没有符合筛选条件的 30 分钟周期和日线周期统计结果。

15. 三星形态（反转，看跌）

如表 6.36 所示，该形态为反转看跌形态。在 5 分钟周期中，该形态的成功率普遍较高。例如，j 和 1 具有 100% 的成功率；al 具有 88.89% 的成功率和接近 3 的盈亏比，单次交易平均价差超过 20；p 出现该形态 6 次，成功 5 次，成功率超过 80%，单次交易平均价差超过 6。

表 6.36 三星形态出现后的指标统计（5 分钟周期）

期货商品名称	最佳持有周期数（个）	出现总次数（次）	成功次数（次）	盈亏比	成功率（％）	单次交易平均价差
j	5	5	5	NaN	100.00	2.000 0
l	5	5	5	NaN	100.00	14.000 0
al	3	9	8	2.812 5	88.89	23.888 9
p	5	6	5	1.000 0	83.33	6.666 7
m	5	10	8	0.455 9	80.00	1.400 0
pb	5	5	4	0.875 0	80.00	5.000 0
v	3	11	6	1.388 9	54.55	3.636 4
c	7	10	5	3.333 3	50.00	1.400 0

如表 6.37 所示，在日线周期中，仅 au 符合该形态筛选条件。因该形态出现的样本次数较少，所以数据仅供参考。

表 6.37 三星形态出现后的指标统计（日线周期）

期货商品名称	最佳持有周期数（个）	出现总次数（次）	成功次数（次）	盈亏比	成功率（％）	单次交易平均价差
au	5	3	2	0.666 7	66.67	0.333 3

该形态没有符合筛选条件的 30 分钟统计结果。

16. 三只黑乌鸦形态（反转，看跌）

如表 6.38 所示，该形态为反转看跌形态。在 5 分钟周期中，仅 TA 和 ru 符合该形态筛选条件，成功率均为 100%。

表 6.38 三只黑乌鸦形态出现后的指标统计（5 分钟周期）

期货商品名称	最佳持有周期数（个）	出现总次数（次）	成功次数（次）	盈亏比	成功率（％）	单次交易平均价差
TA	2	3	3	NaN	100.00	6.666 7
ru	7	7	7	NaN	100.00	73.333 3

该形态没有符合筛选条件的 30 分钟和日线周期统计结果。

17. 深思形态（反转，看跌）

如表 6.39 所示，该形态为反转看跌形态。在 5 分钟周期中，jd 出现该形态 7 次，全部成功；SM 出现该形态 6 次，成功 5 次，成功率超过 80%，盈亏比达到 15.4，单次交易平均价差超过 25。

表 6.39　深思形态出现后的指标统计（5 分钟周期）

期货商品名称	最佳持有周期数 （个）	出现总次数 （次）	成功次数 （次）	盈亏比	成功率 （%）	单次交易 平均价差
jd	1	7	7	NaN	100.00	3.571 4
ag	1	8	7	1.142 9	87.50	2.625 0
SM	3	6	5	15.400 0	83.33	25.333 3
y	5	13	10	0.573 3	76.92	6.307 7
TA	1	23	17	0.368 6	73.91	0.173 9
OI	3	11	8	0.403 8	72.73	0.272 7
c	7	6	4	1.083 3	66.67	1.166 7
rb	2	22	14	0.750 5	63.64	0.954 5
a	6	15	9	0.699 6	60.00	0.266 7

如表 6.40 所示，在 30 分钟周期中，共有 6 种期货商品符合该形态筛选条件。其中，a 出现该形态 5 次，成功 4 次，盈亏比为 1.256 6，单次交易平均价差超过 30。

表 6.40　深思形态出现后的指标统计（30 分钟周期）

期货商品名称	最佳持有周期数 （个）	出现总次数 （次）	成功次数 （次）	盈亏比	成功率 （%）	单次交易 平均价差
a	7	5	4	1.256 6	80.00	30.600 0
ru	7	4	3	0.611 1	75.00	18.750 0
pp	3	7	5	1.115 8	71.43	24.285 7
CF	2	6	4	1.375 0	66.67	23.333 3
y	5	4	2	1.125 0	50.00	1.000 0
jm	2	3	1	3.500 0	33.33	2.000 0

该形态没有符合筛选条件的日线周期统计结果。

18. 三内降形态（反转，看跌）

如表 6.41 所示，该形态为反转看跌形态。在 5 分钟周期中，i、v 等期货商品成功率较高；v 出现该形态 39 次，成功率达到 66.67%，盈亏比接近 1，单次交易平均价差为 7.051 3；AP 的盈亏比为 1.479 7，单次交易平均价差超过 4。

表 6.41　三内降形态出现后的指标统计（5 分钟周期）

期货商品名称	最佳持有周期数 （个）	出现总次数 （次）	成功次数 （次）	盈亏比	成功率 （%）	单次交易 平均价差
i	5	6	5	0.640 0	83.33	1.833 3
v	7	39	26	0.936 5	66.67	7.051 3
RI	7	7	4	1.265 6	57.14	1.571 4
AP	3	16	9	1.479 7	56.25	4.625 0

（续表）

期货商品名称	最佳持有周期数（个）	出现总次数（次）	成功次数（次）	盈亏比	成功率（%）	单次交易平均价差
rb	2	90	46	1.005 2	51.11	0.122 2
ni	6	105	53	1.279 6	50.48	26.571 4

如表 6.42 所示，在 30 分钟周期中，符合该形态筛选条件的期货商品的种类比较多。其中，SF 的成功率达到 100%，单次交易平均价差超过 59；jd 出现该形态 11 次，成功 8 次，成功率为 72.73%，盈亏比达到 2.250 0，单次交易平均价差超过 19，具有较好的统计结果；sn 和 AP 的单次交易平均价差也分别高达 98.571 4 和 38.666 7。整体而言，表 6.42 中所列的期货商品均具有较高的成功率。

表 6.42　三内降形态出现后的指标统计（30 分钟周期）

期货商品名称	最佳持有周期数（个）	出现总次数（次）	成功次数（次）	盈亏比	成功率（%）	单次交易平均价差
SF	6	5	5	NaN	100.00	59.200 0
SM	7	5	4	0.895 8	80.00	24.800 0
jd	6	11	8	2.250 0	72.73	19.090 9
FG	3	7	5	0.500 0	71.43	0.428 6
sn	2	14	10	0.732 5	71.43	98.571 4
pp	1	13	9	1.285 5	69.23	9.461 5
AP	2	3	2	2.111 1	66.67	38.666 7
ag	7	30	20	0.511 3	66.67	0.266 7
OI	4	17	11	0.621 7	64.71	1.941 2
c	7	17	11	0.884 3	64.71	2.411 8
cs	1	11	7	1.095 2	63.64	2.000 0
jm	2	11	7	0.838 1	63.64	1.272 7
WH	5	8	5	1.408 7	62.50	3.875 0
a	5	45	28	1.018 7	62.22	5.844 4
l	4	26	16	0.790 1	61.54	8.076 9
RM	6	20	12	0.677 7	60.00	0.200 0
v	3	20	12	0.777 8	60.00	2.500 0
SR	6	27	16	0.757 4	59.26	1.296 3
ni	4	17	10	0.705 2	58.82	1.176 5
rb	1	17	10	1.385 1	58.82	2.705 9
ru	7	26	15	0.805 3	57.69	9.423 1
j	3	14	8	0.762 5	57.14	0.071 4
TA	3	32	18	1.240 0	56.25	6.500 0

如表 6.43 所示，在日线周期中，符合该形态筛选条件的期货商品种类较少。其中，j、l 的成功率达到 100%，单次交易平均价差分别达到 21.333 3 和 171.666 7。此外，pb、ru 等

期货商品都具有比较高的盈亏比和成功率，单次交易收益较好。

表 6.43　三内降形态出现后的指标统计（日线周期）

期货商品名称	最佳持有周期数（个）	出现总次数（次）	成功次数（次）	盈亏比	成功率（%）	单次交易平均价差
j	2	3	3	NaN	100.00	21.333 3
l	1	3	3	NaN	100.00	171.666 7
CF	1	4	3	0.703 7	75.00	25.000 0
i	3	3	2	1.928 6	66.67	6.666 7
pb	2	3	2	2.571 4	66.67	193.333 3
ru	1	3	2	4.250 0	66.67	50.000 0

19. 三外降形态（反转，看跌）

如表 6.44 所示，该形态为反转看跌形态。在 5 分钟周期中，pp 出现该形态 28 次，成功 20 次，成功率达到 71.43%，盈亏比超过 1，单次交易平均价差为 11.142 9；CF 的盈亏比超过 2.5，单次交易平均价差为 20.217 4；ru 的盈亏比为 1.470 9，单次交易平均价差达到 17.327 6。它们均具有不错的数据表现。

表 6.44　三外降形态出现后的指标统计（5 分钟周期）

期货商品名称	最佳持有周期数（个）	出现总次数（次）	成功次数（次）	盈亏比	成功率（%）	单次交易平均价差
pp	4	28	20	1.184 9	71.43	11.142 9
cs	6	13	9	1.096 3	69.23	1.692 3
a	5	59	39	0.686 2	66.10	0.796 6
m	5	62	40	0.850 0	64.52	1.451 6
ni	2	18	11	0.846 0	61.11	15.555 6
AP	2	5	3	1.037 0	60.00	4.000 0
MA	7	29	17	1.187 9	58.62	1.931 0
SR	5	49	28	0.972 5	57.14	1.102 0
pb	7	35	20	0.933 1	57.14	4.428 6
CF	4	23	12	2.588 2	52.17	20.217 4
ru	7	58	30	1.470 9	51.72	17.327 6

如表 6.45 所示，在 30 分钟周期中，fu、jd、jm 的成功率均达到 100%，并且单次交易平均价差较大。例如，fu 的单次交易平均价差达到 30，jd 的单次交易平均价差超过 20。此外，SR 出现该形态 8 次，成功 7 次；l 出现该形态 12 次，成功 10 次，盈亏比接近 2。pb、ru、sn、CF 等期货商品在该形态下都具有较高的成功率和单次交易平均价差。上述数据说明，虽然三外降形态出现次数较少，而一旦形成后，该形态下的期货商品会有不错的成功率和收益率。

表 6.45　三外降形态出现后的指标统计（30 分钟周期）

期货商品名称	最佳持有周期数（个）	出现总次数（次）	成功次数（次）	盈亏比	成功率（%）	单次交易平均价差
fu	6	6	6	NaN	100.00	30.000 0
jd	2	3	3	NaN	100.00	20.666 7
jm	6	3	3	NaN	100.00	27.666 7
SR	7	8	7	0.948 1	87.50	15.500 0
l	7	12	10	1.909 1	83.33	78.333 3
pb	4	6	5	1.142 9	83.33	55.000 0
ru	2	11	9	1.415 2	81.82	92.727 3
cs	2	4	3	3.000 0	75.00	2.000 0
sn	2	8	6	1.022 2	75.00	77.500 0
j	2	7	5	0.554 8	71.43	1.714 3
y	3	13	9	0.460 9	69.23	0.307 7
p	7	12	8	1.072 8	66.67	19.666 7
CF	7	5	3	2.515 2	60.00	61.000 0
ni	1	5	3	1.076 0	60.00	70.000 0

如表 6.46 所示，在日线周期中，共有 4 种期货商品符合该形态筛选条件。其中，CF、ru 具有比较高的盈亏比和成功率，单次交易的收益也较好。

表 6.46　三外降形态出现后的指标统计（日线周期）

期货商品名称	最佳持有周期数（个）	出现总次数（次）	成功次数（次）	盈亏比	成功率（%）	单次交易平均价差
c	1	4	3	0.800 0	75.00	5.250 0
m	2	4	3	2.145 8	75.00	21.750 0
CF	1	3	2	20.500 0	66.67	133.333 3
ru	3	4	2	1.646 1	50.00	143.750 0

20. 挤压报警形态（反转，看跌）

如表 6.47 所示，该形态为反转看跌形态。在 5 分钟周期中，该形态具有较高的成功率。例如，v 出现该形态 22 次，成功 14 次，成功率超过 63%；AP 出现该形态 27 次，成功 15 次，成功率超过 55%，盈亏比超过 1.8，单次交易平均价差超过 6。它们都具有较好的数据表现。

表 6.47　挤压报警形态后的指标统计（5 分钟周期）

期货商品名称	最佳持有周期数（个）	出现总次数（次）	成功次数（次）	盈亏比	成功率（%）	单次交易平均价差
LR	7	4	4	NaN	100.00	5.500 0

（续表）

期货商品名称	最佳持有周期数（个）	出现总次数（次）	成功次数（次）	盈亏比	成功率（%）	单次交易平均价差
ZC	3	4	3	1.666 7	75.00	1.000 0
RS	3	10	7	0.642 9	70.00	1.400 0
v	6	22	14	0.653 1	63.64	1.818 2
ni	2	94	58	0.824 2	61.70	19.255 3
pb	7	64	39	0.919 8	60.94	8.359 4
pp	2	55	33	0.753 8	60.00	0.836 4
al	7	66	39	0.721 7	59.09	1.060 6
SR	6	117	67	0.967 3	57.26	1.478 6
l	4	49	28	0.935 7	57.14	2.653 1
TA	6	108	61	0.995 4	56.48	3.129 6
AP	1	27	15	1.801 4	55.56	6.629 6
RI	1	9	5	1.600 0	55.56	1.222 2
j	2	38	21	1.011 9	55.26	0.526 3

如表 6.48 所示，在 30 分钟周期中，符合该形态筛选条件的期货商品种类比较多。例如，MA 出现该形态 21 次，成功率达到 80.95%，盈亏比超过 1.1，单次交易平均价差超过 14；OI 出现该形态 21 次，成功 15 次，成功率为 71.43%，盈亏比小于 1，单次交易平均价差超过 7。它们都具有较好的数据表现。

表 6.48　挤压报警形态出现后的指标统计（30 分钟周期）

期货商品名称	最佳持有周期数（个）	出现总次数（次）	成功次数（次）	盈亏比	成功率（%）	单次交易平均价差
wr	1	3	3	NaN	100.00	8.666 7
MA	7	21	17	1.146 3	80.95	14.381 0
i	6	5	4	0.263 9	80.00	0.200 0
jm	2	9	7	0.771 4	77.78	1.888 9
AP	2	4	3	0.447 2	75.00	7.000 0
FG	7	22	16	0.851 7	72.73	3.409 1
OI	6	21	15	0.628 4	71.43	7.666 7
RM	6	20	14	0.533 9	70.00	1.450 0
SF	7	10	7	0.920 6	70.00	31.000 0
cs	1	9	6	0.666 7	66.67	0.333 3
fu	2	18	12	0.851 6	66.67	3.555 6
jd	3	24	16	1.081 5	66.67	8.625 0
al	1	28	18	2.199 1	64.29	12.678 6
p	3	25	16	0.762 9	64.00	4.960 0
v	1	8	5	0.720 0	62.50	1.875 0
TA	7	53	32	0.820 3	60.38	7.245 3

（续表）

期货商品名称	最佳持有周期数（个）	出现总次数（次）	成功次数（次）	盈亏比	成功率（%）	单次交易平均价差
pp	5	15	9	0.774 5	60.00	5.133 3
ni	3	24	14	0.916 8	58.33	63.333 3
j	1	21	12	3.048 4	57.14	4.523 8
SR	2	41	23	0.786 6	56.10	0.048 8
pb	5	27	15	1.567 1	55.56	30.185 2
y	7	46	25	1.429 3	54.35	23.608 7

如表 6.49 所示，在日线周期中，共有 4 种期货商品满足该形态的筛选条件。其中，al 的盈亏比大于 1，成功率为 75%，单次交易平均价差为 68.75。

表 6.49　挤压报警形态出现后的指标统计（日线周期）

期货商品名称	最佳持有周期数（个）	出现总次数（次）	成功次数（次）	盈亏比	成功率（%）	单次交易平均价差
al	3	4	3	1.012 3	75.00	68.750 0
FG	3	3	2	0.533 3	66.67	0.333 3
a	1	3	2	0.512 5	66.67	0.333 3
rb	1	3	2	4.631 6	66.67	52.333 3

21. 触顶后向下跳空（反转，看跌）

如表 6.50 所示，该形态为反转看跌形态。在 5 分钟周期中，仅 j 符合该形态筛选条件。j 出现该形态 3 次，成功率为 100%。

表 6.50　触顶后向下跳空出现后的指标统计（5 分钟周期）

期货商品名称	最佳持有周期数（个）	出现总次数（次）	成功次数（次）	盈亏比	成功率（%）	单次交易平均价差
j	6	3	3	NaN	100.00	2.000 0

该形态没有符合筛选条件的 30 分钟周期和日线周期统计结果。

22. 三次向上跳空形态（反转，看跌）

如表 6.51 所示，该形态为反转看跌形态。在 5 分钟周期中，部分期货商品的成功率较高。例如，a 具有 100% 的成功率；sn 出现该形态 12 次，成功率超过 80%，盈亏比也超过 2，单次交易平均价差超过 110。

表 6.51　三次向上跳空形态出现后的指标统计（5 分钟周期）

期货商品名称	最佳持有周期数（个）	出现总次数（次）	成功次数（次）	盈亏比	成功率（%）	单次交易平均价差
a	5	3	3	NaN	100.00	7.666 7
sn	1	12	10	2.433 3	83.33	111.666 7
pp	1	5	4	3.321 4	80.00	17.200 0
SM	1	4	3	0.916 7	75.00	7.000 0

　　如表 6.52 所示，在日线周期中，al 出现该形态 3 次，成功率为 100%，单次交易平均价差超过 230；1 同样具有 100% 的成功率，单次交易平均价差大于 80。它们都具有良好的统计结果。

表 6.52　三次向上跳空形态出现后的指标统计（日线周期）

期货商品名称	最佳持有周期数（个）	出现总次数（次）	成功次数（次）	盈亏比	成功率（%）	单次交易平均价差
al	2	3	3	NaN	100.00	231.666 7
1	1	3	3	NaN	100.00	86.666 7
rb	1	3	1	3.042 3	33.33	12.333 3

　　该形态没有符合筛选条件的 30 分钟周期统计结果。

23. 三只乌鸦接力形态（反转，看跌）

　　如表 6.53 所示，该形态为反转看跌形态。在 5 分钟周期中，au、fb 具有 100% 的成功率；SM 出现该形态 20 次，成功 11 次，盈亏比接近 1，单次交易平均价差为 3.9。

表 6.53　三只乌鸦接力形态出现后的指标统计（5 分钟周期）

期货商品名称	最佳持有周期数（个）	出现总次数（次）	成功次数（次）	盈亏比	成功率（%）	单次交易平均价差
au	1	3	3	NaN	100.00	0.333 3
fb	2	3	3	NaN	100.00	1.000 0
wr	7	11	7	1.164 8	63.64	2.454 5
RI	6	7	4	1.650 0	57.14	3.428 6
SM	6	20	11	0.973 8	55.00	3.900 0
b	5	30	16	1.331 5	53.33	1.600 0
MA	7	62	31	1.156 4	50.00	0.903 2
j	7	152	72	1.143 9	47.37	0.118 4
pb	7	76	36	1.205 5	47.37	2.302 6
ru	6	180	84	1.191 8	46.67	1.750 0
l	6	111	51	1.418 7	45.95	3.783 8
ni	4	68	30	1.508 0	44.12	17.205 9
fu	6	89	38	1.458 7	42.70	0.550 6

如表 6.54 所示，在 30 分钟周期中，符合该形态筛选条件的期货商品种类比较多。其中，bu 出现该形态 9 次，成功率达到 88.89%，盈亏比超过 1，单次交易平均价差超过 13；jd 出现该形态 9 次，成功率为 66.67%，盈亏比大于 1.2，单次交易平均价差超过 9。此外，cs、CF、ni 等期货商品也具有不错的数据表现。

表 6.54 三只乌鸦接力形态出现后的指标统计（30 分钟周期）

期货商品名称	最佳持有周期数（个）	出现总次数（次）	成功次数（次）	盈亏比	成功率（%）	单次交易平均价差
au	1	4	4	NaN	100.00	0.250 0
bu	4	9	8	1.078 1	88.89	13.555 6
RM	1	5	4	0.821 4	80.00	6.400 0
sc	1	8	6	0.416 7	75.00	0.125 0
WH	1	7	5	0.688 9	71.43	1.857 1
TA	3	22	15	0.621 0	68.18	3.727 3
j	5	22	15	1.041 5	68.18	4.590 9
LR	3	3	2	6.500 0	66.67	4.000 0
fu	5	12	8	0.503 4	66.67	0.083 3
jd	4	9	6	1.211 9	66.67	9.333 3
pp	3	3	2	0.761 9	66.67	3.666 7
SR	3	20	12	0.712 5	60.00	0.750 0
jm	7	20	12	0.815 6	60.00	1.050 0
rb	6	19	11	0.856 5	57.89	2.684 2
cs	7	7	4	2.967 4	57.14	9.714 3
CF	4	34	19	0.914 9	55.88	7.500 0
MA	1	6	3	1.500 0	50.00	2.166 7
c	2	39	19	1.089 8	48.72	0.076 9
OI	3	10	4	2.177 4	40.00	2.800 0
ni	1	9	3	3.521 1	33.33	60.000 0

该形态没有符合筛选条件的日线周期统计结果。

24. 分手线形态（持续，看跌）

如表 6.55 所示，该形态为持续看跌形态。在 5 分钟周期中，共有 6 种期货商品符合该形态筛选条件。其中，fu 和 pb 具有 100% 的成功率。

表 6.55 分手线形态出现后的指标统计（5 分钟周期）

期货商品名称	最佳持有周期数（个）	出现总次数（次）	成功次数（次）	盈亏比	成功率（%）	单次交易平均价差
fu	6	3	3	NaN	100.00	2.333 3
pb	7	6	6	NaN	100.00	28.333 3

（续表）

期货商品名称	最佳持有周期数（个）	出现总次数（次）	成功次数（次）	盈亏比	成功率（%）	单次交易平均价差
bu	1	4	3	0.666 7	75.00	0.500 0
hc	6	7	5	1.000 0	71.43	2.571 4
p	1	5	3	1.238 1	60.00	2.400 0
a	1	5	2	2.100 0	40.00	0.400 0

该形态没有符合筛选条件的 30 分钟周期和日线周期统计结果。

25. 待入线形态（持续，看跌）

如表 6.56 所示，该形态为持续看跌形态。在 5 分钟周期中，部分期货商品具有较高的成功率和盈亏比。例如，ru 出现该形态 10 次，成功率为 80%，盈亏比达到 1.7，单次交易平均价差为 43.5。

表 6.56　待入线形态出现后的指标统计（5 分钟周期）

期货商品名称	最佳持有周期数（个）	出现总次数（次）	成功次数（次）	盈亏比	成功率（%）	单次交易平均价差
TA	4	7	6	0.395 8	85.71	3.142 9
ru	3	10	8	1.700 0	80.00	43.500 0

如表 6.57 所示，在 30 分钟周期中，仅 WH 满足该形态的筛选条件，出现该形态 3 次，盈亏比为 12，单次交易平均价差超过 7。

表 6.57　待入线形态出现后的指标统计（30 分钟周期）

期货商品名称	最佳持有周期数（个）	出现总次数（次）	成功次数（次）	盈亏比	成功率（%）	单次交易平均价差
WH	5	3	2	12.000 0	66.67	7.666 7

该形态没有符合筛选条件的日线周期统计结果。

26. 切入线形态（持续，看跌）

如表 6.58 所示，该形态为持续看跌形态。在 5 分钟周期中，部分期货商品具有较高的成功率和盈亏比。例如，OI 出现该形态 5 次，全部成功，单次交易平均价差为 11.6。此外，bu 具有超过 60% 的成功率和大于 6 的盈亏比。

表 6.58 切入线形态出现后的指标统计（5 分钟周期）

期货商品名称	最佳持有周期数（个）	出现总次数（次）	成功次数（次）	盈亏比	成功率（%）	单次交易平均价差
OI	6	5	5	NaN	100.00	11.600 0
SF	4	4	4	NaN	100.00	11.500 0
bu	1	3	2	6.500 0	66.67	8.000 0
p	3	3	2	1.000 0	66.67	1.333 3
CF	5	8	5	0.666 7	62.50	1.250 0
SM	4	3	1	2.814 8	33.33	7.333 3

该形态没有符合筛选条件的 30 分钟周期和日线周期统计结果。

27. 插入线形态（持续，看跌）

如表 6.59 所示，该形态为持续看跌形态。在 5 分钟周期中，SM、j 和 jm 的成功率较高，但盈亏比较低。pp 出现该形态 9 次，成功 7 次，具有较高的成功率，盈亏比超过 3，单次交易平均价差为 16.222 2。此外，ag、TA 的盈亏比大于 1，成功率大于 70%，同样具有较好的数据表现。

表 6.59 插入线形态出现后的指标统计（5 分钟周期）

期货商品名称	最佳持有周期数（个）	出现总次数（次）	成功次数（次）	盈亏比	成功率（%）	单次交易平均价差
SM	7	5	4	0.259 6	80.00	0.400 0
j	1	5	4	0.583 3	80.00	0.800 0
jm	1	5	4	0.583 3	80.00	0.800 0
pp	2	9	7	3.265 3	77.78	16.222 2
OI	3	8	6	0.986 1	75.00	5.875 0
RM	2	4	3	0.666 7	75.00	0.250 0
ag	3	4	3	1.208 3	75.00	5.250 0
TA	2	7	5	2.577 8	71.43	14.000 0
bu	1	3	2	1.000 0	66.67	0.666 7
m	5	6	4	0.535 7	66.67	0.166 7
hc	2	8	5	0.980 0	62.50	2.375 0
WH	3	5	3	4.190 5	60.00	7.400 0
wr	5	8	4	1.363 6	50.00	1.000 0
ni	1	8	3	2.125 0	37.50	13.750 0

如表 6.60 所示，在 30 分钟周期中，期货商品 hc、sn 均出现该形态 4 次，成功率达到 100%。并且，sn 的单次交易平均价差高达 460。此外，MA 出现该形态 5 次，成功 4 次，盈亏比超过 2，单次交易平均价差超过 8，也具有不错的数据表现。

期货商品名称	最佳持有周期数 （个）	出现总次数 （次）	成功次数 （次）	盈亏比	成功率 （%）	单次交易 平均价差
hc	7	4	4	NaN	100.00	18.750 0
sn	4	4	4	NaN	100.00	460.000 0
MA	3	5	4	2.041 7	80.00	8.600 0
RM	1	3	2	7.000 0	66.67	4.333 3
rb	1	3	2	1.666 7	66.67	2.333 3

如表 6.61 所示，在日线周期中，仅期货商品 y 符合该形态筛选条件，出现该形态 3 次，成功 2 次，盈亏比接近 1，单次交易平均价差超过 50。

表 6.61　插入线形态出现后的指标统计（日线周期）

期货商品名称	最佳持有周期数 （个）	出现总次数 （次）	成功次数 （次）	盈亏比	成功率 （%）	单次交易 平均价差
y	1	3	2	0.993 8	66.67	52.666 7

28. 向下跳空并列阴阳线形态（持续，看跌）

如表 6.62 所示，该形态为持续看跌形态。在 5 分钟周期中，共有 2 种期货商品符合筛选条件。

表 6.62　向下跳空并列阴阳线形态出现后的指标统计（5 分钟周期）

期货商品名称	最佳持有周期数 （个）	出现总次数 （次）	成功次数 （次）	盈亏比	成功率 （%）	单次交易 平均价差
pp	2	4	3	1.187 5	75.00	10.250 0
fu	3	3	2	0.605 3	66.67	1.333 3

如表 6.63 所示，在 30 分钟周期中，符合该形态筛选条件的 4 种期货商品 RM、p、rb、sn，它们的成功率均为 100%。并且，rb 的单次交易平均价差超过 28，投资者可获得不错的单次交易收益。

表 6.63　向下跳空并列阴阳线形态出现后的指标统计（30 分钟周期）

期货商品名称	最佳持有周期数 （个）	出现总次数 （次）	成功次数 （次）	盈亏比	成功率 （%）	单次交易 平均价差
RM	1	3	3	NaN	100.00	2.666 7
p	2	4	4	NaN	100.00	31.500 0
rb	5	3	3	NaN	100.00	28.666 7
sn	1	4	4	NaN	100.00	60.000 0

如表 6.64 所示，在日线周期中，共有 5 种商品满足该形态筛选条件。其中，TA、ag、

al、ru 的成功率均为 100%。并且，部分期货商品具有较高的单次交易平均价差收益，比如，ru 的单次交易平均价差超过 340。

表 6.64　向下跳空并列阴阳线形态出现后的指标统计（日线周期）

期货商品名称	最佳持有周期数（个）	出现总次数（次）	成功次数（次）	盈亏比	成功率（%）	单次交易平均价差
TA	1	3	3	NaN	100.00	82.666 7
ag	1	4	4	NaN	100.00	21.250 0
al	2	3	3	NaN	100.00	73.333 3
ru	3	3	3	NaN	100.00	341.666 7
a	1	7	5	1.824 0	71.43	12.714 3

29. 并列阴线形态（持续，看跌）

如表 6.65 所示，该形态为持续看跌形态。在 5 分钟周期中，仅 b 符合该形态筛选条件，出现该形态 3 次，成功率为 100%。

表 6.65　并列阴线形态出现后的指标统计（5 分钟周期）

期货商品名称	最佳持有周期数（个）	出现总次数（次）	成功次数（次）	盈亏比	成功率（%）	单次交易平均价差
b	6	3	3	NaN	100.00	2.333 3

该形态没有符合筛选条件的 30 分钟周期和日线周期统计结果。

30. 向下跳空三法形态（持续，看跌）

如表 6.66 所示，该形态为持续看跌形态。在 5 分钟周期中，部分期货商品具有较高的成功率和盈亏比。例如，hc、ni、ru 各出现该形态 3 次，成功率全部为 100%。另外，sn 出现该形态 16 次，成功 10 次，盈亏比达到 1.746 4，单次交易平均价差为 133.75。

表 6.66　向下跳空三法形态出现后的指标统计（5 分钟周期）

期货商品名称	最佳持有周期数（个）	出现总次数（次）	成功次数（次）	盈亏比	成功率（%）	单次交易平均价差
hc	2	3	3	NaN	100.00	6.000 0
ni	2	3	3	NaN	100.00	36.666 7
ru	5	3	3	NaN	100.00	40.000 0
sn	6	16	10	1.746 4	62.50	133.750 0
pb	3	4	2	1.428 6	50.00	7.500 0

如表 6.67 所示，在 30 分钟周期中，仅 hc 满足该形态筛选条件，出现该形态 3 次，成

功率达到 100%。

表 6.67　向下跳空三法形态出现后的指标统计（30 分钟周期）

期货商品名称	最佳持有周期数（个）	出现总次数（次）	成功次数（次）	盈亏比	成功率（%）	单次交易平均价差
hc	1	3	3	NaN	100.00	8.000 0

该形态没有符合筛选条件的日线周期统计结果。

31. 下降三法形态（持续，看跌）

如表 6.68 所示，该形态为持续看跌形态。在 5 分钟周期中，bu 出现该形态 12 次，成功 8 次，盈亏比超过 1，单次交易平均价差为 4；fu 出现该形态 18 次，成功 11 次，成功率超过 60%，盈亏比超过 2，单次交易平均价差为 10.5。它们均具有较好的数据表现。

表 6.68　下降三法形态出现后的指标统计（5 分钟周期）

期货商品名称	最佳持有周期数（个）	出现总次数（次）	成功次数（次）	盈亏比	成功率（%）	单次交易平均价差
bu	4	12	8	1.166 7	66.67	4.000 0
fu	4	18	11	2.218 9	61.11	10.500 0
CF	1	20	12	2.470 6	60.00	11.500 0
p	3	30	17	0.973 3	56.67	1.600 0
hc	3	18	10	1.110 6	55.56	1.833 3
a	2	32	17	1.438 4	53.13	1.437 5
ru	1	45	23	1.176 7	51.11	3.555 6
pb	3	12	6	1.069 8	50.00	1.250 0
sn	2	36	18	1.288 3	50.00	35.555 6

如表 6.69 所示，在 30 分钟周期中，该形态的成功率进一步提升。例如，p、sn 的成功率均达到 100%，并且单次交易平均价差分别超过 34 和 282；y 出现该形态 8 次，成功 7 次，成功率为 87.50%，盈亏比接近 2.5，单次交易平均价差超过 16。此外，MA、OI 等期货商品均具有较好的数据表现。

表 6.69　下降三法形态出现后的指标统计（30 分钟周期）

期货商品名称	最佳持有周期数（个）	出现总次数（次）	成功次数（次）	盈亏比	成功率（%）	单次交易平均价差
p	2	7	7	NaN	100.00	34.571 4
sn	1	8	8	NaN	100.00	282.500 0
y	2	8	7	2.464 3	87.50	16.250 0
MA	1	7	6	0.750 0	85.71	6.000 0
OI	1	6	5	1.672 7	83.33	27.000 0

（续表）

期货商品名称	最佳持有周期数 （个）	出现总次数 （次）	成功次数 （次）	盈亏比	成功率 （%）	单次交易 平均价差
CF	1	9	6	1.384 6	66.67	12.777 8
SF	1	3	2	0.916 7	66.67	3.333 3
TA	6	12	8	0.717 6	66.67	9.500 0
a	2	9	6	0.608 7	66.67	0.555 6
al	4	8	5	1.368 7	62.50	25.625 0
pb	5	5	3	1.000 0	60.00	22.000 0
ru	1	12	7	0.884 4	58.33	6.250 0
SR	6	16	9	1.493 1	56.25	7.875 0

该形态没有符合筛选条件的日线周期统计结果。

32. 三线直击形态（持续，看跌）

如表 6.70 所示，该形态为持续看跌形态。在 5 分钟周期中，仅 rb 满足该形态筛选条件，出现该形态 3 次，成功率为 100%。

表 6.70　三线直击形态出现后的指标统计（5 分钟周期）

期货商品名称	最佳持有周期数 （个）	出现总次数 （次）	成功次数 （次）	盈亏比	成功率 （%）	单次交易 平均价差
rb	3	3	3	NaN	100.00	19.666 7

该形态没有符合筛选条件的 30 分钟周期和日线周期统计结果。

第四篇

外汇交易

本书作者对 14 种货币对 AUDJPY、AUDUSD、CHFJPY、EURCHF、EURGBP、EURJPY、EURUSD、GBPCHF、GBPJPY、GBPUSD、NZDUSD、USDCAD、USDCHF、USDJPY 和 2 种贵金属[②]XAGUSD、XAUUSD 在 2003 年 12 月 1 日至 2019 年 3 月 31 日交易中出现的 89 种 K 线组合进行统计分析。统计内容包括每类 K 线组合形态出现后 7 个交易周期内的各项数据。最后，本书作者对统计结果进行排序，汇总"最佳持有周期数""出现总次数""成功次数""盈亏比""成功率""单次交易平均价差"等数据，以供大家参考。

作者对外汇市场中的 K 线组合分析做出以下几点说明。

（1）与期货类似，外汇交易可做多做空，并且无"T+1"的限制。因此，本书作者分别根据 5 分钟、30 分钟以及日线三个时间周期统计各项指标。

（2）因为考虑到外汇交易流动性较好，所以在分析过程中，本书作者对所有的开仓及平仓交易均采用实时价格成交。在统计结果中，"单次交易平均价差"是指一个小点，即货币对波动最小单位的价差。

（3）排序标准是针对样本总次数超过 3 次，并且平均收益为正的所有情况，按照成功率进行降序排列。

---

② 作者对外汇部分的分析标的统称为"货币对"。为方便读者阅读与理解，作者对本篇中出现的 2 种贵金属也视为"货币对"进行阐述。并且，作者对相应的单次交易平均价差仅提供数值，不再注明单位。

第七章

看涨 K 线形态在外汇交易中的量化分析

1. 倒锤子线形态（反转，看涨）

如表 7.1 所示，该形态为反转看涨形态。通过统计分析，在外汇交易中该形态出现次数较多，在 5 分钟周期中，16 种货币对均具有正的平均收益。从盈亏比的角度分析，16 种货币对的盈亏比基本维持在 1 附近，其中 CHFJPY、USDCAD 和 NZDUSD 的盈亏比略大于 1；从成功率的角度分析，所有货币对均取得大于 50% 的成功率，其中，GBPCHF 具有最高成功率 55.44%。与此同时，GBPCHF 取得最高的单次交易平均价差 9.095 7。上述统计结果说明，倒锤子线形态在 5 分钟周期的外汇交易中具有一定的参考意义。

表 7.1　倒锤子线形态出现后的指标统计（5 分钟周期）

外汇商品名称	最佳持有周期数（个）	出现总次数（次）	成功次数（次）	盈亏比	成功率（%）	单次交易平均价差
GBPCHF	7	4 672	2 590	0.961 2	55.44	9.095 7
GBPJPY	3	4 403	2 427	0.946 7	55.12	6.562 3
XAUUSD	3	3 961	2 181	0.831 7	55.06	0.739 8
USDJPY	3	4 809	2 617	0.926 4	54.42	2.254 9
CHFJPY	1	4 481	2 438	1.065 0	54.41	3.472 2
EURJPY	3	4 636	2 512	0.986 1	54.18	5.110 9
EURUSD	6	4 123	2 223	0.908 4	53.92	2.114 5
XAGUSD	6	3 852	2 063	0.974 2	53.56	2.060 5
USDCHF	7	5 277	2 824	0.994 8	53.52	4.373 1
EURGBP	5	5 123	2 737	0.991 4	53.43	2.262 9
USDCAD	4	5 655	3 011	1.008 2	53.24	3.548 2
AUDJPY	7	4 393	2 337	0.938 4	53.20	2.796 5
EURCHF	6	5 163	2 746	0.977 2	53.19	2.438 9
GBPUSD	7	5 621	2 978	0.904 3	52.98	0.881 3
NZDUSD	7	5 694	3 012	1.001 6	52.90	3.860 6
AUDUSD	5	4 744	2 487	0.948 7	52.42	1.292 4

如表 7.2 所示，在 30 分钟周期中，EURJPY 的数据表现最好，其成功率为 60.42%，盈亏比为 1.274 3，单次交易平均价差超过 30。此外，XAGUSD，USDCAD 的盈亏比均大于 1。同 5 分钟周期相比，这些货币对在 30 分钟周期中的成功率有明显提升。

表 7.2　倒锤子线形态出现后的指标统计（30 分钟周期）

外汇商品名称	最佳持有周期数（个）	出现总次数（次）	成功次数（次）	盈亏比	成功率（%）	单次交易平均价差
EURJPY	1	566	342	1.274 3	60.42	30.697 9
XAUUSD	2	450	267	0.853	59.33	16.436 2
EURCHF	7	637	373	0.827	58.56	10.064 4
GBPJPY	1	603	353	0.836 1	58.54	10.787 7
AUDUSD	2	641	373	0.894 9	58.19	10.934 5
USDJPY	3	531	308	0.943 2	58.00	14.438 8
GBPCHF	5	602	346	0.868 1	57.48	17.519 9
AUDJPY	4	531	301	0.883 3	56.69	12.885 1
USDCHF	5	691	388	0.928 3	56.15	12.658 5
XAGUSD	1	494	276	1.158 5	55.87	6.125 5
CHFJPY	2	549	306	0.920 7	55.74	7.526 4
EURUSD	2	588	326	0.950 1	55.44	7.644 6
USDCAD	4	747	403	1.006 1	53.95	10.275 8
EURGBP	3	670	358	0.886 6	53.43	0.549 3
GBPUSD	4	764	407	0.912 6	53.27	3.534 0
NZDUSD	1	700	372	0.913 6	53.14	1.068 6

如表 7.3 所示，在日线周期中，该形态出现次数明显减少，但成功率大幅提高。其中，XAGUSD 出现该形态 7 次，成功 6 次，成功率达到 85.71%；USDCHF 的成功率达到 80%，盈亏比超过 4，单次交易平均价差超过 1 280，具有较好的收益表现。与此同时，相比 5 分钟和 30 分钟周期，它们的盈亏比也普遍提高。

表 7.3　倒锤子线形态出现后的指标统计（日线周期）

外汇商品名称	最佳持有周期数（个）	出现总次数（次）	成功次数（次）	盈亏比	成功率（%）	单次交易平均价差
XAGUSD	6	7	6	0.556 9	85.71	301.000 0
CHFJPY	4	6	5	0.495 7	83.33	487.333 3
USDCHF	7	5	4	4.252 5	80.00	1 280.800 0
AUDJPY	4	8	6	0.683 0	75.00	292.500 0
GBPCHF	1	11	8	1.657 8	72.73	492.272 7
EURGBP	3	7	5	2.180 8	71.43	330.714 3
AUDUSD	3	12	8	1.511 9	66.67	425.666 7
EURUSD	1	6	4	1.904 2	66.67	244.333 3
GBPUSD	6	12	8	0.648 1	66.67	302.916 7
USDCAD	4	9	6	1.453 9	66.67	445.777 8
EURCHF	3	10	6	1.131 0	60.00	158.600 0
USDJPY	2	13	7	2.979 7	53.85	330.307 7

2. 锤子线形态（反转，看涨）

如表 7.4 所示，该形态为反转看涨形态。锤子线形态在 5 分钟外汇交易中出现的次数较多，其统计结果具有一定的参考价值。但与倒锤子线相比，锤子线形态的统计结果较为逊色，仅有 11 种货币对的平均收益为正。其中，GBPJPY 取得最高成功率 53.65%、最高单次交易平均价差 3.052 2 的成绩。

表 7.4　锤子线形态出现后的指标统计（5 分钟周期）

外汇商品名称	最佳持有周期数（个）	出现总次数（次）	成功次数（次）	盈亏比	成功率（%）	单次交易平均价差
GBPJPY	5	4 869	2 612	0.909 0	53.65	3.052 2
EURUSD	5	4 400	2 321	0.921 3	52.75	0.923 4
CHFJPY	7	4 424	2 318	0.939 8	52.40	1.317 6
XAUUSD	6	5 214	2 724	0.961 7	52.24	2.940 6
USDCHF	6	5 593	2 903	0.980 1	51.90	1.784 9
GBPUSD	4	5 497	2 851	0.964 4	51.86	1.454 8
AUDUSD	5	4 585	2 371	0.954 1	51.71	0.670 9
GBPCHF	7	4 365	2 255	0.979 3	51.66	2.451 3
XAGUSD	5	4 424	2 275	1.004 9	51.42	1.070 3
NZDUSD	6	5 711	2 930	0.961 0	51.30	0.381 2
EURGBP	7	4 689	2 345	1.003 8	50.01	0.088 9

如表 7.5 所示，在 30 分钟周期中，仅有 5 种货币对的平均收益为正。其中，USDCHF 和 XAGUSD 盈亏比大于 1。

表 7.5　锤子线形态出现后的指标统计（30 分钟周期）

外汇商品名称	最佳持有周期数（个）	出现总次数（次）	成功次数（次）	盈亏比	成功率（%）	单次交易平均价差
EURUSD	5	620	350	0.930 0	56.45	14.580 6
XAUUSD	7	726	385	0.946 7	53.03	10.659
USDCAD	7	687	354	0.980 1	51.53	3.679 8
USDCHF	3	719	367	1.031 8	51.04	4.246 2
XAGUSD	6	581	295	1.154 7	50.77	7.308 1

如表 7.6 所示，相比 5 分钟和 30 分钟周期，锤子线在日线周期中的表现更好一些。如表 7.6 所示，这些货币对的成功率和盈亏比均有较大提升。XAGUSD 在日线周期出现 8 次锤子线形态，全部成功；GBPJPY 的成功率达到 90%，盈亏比超过 3.5，单次交易平均价差接近 900。此外，AUDUSD、CHFJPY 也均有不错的数据表现。

表7.6　锤子线形态出现后的指标统计（日线周期）

外汇商品名称	最佳持有周期数（个）	出现总次数（次）	成功次数（次）	盈亏比	成功率（%）	单次交易平均价差
XAGUSD	3	8	8	NaN	100.00	184.125 0
GBPJPY	1	10	9	3.518 5	90.00	892.400 0
EURJPY	1	17	15	0.336 4	88.24	353.058 8
EURGBP	3	9	7	1.459 8	77.78	317.333 3
USDCAD	2	12	9	2.090 2	75.00	558.250 0
XAUUSD	1	11	8	1.302 7	72.73	337.509 1
NZDUSD	5	12	8	0.630 8	66.67	124.250 0
AUDUSD	1	8	5	4.526 2	62.50	514.500 0
CHFJPY	5	10	6	2.028 9	60.00	1 680.200 0
USDJPY	1	20	12	0.856 2	60.00	89.350 0
USDCHF	7	12	7	1.286 2	58.33	477.583 3
EURUSD	1	9	5	1.448 1	55.56	323.888 9
EURCHF	1	8	4	2.302 9	50.00	100.000 0

3. 执带线形态（反转，看涨）

如表7.7所示，该形态为反转看涨形态。在5分钟周期中，符合该形态筛选条件的货币对仅有 XAUUSD 和 USDCHF。上述2种货币对成功率较低，仅略高于50%，且盈亏比均高于1。

表7.7　执带线形态出现后的指标统计（5分钟周期）

外汇商品名称	最佳持有周期数（个）	出现总次数（次）	成功次数（次）	盈亏比	成功率（%）	单次交易平均价差
XAUUSD	7	1 998	1 031	1.013 3	51.60	4.217 5
USDCHF	4	3 550	1 784	1.129 7	50.25	3.251 0

如表7.8所示，在30分钟周期中，执带线的表现比其在5分钟周期中要好一些，共有13种货币对的平均收益为正。其中，GBPCHF 的盈亏比超过1.3，成功率为52.22%，单次交易平均价差超过25，具有较好的数据表现。

表7.8　执带线形态出现后的指标统计（30分钟周期）

外汇商品名称	最佳持有周期数（个）	出现总次数（次）	成功次数（次）	盈亏比	成功率（%）	单次交易平均价差
XAUUSD	3	163	93	0.815 2	57.06	6.132 5
GBPJPY	6	165	90	0.838 4	54.55	0.860 6
AUDJPY	2	202	109	1.232 8	53.96	22.762 4
EURJPY	7	205	108	1.091	52.68	21.365 9

（续表）

外汇商品名称	最佳持有周期数（个）	出现总次数（次）	成功次数（次）	盈亏比	成功率（%）	单次交易平均价差
EURUSD	2	183	96	1.035 1	52.46	5.923 5
GBPCHF	3	203	106	1.320 6	52.22	25.403 9
AUDUSD	1	222	115	0.976 6	51.8	1.576 6
GBPUSD	2	259	134	1.000 5	51.74	4.725 9
USDCAD	3	285	146	0.995 6	51.23	2.449 1
XAGUSD	7	333	170	1.068	51.05	3.186 2
NZDUSD	2	277	137	1.076 9	49.46	2.111 9
USDCHF	5	251	123	1.182 9	49	8.227 1
USDJPY	4	256	123	1.123 6	48.05	2.238 3

如表 7.9 所示，在日线周期中，该形态出现次数较少，符合筛选条件的货币对为 GBPJPY 和 GBPUSD。其中，GBPJPY 出现该形态 3 次，全部成功，单次交易平均价差超过 1 000。

表 7.9　执带线形态出现后的指标统计（日线周期）

外汇商品名称	最佳持有周期数（个）	出现总次数（次）	成功次数（次）	盈亏比	成功率（%）	单次交易平均价差
GBPJPY	3	3	3	NaN	100	1 140.333 3
GBPUSD	1	3	2	3.314 3	66.67	459.666 7

4. 吞没形态（反转，看涨）

如表 7.10 所示，该形态为反转看涨形态。在 5 分钟周期中，吞没形态虽然出现次数较多，但平均收益为正的货币对仅有 EURJPY 和 USDCHF。上述 2 种货币对的盈亏比和成功率均较低，单次交易平均价差低于 1。

表 7.10　吞没形态出现后的指标统计（5 分钟周期）

外汇商品名称	最佳持有周期数（个）	出现总次数（次）	成功次数（次）	盈亏比	成功率（%）	单次交易平均价差
EURJPY	3	4 591	2 328	0.994 7	50.71	0.726 4
USDCHF	6	4 262	2 133	1.014 5	50.05	0.499 1

如表 7.11 所示，在 30 分钟周期中，该形态的成功率有所提高，共有 7 种货币对满足筛选条件。其中，GBPUSD 的成功率为 51.07%，盈亏比为 1.162 6，单次交易平均价差超过 13，具有较好数据表现。

表 7.11　吞没形态出现后的指标统计（30 分钟周期）

外汇商品名称	最佳持有周期数（个）	出现总次数（次）	成功次数（次）	盈亏比	成功率（%）	单次交易平均价差
XAUUSD	5	559	304	0.903	54.38	9.389 1
EURUSD	4	621	332	0.990 6	53.46	9.368 8
AUDJPY	7	701	361	0.986 8	51.50	4.793 2
GBPUSD	2	701	358	1.162 6	51.07	13.155 5
USDCHF	7	653	329	0.999 5	50.38	1.307 8
GBPCHF	7	662	329	1.016 4	49.70	0.563 4
EURGBP	3	702	348	1.045 8	49.57	1.014 2

如表 7.12 所示，在日线周期中，该形态的成功率进一步提高。比如，GBPCHF 出现该形态 17 次，成功 14 次，成功率超过 80%，单次交易平均价差为 677.058 8。对比该形态在 30 分钟周期中的统计结果，我们可以看到，虽然日线周期上成功率有所提高，但个别货币对的盈亏比在小幅下降。

表 7.12　吞没形态出现后的指标统计（日线周期）

外汇商品名称	最佳持有周期数（个）	出现总次数（次）	成功次数（次）	盈亏比	成功率（%）	单次交易平均价差
GBPCHF	5	17	14	0.570 8	82.35	677.058 8
USDCAD	7	21	15	0.756 4	71.43	374.381 0
AUDJPY	3	10	7	0.637 4	70.00	238.400 0
EURGBP	4	16	11	1.752 9	68.75	391.500 0
GBPJPY	3	18	12	0.685 4	66.67	235.000 0
USDCHF	2	12	8	0.512 3	66.67	9.000 0
USDJPY	2	20	13	0.899 5	65.00	170.700 0
XAUUSD	2	11	7	0.801 2	63.64	293.154 5
NZDUSD	6	16	10	1.257 6	62.50	305.375 0
EURJPY	2	18	11	1.161 4	61.11	318.500 0
GBPUSD	1	18	11	1.008 8	61.11	244.722 2
EURCHF	1	16	9	1.099 6	56.25	57.250 0
CHFJPY	2	24	13	0.862 8	54.17	7.583 3

5. 孕线形态（反转，看涨）

如表 7.13 所示，该形态为反转看涨形态。在 5 分钟周期中，该形态出现次数较多。例如，GBPUSD 出现该形态 9 233 次，并且有 13 种货币对的平均收益为正。大部分货币对的盈亏比略低于 1，CHFJPY 具有最高盈亏比 1.047 1。这些货币对的成功率集中在 51%~54%，其中，XAUUSD 具有最高的成功率 53.58%。CHFJPY 具有最高的单次交易平均价差 5.577 1。

表 7.13 孕线形态出现后的指标统计（5 分钟周期）

外汇商品名称	最佳持有周期数（个）	出现总次数（次）	成功次数（次）	盈亏比	成功率（%）	单次交易平均价差
XAUUSD	4	6 877	3 685	0.901 5	53.58	1.982 6
USDCHF	7	8 971	4 790	0.981 6	53.39	4.172 6
AUDJPY	7	8 561	4 571	0.909 5	53.39	1.950 4
GBPCHF	5	8 102	4 307	0.945 5	53.16	3.390 5
GBPJPY	7	8 858	4 698	0.892 7	53.04	0.583 4
EURUSD	4	8 129	4 306	0.921 8	52.97	1.119 8
GBPUSD	4	9 233	4 837	0.929 2	52.39	0.851 3
USDCAD	6	8 760	4 587	0.970 0	52.36	2.268 8
CHFJPY	7	8 434	4 407	1.047 1	52.25	5.577 1
AUDUSD	6	8 236	4 294	0.968 7	52.14	1.785 6
EURGBP	7	8 147	4 212	1.007 9	51.70	1.750 7
XAGUSD	7	5 630	2 896	0.948 9	51.44	0.116 9
EURCHF	5	7 501	3 858	0.995 8	51.43	1.350 2

如表 7.14 所示，在 30 分钟周期中，孕线形态的成功率和盈亏比基本保持不变，GBPCHF 的成功率最高，为 53.83%。因为持有周期增加，所以单次交易平均价差增大。其中，GBPUSD 具有最大的单次交易平均价差 14.363 7。

表 7.14 孕线形态出现后的指标统计（30 分钟周期）

外汇商品名称	最佳持有周期数（个）	出现总次数（次）	成功次数（次）	盈亏比	成功率（%）	单次交易平均价差
GBPCHF	7	1 384	745	0.879 1	53.83	3.375 7
EURGBP	7	1 425	761	1.001 4	53.40	7.651 2
EURUSD	2	1 425	758	1.004 2	53.19	7.140 4
USDJPY	5	1 578	839	0.915 7	53.17	2.766 2
NZDUSD	3	1 508	801	0.915 1	53.12	1.979 4
USDCAD	7	1 453	771	0.936 1	53.06	5.246 4
GBPJPY	7	1 408	747	0.953 6	53.05	13.489 3
GBPUSD	4	1 504	795	1.029 8	52.86	14.363 7
AUDJPY	7	1 425	750	0.904 9	52.63	0.643 5
EURJPY	2	1 555	817	1.034 9	52.54	9.953 7
AUDUSD	2	1 440	752	0.939 9	52.22	1.234 7
CHFJPY	3	1 448	747	0.961 1	51.59	1.530 4
XAGUSD	5	1 133	573	1.041	50.57	2.756 4

如表 7.15 所示，相比 5 分钟和 30 分钟等小周期，孕线形态在日线周期中的成功率和盈亏比均有较大幅度的提升。NZDUSD 在日线周期中出现该形态 25 次，成功 18 次，成功率为 72%，盈亏比超过 1，平均价差达到 369.16；AUDJPY 具有较高的盈亏比 1.377 2，成

功率为 63.16%，单次交易平均价差超过 470。综合比较，孕线形态更适用于日线周期的行情分析。

表 7.15　孕线形态出现后的指标统计（日线周期）

外汇商品名称	最佳持有周期数（个）	出现总次数（次）	成功次数（次）	盈亏比	成功率（%）	单次交易平均价差
NZDUSD	4	25	18	1.017 3	72.00	369.160 0
XAUUSD	6	27	19	0.738 6	70.37	578.900 0
EURGBP	4	27	18	1.122 1	66.67	191.333 3
USDCAD	4	34	22	1.049 1	64.71	281.735 3
AUDJPY	3	38	24	1.377 2	63.16	474.184 2
USDCHF	1	43	27	1.243 6	62.79	167.255 8
XAGUSD	3	18	11	0.905 7	61.11	57.888 9
EURUSD	5	33	19	0.952 1	57.58	114.333 3
GBPJPY	6	37	21	0.826 8	56.76	110.783 3
AUDUSD	1	19	8	1.419 3	42.11	6.631 6

6. 十字孕线形态（反转，看涨）

如表 7.16 所示，该形态为反转看涨形态。相比孕线形态，十字孕线形态出现的次数大幅减少，但各类统计数据却有明显提升。在 5 分钟周期中，GBPJPY 出现该形态 58 次，成功 38 次，成功率高于 65%，单次交易平均价差超过 20；EURGBP 出现该形态 167 次，成功率超过 53%，同时具有最高的盈亏比 1.340 6，单次交易平均价差超过 7。

表 7.16　十字孕线形态出现后的指标统计（5 分钟周期）

外汇商品名称	最佳持有周期数（个）	出现总次数（次）	成功次数（次）	盈亏比	成功率（%）	单次交易平均价差
GBPJPY	7	58	38	0.731 2	65.52	21.586 2
XAUUSD	5	78	50	1.136 3	64.10	31.189 7
GBPCHF	4	104	66	0.711 8	63.46	6.653 8
EURUSD	3	101	63	0.670 6	62.38	2.009 9
CHFJPY	6	86	52	1.011 1	60.47	11.302 3
AUDJPY	6	95	57	0.889 6	60.00	9.515 8
EURCHF	5	225	131	1.173 8	58.22	7.760 0
GBPUSD	4	157	90	0.968 3	57.32	6.910 8
EURGBP	6	167	90	1.340 6	53.89	7.323 4
USDCAD	6	233	124	0.905 5	53.22	0.918 5
NZDUSD	4	163	83	1.160 0	50.92	5.177 9
XAGUSD	2	286	145	1.208 7	50.70	1.583 9

如表 7.17 所示，在 30 分钟周期中，该形态出现次数较少。但从表 7.17 可以看到，

EURUSD、GBPJPY、USDJPY、XAUUSD 的成功率均为 100%。

表 7.17 十字孕线形态出现后的指标统计（30 分钟周期）

外汇商品名称	最佳持有周期数（个）	出现总次数（次）	成功次数（次）	盈亏比	成功率（%）	单次交易平均价差
EURUSD	5	3	3	NaN	100	133
GBPJPY	1	3	3	NaN	100	87.333 3
USDJPY	4	6	6	NaN	100	105.5
XAUUSD	3	3	3	NaN	100	268.766 7
EURGBP	2	7	5	0.963 3	71.43	19.714 3
XAGUSD	1	14	10	2.370 6	71.43	23.928 6
AUDUSD	1	7	4	2.1	57.14	15.428 6
EURCHF	1	4	2	1.8	50	2

该形态没有符合筛选条件的日线周期统计结果。

7. 刺透线形态（反转，看涨）

如表 7.18 所示，该形态为反转看涨形态。在 5 分钟周期中，XAUUSD 出现该形态 172 次，成功 105 次，成功率超过 60%，同时也具有较好的盈亏比 1.156 7，单次交易平均价差超过 35。此外，AUDJPY、GBPJPY 等货币对也具有较高的单次交易平均价差。相比其他 K 线形态，刺透线在 5 分钟周期上具有较高的盈亏比。

表 7.18 刺透线形态出现后的指标统计（5 分钟周期）

外汇商品名称	最佳持有周期数（个）	出现总次数（次）	成功次数（次）	盈亏比	成功率（%）	单次交易平均价差
XAUUSD	6	172	105	1.156 7	61.05	35.473 3
USDJPY	5	82	48	0.747 3	58.54	1.695 1
AUDJPY	6	112	65	1.174 1	58.04	14.178 6
EURUSD	3	133	76	1.058 3	57.14	8.127 8
EURGBP	7	132	75	0.981 9	56.82	4.977 3
USDCHF	1	137	76	1.095 5	55.47	3.934 3
GBPJPY	5	152	84	1.225 6	55.26	22.263 2
USDCAD	6	150	82	0.950 6	54.67	4.453 3
GBPUSD	3	128	68	0.935 7	53.13	2.054 7
AUDUSD	6	112	59	1.137 7	52.68	7.339 3
XAGUSD	4	115	56	1.086 9	48.70	0.469 6

如表 7.19 所示，在 30 分钟周期中，刺透线形态的盈亏比和成功率进一步提高，XAGUSD 具有最高的成功率 77.78%，USDJPY 具有最高的盈亏比 1.672 1，并且 USDJPY 具有较高的单次交易平均价差 185.75。

表 7.19 刺透线形态出现后的指标统计（30 分钟周期）

外汇商品名称	最佳持有周期数 （个）	出现总次数 （次）	成功次数 （次）	盈亏比	成功率 （%）	单次交易 平均价差
XAGUSD	5	9	7	0.998	77.78	19.666 7
USDJPY	7	4	3	1.672 1	75	185.75
NZDUSD	5	15	11	1.661 3	73.33	92.066 7
XAUUSD	2	16	11	1.175	68.75	68.543 8
EURUSD	3	14	9	2.072 7	64.29	68.857 1
CHFJPY	5	11	7	0.968 8	63.64	24.909 1
USDCHF	3	11	7	1.365 4	63.64	43.454 5
AUDJPY	7	13	8	1.631 5	61.54	52.153 8
GBPCHF	4	13	8	0.958 7	61.54	26.692 3
AUDUSD	1	11	6	1.641 1	54.55	20.090 9

该形态没有符合筛选条件的日线周期统计结果。

8. 十字星形态（反转，看涨）

如表 7.20 所示，该形态为反转看涨形态。在 5 分钟周期中，该形态具有相对较高的成功率。其中，CHFJPY 出现该形态 174 次，成功 111 次，成功率超过 63%，单次交易平均价差接近 20；USDJPY 出现该形态 124 次，成功 75 次，成功率为 60.48%，具有最高盈亏比 1.244 1，单次交易平均价差超过 12。

表 7.20 十字星形态出现后的指标统计（5 分钟周期）

外汇商品名称	最佳持有周期数 （个）	出现总次数 （次）	成功次数 （次）	盈亏比	成功率 （%）	单次交易 平均价差
CHFJPY	7	174	111	0.939 3	63.79	19.465 5
EURCHF	4	171	107	0.761 8	62.57	4.543 9
USDJPY	3	124	75	1.244 1	60.48	12.725 8
USDCHF	2	209	125	1.124 7	59.81	8.425 8
XAUUSD	4	233	138	0.780 5	59.23	6.652 8
USDCAD	7	270	159	0.850 8	58.89	6.748 1
XAGUSD	3	156	91	1.081 3	58.33	5.455 1
EURJPY	3	174	101	0.877 7	58.05	6.402 3
NZDUSD	6	225	130	0.970 7	57.78	7.666 7
AUDJPY	7	166	94	0.926 2	56.63	8.566 3
GBPCHF	7	200	111	0.898 7	55.50	6.030 0
EURUSD	2	221	122	0.979 7	55.20	4.054 3
EURGBP	2	183	97	0.953 7	53.01	0.896 2
AUDUSD	1	202	105	1.025 0	51.98	1.618 8

如表 7.21 所示，在 30 分钟周期中，该形态的成功率和盈亏比有所提高。比如，

XAGUSD 具有 71.43% 的成功率；GBPCHF 具有 1.331 9 的盈亏比，均比其在 5 分钟周期中有所提升。伴随持有周期的延长，单次交易平均价差也相应提高，USDCAD 具有较高的平均价差 45.441 2。

表 7.21 十字星形态出现后的指标统计（30 分钟周期）

外汇商品名称	最佳持有周期数（个）	出现总次数（次）	成功次数（次）	盈亏比	成功率（%）	单次交易平均价差
XAGUSD	4	35	25	0.616 7	71.43	18.400 0
GBPUSD	1	40	27	0.684 9	67.5	15.125 0
CHFJPY	1	34	22	1.207 5	64.71	24.882 4
USDCAD	7	34	21	0.969 4	61.76	45.441 2
XAUUSD	6	33	20	0.980 8	60.61	36.224 2
EURGBP	1	33	19	1.039 2	57.58	6.242 4
GBPCHF	1	34	19	1.331 9	55.88	26.352 9
AUDJPY	1	36	20	1.091 2	55.56	13.611 1
USDCHF	6	36	20	0.974 9	55.56	18.611 1

如表 7.22 所示，在日线周期中，满足筛选条件的仅有 2 种货币对。其中，EURCHF 出现该形态 4 次，成功率达到 100%，单次交易平均价差超过 740，具有较好的数据表现。

表 7.22 十字星形态出现后的指标统计（日线周期）

外汇商品名称	最佳持有周期数（个）	出现总次数（次）	成功次数（次）	盈亏比	成功率（%）	单次交易平均价差
EURCHF	6	4	4	NaN	100.00	747.250 0
CHFJPY	1	3	2	0.955 5	66.67	167.000 0

9. 约会线形态（反转，看涨）

如表 7.23 所示，该形态为反转看涨形态。在 5 分钟周期中，该形态出现次数很少，但筛选出的 9 种货币对具有较高的成功率和盈亏比。例如，AUDJPY 出现该形态 3 次，全部成功，单次交易平均价差超过 25；NZDUSD 出现该形态 7 次，成功 6 次，单次交易平均价差接近 30；EURJPY 的盈亏比为 4.783 3，单次交易平均价差超过 66；而 GBPCHF 的盈亏比更是高达 5.611 1，单次交易平均价差超过 30。

表 7.23 约会线形态出现后的指标统计（5 分钟周期）

外汇商品名称	最佳持有周期数（个）	出现总次数（次）	成功次数（次）	盈亏比	成功率（%）	单次交易平均价差
AUDJPY	1	3	3	NaN	100.00	25.666 7
NZDUSD	3	7	6	0.738 9	85.71	29.428 6
USDCAD	7	6	5	2.466 7	83.33	28.333 3

（续表）

外汇商品名称	最佳持有周期数 （个）	出现总次数 （次）	成功次数 （次）	盈亏比	成功率 （%）	单次交易 平均价差
USDJPY	6	6	5	2.700 0	83.33	41.666 7
EURJPY	3	4	3	4.783 3	75.00	66.750 0
EURGBP	1	7	5	4.000 0	71.43	12.857 1
GBPCHF	4	3	2	5.611 1	66.67	30.666 7
AUDUSD	3	8	5	0.922 5	62.50	5.375 0
EURCHF	3	12	7	1.241 9	58.33	5.416 7

该形态没有符合筛选条件的 30 分钟周期和日线周期统计结果。

10. 信鸽形态（反转，看涨）

如表 7.24 所示，该形态为反转看涨形态。在 5 分钟周期中，该形态具有相对较高的成功率。USDCHF 具有最高的成功率 61.67%，EURJPY 具有最高的盈亏比 1.216 6 以及最大的单次交易平均价差 14.411 8。如表 7.24 所示，相比其他形态，该形态最低成功率大于54%，说明该形态在这些货币对中具有普遍较高的成功率。并且，该形态有 6 种货币对的盈亏比大于 1。

表 7.24　信鸽形态出现后的指标统计（5 分钟周期）

外汇商品名称	最佳持有周期数 （个）	出现总次数 （次）	成功次数 （次）	盈亏比	成功率 （%）	单次交易 平均价差
USDCHF	3	300	185	0.951 1	61.67	8.650 0
AUDUSD	6	188	114	1.033 6	60.64	12.851 1
EURJPY	2	85	51	1.216 6	60.00	14.411 8
CHFJPY	2	342	202	1.092 4	59.06	6.798 2
GBPUSD	7	271	158	0.982 6	58.30	12.439 1
GBPCHF	5	251	146	0.843 5	58.17	7.362 5
EURUSD	6	409	235	0.898 7	57.46	6.359 4
GBPJPY	2	225	128	0.970 4	56.89	7.977 8
AUDJPY	7	319	180	0.817 5	56.43	2.012 5
EURGBP	5	239	134	1.031 7	56.07	3.535 6
EURCHF	3	329	183	1.066 7	55.62	3.951 4
USDCAD	7	347	193	0.919 2	55.62	4.942 4
XAUUSD	6	365	200	0.936 0	54.79	4.706 8
NZDUSD	7	308	168	1.083 1	54.55	8.272 7

如表 7.25 所示，在 30 分钟周期中，该形态出现次数较少，但成功率有较大提升。其中，USDJPY 出现该形态 14 次，成功 11 次，具有 78.57% 的成功率；EURUSD 出现该形态 18 次，成功 14 次，盈亏比超过 1.1，单次交易平均价差超过 129。

表 7.25 信鸽形态出现后的指标统计（30 分钟周期）

外汇商品名称	最佳持有周期数（个）	出现总次数（次）	成功次数（次）	盈亏比	成功率（%）	单次交易平均价差
USDJPY	2	14	11	0.642 8	78.57	49.428 6
EURUSD	6	18	14	1.186 2	77.78	129.222 2
EURJPY	6	4	3	0.749 2	75.00	65.500 0
GBPJPY	2	11	8	0.814 4	72.73	78.818 2
EURGBP	5	25	18	0.735 1	72.00	13.640 0
USDCAD	3	14	10	1.709 6	71.43	51.214 3
AUDJPY	3	15	10	1.463 5	66.67	49.333 3
GBPCHF	2	15	10	0.982 4	66.67	38.333 3
XAUUSD	1	29	19	1.724 8	65.52	30.937 9
CHFJPY	4	26	17	0.885 6	65.38	23.884 6
USDCHF	2	17	11	0.607 1	64.71	4.470 6
EURCHF	1	24	15	1.094 8	62.50	9.208 3
GBPUSD	1	8	5	6.269	62.50	68.500 0
XAGUSD	4	29	17	0.783 8	58.62	3.344 8
NZDUSD	2	24	14	0.786 6	58.33	4.541 7
AUDUSD	2	17	9	1.131	52.94	7.529 4

该形态没有符合筛选条件的日线周期统计结果。

11. 相同低价形态（反转，看涨）

如表 7.26 所示，该形态为反转看涨形态。在 5 分钟周期中，该形态具有较高的成功率和盈亏比。例如，XAUUSD 出现该形态 22 次，成功 15 次，具有最高的盈亏比 2.636 9 和最高的成功率 68.18%，单次交易平均价差超过 52；但同时 XAGUSD 出现该形态 442 次，虽然也有大于 1 的盈亏比和超过 50% 的成功率，但单次交易平均价差仅为 2.651 6。

表 7.26 相同低价形态出现后的指标统计（5 分钟周期）

外汇商品名称	最佳持有周期数（个）	出现总次数（次）	成功次数（次）	盈亏比	成功率（%）	单次交易平均价差
XAUUSD	5	22	15	2.636 9	68.18	52.318 2
GBPCHF	3	99	63	0.799 3	63.64	11.808 1
GBPJPY	2	60	37	1.048 5	61.67	16.300 0
AUDUSD	6	308	184	1.188 3	59.74	15.431 8
EURUSD	4	97	57	1.070 6	58.76	8.670 1
CHFJPY	2	116	68	1.093 2	58.62	6.887 9
USDCAD	7	182	103	1.056 8	56.59	9.274 7
AUDJPY	4	92	52	0.924 3	56.52	5.532 6
EURGBP	6	245	138	1.171 0	56.33	5.759 2
EURJPY	6	179	100	1.017 1	55.87	7.865 9

（续表）

外汇商品名称	最佳持有周期数（个）	出现总次数（次）	成功次数（次）	盈亏比	成功率（%）	单次交易平均价差
USDJPY	4	261	145	1.024 8	55.56	5.352 5
EURCHF	2	222	122	1.210 5	54.95	4.031 5
USDCHF	5	193	106	1.075 2	54.92	5.373 1
XAGUSD	6	442	240	1.023 2	54.30	2.651 6

如表 7.27 所示，在 30 分钟周期中，该形态出现次数明显较少，但成功率较高。根据表 7.27 所示，该形态最低成功率超过 65%，AUDJPY、EURJPY、USDJPY 等货币对的成功率均超过 80%。

表 7.27　相同低价形态出现后的指标统计（30 分钟周期）

外汇商品名称	最佳持有周期数（个）	出现总次数（次）	成功次数（次）	盈亏比	成功率（%）	单次交易平均价差
AUDJPY	2	3	3	NaN	100.00	27.333 3
EURJPY	1	9	8	0.547 2	88.89	33.777 8
USDJPY	2	7	6	0.952 4	85.71	47.142 9
EURGBP	7	6	5	0.376 0	83.33	14.666 7
NZDUSD	2	4	3	2.866 7	75.00	47.500 0
USDCHF	1	4	3	1.214 3	75.00	27.750 0
USDCAD	2	3	2	1.050 0	66.67	11.000 0
XAGUSD	6	35	23	1.408 4	65.71	37.485 7

该形态没有符合筛选条件的日线周期统计结果。

12. 白色一兵形态（反转，看涨）

如表 7.28 所示，该形态为反转看涨形态。在 5 分钟周期中，虽然该形态出现次数较多，但仅有 2 种货币对 EURUSD、EURCHF 的平均收益为正。并且，从统计结果可以看到，这 2 种货币对的成功率均不高。其中，EURCHF 的盈亏比较高，接近 1.5，但 EURUSD 的盈亏比低于 1。

表 7.28　白色一兵形态出现后的指标统计（5 分钟周期）

外汇商品名称	最佳持有周期数（个）	出现总次数（次）	成功次数（次）	盈亏比	成功率（%）	单次交易平均价差
EURUSD	5	624	320	0.977 0	51.28	0.889 4
EURCHF	6	580	273	1.488 8	47.07	8.403 4

如表 7.29 所示，与 5 分钟周期相比，白色一兵形态在 30 分钟周期中的表现更好一些，其成功率和盈亏比均有较大提升。其中，XAUUSD 出现该形态 67 次，成功 43 次，成

功率超过 64%，盈亏比达到 1.483 4，单次交易平均价差超过 160；GBPJPY、EURGBP 和 AUDJPY 也具有较高的成功率，并且它们的盈亏比均大于 1。在 30 分钟周期中，白色一兵形态的看涨预测更加有效。

表 7.29 白色一兵形态出现后的指标统计（30 分钟周期）

外汇商品名称	最佳持有周期数 （个）	出现总次数 （次）	成功次数 （次）	盈亏比	成功率 （%）	单次交易 平均价差
XAUUSD	5	67	43	1.483 4	64.18	160.074 6
GBPJPY	6	112	71	1.096 9	63.39	105.517 9
EURGBP	1	106	61	1.037 6	57.55	9.990 6
AUDJPY	5	103	59	1.019 2	57.28	24.883 5
NZDUSD	4	120	67	0.842 5	55.83	3.958 3
EURUSD	7	89	48	0.951	53.93	11.089 9
XAGUSD	5	76	40	0.975 8	52.63	3.776 3
EURCHF	2	90	46	0.978	51.11	0.822 2
GBPUSD	4	117	57	1.076 5	48.72	1.914 5

如表 7.30 所示，在日线周期中，有 3 种货币对符合筛选条件，它们均具有较高的盈亏比。其中，USDJPY 的成功率为 80%，盈亏比为 4.413 5，单次交易平均价差接近 350；EURCHF 的成功率为 50%，盈亏比为 3.566 9，单次交易平均价差超过 1 000。综合上述不同周期的统计结果，白色一兵形态更适用于大周期行情的分析。

表 7.30 白色一兵形态出现后的指标统计（日线周期）

外汇商品名称	最佳持有周期数 （个）	出现总次数 （次）	成功次数 （次）	盈亏比	成功率 （%）	单次交易 平均价差
USDJPY	1	5	4	4.413 5	80	346.4
EURJPY	2	5	3	1.450 4	60	446
EURCHF	2	4	2	3.566 9	50	1 026.75

13. 启明星形态（反转，看涨）

如表 7.31 所示，该形态为反转看涨形态。在 5 分钟周期中，该形态出现次数较少，但具有较高的成功率。例如，USDJPY 出现该形态 7 次，成功 5 次，具有最高的成功率 71.43%；AUDUSD 出现该形态 21 次，成功 12 次，具有最高的盈亏比 2.394 0；USDCAD 出现该形态 33 次，成功 20 次，盈亏比为 1.121 4，具有最高的单次交易平均价差 15.757 6。

表 7.31 启明星形态出现后的指标统计（5 分钟周期）

外汇商品名称	最佳持有周期数（个）	出现总次数（次）	成功次数（次）	盈亏比	成功率（%）	单次交易平均价差
USDJPY	6	7	5	0.701 6	71.43	13.571 4
EURGBP	2	20	14	0.850 1	70.00	3.000 0
AUDJPY	1	29	19	0.907 6	65.52	7.793 1
USDCHF	3	33	21	1.201 8	63.64	14.575 8
USDCAD	6	33	20	1.121 4	60.61	15.757 6
EURJPY	1	5	3	1.183 9	60.00	9.000 0
AUDUSD	1	21	12	2.394 0	57.14	13.047 6
EURCHF	7	16	9	0.988 9	56.25	3.750 0
XAUUSD	1	36	20	1.601 8	55.56	12.316 7
EURUSD	6	33	18	1.286 6	54.55	10.515 2
NZDUSD	4	31	15	1.182 1	48.39	2.580 6

如表 7.32 所示，在 30 分钟周期中，AUDJPY 出现该形态 3 次，成功率为 100%；XAUUSD 出现该形态 5 次，成功率为 80%，盈亏比超过 34，具有较高的单次交易平均价差 240.680 0。

表 7.32 启明星形态出现后的指标统计（30 分钟周期）

外汇商品名称	最佳持有周期数（个）	出现总次数（次）	成功次数（次）	盈亏比	成功率（%）	单次交易平均价差
AUDJPY	1	3	3	NaN	100.00	9.333 3
XAUUSD	5	5	4	34.437 5	80.00	240.680 0
CHFJPY	1	4	3	3.000 0	75.00	38.000 0
USDCHF	7	6	4	1.078 7	66.67	38.000 0
NZDUSD	1	5	3	10.592 6	60.00	53.600 0

该形态没有符合筛选条件的日线周期统计结果。

14. 十字启明星形态（反转，看涨）

如表 7.33 所示，该形态为反转看涨形态。在 5 分钟周期中，该形态有 10 种货币对的平均收益为正。其中，GBPUSD 出现该形态 62 次，成功 43 次，具有最高的成功率 69.35%；EURJPY 出现该形态 16 次，成功 9 次，具有最高的盈亏比 2.000 0；CHFJPY 出现该形态 37 次，成功 25 次，盈亏比为 1.043 3，具有最高的单次交易平均价差 25.405 4。

表 7.33 十字启明星形态出现后的指标统计（5 分钟周期）

外汇商品名称	最佳持有周期数（个）	出现总次数（次）	成功次数（次）	盈亏比	成功率（%）	单次交易平均价差
GBPUSD	1	62	43	0.505 2	69.35	2.548 4

（续表）

外汇商品名称	最佳持有周期数 （个）	出现总次数 （次）	成功次数 （次）	盈亏比	成功率 （%）	单次交易 平均价差
USDJPY	3	26	18	0.475 6	69.23	1.115 4
CHFJPY	6	37	25	1.043 3	67.57	25.405 4
GBPJPY	3	40	23	0.806 4	57.50	3.725 0
EURJPY	3	16	9	2.000 0	56.25	22.687 5
GBPCHF	5	43	24	0.937 7	55.81	9.372 1
XAGUSD	5	27	15	0.903 6	55.56	3.296 3
XAUUSD	2	79	43	0.868 8	54.43	1.001 3
USDCAD	1	32	17	1.218 3	53.13	3.593 7
EURUSD	6	52	27	1.361 0	51.92	14.557 7

如表 7.34 所示，在 30 分钟周期中，十字启明星形态出现次数较少，但成功率普遍超过 60%。其中，EURGBP、USDJPY 具有 100% 的成功率；USDCAD 具有最高的盈亏比 3.833 3；XAUUSD 的成功率为 80%，盈亏比接近 2，具有最高的单次交易平均价差 134.380 0。

表 7.34 十字启明星形态出现后的指标统计（30 分钟周期）

外汇商品名称	最佳持有周期数 （个）	出现总次数 （次）	成功次数 （次）	盈亏比	成功率 （%）	单次交易 平均价差
EURGBP	3	3	3	NaN	100.00	29.666 7
USDJPY	2	4	4	NaN	100.00	73.250 0
EURUSD	5	7	6	0.487 9	85.71	91.142 9
USDCAD	2	5	4	3.833 3	80.00	60.200 0
XAUUSD	7	5	4	1.988 9	80.00	134.380 0
GBPUSD	3	4	3	2.063 5	75.00	54.500 0
GBPCHF	2	7	5	1.481	71.43	64.857 1
AUDJPY	4	3	2	0.826 7	66.67	32.666 7
AUDUSD	3	6	4	1.440 1	66.67	75.833 3
XAGUSD	1	3	2	0.572 7	66.67	2.666 7

该形态没有符合筛选条件的日线周期统计结果。

15. 三星形态（反转，看涨）

如表 7.35 所示，该形态为反转看涨形态。该形态出现次数较少，但在 5 分钟周期中具有较高的成功率。其中，EURGBP 出现该形态 11 次，成功 9 次，具有最高的成功率 81.82%，同时具有最高的盈亏比 2.792 3，单次交易平均价差超过 24；GBPJPY 出现该形态 10 次，成功 8 次，盈亏比为 1.890 2，具有最高单次交易平均价差 97.100 0。

表 7.35 三星形态出现后的指标统计（5 分钟周期）

外汇商品名称	最佳持有周期数（个）	出现总次数（次）	成功次数（次）	盈亏比	成功率（%）	单次交易平均价差
EURGBP	6	11	9	2.792 3	81.82	24.181 8
GBPJPY	4	10	8	1.890 2	80.00	97.100 0
NZDUSD	4	20	15	0.415 5	75.00	5.200 0
XAGUSD	2	12	9	1.146 7	75.00	15.250 0
AUDJPY	5	28	20	0.938 6	71.43	15.964 3
CHFJPY	2	34	21	0.770 5	61.76	3.058 8
EURCHF	7	31	19	0.793 4	61.29	4.354 8
GBPCHF	3	28	16	0.995 0	57.14	8.142 9
USDCAD	1	9	5	2.388 9	55.56	15.888 9

如表 7.36 所示，在 30 分钟周期中，EURGBP 和 NZDUSD 具有 100% 的成功率；XAUUSD 出现该形态 7 次，成功 6 次，盈亏比接近 2，单次交易平均价差为 67.171 4。

表 7.36 三星形态出现后的指标统计（30 分钟周期）

外汇商品名称	最佳持有周期数（个）	出现总次数（次）	成功次数（次）	盈亏比	成功率（%）	单次交易平均价差
EURGBP	6	4	4	NaN	100.00	54.250 0
NZDUSD	1	3	3	NaN	100.00	21.333 3
XAUUSD	5	7	6	1.931 7	85.71	67.171 4
XAGUSD	2	6	4	0.903 7	66.67	21.666 7
EURCHF	5	8	4	1.993 9	50.00	20.500 0

该形态没有符合筛选条件的日线周期统计结果。

16. 白色三兵形态（反转，看涨）

如表 7.37 所示，该形态为反转看涨形态。在 5 分钟周期中，AUDUSD 和 EURJPY 具有 100% 的成功率，EURJPY 具有最高的单次交易平均价差 42.75。EURCHF 具有最高的盈亏比 2.070 6，成功率超过 80%。与其他形态相比，白色三兵形态出现较少，但具有较高的成功率和盈亏比。

表 7.37 白色三兵形态出现后的指标统计（5 分钟周期）

外汇商品名称	最佳持有周期数（个）	出现总次数（次）	成功次数（次）	盈亏比	成功率（%）	单次交易平均价差
AUDUSD	3	6	6	NaN	100.00	26.500 0
EURJPY	1	4	4	NaN	100.00	42.750 0
EURCHF	5	6	5	2.070 6	83.33	26.500 0
NZDUSD	2	8	6	1.000 0	75.00	10.250 0

（续表）

外汇商品名称	最佳持有周期数（个）	出现总次数（次）	成功次数（次）	盈亏比	成功率（%）	单次交易平均价差
GBPUSD	4	10	7	1.154 8	70.00	12.200 0
GBPCHF	5	13	9	1.152 5	69.23	36.153 8
GBPJPY	1	6	4	0.610 2	66.67	4.666 7
USDCAD	2	12	8	1.329 8	66.67	19.500 0
XAGUSD	5	14	9	0.748 7	64.29	6.357 1
CHFJPY	1	13	8	1.081 7	61.54	7.307 7
EURGBP	3	5	3	0.746 0	60.00	2.000 0

该形态没有符合筛选条件的 30 分钟周期和日线周期统计结果。

17. 下降受阻形态（反转，看涨）

如表 7.38 所示，该形态为反转看涨形态。该形态在 5 分钟周期中出现的次数较少，但具有较高的成功率和盈亏比。其中，GBPCHF 出现该形态 19 次，成功 15 次，成功率接近 80%，盈亏比为 1.381 2，同时具有较高的单次交易平均价差 64.894 7；GBPJPY 具有最高的盈亏比 1.821 4，成功率为 64.29%，单次交易平均价差超过 54。

表 7.38　下降受阻形态出现后的指标统计（5 分钟周期）

外汇商品名称	最佳持有周期数（个）	出现总次数（次）	成功次数（次）	盈亏比	成功率（%）	单次交易平均价差
GBPCHF	2	19	15	1.381 2	78.95	64.894 7
EURUSD	6	35	25	0.575 9	71.43	18.828 6
AUDJPY	5	15	10	0.767 0	66.67	9.933 3
GBPUSD	1	15	10	1.770 6	66.67	18.466 7
NZDUSD	2	20	13	1.068 8	65.00	16.250 0
GBPJPY	6	28	18	1.821 4	64.29	54.928 6
USDCAD	3	11	7	1.756 6	63.64	15.272 7
USDCHF	2	19	12	0.607 5	63.16	1.157 9
AUDUSD	7	21	13	1.636 7	61.90	52.952 4
EURCHF	5	13	8	1.730 1	61.54	20.538 5
CHFJPY	3	26	15	1.305 2	57.69	9.538 5
EURJPY	1	21	12	0.885 0	57.14	3.857 1
XAUUSD	5	42	24	1.115 7	57.14	20.340 5

如表 7.39 所示，在 30 分钟周期中，有 10 种货币对符合筛选条件，其中，AUDUSD、EURJPY 和 EURUSD 具有 100% 的成功率；GBPCHF 的盈亏比达到 8.307 7，单次交易平均价差达到 155.5。

表 7.39　下降受阻形态出现后的指标统计（30 分钟周期）

外汇商品名称	最佳持有周期数（个）	出现总次数（次）	成功次数（次）	盈亏比	成功率（%）	单次交易平均价差
AUDUSD	1	3	3	NaN	100	140
EURJPY	1	5	5	NaN	100	83.4
EURUSD	2	3	3	NaN	100	99
XAGUSD	6	5	4	2.267 9	80	22.6
GBPCHF	2	4	3	8.307 7	75	155.5
XAUUSD	1	16	11	0.517 2	68.75	6.525
GBPUSD	2	3	2	1.068 8	66.67	52.333 3
AUDJPY	5	5	3	0.668 7	60	0.2
EURGBP	2	4	2	1.943 2	50	20.75
USDJPY	5	4	2	1.406 3	50	29.25

该形态没有符合筛选条件的日线周期统计结果。

18. 深思形态（反转，看涨）

如表 7.40 所示，该形态为反转看涨形态。在 5 分钟周期中，该形态出现次数处在中等水平。EURGBP 具有最高的成功率 62.76%；XAGUSD 具有最高的盈亏比 1.162 1，成功率为 60%，单次交易平均价差为 12.800 0。

表 7.40　深思形态出现后的指标统计（5 分钟周期）

外汇商品名称	最佳持有周期数（个）	出现总次数（次）	成功次数（次）	盈亏比	成功率（%）	单次交易平均价差
EURGBP	4	145	91	0.816 0	62.76	6.324 1
XAUUSD	2	201	126	0.600 3	62.69	0.372 1
GBPUSD	7	184	112	0.791 7	60.87	15.146 7
AUDJPY	1	170	102	1.138 5	60.00	10.358 8
XAGUSD	4	130	78	1.162 1	60.00	12.800 0
EURJPY	5	187	111	0.751 8	59.36	4.518 7
USDCAD	3	191	110	1.132 7	57.59	10.706 8
USDCHF	2	165	95	0.815 5	57.58	2.497 0
GBPCHF	7	164	94	0.798 9	57.32	4.243 9
NZDUSD	7	178	102	0.865 3	57.30	4.893 3
GBPJPY	1	191	109	0.808 1	57.07	2.884 8

如表 7.41 所示，相比较而言，该形态在 30 分钟周期中具有较高的成功率。NZDUSD 出现该形态 33 次，成功 27 次，成功率达到 81.82%，盈亏比为 1.787 9，具有较高的单次交易平均价差 93.515 2。此外，其他多种货币对的成功率超过 60%。

表 7.41 深思形态出现后的指标统计（30 分钟周期）

外汇商品名称	最佳持有周期数（个）	出现总次数（次）	成功次数（次）	盈亏比	成功率（%）	单次交易平均价差
NZDUSD	7	33	27	1.787 9	81.82	93.515 2
CHFJPY	6	36	25	0.963 7	69.44	60.305 6
XAUUSD	1	38	26	0.861 5	68.42	44.615 8
EURCHF	4	31	20	0.595 5	64.52	4.225 8
USDJPY	5	27	17	0.675 1	62.96	10.259 3
EURJPY	1	43	27	1.037 4	62.79	32.046 5
XAGUSD	1	36	22	0.721 2	61.11	2.944 4
GBPUSD	6	38	20	0.988 2	52.63	10.763 2
EURUSD	1	46	24	0.986 8	52.17	3.695 7
USDCHF	1	29	15	0.982 9	51.72	2.517 2

该形态没有符合筛选条件的日线周期统计结果。

19. 三内升形态（反转，看涨）

如表 7.42 所示，该形态为反转看涨形态。该形态在 5 分钟周期中出现的次数较多，但仅有 EURGBP 的平均收益为正，并且其单次交易平均价差很小。我们可以看到，三内升形态不适合对小周期走势进行研判。

表 7.42 三内升形态出现后的指标统计（5 分钟周期）

外汇商品名称	最佳持有周期数（个）	出现总次数（次）	成功次数（次）	盈亏比	成功率（%）	单次交易平均价差
EURGBP	3	882	451	0.958 6	51.13	0.04 676

如表 7.43 所示，在 30 分钟周期中，该形态的表现优于 5 分钟周期。该形态在 30 分钟周期中出现的次数较多，在筛选出的货币对中，其盈亏比普遍在 1 附近，且成功率大于 50%。

表 7.43 三内升形态出现后的指标统计（30 分钟周期）

外汇商品名称	最佳持有周期数（个）	出现总次数（次）	成功次数（次）	盈亏比	成功率（%）	单次交易平均价差
NZDUSD	4	188	110	0.988	58.51	17.627 7
AUDJPY	7	190	105	0.942 3	55.26	20.821 1
EURJPY	7	227	124	1.028 4	54.63	31.889 9
CHFJPY	3	185	100	0.892 7	54.05	3.043 2
EURUSD	4	222	118	1.053 0	53.15	13.491 0
USDJPY	7	244	129	0.946 5	52.87	4.680 3
USDCAD	7	195	101	1.127 8	51.79	18.323 1

外汇商品名称	最佳持有周期数（个）	出现总次数（次）	成功次数（次）	盈亏比	成功率（%）	单次交易平均价差
GBPUSD	2	229	117	1.027 5	51.09	5.209 6
EURGBP	3	152	76	1.136 9	50.00	5.276 3

如表 7.44 所示，在日线周期中，共有 9 种货币对满足筛选条件。其中，XAUUSD 出现该形态 6 次，成功 5 次，虽然盈亏比仅为 0.521 4，但单次交易平均价差达到 680.483 3；AUDJPY 具有最高的盈亏比 3.421 3，成功率为 66.67%，单次交易平均价差超过 680。通过三个周期的比较分析，三内升形态适合对较大周期的外汇行情进行研判。

表 7.44　三内升形态出现后的指标统计（日线周期）

外汇商品名称	最佳持有周期数（个）	出现总次数（次）	成功次数（次）	盈亏比	成功率（%）	单次交易平均价差
XAUUSD	4	6	5	0.521 4	83.33	680.483 3
USDCHF	4	5	4	0.537 1	80.00	430.000 0
GBPCHF	3	7	5	0.937 3	71.43	435.428 6
AUDJPY	7	9	6	3.421 3	66.67	684.222 2
NZDUSD	2	3	2	0.665 1	66.67	81.000 0
USDCAD	2	3	2	0.830 0	66.67	87.333 3
EURJPY	1	14	9	0.849 4	64.29	107.285 7
USDJPY	1	8	5	1.166 0	62.50	133.375 0
CHFJPY	1	3	1	2.820 9	33.33	68.000 0

20. 三外升形态（反转，看涨）

如表 7.45 所示，该形态为反转看涨形态。相比三内升形态，三外升形态在 5 分钟周期中具有更好的数据表现：共有 7 种货币对满足筛选条件，并且盈亏比均大于 1。其中，XAUUSD 的成功率为 54.89%，单次交易平均价差为 15.207 9。

表 7.45　三外升形态出现后的指标统计（5 分钟周期）

外汇商品名称	最佳持有周期数（个）	出现总次数（次）	成功次数（次）	盈亏比	成功率（%）	单次交易平均价差
XAUUSD	7	419	230	1.079 0	54.89	15.207 9
XAGUSD	6	308	161	1.163 8	52.27	4.366 9
AUDUSD	5	531	272	1.130 8	51.22	5.009 4
EURCHF	6	372	190	1.023 8	51.08	1.871 0
GBPUSD	7	580	295	1.111 7	50.86	7.241 4
EURJPY	4	509	253	1.025 5	49.71	0.544 2
USDCHF	7	520	257	1.243 0	49.42	7.265 4

如表 7.46 所示，在 30 分钟周期中，共有 11 种货币对满足筛选条件。这些货币对的成功率普遍提高，比如，XAUUSD 从 5 分钟周期的 54.89% 提升为 30 分钟周期的 60.87%，盈亏比从 1.079 0 提升至 1.289 7，单次交易平均价差相应提升至 85.231 9。

表 7.46　三外升形态出现后的指标统计（30 分钟周期）

外汇商品名称	最佳持有周期数（个）	出现总次数（次）	成功次数（次）	盈亏比	成功率（%）	单次交易平均价差
XAUUSD	5	69	42	1.289 7	60.87	85.231 9
USDCHF	3	59	35	0.992 3	59.32	16.135 6
AUDUSD	6	83	49	1.122 2	59.04	45.337 3
GBPUSD	1	70	41	1.218 4	58.57	21.057 1
EURGBP	7	69	40	1.720 6	57.97	54.869 6
EURUSD	2	63	36	0.776	57.14	1.873 0
NZDUSD	5	90	51	0.995	56.67	16.288 9
USDJPY	1	80	45	0.832 3	56.25	2.575 0
GBPCHF	3	81	45	1.298 5	55.56	34.518 5
CHFJPY	4	76	40	1.006 1	52.63	9.131 6
AUDJPY	1	95	49	1.083 3	51.58	5.894 7

如表 7.47 所示，在日线周期中，只有 EURJPY 和 CHFJPY 满足筛选条件，其中，EURJPY 出现该形态 3 次，具有 100% 的成功率，单次交易平均价差达到 524.333 3。

表 7.47　三外升形态出现后的指标统计（日线周期）

外汇商品名称	最佳持有周期数（个）	出现总次数（次）	成功次数（次）	盈亏比	成功率（%）	单次交易平均价差
EURJPY	1	3	3	NaN	100	524.333 3
CHFJPY	1	6	5	1.055	83.33	248.666 7

21. 南方三星形态（反转，看涨）

如表 7.48 所示，该形态为反转看涨形态。在 5 分钟周期中，该形态出现的次数很少，但具有较高的成功率，比如，EURJPY 的成功率为 80%，盈亏比为 1.266 7，单次交易平均价差为 48.800 0。

表 7.48　南方三星形态出现后的指标统计（5 分钟周期）

外汇商品名称	最佳持有周期数（个）	出现总次数（次）	成功次数（次）	盈亏比	成功率（%）	单次交易平均价差
EURJPY	6	5	4	1.266 7	80.00	48.800 0
XAGUSD	6	4	3	0.395 3	75.00	6.000 0
USDCHF	1	3	2	0.728 6	66.67	10.666 7
XAUUSD	1	3	2	7.714 6	66.67	105.333 3

该形态没有符合筛选条件的 30 分钟周期和日线周期统计结果。

22. 竖状三明治形态（反转，看涨）

如表 7.49 所示，该形态为反转看涨形态。在 5 分钟周期中，该形态出现的次数很少，但成功率较高，例如，AUDUSD、USDCHF 的成功率为 100%。

表 7.49　竖状三明治形态出现后的指标统计（5 分钟周期）

外汇商品名称	最佳持有周期数（个）	出现总次数（次）	成功次数（次）	盈亏比	成功率（%）	单次交易平均价差
AUDUSD	5	4	4	NaN	100.00	100.750 0
USDCHF	1	3	3	NaN	100.00	6.666 7
EURGBP	2	5	3	1.846 2	60.00	4.600 0

该形态没有符合筛选条件的 30 分钟周期和日线周期统计结果。

23. 挤压报警形态（反转，看涨）

如表 7.50 所示，该形态为反转看涨形态。在 5 分钟周期中，该形态出现的次数较多，共有 13 种货币对满足筛选条件，其成功率均大于 50%，盈亏比在 1 附近。其中，GBPJPY 出现该形态超过 1 000 次，成功率为 56.69%，盈亏比接近 1，单次交易平均价差超过 10；GBPUSD 具有最高的盈亏比 1.097 7，成功率为 54.35%，单次交易平均价差超过 12。

表 7.50　挤压报警形态出现后的指标统计（5 分钟周期）

外汇商品名称	最佳持有周期数（个）	出现总次数（次）	成功次数（次）	盈亏比	成功率（%）	单次交易平均价差
GBPJPY	4	1 076	610	0.918 4	56.69	10.194 2
EURJPY	7	938	526	0.826 8	56.08	2.978 7
AUDJPY	1	869	480	0.960 9	55.24	3.275 0
USDCHF	4	1 017	561	0.847 2	55.16	1.129 8
EURUSD	5	1 028	562	0.850 7	54.67	0.866 7
GBPCHF	6	936	511	0.956 9	54.59	6.865 4
GBPUSD	6	1 240	674	1.097 7	54.35	12.279 8
USDCAD	7	1 073	581	0.887 4	54.15	1.864 9
XAGUSD	4	662	358	0.961 5	54.08	2.481 9
AUDUSD	4	952	513	1.064 2	53.89	6.182 8
EURCHF	6	866	466	1.048 4	53.81	5.600 5
NZDUSD	6	1 072	575	0.989 2	53.64	4.263 1
XAUUSD	5	1 159	619	1.008 4	53.41	8.023 0

如表 7.51 所示，在 30 分钟周期中，有 9 种货币对满足筛选条件，该形态出现的次数均接近或超过 200 次。部分货币对的成功率相比其在 5 分钟周期中有显著提高，比如，

AUDJPY 从 5 分钟周期中的 55.24% 提升至 30 分钟周期中的 61.62%，但同时我们需要看到，它的盈亏比略微下降，从 0.960 9 降至 0.852 3，单次交易平均价差提升至 25.489 9。

表 7.51　挤压报警形态出现后的指标统计（30 分钟周期）

外汇商品名称	最佳持有周期数 （个）	出现总次数 （次）	成功次数 （次）	盈亏比	成功率 （%）	单次交易 平均价差
AUDJPY	3	198	122	0.852 3	61.62	25.489 9
GBPJPY	4	231	142	0.710 9	61.47	17.147 2
EURUSD	2	189	110	1.043 6	58.20	19.105 8
XAUUSD	6	282	157	1.011 5	55.67	33.628 4
USDJPY	4	231	128	0.944 9	55.41	12.342 0
EURJPY	3	201	111	0.858 4	55.22	4.636 8
GBPUSD	5	210	115	0.883 6	54.76	6.328 6
USDCAD	4	184	100	0.910 5	54.35	4.820 7
CHFJPY	5	192	103	0.868 3	53.65	0.354 2

如表 7.52 所示，在日线周期中，货币对出现该形态的次数大幅下降，但成功率有明显提升，如 AUDJPY、GBPCHF 及 XAUUSD 均达到 100%。因为该形态出现次数较少，所以其盈亏比受个别交易影响波动较大。

表 7.52　挤压报警形态出现后的指标统计（日线周期）

外汇商品名称	最佳持有周期数 （个）	出现总次数 （次）	成功次数 （次）	盈亏比	成功率 （%）	单次交易 平均价差
AUDJPY	1	3	3	NaN	100.00	889.333 3
GBPCHF	1	3	3	NaN	100.00	1 231.333 3
XAUUSD	1	6	6	NaN	100.00	319.216 7
AUDUSD	2	6	5	0.567	83.33	116.833 3
USDJPY	6	9	7	3.658 9	77.78	655.888 9
USDCHF	2	4	3	0.363	75.00	35.250 0
GBPJPY	2	3	2	24.083 3	66.67	660.333 3
EURGBP	1	5	3	2.613 3	60.00	255.200 0

24. 脱离形态（反转，看涨）

如表 7.53 所示，该形态为反转看涨形态。在 5 分钟周期中，该形态出现次数仅为个位数。部分货币对的成功率较高，比如，EURUSD 出现该形态 7 次，成功 5 次，成功率超过 70%，盈亏比超过 3，单次交易平均价差超过 26。

表 7.53 脱离形态出现后的指标统计（5 分钟周期）

外汇商品名称	最佳持有周期数（个）	出现总次数（次）	成功次数（次）	盈亏比	成功率（%）	单次交易平均价差
EURUSD	4	7	5	3.111 1	71.43	26.142 9
AUDUSD	1	3	2	2.687 5	66.67	11.666 7
XAUUSD	3	9	6	0.576 3	66.67	6.555 6
EURGBP	1	7	4	3.661 8	57.14	9.428 6
GBPCHF	5	11	6	1.163 0	54.55	11.545 5
GBPJPY	1	9	4	2.660 9	44.44	12.666 7

该形态没有符合筛选条件的 30 分钟周期和日线周期统计结果。

25. 梯形底部形态（反转，看涨）

如表 7.54 所示，该形态为反转看涨形态，出现次数较少。只有 NZDUSD 满足筛选条件，出现该形态 3 次，成功率达到 100%，单次交易平均价差超过 23。

表 7.54 梯形底部形态出现后的指标统计（5 分钟周期）

外汇商品名称	最佳持有周期数（个）	出现总次数（次）	成功次数（次）	盈亏比	成功率（%）	单次交易平均价差
NZDUSD	6	3	3	NaN	100.00	23.666 7

该形态没有符合筛选条件的 30 分钟周期和日线周期统计结果。

26. 触底后向上跳空形态（反转，看涨）

如表 7.55 所示，该形态为反转看涨形态。该形态出现的次数较少，在 5 分钟周期中，该形态出现的次数大部分为个位数。部分货币对的成功率较高，比如，GBPCHF、USDCAD 的成功率均达到或超过 80%。其中，USDCAD 还具有较高的盈亏比 5.166 7，单次交易平均价差为 23.600 0；GBPJPY 具有最高的单次交易平均价差 41.400 0。

表 7.55 触底后向上跳空形态出现后的指标统计（5 分钟周期）

外汇商品名称	最佳持有周期数（个）	出现总次数（次）	成功次数（次）	盈亏比	成功率（%）	单次交易平均价差
GBPCHF	3	6	5	0.526 2	83.33	17.666 7
USDCAD	1	5	4	5.166 7	80.00	23.600 0
AUDJPY	6	8	6	0.426 2	75.00	10.000 0
EURGBP	4	4	3	0.680 0	75.00	6.500 0
XAGUSD	5	11	7	0.808 2	63.64	5.272 7
GBPJPY	2	5	3	3.602 8	60.00	41.400 0
USDCHF	4	10	5	1.186 9	50.00	5.400 0
NZDUSD	2	9	4	1.449 6	44.44	2.111 1

该形态没有符合筛选条件的 30 分钟周期和日线周期的统计结果。

27. 三次向下跳空形态（反转，看涨）

如表 7.56 所示，该形态为反转看涨形态。在 5 分钟周期中，该形态出现的次数较少。部分货币对具有较高的成功率，比如，EURCHF 的成功率达到 77.78%，但盈亏比较低，不到 0.5；GBPJPY 具有 67.61% 的成功率和超过 1 的盈亏比，单次交易平均价差超过 60。我们从表 7.56 中可以看出，该形态出现后，适合短期持有。

表 7.56 三次向下跳空形态出现后的指标统计（5 分钟周期）

外汇商品名称	最佳持有周期数（个）	出现总次数（次）	成功次数（次）	盈亏比	成功率（%）	单次交易平均价差
EURCHF	1	18	14	0.484 0	77.78	7.555 6
USDJPY	2	36	27	0.657 0	75.00	13.944 4
CHFJPY	2	30	22	0.695 0	73.33	20.900 0
GBPJPY	4	71	48	1.033 3	67.61	60.676 1
GBPUSD	7	80	54	0.999 5	67.50	57.375 0
NZDUSD	2	55	37	0.895 8	67.27	16.672 7
XAGUSD	7	54	36	0.736 8	66.67	12.611 1
EURGBP	1	28	17	0.665 0	60.71	0.321 4
AUDUSD	1	69	41	0.825 4	59.42	3.869 6
EURJPY	1	34	19	1.164 1	55.88	9.882 4

该形态没有符合筛选条件的 30 分钟周期和日线周期统计结果。

28. 分手线形态（持续，看涨）

如表 7.57 所示，该形态为持续看涨形态。在 5 分钟周期中，仅 3 种货币对满足筛选条件。其中，AUDUSD 出现该形态 3 次，成功率达到 100%，单次交易平均价差达到 40。

表 7.57 分手线形态出现后的指标统计（5 分钟周期）

外汇商品名称	最佳持有周期数（个）	出现总次数（次）	成功次数（次）	盈亏比	成功率（%）	单次交易平均价差
AUDUSD	4	3	3	NaN	100.00	40.000 0
NZDUSD	2	4	3	0.410 3	75.00	3.750 0
XAGUSD	3	6	4	1.533 3	66.67	10.333 3

该形态没有符合筛选条件的 30 分钟周期和日线周期的统计结果。

29. 待入线形态（持续，看涨）

如表 7.58 所示，该形态为持续看涨形态。在 5 分钟周期中，共有 12 种货币对满足筛选条件。该形态具有较高的盈亏比和成功率。比如，GBPJPY 的成功率为 70%，盈亏比超过 1.1，单次交易平均价差超过 28；EURCHF 具有最高的盈亏比 3.333 3，成功率超过 55%。与其他形态相比，该形态的盈亏比普遍较高。

表 7.58　待入线形态出现后的指标统计（5 分钟周期）

外汇商品名称	最佳持有周期数（个）	出现总次数（次）	成功次数（次）	盈亏比	成功率（%）	单次交易平均价差
GBPJPY	5	10	7	1.125 0	70.00	28.600 0
EURJPY	6	16	11	1.984 9	68.75	64.812 5
EURUSD	1	17	10	1.069 3	58.82	3.941 2
USDCAD	2	30	17	0.910 2	56.67	2.866 7
CHFJPY	1	23	13	2.202 8	56.52	14.260 9
AUDUSD	3	36	20	1.171 2	55.56	4.833 3
EURCHF	1	18	10	3.333 3	55.56	11.611 1
NZDUSD	5	31	17	0.945 5	54.84	3.129 0
GBPCHF	1	26	14	1.595 3	53.85	8.115 4
USDCHF	7	36	19	0.899 1	52.78	0.166 7
USDJPY	1	21	11	1.764 1	52.38	7.523 8
XAGUSD	6	62	31	1.166 4	50.00	1.419 4

该形态没有符合筛选条件的 30 分钟周期和日线周期统计结果。

30. 切入线形态（持续，看涨）

如表 7.59 所示，该形态为持续看涨形态。在 5 分钟周期中，该形态出现的次数仅为个位数。例如，CHFJPY 出现该形态 3 次，成功率达到 100%，单次交易平均价差超过 22。

表 7.59　切入线形态出现后的指标统计（5 分钟周期）

外汇商品名称	最佳持有周期数（个）	出现总次数（次）	成功次数（次）	盈亏比	成功率（%）	单次交易平均价差
CHFJPY	5	3	3	NaN	100.00	22.333 3
AUDJPY	1	6	5	0.920 0	83.33	12.000 0
NZDUSD	1	9	7	1.059 0	77.78	22.555 6
USDCHF	2	7	5	0.686 5	71.43	7.571 4
EURGBP	5	9	6	0.557 1	66.67	0.888 9
AUDUSD	2	14	8	1.018 6	57.14	3.785 7
USDJPY	1	3	1	2.333 3	33.33	0.333 3

该形态没有符合筛选条件的 30 分钟周期和日线周期的统计结果。

31. 插入线形态（持续，看涨）

如表 7.60 所示，该形态为持续看涨形态。在 5 分钟周期中，符合该形态筛选条件的货币对较多，盈亏比普遍较高。在 5 分钟周期中，AUDJPY 出现该形态 4 次，成功率为 100%；USDJPY 的成功率为 80%，盈亏比超过 1.1，单次交易平均价差为 54.800 0。

表 7.60 插入线形态出现后的指标统计（5 分钟周期）

外汇商品名称	最佳持有周期数（个）	出现总次数（次）	成功次数（次）	盈亏比	成功率（%）	单次交易平均价差
AUDJPY	4	4	4	NaN	100.00	27.750 0
USDJPY	5	5	4	1.139 6	80.00	54.800 0
EURUSD	2	14	9	1.186 4	64.29	20.357 1
NZDUSD	4	30	19	0.694 0	63.33	4.366 7
GBPUSD	1	25	15	0.974 6	60.00	7.760 0
USDCHF	5	30	18	1.247 7	60.00	16.966 7
GBPJPY	4	18	10	1.537 7	55.56	56.611 1
XAGUSD	2	28	15	2.615 2	53.57	8.214 3
AUDUSD	7	10	5	1.152 8	50.00	4.600 0
EURGBP	1	12	6	1.956 5	50.00	1.833 3
GBPCHF	2	21	10	1.263 1	47.62	2.809 5

如表 7.61 所示，在 30 分钟周期中，仅有 USDCAD 符合筛选条件，出现该形态仅 3 次，所以该形态统计结果的参考价值有限。

表 7.61 插入线形态出现后的指标统计（30 分钟周期）

外汇商品名称	最佳持有周期数（个）	出现总次数（次）	成功次数（次）	盈亏比	成功率（%）	单次交易平均价差
USDCAD	1	3	2	0.554 8	66.67	2.666 7

该形态没有符合筛选条件的日线周期统计结果。

32. 向上跳空并列阴阳线形态（持续，看涨）

如表 7.62 所示，该形态为持续看涨形态。在 5 分钟周期中，共有 11 种货币对满足筛选条件。其中，USDJPY 具有最高的成功率 60.42%、最高的盈亏比 1.595 1 和最大的单次交易平均价差 26.062 5。

表 7.62 向上跳空并列阴阳线形态出现后的指标统计（5 分钟周期）

外汇商品名称	最佳持有周期数（个）	出现总次数（次）	成功次数（次）	盈亏比	成功率（%）	单次交易平均价差
USDJPY	7	48	29	1.595 1	60.42	26.062 5

（续表）

外汇商品名称	最佳持有周期数（个）	出现总次数（次）	成功次数（次）	盈亏比	成功率（%）	单次交易平均价差
EURJPY	3	52	31	0.818 4	59.62	5.096 2
AUDUSD	3	103	57	1.098 1	55.34	7.000 0
NZDUSD	1	140	77	1.156 3	55.00	4.642 9
EURUSD	4	253	137	1.386 7	54.15	15.837 9
GBPJPY	7	178	96	1.043 2	53.93	13.567 4
EURGBP	4	94	50	1.129 6	53.19	3.255 3
CHFJPY	1	145	76	1.166 4	52.41	3.406 9
USDCHF	7	143	71	1.193 7	49.65	7.132 9
XAGUSD	2	117	58	1.098 2	49.57	1.034 2
XAUUSD	7	285	133	1.182 9	46.67	2.118 9

如表 7.63 所示，在 30 分钟周期中，满足该形态筛选条件的货币对的数量较多，成功率普遍提高，但盈亏比略有下降。个别货币对出现较高的盈亏比，比如，EURGBP 的盈亏比由 5 分钟周期中的 1.129 6 提升至 5.631 2。

表 7.63 　向上跳空并列阴阳线形态出现后的指标统计（30 分钟周期）

外汇商品名称	最佳持有周期数（个）	出现总次数（次）	成功次数（次）	盈亏比	成功率（%）	单次交易平均价差
EURCHF	1	9	7	0.631 9	77.78	29.888 9
GBPCHF	1	11	8	1.302 3	72.73	58
EURJPY	1	7	5	0.768 3	71.43	31.571 4
GBPUSD	4	14	10	0.815	71.43	45.571 4
USDJPY	1	6	4	1.945 5	66.67	26.5
CHFJPY	7	23	15	0.803 5	65.22	21.782 6
EURGBP	2	8	5	5.631 2	62.5	100.625
AUDJPY	5	22	13	0.697 1	59.09	0.272 7
NZDUSD	1	17	10	1.392 2	58.82	20.823 5
USDCAD	5	14	8	0.974 2	57.14	14.928 6
XAUUSD	5	35	17	1.135 9	48.57	9.451 4

该形态没有符合筛选条件的日线周期统计结果。

33. 并列阳线形态（持续，看涨）

如表 7.64 所示，该形态为持续看涨形态。在 5 分钟周期中，仅有 3 种货币对满足筛选条件。其中，XAGUSD 出现该形态 9 次，成功 7 次，具有最高的成功率，单次交易平均价差超过 8。

表 7.64　并列阳线形态出现后的指标统计（5 分钟周期）

外汇商品名称	最佳持有周期数（个）	出现总次数（次）	成功次数（次）	盈亏比	成功率（%）	单次交易平均价差
XAGUSD	1	9	7	21.714 3	77.78	8.333 3
USDCHF	3	4	3	2.533 3	75.00	16.500 0
AUDUSD	4	8	4	1.883 3	50.00	6.625 0

34. 向上跳空三法形态（持续，看涨）

如表 7.65 所示，该形态为持续看涨形态。在 5 分钟周期中，共有 10 种货币对满足筛选条件。其中，大部分货币对的盈亏比大于 1，成功率高于 50%。

表 7.65　向上跳空三法形态出现后的指标统计（5 分钟周期）

外汇商品名称	最佳持有周期数（个）	出现总次数（次）	成功次数（次）	盈亏比	成功率（%）	单次交易平均价差
USDCAD	3	134	76	1.142 9	56.72	11.888 1
NZDUSD	6	120	68	0.878 8	56.67	3.933 3
AUDJPY	7	89	49	0.990 1	55.06	7.404 5
GBPJPY	1	124	67	1.150 7	54.03	8.750 0
GBPUSD	4	164	88	1.162 5	53.66	9.256 1
AUDUSD	3	159	85	1.314 2	53.46	11.100 6
EURUSD	3	131	70	1.042 9	53.44	5.175 6
XAUUSD	1	229	122	0.994 5	53.28	3.874 7
EURGBP	5	81	42	1.020 8	51.85	1.876 5
GBPCHF	2	105	51	1.404 6	48.57	11.066 7

如表 7.66 所示，在 30 分钟周期中，满足该形态筛选条件的货币对较多。相比 5 分钟周期，成功率显著提升。比如，USDJPY 出现该形态 11 次，虽然盈亏比低于 0.5，但成功率达到 90% 以上，单次交易平均价差超过 60；USDCHF 的成功率达到 75%，盈亏比超过 5，单次交易平均价差接近 120。

表 7.66　向上跳空三法形态出现后的指标统计（30 分钟周期）

外汇商品名称	最佳持有周期数（个）	出现总次数（次）	成功次数（次）	盈亏比	成功率（%）	单次交易平均价差
USDJPY	2	11	10	0.404 4	90.91	62.545 5
USDCHF	1	12	9	5.489 1	75.00	118.583 3
GBPCHF	6	23	17	0.607	73.91	63.304 3
EURJPY	2	14	10	0.777 3	71.43	17.785 7

（续表）

外汇商品名称	最佳持有周期数（个）	出现总次数（次）	成功次数（次）	盈亏比	成功率（%）	单次交易平均价差
EURCHF	3	15	10	0.913 3	66.67	21.600 0
XAGUSD	7	9	6	1.304 7	66.67	34.333 3
EURGBP	3	14	9	1.780 9	64.29	28.357 1
CHFJPY	1	16	10	1.477 1	62.50	28.687 5
GBPJPY	1	21	13	1.129	61.90	36.047 6
AUDUSD	1	17	10	1.033 8	58.82	20.058 8
AUDJPY	5	22	12	1.164 5	54.55	30.181 8
NZDUSD	6	16	8	2.312 2	50.00	33.625 0

该形态没有符合筛选条件的日线周期统计结果。

35. 战后休整形态（持续，看涨）

如表 7.67 所示，该形态为持续看涨形态。在 5 分钟周期中，有 7 种货币对满足筛选条件。并且，这些货币对出现的次数均接近或超过 2 000 次，虽然成功率均低于 50%，但盈亏比均大于 1。

表 7.67　战后休整形态出现后的指标统计（5 分钟周期）

外汇商品名称	最佳持有周期数（个）	出现总次数（次）	成功次数（次）	盈亏比	成功率（%）	单次交易平均价差
USDCHF	6	1 938	956	1.179 1	49.33	4.662 0
EURGBP	7	1 754	862	1.139 7	49.14	2.424 7
EURJPY	6	2 371	1 156	1.094 0	48.76	1.901 7
AUDUSD	3	2 099	1 010	1.128 5	48.12	1.141 0
EURUSD	4	2 702	1 295	1.190 6	47.93	3.032 2
XAUUSD	6	2 149	1 024	1.108 1	47.65	0.506 0
USDJPY	7	2 090	983	1.210 0	47.03	2.506 2

如表 7.68 所示，在 30 分钟周期中，该形态出现的次数较多，共有 8 种货币对满足筛选条件，成功率和盈亏比相比 5 分钟周期均有小幅提升。因为持有时间延长，所以单次交易平均价差有显著提升。比如，EURJPY 的成功率从 5 分钟周期中的 48.76% 提升至 30 分钟周期中的 53.06%，盈亏比从 1.094 0 提升至 1.221 0，单次交易平均价差提升至 32.656 5。

表 7.68　战后休整形态出现后的指标统计（30 分钟周期）

外汇商品名称	最佳持有周期数（个）	出现总次数（次）	成功次数（次）	盈亏比	成功率（%）	单次交易平均价差
EURJPY	6	588	312	1.221 0	53.06	32.656 5
XAUUSD	6	623	321	1.061 5	51.52	15.219 4
GBPJPY	1	560	287	1.121 1	51.25	10.875 0
USDCAD	6	446	228	0.982 9	51.12	2.320 6
GBPUSD	7	512	257	1.128 6	50.2	15.384 8
CHFJPY	7	549	273	1.132 9	49.73	9.821 5
EURGBP	1	448	222	1.290 9	49.55	5.203 1
EURUSD	6	615	300	1.058 0	48.78	0.681 3

如表 7.69 所示，在日线形态中，符合筛选条件的货币对的数量继续增加，达到 11 种。其在日线周期的成功率和单次交易平均价差相比 5 分钟周期和 30 分钟周期又有大幅提升，但盈亏比有所下降。

表 7.69　战后休整形态出现后的指标统计（日线周期）

外汇商品名称	最佳持有周期数（个）	出现总次数（次）	成功次数（次）	盈亏比	成功率（%）	单次交易平均价差
GBPJPY	2	14	12	0.923 1	85.71	719.357 1
XAGUSD	2	14	12	1.380 6	85.71	264.285 7
USDJPY	6	9	7	1.442 2	77.78	480.333 3
GBPCHF	1	13	10	2.070 6	76.92	435.846 2
EURUSD	1	8	6	1.619 1	75.00	270.500 0
USDCHF	2	7	5	0.477 0	71.43	43.571 4
GBPUSD	6	10	7	0.443 3	70.00	40.200 0
AUDUSD	3	13	9	0.522 3	69.23	54.307 7
EURGBP	1	14	9	0.699 9	64.29	32.214 3
NZDUSD	2	16	10	0.858 2	62.50	112.250 0
CHFJPY	2	10	6	3.848 4	60.00	405.200 0

36. 上升三法形态（持续，看涨）

如表 7.70 所示，该形态为持续看涨形态。在 5 分钟周期中，共有 7 种货币对满足筛选条件，其成功率普遍高于或接近 50%。其中，XAUUSD 具有最高的盈亏比 1.530 8 和最大的单次交易平均价差 33.177 2。

表 7.70　上升三法形态出现后的指标统计（5 分钟周期）

外汇商品名称	最佳持有周期数（个）	出现总次数（次）	成功次数（次）	盈亏比	成功率（%）	单次交易平均价差
USDCAD	2	159	84	0.931 4	52.83	0.949 7
XAUUSD	7	180	94	1.530 8	52.22	33.177 2
GBPUSD	6	133	69	0.955 1	51.88	1.270 7
AUDJPY	6	147	75	1.110 1	51.02	5.156 5
USDJPY	4	123	62	1.403 0	50.41	8.471 5
XAGUSD	2	80	40	1.319 0	50.00	3.700 0
EURCHF	7	106	52	1.146 8	49.06	2.367 9

如表 7.71 所示，在 30 分钟周期中，共有 9 种货币对满足筛选条件，其盈亏比、成功率和单次交易平均价差均有显著提升。其中，XAGUSD 的盈亏比从 5 分钟周期中的 1.319 0 提升至 30 分钟周期中的 1.819 2，成功率从 50% 提升至 63.33%，单次交易平均价差相应提升至 51.200 0。

表 7.71　上升三法形态出现后的指标统计（30 分钟周期）

外汇商品名称	最佳持有周期数（个）	出现总次数（次）	成功次数（次）	盈亏比	成功率（%）	单次交易平均价差
EURJPY	6	20	13	1.586 2	65.00	111.200 0
XAGUSD	7	30	19	1.819 2	63.33	51.200 0
EURUSD	2	37	23	1.595 2	62.16	56.810 8
USDCHF	2	25	14	1.405 8	56.00	19.760 0
EURCHF	4	24	13	2.214 2	54.17	33.750 0
USDCAD	3	24	13	1.487 1	54.17	30.583 3
AUDUSD	2	28	14	1.631 1	50.00	22.000 0
AUDJPY	1	23	11	1.103 9	47.83	0.565 2
EURGBP	4	17	8	2.428 1	47.06	18.941 2

该形态没有符合筛选条件的日线周期统计结果。

37. 铺垫形态（持续，看涨）

如表 7.72 所示，该形态为持续看涨形态。在 5 分钟周期中，仅 USDCHF 满足筛选条件，出现该形态 3 次，成功 1 次，具有较高的盈亏比 5.151 5，单次交易平均价差超过 17。

表 7.72　铺垫形态出现后的指标统计（5 分钟周期）

外汇商品名称	最佳持有周期数 （个）	出现总次数 （次）	成功次数 （次）	盈亏比	成功率 （%）	单次交易 平均价差
USDCHF	1	3	1	5.151 5	33.33	17.333 3

该形态没有符合筛选条件的 30 分钟周期和日线周期统计结果。

38. 三线直击形态（持续，看涨）

如表 7.73 所示，该形态为持续看涨形态。在 5 分钟周期中，有 7 种货币对满足筛选条件，成功率相对较高。例如，USDCAD 具有最高成功率 61.90，盈亏比大于 1.1，单次交易平均价差大于 15；GBPJPY 具有最高盈亏比 1.553 8，成功率为 58.43%，单次交易平均价差超过 18。

表 7.73　三线直击形态出现后的指标统计（5 分钟周期）

外汇商品名称	最佳持有周期数 （个）	出现总次数 （次）	成功次数 （次）	盈亏比	成功率 （%）	单次交易 平均价差
USDCAD	3	84	52	1.106 0	61.90	15.261 9
NZDUSD	6	94	58	0.905 9	61.70	12.170 2
XAUUSD	5	108	64	0.977 0	59.26	20.923 1
GBPCHF	3	115	68	0.835 4	59.13	7.269 6
GBPJPY	1	89	52	1.553 8	58.43	18.606 7
USDJPY	7	58	33	1.546 0	56.90	29.982 8
AUDUSD	6	103	55	0.927 1	53.40	2.301 0

如表 7.74 所示，在 30 分钟周期中，满足筛选条件的货币对数量增多，共有 11 种货币对，其成功率有较大幅度的提升，个别货币对具有较大的盈亏比。比如，CHFJPY 的成功率为 80%，盈亏比超过 12，单次交易平均价差超过 150。

表 7.74　三线直击形态出现后的指标统计（30 分钟周期）

外汇商品名称	最佳持有周期数 （个）	出现总次数 （次）	成功次数 （次）	盈亏比	成功率 （%）	单次交易 平均价差
CHFJPY	1	15	12	12.025 5	80.00	153.866 7
USDJPY	1	14	11	4.314 9	78.57	29.642 9
AUDJPY	2	17	13	0.414 1	76.47	14.529 4
GBPUSD	3	12	9	2.729 6	75.00	139.583 3
XAUUSD	1	21	15	0.950 8	71.43	39.642 9

（续表）

外汇商品名称	最佳持有周期数（个）	出现总次数（次）	成功次数（次）	盈亏比	成功率（%）	单次交易平均价差
EURUSD	1	10	7	1.315 7	70.00	38.500 0
GBPCHF	3	15	10	0.661 3	66.67	23.933 3
XAGUSD	1	15	10	0.757 7	66.67	13.400 0
EURJPY	1	22	14	1.440 1	63.64	39.318 2
AUDUSD	6	20	12	0.813 4	60.00	11.800 0
GBPJPY	2	24	14	1.232 5	58.33	48.791 7

该形态没有符合筛选条件的日线周期统计结果。

第八章

看跌 K 线形态在外汇交易中的量化分析

1. 上吊线形态（反转，看跌）

如表 8.1 所示，该形态为反转看跌形态。在 5 分钟周期中，有 16 种货币对满足筛选条件。该形态出现次数频繁，平均出现次数在 4 000 次以上。根据表 8.1 所示，该形态的成功率均大于 50%，盈亏比主要在 0.9 附近。同时我们需要看到，货币对的单次交易平均价差普遍不大，GBPCHF 具有最大的单次交易平均价差 7.971 3，成功率为 56.59%，盈亏比大于 1。

表 8.1　上吊线形态出现后的指标统计（5 分钟周期）

外汇商品名称	最佳持有周期数（个）	出现总次数（次）	成功次数（次）	盈亏比	成功率（%）	单次交易平均价差
XAGUSD	1	4 775	2 782	0.774 3	58.26	0.654 7
EURCHF	1	4 609	2 667	0.890 1	57.87	1.995 4
EURGBP	1	4 889	2 818	0.819 8	57.64	0.882 4
CHFJPY	1	4 429	2 540	0.931 4	57.35	3.295 1
USDJPY	1	5 408	3 087	0.841 8	57.08	1.390 5
GBPCHF	2	4 557	2 579	1.018 5	56.59	7.971 3
USDCAD	1	6 034	3 398	0.949 1	56.31	2.756 5
GBPUSD	1	5 297	2 979	0.896 2	56.24	2.518 4
USDCHF	1	5 492	3 088	0.828 3	56.23	0.790 6
NZDUSD	1	6 145	3 455	0.880 3	56.22	1.524 8
EURJPY	1	4 845	2 695	0.853 9	55.62	1.195 9
EURUSD	2	4 049	2 239	0.878 7	55.30	1.647 1
XAUUSD	2	5 474	3 013	0.897 0	55.04	2.700 3
GBPJPY	5	4 837	2 659	0.892 1	54.97	4.644 0
AUDUSD	1	4 346	2 383	0.848 0	54.83	0.381 5
AUDJPY	4	4 473	2 405	0.973 5	53.77	3.899 8

如表 8.2 所示，在 30 分钟周期中，共有 12 种货币对满足筛选条件，该形态出现次数均在 500 次以上。这些货币对的成功率和盈亏比相比其在 5 分钟周期中均有所提升，单次交易平均价差也相应提升。例如，GBPCHF 的盈亏比为 1.112 7，成功率为 58.88%，且具有最大的单次交易平均价差 30.852 4。

表 8.2　上吊线出现后的指标统计（30 分钟周期）

外汇商品名称	最佳持有周期数（个）	出现总次数（次）	成功次数（次）	盈亏比	成功率（%）	单次交易平均价差
XAGUSD	1	601	378	0.936 1	62.9	7.582 4
EURCHF	1	615	380	0.968	61.79	9.352 8
GBPCHF	2	569	335	1.112 7	58.88	30.852 4
CHFJPY	3	561	329	1.040 9	58.65	22.130 1
USDCHF	5	703	410	0.909 1	58.32	15.497 9
EURJPY	3	666	380	0.832 3	57.06	7.656 2
XAUUSD	2	742	423	0.934 2	57.01	14.542 7
EURGBP	1	580	329	0.868 4	56.72	2.532 8
GBPJPY	2	646	366	0.912 2	56.66	13.458 2
NZDUSD	1	730	412	1.005 9	56.44	7.724 7
GBPUSD	4	666	375	0.881	56.31	11.051 1
USDJPY	1	752	417	0.832	55.45	1.059 8
AUDJPY	1	641	353	0.910 9	55.07	4.210 6
AUDUSD	5	578	317	0.883 8	54.84	4.892 7
USDCAD	1	792	426	1.021 1	53.79	5.912 9

　　如表 8.3 所示，在日线周期中，共有 7 种货币对满足筛选条件。它们的成功率和单次交易平均价差均有大幅提升，比如，EURJPY 具有 61.54% 的成功率和超过 670 的单次交易平均价差。

表 8.3　上吊线形态出现后的指标统计（日线周期）

外汇商品名称	最佳持有周期数（个）	出现总次数（次）	成功次数（次）	盈亏比	成功率（%）	单次交易平均价差
NZDUSD	3	5	5	NaN	100.00	165.000 0
EURCHF	1	8	7	1.077 7	87.50	328.000 0
EURGBP	1	9	7	0.924 4	77.78	136.111 1
AUDJPY	2	12	9	0.831 9	75.00	356.333 3
EURJPY	6	13	8	1.447 6	61.54	679.076 9
AUDUSD	1	5	3	0.763 6	60.00	18.000 0
GBPCHF	1	6	3	1.835 8	50.00	134.000 0

2. 执带线形态（反转，看跌）

　　如表 8.4 所示，该形态为反转看跌形态。在 5 分钟周期中，共有 6 种货币对满足筛选条件。该形态出现次数频繁，满足筛选条件的货币对的成功率为 50%~53%，盈亏比在 1 左右，单次交易平均价差较小。

表 8.4 执带线形态出现后的指标统计（5 分钟周期）

外汇商品名称	最佳持有周期数（个）	出现总次数（次）	成功次数（次）	盈亏比	成功率（%）	单次交易平均价差
NZDUSD	1	4 000	2 087	0.924 0	52.18	0.101 0
CHFJPY	4	2 819	1 468	0.938 7	52.08	0.541 7
GBPUSD	3	3 636	1 884	0.948 0	51.82	0.535 2
EURJPY	2	3 119	1 609	0.945 6	51.59	0.184 0
AUDJPY	4	2 804	1 436	1.041 2	51.21	2.730 4
XAUUSD	6	2 296	1 151	0.998 6	50.13	0.193 2

如表 8.5 所示，在 30 分钟周期中，共有 8 种货币对满足筛选条件。各货币对的成功率有所提高。投资者需要注意的是，在 5 分钟周期中筛选出的货币对与在 30 分钟周期中筛选出的货币对的重叠性较小。

表 8.5 执带线形态出现后的指标统计（30 分钟周期）

外汇商品名称	最佳持有周期数（个）	出现总次数（次）	成功次数（次）	盈亏比	成功率（%）	单次交易平均价差
USDCAD	7	286	165	0.889 9	57.69	17.667 8
GBPCHF	5	182	104	0.795 2	57.14	6.692 3
EURUSD	7	142	80	0.931	56.34	14.704 2
USDCHF	4	258	145	1.038 4	56.2	18.771 3
GBPUSD	6	258	144	1.017 3	55.81	25.124
AUDUSD	2	225	124	0.944 4	55.11	5.457 8
USDJPY	1	289	157	0.939 8	54.33	3.197 2
XAUUSD	7	182	89	1.446 8	48.9	49.349 5

该形态没有符合筛选条件的日线周期统计结果。

3. 吞没形态（反转，看跌）

如表 8.6 所示，该形态为反转看跌形态。在 5 分钟周期中，共有 2 种货币对满足筛选条件，其成功率较低，仅略高于 50%，盈亏比为 0.9~1.0，单次交易平均价差较小。

表 8.6 吞没形态出现后的指标统计（5 分钟周期）

外汇商品名称	最佳持有周期数（个）	出现总次数（次）	成功次数（次）	盈亏比	成功率（%）	单次交易平均价差
GBPJPY	6	4 641	2 366	0.990 7	50.98	1.817 9
XAUUSD	5	3 314	1 687	0.983 9	50.91	0.933 2

如表 8.7 所示，在 30 分钟周期中，共有 6 种货币对满足筛选条件。这些货币对的成功率有所提升。投资者需要注意的是，在 5 分钟周期中筛选出的货币对均没有满足 30 分钟周

期的筛选条件。

表 8.7 吞没形态出现后的指标统计（30 分钟周期）

外汇商品名称	最佳持有周期数 （个）	出现总次数 （次）	成功次数 （次）	盈亏比	成功率 （%）	单次交易 平均价差
XAGUSD	7	578	313	0.956 2	54.15	5.335 6
USDCAD	7	795	417	0.999 1	52.45	9.259 1
USDCHF	4	754	390	0.935	51.72	0.122
GBPUSD	3	763	393	0.978 1	51.51	3.148 1
AUDJPY	3	709	365	0.991 4	51.48	3.521 9
GBPCHF	2	738	367	1.093 9	49.73	5.715 4

如表 8.8 所示，在日线周期中，共有 9 种货币对满足筛选条件。这些货币对的成功率大幅提升，个别货币对的盈亏比也有所提升。比如，GBPUSD 的盈亏比从 30 分钟周期中的 0.978 1 提升至日线周期中的 1.832 5，成功率从 51.51% 提升至 66.67%，单次交易平均价差从 3.148 1 提升至 1 000 以上。

表 8.8 吞没形态出现后的指标统计（日线周期）

外汇商品名称	最佳持有周期数 （个）	出现总次数 （次）	成功次数 （次）	盈亏比	成功率 （%）	单次交易 平均价差
EURUSD	6	12	10	0.816 2	83.33	879.666 7
EURGBP	1	17	12	0.638 1	70.59	70.470 6
GBPUSD	7	18	12	1.832 5	66.67	1 099.055 6
XAGUSD	2	18	11	1.318 8	61.11	104.611 1
GBPCHF	1	23	14	1.576 7	60.87	465.434 8
CHFJPY	1	17	10	0.868 5	58.82	51.529 4
EURJPY	1	26	15	0.761 5	57.69	10.576 9
GBPJPY	1	14	8	3.466 4	57.14	1 109.571 4
AUDJPY	1	25	14	1.225 1	56	117.4
NZDUSD	2	25	13	1.469 8	52	109.08

4. 孕线形态（反转，看跌）

如表 8.9 所示，该形态为反转看跌状态。在 5 分钟周期中，共有 14 种货币对满足筛选条件。这些货币对出现该形态的次数均在 5 000 次以上，成功率在 50% 以上，盈亏比接近 1。该形态在大部分考察的货币对中具有正的平均收益，并且出现次数较多。该统计结果说明，看跌孕线在外汇 5 分钟周期的行情分析中具有一定指导性。

表 8.9 孕线形态出现后的指标统计（5 分钟周期）

外汇商品名称	最佳持有周期数（个）	出现总次数（次）	成功次数（次）	盈亏比	成功率（%）	单次交易平均价差
XAGUSD	1	5 359	3 019	0.797 8	56.34	0.248 6
USDJPY	7	9 847	5 415	0.882 7	54.99	2.555 0
EURUSD	6	8 262	4 469	0.919 2	54.09	2.897 2
EURJPY	1	9 575	5 173	0.872 6	54.03	0.489 5
GBPUSD	5	9 180	4 949	0.925 7	53.91	3.349 1
CHFJPY	7	8 503	4 584	0.931 1	53.91	3.171 2
XAUUSD	4	6 695	3 609	0.906 5	53.91	2.616 4
NZDUSD	4	8 959	4 821	0.964 5	53.81	2.893 6
EURGBP	4	8 055	4 334	0.887 5	53.81	0.579 9
EURCHF	1	7 189	3 850	0.952 7	53.55	1.032 7
AUDUSD	5	8 351	4 469	0.942 6	53.51	2.349 1
GBPCHF	5	8 064	4 276	0.990 0	53.03	5.005 2
GBPJPY	4	8 936	4 735	0.926 0	52.99	2.204 5
USDCAD	6	8 593	4 528	0.939 6	52.69	1.607 7

如表 8.10 所示，在 30 分钟周期中，共有 11 种货币对满足筛选条件。这些货币对的盈亏比有所提升。比如，XAGUSD 的盈亏比从 5 分钟周期中的 0.797 8 提升至 30 分钟周期中的 0.904 6，但成功率略微下降；EURUSD 的盈亏比与成功率均有小幅提升。同时，这些货币对的单次交易平均价差也有所提升。

表 8.10 孕线形态出现后的指标统计（30 分钟周期）

外汇商品名称	最佳持有周期数（个）	出现总次数（次）	成功次数（次）	盈亏比	成功率（%）	单次交易平均价差
XAGUSD	6	1 100	615	0.904 6	55.91	5.472 7
USDJPY	5	1 667	907	1.057 4	54.41	16.202 8
EURUSD	2	1 395	758	0.989 6	54.34	8.618 6
GBPUSD	4	1 487	802	0.950 2	53.93	9.310 0
USDCHF	2	1 515	814	0.990 8	53.73	6.413 9
NZDUSD	1	1 578	840	0.920 3	53.23	1.375 2
EURCHF	3	1 316	695	0.923 5	52.81	1.484 0
CHFJPY	2	1 418	748	0.917 7	52.75	1.196 1
GBPCHF	4	1 422	739	1.010 0	51.97	9.117 4
USDCAD	2	1 444	749	1.004 3	51.87	4.063 0
EURJPY	3	1 588	797	1.060 7	50.19	5.017 0

如表 8.11 所示，在日线周期中，共有 12 种货币对满足筛选条件。这些货币对的成功率有显著提升，比如，EURUSD 的成功率从 30 分钟周期中的 54.34% 提升至日线周期中的 63.33%，盈亏比也大幅提升至 1.364 9，单次交易平均价差提升至 554.233 3。

表 8.11　孕线形态出现后的指标统计（日线周期）

外汇商品名称	最佳持有周期数（个）	出现总次数（次）	成功次数（次）	盈亏比	成功率（％）	单次交易平均价差
CHFJPY	3	39	25	0.637 6	64.10	43.282 1
EURUSD	5	30	19	1.364 9	63.33	554.233 3
EURCHF	3	32	20	1.629 4	62.50	278.250 0
GBPCHF	3	24	15	0.804 2	62.50	175.708 3
USDCAD	5	42	26	0.762 2	61.90	115.952 4
AUDJPY	6	32	19	0.753 6	59.38	64.468 8
EURJPY	6	43	25	1.264 9	58.14	414.720 9
GBPUSD	6	38	22	0.926 6	57.89	157.947 4
NZDUSD	5	37	21	1.372 7	56.76	291.675 7
AUDUSD	5	40	22	0.934	55.00	55.100 0
USDJPY	5	34	18	1.700 2	52.94	349.882 4
GBPJPY	6	29	15	0.995 4	51.72	73.551 7

5. 十字孕线形态（反转，看跌）

如表 8.12 所示，该形态为反转看跌形态。十字孕线为孕线形态的特例，该形态出现的次数少于孕线形态。在 5 分钟周期中，共有 15 种货币对满足筛选条件。从统计数据上看，十字孕线形态的成功率明显高于孕线形态，但盈亏比较低。比如，CHFJPY 的成功率为 70%，盈亏比低于 0.9，单次交易平均价差接近 8；XAGUSD 的盈亏比为 0.592 3，远低于孕线形态 5 分钟周期中的 0.797 8，但成功率从 56.34% 提升至 68%。

表 8.12　十字孕线形态出现后的指标统计（5 分钟周期）

外汇商品名称	最佳持有周期数（个）	出现总次数（次）	成功次数（次）	盈亏比	成功率（％）	单次交易平均价差
CHFJPY	1	70	49	0.836 6	70.00	7.928 6
EURGBP	1	201	138	0.916 3	68.66	3.547 3
EURJPY	2	82	56	1.295 1	68.29	17.195 1
XAGUSD	1	300	204	0.592 3	68.00	1.173 3
USDCHF	4	148	100	0.666 5	67.57	6.209 5
AUDUSD	1	155	102	0.787 2	65.81	4.103 2
EURCHF	3	130	84	0.692 9	64.62	3.061 5
USDJPY	1	128	79	0.671 1	61.72	0.750 0
EURUSD	4	83	51	0.659 9	61.45	1.060 2
GBPJPY	3	61	37	0.690 7	60.66	2.049 2
USDCAD	3	193	116	0.815 0	60.10	4.652 8
GBPUSD	2	120	71	0.992 8	59.17	9.241 7
GBPCHF	1	83	49	1.087 9	59.04	10.192 8
NZDUSD	3	177	101	1.068 1	57.06	7.237 3
XAUUSD	2	72	39	0.945 6	54.17	2.987 5

如表 8.13 所示，在 30 分钟周期中，这些货币对出现该形态的次数明显减少，而成功率显著提高。如表 8.13 所示，这些货币对的最低成功率为 66.67%，其中，GBPCHF、GBPJPY 和 USDCHF 的成功率达到 100%。

表 8.13 十字孕线形态出现后的指标统计（30 分钟周期）

外汇商品名称	最佳持有周期数（个）	出现总次数（次）	成功次数（次）	盈亏比	成功率（%）	单次交易平均价差
GBPCHF	4	3	3	NaN	100.00	154.333 3
GBPJPY	3	4	4	NaN	100.00	355.000 0
USDCHF	1	3	3	NaN	100.00	14.666 7
XAGUSD	1	19	16	0.475 4	84.21	5.736 8
EURGBP	1	4	3	1.194 4	75.00	7.750 0
NZDUSD	1	4	3	3.935 2	75.00	97.250 0
GBPUSD	2	7	5	0.642 8	71.43	12.571 4
USDCAD	2	7	5	0.547 2	71.43	18.714 3
EURUSD	1	3	2	2.392 9	66.67	35.333 3

该形态没有符合筛选条件的日线周期统计结果。

6. 流星线形态（反转，看跌）

如表 8.14 所示，该形态为反转看跌形态。在 5 分钟周期中，共有 14 种货币对满足筛选条件，其成功率普遍高于 50%，盈亏比在 0.9 附近。其中，XAGUSD 具有最高的成功率 55.92%，单次交易平均价差为 1.233 2。

表 8.14 流星线形态出现后的指标统计（5 分钟周期）

外汇商品名称	最佳持有周期数（个）	出现总次数（次）	成功次数（次）	盈亏比	成功率（%）	单次交易平均价差
XAGUSD	1	3 795	2 122	0.924 0	55.92	1.233 2
EURUSD	2	4 510	2 518	0.856 3	55.83	1.703 3
USDJPY	3	5 317	2 907	0.866 2	54.67	0.957 5
XAUUSD	2	4 046	2 171	0.924 8	53.66	2.280 6
EURCHF	6	4 490	2 409	0.974 9	53.65	2.854 6
AUDJPY	6	4 860	2 605	0.959 1	53.60	3.957 4
USDCHF	7	5 572	2 983	0.898 2	53.54	1.102 1
EURJPY	7	5 157	2 755	0.908 3	53.42	2.044 6
GBPUSD	1	5 803	3 095	0.892 4	53.33	0.362 6
NZDUSD	1	5 692	3 034	0.934 4	53.30	0.843 6
AUDUSD	1	5 003	2 653	0.928 5	53.03	0.638 0
USDCAD	6	5 785	3 061	0.919 8	52.91	1.090 2
GBPJPY	2	5 062	2 659	0.938 6	52.53	1.376 7
CHFJPY	3	4 568	2 391	0.915 3	52.34	0.131 6

如表 8.15 所示，在 30 分钟周期中，该形态的盈亏比和成功率变化不大。仅个别货币对的上述指标有所提升，比如，EURCHF 的成功率从 5 分钟周期中的 53.65% 提升至 30 分钟周期中的 55.26%，盈亏比从 0.974 9 提升至 1.147 3，整体变化不是很显著，但单次交易平均价差有较为明显的提升。

表 8.15　流星线形态出现后的指标统计（30 分钟周期）

外汇商品名称	最佳持有周期数（个）	出现总次数（次）	成功次数（次）	盈亏比	成功率（%）	单次交易平均价差
EURCHF	7	570	315	1.147 3	55.26	24.959 6
CHFJPY	7	582	314	0.898 1	53.95	4.596 2
XAUUSD	2	560	299	0.929 6	53.39	5.033 8
EURJPY	3	666	355	0.908 7	53.30	2.758 3
GBPUSD	6	763	400	0.955 9	52.42	6.170 4
GBPCHF	7	607	318	0.950 5	52.39	5.663 9
XAGUSD	3	553	287	1.023 0	51.90	2.640 1
USDCHF	7	682	353	0.952 8	51.76	1.841 6
NZDUSD	5	761	391	1.095 9	51.38	9.583 4
AUDJPY	7	624	316	1.027 7	50.64	5.777 2

如表 8.16 所示，在日线周期中，这些货币对出现该形态的次数明显下降，成功率和盈亏比显著提高。比如，EURCHF 的成功率在日线周期中达到了 66.67%，盈亏比超过 1.5，单次交易平均价差提升至 250.888 9。

表 8.16　流星线形态出现后的指标统计（日线周期）

外汇商品名称	最佳持有周期数（个）	出现总次数（次）	成功次数（次）	盈亏比	成功率（%）	单次交易平均价差
XAGUSD	1	6	5	2.601 8	83.33	228.166 7
USDJPY	2	5	4	0.858 0	80.00	279.200 0
AUDJPY	5	9	7	0.806 0	77.78	605.222 2
CHFJPY	2	4	3	1.964 1	75.00	374.250 0
EURCHF	4	9	6	1.559 1	66.67	250.888 9
EURGBP	5	6	4	1.808 3	66.67	403.833 3
EURUSD	3	12	8	1.291 1	66.67	518.833 3
GBPCHF	4	12	8	0.544 6	66.67	50.166 7
GBPJPY	4	6	4	0.808 0	66.67	338.666 7
GBPUSD	3	6	4	1.340 8	66.67	803.500 0
NZDUSD	1	11	7	0.790 2	63.64	43.818 2

7. 乌云盖顶形态（反转，看跌）

如表 8.17 所示，该形态为反转看跌形态。在 5 分钟周期中，共计 10 种货币对满足筛选条件。这些货币对出现该形态的次数较少，但具有较高的成功率。其中，USDJPY 的成功率超过 63%，盈亏比为 1.164 1，单次交易平均价差超过 12。

表 8.17　乌云盖顶形态出现后的指标统计（5 分钟周期）

外汇商品名称	最佳持有周期数（个）	出现总次数（次）	成功次数（次）	盈亏比	成功率（%）	单次交易平均价差
USDJPY	2	73	46	1.164 1	63.01	12.849 3
EURCHF	4	103	63	0.991 5	61.17	7.611 7
USDCHF	5	157	95	0.677 0	60.51	1.343 9
XAGUSD	1	100	59	0.756 8	59.00	0.570 0
EURUSD	7	129	75	0.854 8	58.14	6.000 0
USDCAD	4	168	93	0.833 1	55.36	0.958 3
GBPJPY	7	187	102	1.074 3	54.55	14.770 1
AUDUSD	6	87	46	0.953 3	52.87	2.149 4
GBPUSD	6	158	80	1.082 2	50.63	5.455 7
AUDJPY	1	108	54	1.048 0	50.00	0.787 0

如表 8.18 所示，在 30 分钟周期中，共计 9 种货币对满足筛选条件。这些货币对出现该形态的次数减少，但盈亏比明显提升。比如，EURJPY 出现该形态 5 次，全部成功，单次交易平均价差为 88；EURUSD 的成功率超过 85%，盈亏比接近 2，单次交易平均价差为 185。

表 8.18　乌云盖顶形态出现后的指标统计（30 分钟周期）

外汇商品名称	最佳持有周期数（个）	出现总次数（次）	成功次数（次）	盈亏比	成功率（%）	单次交易平均价差
EURJPY	5	5	5	NaN	100.00	88.000 0
EURUSD	5	8	7	1.949 9	87.50	185.000 0
EURCHF	7	9	7	0.396 2	77.78	19.555 6
AUDUSD	1	6	4	0.534 1	66.67	2.500 0
CHFJPY	1	9	6	1.302 9	66.67	31.222 2
USDCAD	3	9	6	1.756 7	66.67	62.555 6
NZDUSD	1	16	10	0.766 7	62.50	5.625 0
AUDJPY	1	10	6	1.460 0	60.00	23.800 0
USDJPY	2	5	3	1.204 3	60.00	15.000 0

该形态没有符合筛选条件的日线周期统计结果。

8. 十字星形态（反转，看跌）

如表 8.19 所示，该形态为反转看跌形态。在 5 分钟周期中，共有 14 种货币对满足筛选条件，它们均具有较高的成功率。这些货币对的最低成功率高于 55%，盈亏比在 1 附近。其中，EURCHF 出现该形态 191 次，成功率为 65.45%，盈亏比超过 0.9，单次交易平均价差超过 11。

表 8.19　十字星形态出现后的指标统计（5 分钟周期）

外汇商品名称	最佳持有周期数（个）	出现总次数（次）	成功次数（次）	盈亏比	成功率（%）	单次交易平均价差
EURCHF	4	191	125	0.902 2	65.45	11.575 9
EURJPY	5	188	119	0.761 5	63.30	11.633 0
AUDUSD	6	234	145	0.978 6	61.97	13.175 2
GBPJPY	2	221	132	0.722 6	59.73	2.895 9
CHFJPY	2	206	122	1.040 5	59.22	9.873 8
GBPUSD	7	235	138	0.931 3	58.72	13.944 7
GBPCHF	4	218	127	0.781 4	58.26	3.683 5
EURGBP	1	177	103	0.931 7	58.19	2.361 6
NZDUSD	2	222	125	0.947 3	56.31	3.869 4
EURUSD	1	238	134	0.927 6	56.30	3.193 3
USDCAD	1	285	160	1.001 2	56.14	3.063 2
AUDJPY	2	209	117	1.095 2	55.98	7.148 3
USDCHF	6	227	127	1.087 9	55.95	9.740 1
XAUUSD	3	302	167	0.915 2	55.30	5.446 0

如表 8.20 所示，在 30 分钟周期中，16 种货币对全部满足筛选条件。这些货币对的成功率和盈亏比均有所提升，单次交易平均价差也相应提升。其中，XAUUSD 的成功率从 5 分钟周期中的 55.3% 提升至 75.44%，盈亏比由 0.915 2 提升至 1.092 5，单次交易平均价差由 5.446 0 提升至 103.796 5，具有较好统计结果。

表 8.20　十字星形态出现后的指标统计（30 分钟周期）

外汇商品名称	最佳持有周期数（个）	出现总次数（次）	成功次数（次）	盈亏比	成功率（%）	单次交易平均价差
XAUUSD	4	57	43	1.092 5	75.44	103.796 5
GBPCHF	3	35	26	1.070 2	74.29	75.714 3
CHFJPY	2	35	24	1.106 8	68.57	38.200 0
EURGBP	6	35	24	0.975 5	68.57	23.342 9
EURUSD	7	49	33	0.697 9	67.35	29.857 1
XAGUSD	2	39	26	1.755 9	66.67	32.589 7
USDCAD	4	45	29	0.726 3	64.44	26.022 2
NZDUSD	6	44	28	1.063 2	63.64	28.750 0

（续表）

外汇商品名称	最佳持有周期数 （个）	出现总次数 （次）	成功次数 （次）	盈亏比	成功率 （%）	单次交易 平均价差
AUDUSD	2	45	28	1.221 1	62.22	29.911 1
EURJPY	1	36	22	1.035 7	61.11	27.666 7
GBPJPY	1	60	36	0.771 9	60.00	7.550 0
USDCHF	6	45	27	0.942 9	60.00	23.000 0
GBPUSD	2	46	27	0.844 7	58.70	10.673 9
AUDJPY	2	50	28	0.942 5	56.00	8.080 0
USDJPY	6	34	19	1.216 5	55.88	31.500 0
EURCHF	1	40	22	1.226 7	55.00	9.125 0

如表 8.21 所示，在日线周期中，共有 3 种货币对满足筛选条件。相比 30 分钟周期，部分货币对的成功率和盈方比有所提升。

表 8.21　十字星形态出现后的指标统计（日线周期）

外汇商品名称	最佳持有周期数 （个）	出现总次数 （次）	成功次数 （次）	盈亏比	成功率 （%）	单次交易 平均价差
NZDUSD	2	4	3	0.811 8	75.00	206.000 0
EURUSD	2	3	2	5.677 1	66.67	165.666 7
XAGUSD	3	3	2	0.776 8	66.67	51.666 7

9. 约会线形态（反转，看跌）

如表 8.22 所示，该形态为反转看跌形态。在 5 分钟周期中，共有 6 种货币对满足筛选条件。这些货币对出现该形态的次数很少，但均具有较高的成功率。其中，CHFJPY、EURCHF 和 USDCAD 的成功率为 100%。

表 8.22　约会线形态出现后的指标统计（5 分钟周期）

外汇商品名称	最佳持有周期数 （个）	出现总次数 （次）	成功次数 （次）	盈亏比	成功率 （%）	单次交易 平均价差
CHFJPY	3	3	3	NaN	100.00	15.333 3
EURCHF	2	4	4	NaN	100.00	8.750 0
USDCAD	3	3	3	NaN	100.00	23.333 3
XAGUSD	1	7	6	2.944 4	85.71	7.142 9
EURGBP	2	4	3	0.600 0	75.00	3.000 0
USDJPY	2	5	3	1.333 3	60.00	3.000 0

该形态没有符合筛选条件的 30 分钟周期和日线周期统计结果。

10. 俯冲之鹰形态（反转，看跌）

如表 8.23 所示，该形态为反转看跌形态。在 5 分钟周期中，符合筛选条件的货币对出现该形态的次数和成功率与十字星形态较为相似。USDJPY 具有最高的成功率 65.48%，盈亏比大于 1，单次交易平均价差为 6.845 2。

表 8.23　俯冲之鹰形态出现后的指标统计（5 分钟周期）

外汇商品名称	最佳持有周期数（个）	出现总次数（次）	成功次数（次）	盈亏比	成功率（%）	单次交易平均价差
USDJPY	1	84	55	1.028 4	65.48	6.845 2
AUDUSD	6	161	104	0.691 2	64.60	5.565 2
GBPJPY	2	252	153	0.990 7	60.71	13.805 6
GBPCHF	6	251	149	0.967 2	59.36	15.892 4
XAUUSD	6	370	218	0.816 6	58.92	6.290 0
GBPUSD	3	193	112	0.852 2	58.03	5.077 7
EURJPY	7	84	48	0.790 2	57.14	2.345 2
AUDJPY	2	303	173	1.120 7	57.10	7.227 7
EURGBP	6	253	144	0.827 9	56.92	1.288 5
EURUSD	2	371	209	0.801 3	56.33	0.673 9
EURCHF	7	321	180	1.040 6	56.07	5.414 3
NZDUSD	6	331	179	0.908 6	54.08	1.788 5
XAGUSD	1	377	203	0.872 1	53.85	0.185 7
CHFJPY	2	313	167	0.879 9	53.35	0.115 0

如表 8.24 所示，在 30 分钟周期中，符合筛选条件的货币对出现该形态的次数下降，成功率有显著提升。USDCHF 的成功率接近 90%，盈亏比为 21.298 6，单次交易平均价差超过 300。因为外部消息的驱动，外汇行情在短时间内可能会产生大幅波动。

表 8.24　俯冲之鹰形态出现后的指标统计（30 分钟周期）

外汇商品名称	最佳持有周期数（个）	出现总次数（次）	成功次数（次）	盈亏比	成功率（%）	单次交易平均价差
USDCHF	3	9	8	21.298 6	88.89	338.777 8
USDJPY	1	4	3	0.666 7	75.00	15.000 0
GBPCHF	7	11	8	0.659 3	72.73	74.363 6
EURCHF	2	27	18	1.543 4	66.67	25.814 8
GBPJPY	1	14	9	1.265 5	64.29	33.500 0
NZDUSD	6	15	9	1.142 6	60.00	61.400 0
XAGUSD	1	47	26	1.067 8	55.32	5.276 6
XAUUSD	2	52	28	1.099 5	53.85	12.221 2

该形态没有符合筛选条件的日线周期统计结果。

11. 相同高价形态（反转，看跌）

如表 8.25 所示，该形态为反转看跌形态。在 5 分钟周期中，共有 14 种货币对满足筛选条件，它们均具有较高的成功率。其中，EURUSD 出现该形态 18 次，成功 15 次，成功率为 83.33%，盈亏比为 1，单次交易平均价差超过 20；AUDJPY 的成功率为 71.43%，盈亏比为 1.604 8，单次交易平均价差超过 35。

表 8.25　相同高价形态出现后的指标统计（5 分钟周期）

外汇商品名称	最佳持有周期数（个）	出现总次数（次）	成功次数（次）	盈亏比	成功率（%）	单次交易平均价差
EURUSD	2	18	15	1.000 0	83.33	20.222 2
XAUUSD	1	6	5	0.524 4	83.33	14.866 7
CHFJPY	2	15	12	0.732 1	80.00	10.800 0
EURGBP	3	50	40	0.644 2	80.00	5.960 0
EURJPY	1	11	8	0.978 4	72.73	16.090 9
GBPUSD	1	25	18	0.618 4	72.00	6.280 0
AUDJPY	6	14	10	1.604 8	71.43	35.714 3
AUDUSD	7	36	24	1.317 0	66.67	15.250 0
EURCHF	1	57	37	0.737 1	64.91	1.684 2
USDCAD	5	51	32	0.923 8	62.75	7.607 8
USDCHF	2	36	22	0.727 6	61.11	1.222 2
NZDUSD	5	54	32	1.016 9	59.26	7.222 2
XAGUSD	7	168	98	0.749 7	58.33	0.559 5
GBPCHF	2	27	15	1.605 4	55.56	11.000 0

如表 8.26 所示，在 30 分钟周期中，仅 XAGUSD 满足筛选条件，出现该形态 9 次，成功 7 次，盈亏比为 0.825 4，单次交易平均价差为 9.444 4。

表 8.26　相同高价形态出现后的指标统计（30 分钟周期）

外汇商品名称	最佳持有周期数（个）	出现总次数（次）	成功次数（次）	盈亏比	成功率（%）	单次交易平均价差
XAGUSD	1	9	7	0.825 4	77.78	9.444 4

该形态没有符合筛选条件的日线周期统计结果。

12. 一只黑乌鸦形态（反转，看跌）

如表 8.27 所示，该形态为反转看跌形态。在 5 分钟周期中，共有 8 种货币对满足筛选条件。其中，USDJPY 具有最高的成功率 54.44%，但盈亏比小于 0.9，单次交易平均价差小于 1；GBPJPY 的成功率为 51.08%，盈亏比接近 1.2，单次交易平均价差超过 14。

表 8.27　一只黑乌鸦形态出现后的指标统计（5 分钟周期）

外汇商品名称	最佳持有周期数（个）	出现总次数（次）	成功次数（次）	盈亏比	成功率（%）	单次交易平均价差
USDJPY	1	687	374	0.877 9	54.44	0.634 6
EURUSD	1	594	322	1.001 3	54.21	2.178 5
EURJPY	5	676	351	0.984 0	51.92	2.514 8
GBPJPY	6	742	379	1.192 4	51.08	14.407 0
XAUUSD	5	510	260	1.006 3	50.98	2.169 8
AUDUSD	2	601	302	1.072 6	50.25	1.472 5
GBPCHF	7	676	339	1.176 6	50.15	8.718 9
EURCHF	6	569	274	1.132 3	48.15	1.333 9

　　如表 8.28 所示，在 30 分钟周期中，共有 7 种货币对满足筛选条件，其成功率有所提高。其中，XAGUSD 的成功率接近 60%，盈亏比为 1.445 5，单次交易平均价差超过 30。

表 8.28　一只黑乌鸦形态出现后的指标统计（30 分钟周期）

外汇商品名称	最佳持有周期数（个）	出现总次数（次）	成功次数（次）	盈亏比	成功率（%）	单次交易平均价差
XAGUSD	7	71	42	1.445 5	59.15	33.267 6
CHFJPY	2	108	61	1.064 0	56.48	19.546 3
NZDUSD	6	101	57	1.103 0	56.44	29.059 4
EURUSD	2	95	53	0.917 7	55.79	7.273 7
USDCAD	2	131	72	1.138 7	54.96	16.885 5
GBPUSD	3	107	57	1.029 9	53.27	12.308 4
AUDUSD	6	87	46	1.091 7	52.87	17.448 3

　　如表 8.29 所示，在日线周期中，该形态出现次数较少，共有 5 种货币对满足筛选条件。其中，AUDJPY、XAGUSD 具有 100% 的成功率。我们需要看到，这些货币对的盈亏比波动很大，比如，EURGBP 的盈亏比小于 1，但 GBPCHF 的盈亏比达到 153。主要原因是该形态出现次数较少，所以受个别交易结果的影响大。

表 8.29　一只黑乌鸦形态出现后的指标统计（日线周期）

外汇商品名称	最佳持有周期数（个）	出现总次数（次）	成功次数（次）	盈亏比	成功率（%）	单次交易平均价差
AUDJPY	4	5	5	NaN	100.00	1 002.400 0
XAGUSD	2	3	3	NaN	100.00	136.666 7
EURGBP	7	5	4	0.604 5	80.00	304.600 0
EURUSD	2	3	2	8.570 0	66.67	269.000 0
GBPCHF	1	3	2	153.000 0	66.67	1 016.666 7

13. 黄昏星形态（反转，看跌）

如表 8.30 所示，该形态为反转看跌状态。在 5 分钟周期中，符合筛选条件的货币对较多，成功率普遍较高。其中，EURJPY 出现该状态 10 次，成功 8 次，盈亏比大于 1，单次交易平均价差为 36.7；其余货币对的成功率也大于或等于 50%。

表 8.30 黄昏星形态出现后的指标统计（5 分钟周期）

外汇商品名称	最佳持有周期数（个）	出现总次数（次）	成功次数（次）	盈亏比	成功率（%）	单次交易平均价差
EURJPY	4	10	8	1.107 5	80.00	36.700 0
XAGUSD	5	24	19	0.830 8	79.17	15.458 3
CHFJPY	5	28	22	0.809 6	78.57	28.964 3
AUDJPY	5	18	12	1.113 1	66.67	19.277 8
EURGBP	4	17	11	0.611 5	64.71	1.352 9
USDJPY	7	16	10	0.746 6	62.50	4.000 0
XAUUSD	3	34	21	0.882 8	61.76	10.850 0
GBPUSD	1	41	25	1.780 3	60.98	15.731 7
EURUSD	6	40	24	0.731 2	60.00	2.450 0
EURCHF	5	26	15	1.296 9	57.69	9.192 3
GBPJPY	6	28	16	1.326 5	57.14	37.142 9
USDCAD	1	25	14	1.279 0	56.00	7.960 0
USDCHF	1	31	16	1.191 0	51.61	3.000 0
GBPCHF	1	24	12	1.089 2	50.00	1.416 7

如表 8.31 所示，在 30 分钟周期中，该形态出现次数很少，仅有 2 种货币对满足筛选条件。

表 8.31 黄昏星形态出现后的指标统计（30 分钟周期）

外汇商品名称	最佳持有周期数（个）	出现总次数（次）	成功次数（次）	盈亏比	成功率（%）	单次交易平均价差
EURCHF	1	3	2	3.888 9	66.67	20.333 3
USDJPY	6	3	2	0.69	66.67	6.333 3

该形态没有符合筛选条件的日线周期统计结果。

14. 十字黄昏星形态（反转，看跌）

如表 8.32 所示，该形态为反转看跌形态。在 5 分钟周期中，共有 10 种货币对符合筛选条件，成功率普遍较高。其中，GBPJPY 的成功率为 83.33%，单次交易平均价差超过 50。

表 8.32　十字黄昏星形态出现后的指标统计（5 分钟周期）

外汇商品名称	最佳持有周期数（个）	出现总次数（次）	成功次数（次）	盈亏比	成功率（%）	单次交易平均价差
GBPJPY	2	12	10	0.970 9	83.33	50.750 0
AUDJPY	3	24	18	1.410 9	75.00	23.166 7
NZDUSD	5	24	17	1.731 2	70.83	24.166 7
EURCHF	1	12	8	0.787 5	66.67	3.833 3
CHFJPY	25	25	15	1.034 4	60.00	4.920 0
EURUSD	1	22	13	1.031 3	59.09	5.363 6
XAUUSD	1	36	21	0.714 9	58.33	0.019 4
USDCAD	3	14	8	1.284 7	57.14	5.142 9
USDJPY	1	4	2	1.923 1	50.00	3.000 0
USDCHF	7	17	8	1.294 6	47.06	4.000 0

如表 8.33 所示，在 30 分钟周期中，该形态出现次数很少，仅有 3 种货币对满足筛选条件。其中，XAGUSD 出现该形态 4 次，成功率达到 100%。

表 8.33　十字黄昏星形态出现后的指标统计（30 分钟周期）

外汇商品名称	最佳持有周期数（个）	出现总次数（次）	成功次数（次）	盈亏比	成功率（%）	单次交易平均价差
XAGUSD	6	4	4	NaN	100	26.75
EURUSD	1	5	4	0.355 8	80	6.6
CHFJPY	1	3	2	0.75	66.67	11.666 7

该形态没有符合筛选条件的日线周期统计结果。

15. 三星形态（反转，看跌）

如表 8.34 所示，该形态为反转看跌形态。在 5 分钟周期中，16 种货币对全部符合筛选条件，这些货币对的成功率普遍较高。GBPUSD 具有最高的成功率 74.07%，单次交易平均价差为 8.296 3；EURJPY 具有最高的盈亏比 1.508 2，单次交易平均价差超过 28。

表 8.34　三星形态出现后的指标统计（5 分钟周期）

外汇商品名称	最佳持有周期数（个）	出现总次数（次）	成功次数（次）	盈亏比	成功率（%）	单次交易平均价差
GBPUSD	1	27	20	0.837 0	74.07	8.296 3
EURJPY	3	19	14	1.508 2	73.68	28.157 9
USDJPY	1	17	12	1.312 9	70.59	6.705 9
USDCAD	2	33	23	0.603 3	69.70	3.606 1
GBPCHF	2	37	25	0.930 6	67.57	14.891 9
USDCHF	6	21	14	1.159 3	66.67	18.523 8

（续表）

外汇商品名称	最佳持有周期数（个）	出现总次数（次）	成功次数（次）	盈亏比	成功率（%）	单次交易平均价差
XAGUSD	1	54	36	0.809 6	66.67	4.907 4
EURGBP	4	31	20	0.675 9	64.52	2.709 7
EURUSD	3	48	29	0.756 0	60.42	3.312 5
EURCHF	1	55	33	0.831 7	60.00	1.872 7
CHFJPY	2	47	28	1.243 0	59.57	7.893 6
AUDUSD	2	62	36	0.925 0	58.06	3.387 1
XAUUSD	6	59	34	1.238 0	57.63	22.171 2
AUDJPY	3	37	21	0.775 0	56.76	0.270 3
NZDUSD	4	39	22	1.003 2	56.41	4.794 9
GBPJPY	2	20	10	1.137 8	50.00	3.700 0

如表 8.35 所示，在 30 分钟周期中，符合筛选条件的货币对出现该形态的次数较少，其中，AUDJPY、EURGBP、EURUSD 和 GBPCHF 的成功率达到 100%。

表 8.35　三星形态出现后的指标统计（30 分钟周期）

外汇商品名称	最佳持有周期数（个）	出现总次数（次）	成功次数（次）	盈亏比	成功率（%）	单次交易平均价差
AUDJPY	1	4	4	NaN	100	33.75
EURGBP	1	8	8	NaN	100	28.875
EURUSD	2	5	5	NaN	100	61.4
GBPCHF	1	3	3	NaN	100	22.666 7
AUDUSD	1	6	5	3.076 9	83.33	31.166 7
CHFJPY	1	5	4	2.508 1	80	56
USDCHF	4	4	3	0.506 2	75	41.75

16. 向上跳空两只乌鸦形态（反转，看跌）

如表 8.36 所示，该形态为反转看跌形态。在 5 分钟周期中，该形态出现次数较少，但符合筛选条件的货币对均具有较高的成功率。其中，AUDJPY 和 XAUUSD 的成功率为 100%；USDCHF 的成功率为 75%，盈亏比为 7.562 5，单次交易平均交易价差为 86.75。

表 8.36　向上跳空两只乌鸦形态出现后的指标统计（5 分钟周期）

外汇商品名称	最佳持有周期数（个）	出现总次数（次）	成功次数（次）	盈亏比	成功率（%）	单次交易平均价差
AUDJPY	4	4	4	NaN	100.00	47.750 0
XAUUSD	3	6	6	NaN	100.00	62.566 7
GBPJPY	7	5	4	0.514 6	80.00	76.000 0
USDCAD	3	5	4	8.312 5	80.00	25.800 0

外汇商品名称	最佳持有周期数（个）	出现总次数（次）	成功次数（次）	盈亏比	成功率（%）	单次交易平均价差
USDCHF	3	4	3	7.562 5	75.00	86.750 0
CHFJPY	1	7	5	1.100 0	71.43	9.000 0
EURCHF	1	7	5	1.079 1	71.43	10.428 6
NZDUSD	3	7	5	2.171 4	71.43	8.857 1
EURUSD	1	6	4	3.200 0	66.67	18.000 0

该形态没有符合筛选条件的 30 分钟周期和日线周期统计结果。

17. 三只黑乌鸦形态（反转，看跌）

如表 8.37 所示，该形态为反转看跌形态。在 5 分钟周期中，该形态出现次数较少，但符合筛选条件的货币对均具有较高的成功率。比如，NZDUSD 的成功率为 81.82%，盈亏比大于 1，单次交易平均价差大于 20。

表 8.37　三只黑乌鸦形态出现后的指标统计（5 分钟周期）

外汇商品名称	最佳持有周期数（个）	出现总次数（次）	成功次数（次）	盈亏比	成功率（%）	单次交易平均价差
NZDUSD	7	11	9	1.081 7	81.82	23.909 1
USDCAD	5	11	9	0.870 7	81.82	42.181 8
AUDUSD	3	5	4	0.953 5	80.00	48.400 0
GBPJPY	2	15	12	1.194 1	80.00	40.533 3
AUDJPY	2	15	10	0.984 0	66.67	12.133 3
GBPCHF	4	12	8	1.060 5	66.67	34.750 0
GBPUSD	2	9	6	1.126 8	66.67	9.888 9
EURCHF	2	16	10	1.082 9	62.50	8.250 0
EURGBP	3	12	7	0.738 3	58.33	0.333 3

如表 8.38 所示，在 30 分钟周期中，仅有 XAUUSD 符合筛选条件，成功率为 75%，盈亏比大于 5，单次交易平均价差大于 185。

表 8.38　三只黑乌鸦形态出现后的指标统计（30 分钟周期）

外汇商品名称	最佳持有周期数（个）	出现总次数（次）	成功次数（次）	盈亏比	成功率（%）	单次交易平均价差
XAUUSD	1	4	3	5.220 7	75	185.475

该形态没有符合筛选条件的日线周期统计结果。

18. 前进受阻形态（反转，看跌）

如表 8.39 所示，该形态为反转看跌状态。在 5 分钟周期中，该形态出现次数较少，但符合筛选条件的货币对均具有较高的成功率。比如，EURGBP 的成功率为 92.31%，盈亏比为 1.881，单次交易平均价差大于 30。

表 8.39 前进受阻形态出现后的指标统计（5 分钟周期）

外汇商品名称	最佳持有周期数（个）	出现总次数（次）	成功次数（次）	盈亏比	成功率（%）	单次交易平均价差
EURGBP	4	13	12	1.881 0	92.31	34.846 2
USDCAD	4	9	7	0.386 3	77.78	7.000 0
GBPJPY	6	21	16	0.963 5	76.19	72.714 3
USDCHF	2	17	12	0.839 9	70.59	19.000 0
USDJPY	2	16	11	0.490 1	68.75	1.687 5
CHFJPY	1	17	11	1.048 0	64.71	6.882 4
EURUSD	4	27	17	0.887 2	62.96	12.444 4
NZDUSD	2	17	9	1.190 8	52.94	6.294 1

如表 8.40 所示，在 30 分钟周期中，各货币对出现该形态的次数仅为个位数，但成功率进一步提升。其中，NZDUSD、USDCAD 和 USDCHF 3 种货币对具有 100% 的成功率。

表 8.40 前进受阻形态出现后的指标统计（30 分钟周期）

外汇商品名称	最佳持有周期数（个）	出现总次数（次）	成功次数（次）	盈亏比	成功率（%）	单次交易平均价差
NZDUSD	3	4	4	NaN	100.00	37.500 0
USDCAD	7	3	3	NaN	100.00	215.666 7
USDCHF	7	3	3	NaN	100.00	94.333 3
GBPUSD	6	5	4	1.134 6	80.00	156.400 0
XAUUSD	6	9	7	0.737 8	77.78	56.933 3
CHFJPY	1	4	3	5.516 7	75.00	77.750 0
EURCHF	7	4	3	0.500 9	75.00	44.500 0
EURUSD	5	8	6	0.913 3	75.00	90.250 0
EURJPY	1	3	2	0.789 5	66.67	18.333 3

该形态没有符合筛选条件的日线周期统计结果。

19. 深思形态（反转，看跌）

如表 8.41 所示，该形态为反转看跌形态。在 5 分钟周期中，共有 12 种货币对满足筛选条件。其中，EURCHF 具有最高的成功率 64.52%，单次交易平均价差为 5.919 4；USDCAD 具有最高的盈亏比 1.173 6，成功率为 57.81%，单次交易平均价差接近 20。

表 8.41　深思形态出现后的指标统计（5 分钟周期）

外汇商品名称	最佳持有周期数（个）	出现总次数（次）	成功次数（次）	盈亏比	成功率（%）	单次交易平均价差
EURCHF	1	124	80	0.905 7	64.52	5.919 4
XAGUSD	7	137	85	0.724 6	62.04	3.445 3
GBPCHF	4	160	98	0.759 7	61.25	7.543 7
GBPJPY	3	204	124	1.020 3	60.78	24.029 4
CHFJPY	1	163	97	0.944 0	59.51	5.846 6
AUDUSD	3	154	91	0.994 6	59.09	9.915 6
AUDJPY	7	162	95	0.847 9	58.64	8.537 0
USDJPY	4	157	92	0.768 5	58.60	2.490 4
GBPUSD	4	163	95	0.941 3	58.28	10.975 5
USDCAD	7	192	111	1.173 6	57.81	19.578 1
XAUUSD	2	225	130	1.087 2	57.78	13.936 4
NZDUSD	2	169	93	0.960 4	55.03	3.153 8

如表 8.42 所示，在 30 分钟周期中，这些货币对的成功率小幅上升，盈亏比略微下降。比如，AUDUSD 的成功率从 5 分钟周期中的 59.09% 提升至 30 分钟周期中的 70%，但盈亏比从 0.994 6 下降至 0.821 4，单次交易平均价差超过 30。

表 8.42　深思形态出现后的指标统计（30 分钟周期）

外汇商品名称	最佳持有周期数（个）	出现总次数（次）	成功次数（次）	盈亏比	成功率（%）	单次交易平均价差
AUDUSD	2	40	28	0.821 4	70.00	31.050 0
AUDJPY	1	27	18	0.588 1	66.67	6.074 1
CHFJPY	6	30	20	0.840 2	66.67	35.000 0
EURUSD	2	38	25	0.649 8	65.79	12.578 9
EURCHF	4	29	19	0.545 8	65.52	1.310 3
EURJPY	1	36	23	0.756 7	63.89	16.222 2
USDCAD	2	30	19	0.975 8	63.33	28.033 3
GBPJPY	1	38	24	0.975 2	63.16	26.921 1
USDJPY	2	30	18	0.741 1	60.00	4.400 0
EURGBP	3	31	18	0.812 3	58.06	3.967 7
USDCHF	3	30	17	1.068 1	56.67	15.433 3
XAGUSD	5	33	18	0.978 6	54.55	7.030 3

该形态没有符合筛选条件的日线周期统计结果。

20. 两只乌鸦形态（反转，看跌）

如表 8.43 所示，该形态为反转看跌形态。在 5 分钟周期中，该形态出现次数相对较少。EURJPY 仅出现该形态 5 次，成功率达到 80%，但盈亏比仅为 0.266 4；CHFJPY 具有最高盈亏比 1.736 8，成功率为 69.23%，单次交易平均价差为 17。

表 8.43　两只乌鸦形态出现后的指标统计（5 分钟周期）

外汇商品名称	最佳持有周期数 （个）	出现总次数 （次）	成功次数 （次）	盈亏比	成功率 （%）	单次交易 平均价差
EURJPY	2	5	4	0.266 4	80.00	1.400 0
EURGBP	3	9	7	0.902 9	77.78	12.000 0
GBPUSD	6	21	16	0.421 7	76.19	14.095 2
GBPJPY	7	20	15	0.775 4	75.00	64.050 0
CHFJPY	1	13	9	1.736 8	69.23	17.000 0
EURUSD	6	27	17	0.888 4	62.96	16.555 6
GBPCHF	6	29	18	0.987 0	62.07	21.103 4
USDCAD	2	25	15	0.889 5	60.00	4.880 0
USDCHF	7	32	19	1.025 5	59.38	12.531 2

该形态没有符合筛选条件的 30 分钟周期和日线周期统计结果。

21. 三内降形态（反转，看跌）

如表 8.44 所示，该形态为反转看跌形态。在 5 分钟周期中，共有 6 种货币对满足筛选条件，这些货币对的成功率均大于 50%，盈亏比小于 1。其中，EURUSD 具有最高的成功率 55.35%，盈亏比为 0.927 0，单次交易平均价差为 4.479 9。

表 8.44　三内降形态出现后的指标统计（5 分钟周期）

外汇商品名称	最佳持有周期数 （个）	出现总次数 （次）	成功次数 （次）	盈亏比	成功率 （%）	单次交易 平均价差
EURUSD	5	1 169	647	0.927 0	55.35	4.479 9
USDCAD	7	1 060	574	0.889 4	54.15	1.823 6
NZDUSD	1	1 234	667	0.987 9	54.05	1.998 4
USDCHF	5	1 211	641	0.928 1	52.93	1.315 4
AUDUSD	7	1 103	576	0.959 2	52.22	1.612 9
XAUUSD	5	960	487	0.980 6	50.73	0.520 5

如表 8.45 所示，在 30 分钟周期中，各货币对的成功率略有上升。例如，EURUSD 的成功率由在 5 分钟周期中的 55.35% 提升至 56.93%，单次交易平均价差提升至 10.490 1，但盈亏比略有下降；XAUUSD 的成功率由 5 分钟周期中的 50.73% 提升至 60.26%，单次交易平均价差由 0.520 5 大幅度提升至 13.724 5，但盈亏比略有下降。

表 8.45　三内降形态出现后的指标统计（30 分钟周期）

外汇商品名称	最佳持有周期数（个）	出现总次数（次）	成功次数（次）	盈亏比	成功率（%）	单次交易平均价差
EURGBP	3	155	94	0.873 0	60.65	12.987 1
XAUUSD	2	151	91	0.794 3	60.26	13.724 5
USDCHF	5	227	133	1.113 6	58.59	32.348 0
EURUSD	7	202	115	0.847 8	56.93	10.490 1
GBPCHF	5	151	85	1.257 5	56.29	51.602 6
EURCHF	2	140	77	1.195 8	55.00	12.564 3
NZDUSD	6	199	109	1.000 0	54.77	12.482 4
GBPUSD	4	222	120	1.116 8	54.05	25.436 9
GBPJPY	5	180	97	1.269 5	53.89	59.955 6
USDCAD	6	172	92	0.872	53.49	0.232 6
EURJPY	6	188	93	1.327 5	49.47	25.914 9

　　如表 8.46 所示，在日线周期中，各货币对出现该形态的次数较少，但成功率继续提升。比如，XAUUSD 出现该形态 5 次，成功 4 次，盈亏比为 0.881 4，单次交易平均价差接近 900。

表 8.46　三内降形态出现后的指标统计（日线周期）

外汇商品名称	最佳持有周期数（个）	出现总次数（次）	成功次数（次）	盈亏比	成功率（%）	单次交易平均价差
XAUUSD	4	5	4	0.881 4	80.00	889.480 0
AUDJPY	1	4	3	6.939 8	75.00	356.750 0
CHFJPY	2	4	3	0.948 3	75.00	256.000 0
GBPJPY	1	4	3	1.397 8	75.00	805.500 0
EURJPY	1	7	5	2.170 2	71.43	560.142 9
USDJPY	1	7	5	1.264 5	71.43	327.285 7
GBPUSD	2	6	4	2.556 9	66.67	235.166 7
XAGUSD	3	3	2	1.952 5	66.67	193.666 7
AUDUSD	1	4	2	5.443 2	50.00	586.500 0

22. 三外降形态（反转，看跌）

　　如表 8.47 所示，该形态为反转看跌形态。在 5 分钟周期中，符合筛选条件的货币对的成功率均大于或等于 50%。其中，XAGUSD 具有最高的成功率 57.5%，单次交易平均价差超过 4。

表 8.47 三外降形态出现后的指标统计（5 分钟周期）

外汇商品名称	最佳持有周期数（个）	出现总次数（次）	成功次数（次）	盈亏比	成功率（%）	单次交易平均价差
XAGUSD	5	240	138	0.952 4	57.50	4.308 3
EURUSD	1	476	257	0.957 3	53.99	1.674 4
EURJPY	1	567	306	0.860 8	53.97	0.165 8
GBPUSD	3	599	312	0.940 5	52.09	0.737 9
USDJPY	1	505	263	0.969 4	52.08	0.722 8
GBPCHF	5	533	271	0.977 1	50.84	0.482 2
CHFJPY	2	512	257	1.033 4	50.20	0.832 0
AUDJPY	6	550	275	1.018 8	50.00	0.705 5

如表 8.48 所示，在 30 分钟周期中，各货币对的成功率和盈亏比均有所提升。比如，CHFJPY 的成功率从 5 分钟周期中的 50.20% 提升至 30 分钟周期中的 64.86%，盈亏比从 1.033 4 提升至 1.319 1，单次交易平均价差有大幅提升。

表 8.48 三外降形态出现后的指标统计（30 分钟周期）

外汇商品名称	最佳持有周期数（个）	出现总次数（次）	成功次数（次）	盈亏比	成功率（%）	单次交易平均价差
CHFJPY	5	74	48	1.319 1	64.86	56.148 6
EURJPY	6	87	50	1.081	57.47	40.344 8
EURGBP	4	68	39	1.152 1	57.35	18.470 6
EURUSD	7	64	36	1.410 6	56.25	53.750 0
USDCHF	1	85	46	1.754 9	54.12	24.494 1
GBPCHF	1	76	41	1.117 5	53.95	15.144 7
AUDUSD	6	60	32	1.037 8	53.33	13.416 7
GBPUSD	1	72	38	0.957	52.78	3.444 4
XAUUSD	7	43	22	1.279 1	51.16	43.641 9
AUDJPY	2	75	38	1.424	50.67	18.760 0

如表 8.49 所示，在日线周期中，仅 EURJPY 满足筛选条件，成功率为 75%，单次交易平均价差超过 600。

表 8.49 三外降形态出现后的指标统计（日线周期）

外汇商品名称	最佳持有周期数（个）	出现总次数（次）	成功次数（次）	盈亏比	成功率（%）	单次交易平均价差
EURJPY	1	4	3	0.905 1	75	639

23. 竖状三明治形态（反转，看跌）

如表 8.50 所示，该形态为反转看跌形态。在 5 分钟周期中，该形态出现的次数相对较少，仅 4 种货币对满足筛选条件。其中，EURUSD 和 GBPUSD 的成功率达到 100%。

表 8.50　竖状三明治形态出现后的指标统计（5 分钟周期）

外汇商品名称	最佳持有周期数（个）	出现总次数（次）	成功次数（次）	盈亏比	成功率（%）	单次交易平均价差
EURUSD	3	3	3	NaN	100.00	51.333 3
GBPUSD	2	3	3	NaN	100.00	14.333 3
XAGUSD	4	6	5	0.210 0	83.33	0.166 7
CHFJPY	2	4	3	0.771 4	75.00	11.500 0

该形态没有符合筛选条件的 30 分钟周期和日线周期统计结果。

24. 挤压报警形态（反转，看跌）

如表 8.51 所示，该形态为反转看跌形态。在 5 分钟周期中，符合筛选条件的各货币对的成功率均大于 50%，但盈亏比均小于 1。其中，EURGBP 具有最高的成功率 57.07%，但盈亏比仅为 0.757 9，单次交易平均价差仅为 0.173 4；GBPCHF 具有最高的单次交易平均价差 8.588 4，成功率为 55.6%，盈亏比为 0.986 1。

表 8.51　挤压报警形态出现后的指标统计（5 分钟周期）

外汇商品名称	最佳持有周期数（个）	出现总次数（次）	成功次数（次）	盈亏比	成功率（%）	单次交易平均价差
EURGBP	7	813	464	0.757 9	57.07	0.173 4
XAGUSD	1	583	330	0.821 0	56.60	0.675 8
GBPJPY	2	1 043	588	0.978 7	56.38	8.473 6
NZDUSD	4	1 126	634	0.940 5	56.31	4.936 1
AUDJPY	6	906	507	0.972 7	55.96	8.436 0
XAUUSD	3	1 233	689	0.841 5	55.88	2.744 6
GBPCHF	4	928	516	0.986 1	55.60	8.588 4
USDJPY	1	1 010	560	0.877 7	55.45	1.193 1
EURCHF	6	823	454	0.979 9	55.16	4.861 5
GBPUSD	5	1 293	713	0.864 9	55.14	2.631 9
EURJPY	1	953	523	0.999 7	54.88	3.782 8
USDCAD	7	930	504	0.938 2	54.19	3.635 5
CHFJPY	2	823	435	0.921 1	52.86	0.678 0

如表 8.52 所示，在 30 分钟周期中，该形态出现次数较多，这些货币对的成功率和盈亏比均有所提升。比如，USDJPY 的成功率由 5 分钟周期中的 55.45% 提升至 62.23%，盈亏比由 0.877 7 提升至 1.103 8，单次交易平均价差超过 20。

表 8.52　挤压报警形态出现后的指标统计（30 分钟周期）

外汇商品名称	最佳持有周期数（个）	出现总次数（次）	成功次数（次）	盈亏比	成功率（%）	单次交易平均价差
USDJPY	1	233	145	1.103 8	62.23	20.090 1
EURUSD	5	248	152	0.725 1	61.29	11.423 4
USDCAD	7	207	124	1.087 5	59.9	36.797 1
XAUUSD	5	270	158	0.908 9	58.52	29.420 4
EURJPY	3	209	122	1.044 7	58.37	29.004 8
NZDUSD	2	237	136	0.905	57.38	8.476 8
CHFJPY	1	189	107	0.940 7	56.61	6.201 1
AUDJPY	2	191	108	0.933 3	56.54	11.811 5
GBPJPY	3	228	128	0.802 2	56.14	2.986 8
EURGBP	4	185	98	0.912 8	52.97	1.118 9

如表 8.53 所示，在日线周期中，符合筛选条件的货币对出现该形态的次数较少。CHFJPY 和 USDCAD 具有 100% 的成功率。

表 8.53　挤压报警形态出现后的指标统计（日线周期）

外汇商品名称	最佳持有周期数（个）	出现总次数（次）	成功次数（次）	盈亏比	成功率（%）	单次交易平均价差
CHFJPY	7	3	3	NaN	100	217.333 3
USDCAD	1	3	3	NaN	100	1 051
EURJPY	1	5	4	0.761 5	80	232
USDJPY	1	5	2	2.112 5	40	146.6

25. 脱离形态（反转，看跌）

如表 8.54 所示，该形态为反转看跌形态。在 5 分钟周期中，共有 9 种货币对满足筛选条件，大部分货币对出现该形态的次数仅为个位数。其中，CHFJPY、EURGBP 和 GBPUSD 具有 100% 的成功率。

表 8.54　脱离形态出现后的指标统计（5 分钟周期）

外汇商品名称	最佳持有周期数（个）	出现总次数（次）	成功次数（次）	盈亏比	成功率（%）	单次交易平均价差
CHFJPY	7	4	4	NaN	100.00	8.750 0
EURGBP	1	3	3	NaN	100.00	7.666 7
GBPUSD	1	4	4	NaN	100.00	60.000 0
AUDJPY	4	4	3	0.801 6	75.00	14.750 0
GBPJPY	2	7	5	1.200 0	71.43	42.571 4
AUDUSD	1	3	2	4.250 0	66.67	10.000 0
EURUSD	1	8	5	1.596 8	62.50	12.875 0

（续表）

外汇商品名称	最佳持有周期数（个）	出现总次数（次）	成功次数（次）	盈亏比	成功率（%）	单次交易平均价差
XAUUSD	2	13	8	1.678 3	61.54	28.792 3
GBPCHF	3	5	3	1.422 4	60.00	49.200 0

　　如表 8.55 所示，在 30 分钟周期中，EURCHF 和 XAGUSD 满足筛选条件，并且成功率均为100%。投资者需要注意的是，这2种货币对均没有出现在5分钟周期的筛选结果中。

表 8.55　脱离形态出现后的指标统计（30 分钟周期）

外汇商品名称	最佳持有周期数（个）	出现总次数（次）	成功次数（次）	盈亏比	成功率（%）	单次交易平均价差
EURCHF	1	3	3	NaN	100.00	78.000 0
XAGUSD	2	3	3	NaN	100.00	36.000 0

　　该形态没有符合筛选条件的日线周期统计结果。

26. 梯形顶部形态（反转，看跌）

　　如表 8.56 所示，该形态为反转看跌形态。在 5 分钟周期中，共有 8 种货币对满足筛选条件，这些货币对出现该形态的次数仅为个位数。其中，CHFJPY、EURGBP 和 XAGUSD 具有 100% 的成功率。

表 8.56　梯形顶部形态出现后的指标统计（5 分钟周期）

外汇商品名称	最佳持有周期数（个）	出现总次数（次）	成功次数（次）	盈亏比	成功率（%）	单次交易平均价差
CHFJPY	5	6	6	NaN	100.00	64.333 3
EURGBP	1	3	3	NaN	100.00	7.000 0
XAGUSD	1	5	5	naN	100.00	16.800 0
EURUSD	6	5	4	0.306 6	80.00	4.800 0
NZDUSD	1	5	4	5.150 0	80.00	19.600 0
AUDJPY	1	6	4	0.845 2	66.67	9.666 7
USDCHF	1	6	4	0.857 1	66.67	5.000 0
USDJPY	1	4	2	1.277 8	50.00	2.500 0

　　该形态没有符合筛选条件的 30 分钟周期和日线周期统计结果。

27. 触顶后向下跳空形态（反转，看跌）

　　如表 8.57 所示，该形态为反转看跌形态。在 5 分钟周期中，共有 9 种货币对满足筛选条件，大部分货币对出现该形态的次数仅为个位数。其中，CHFJPY 具有 100% 的成功率。

表 8.57 触顶后向下跳空形态出现后的指标统计（5 分钟周期）

外汇商品名称	最佳持有周期数 （个）	出现总次数 （次）	成功次数 （次）	盈亏比	成功率 （%）	单次交易 平均价差
CHFJPY	2	4	4	NaN	100.00	20.000 0
GBPUSD	2	7	6	0.569 4	85.71	24.857 1
AUDJPY	7	6	5	1.250 0	83.33	35.000 0
AUDUSD	6	12	9	1.045 0	75.00	35.583 3
NZDUSD	3	7	5	1.501 3	71.43	30.285 7
EURCHF	2	3	2	12.000 0	66.67	7.666 7
EURGBP	1	3	2	3.100 0	66.67	8.666 7
EURUSD	6	6	4	0.703 4	66.67	9.833 3
GBPJPY	1	3	2	0.950 0	66.67	6.000 0

该形态没有符合筛选条件的 30 分钟周期和日线周期统计结果。

28. 三次向上跳空形态（反转，看跌）

如表 8.58 所示，该形态为反转看跌形态。在 5 分钟周期中，16 种货币对全部符合筛选条件，它们的成功率和盈亏比均较高。其中，EURCHF 具有最高的成功率 95%，盈亏比为 1.640 2，单次交易平均价差超过 80。

表 8.58 三次向上跳空形态出现后的指标统计（5 分钟周期）

外汇商品名称	最佳持有周期数 （个）	出现总次数 （次）	成功次数 （次）	盈亏比	成功率 （%）	单次交易 平均价差
EURCHF	4	20	19	1.640 2	95.00	82.950 0
CHFJPY	4	34	26	2.323 0	76.47	75.323 5
GBPJPY	4	59	42	1.558 8	71.19	84.711 9
EURGBP	7	31	22	0.893 9	70.97	15.903 2
AUDUSD	2	58	41	0.503 3	70.69	6.569 0
EURUSD	1	90	62	1.119 1	68.89	26.588 9
NZDUSD	4	45	31	1.374 9	68.89	24.533 3
USDCAD	1	87	58	0.912 0	66.67	14.643 7
GBPUSD	2	85	56	0.954 4	65.88	23.870 6
AUDJPY	3	38	24	0.625 1	63.16	2.973 7
XAGUSD	1	34	21	0.842 2	61.76	5.735 3
XAUUSD	1	160	95	1.162 6	59.38	20.883 1
EURJPY	2	32	18	1.026 6	56.25	8.468 8
USDCHF	2	63	35	0.964 9	55.56	5.095 2
GBPCHF	4	40	22	0.924 6	55.00	7.000 0
USDJPY	1	34	18	1.308 4	52.94	8.676 5

如表 8.59 所示，在 30 分钟周期中，虽然该形态出现次数有所下降，但仍然有较多

符合筛选条件的货币对。这些货币对均有不错的成功率和盈亏比，其中，EURJPY 和 NZDUSD 的成功率达到 100%。

表 8.59　三次向上跳空形态出现后的指标统计（30 分钟周期）

外汇商品名称	最佳持有周期数（个）	出现总次数（次）	成功次数（次）	盈亏比	成功率（%）	单次交易平均价差
EURJPY	3	4	4	NaN	100.00	143.000 0
NZDUSD	1	4	4	NaN	100.00	66.250 0
CHFJPY	5	8	7	4.812 5	87.5	130.750 0
EURCHF	5	7	6	2.739 6	85.71	70.571 4
GBPCHF	1	6	5	0.569 4	83.33	44.333 3
AUDJPY	2	5	4	1.724 1	80.00	68.400 0
GBPJPY	1	12	9	1.472 3	75.00	207.000 0
EURUSD	7	23	17	0.735 4	73.91	56.347 8
USDCAD	6	7	5	1.403 4	71.43	125.428 6
XAGUSD	1	7	5	0.621 5	71.43	15.428 6
GBPUSD	1	11	7	1.133 4	63.64	37.818 2
XAUUSD	1	18	11	0.776 8	61.11	13.666 7
AUDUSD	1	10	6	1.572 5	60.00	25.000 0
USDCHF	3	6	3	1.675 7	50.00	41.333 3

该形态没有符合筛选条件的日线周期统计结果。

29. 三只乌鸦接力形态（反转，看跌）

如表 8.60 所示，该形态为反转看跌形态。在 5 分钟周期中，仅有 2 种货币对满足筛选条件。其中，XAUUSD 具有最高的成功率 50%，盈亏比为 1.289 3，单次交易平均价差超过 6。

表 8.60　三只乌鸦接力形态出现后的指标统计（5 分钟周期）

外汇商品名称	最佳持有周期数（个）	出现总次数（次）	成功次数（次）	盈亏比	成功率（%）	单次交易平均价差
XAUUSD	1	226	113	1.289 3	50.00	6.093 4
USDCHF	5	881	406	1.183 9	46.08	0.456 3

如表 8.61 所示，在 30 分钟周期中，共计 7 种货币对满足筛选条件。这些货币对的成功率有所提升。其中，AUDUSD 出现该形态 83 次，具有最高的成功率 66.27%，盈亏比略低于 1，单次交易平均价差超过 50。

表 8.61　三只乌鸦接力形态出现后的指标统计（30 分钟周期）

外汇商品名称	最佳持有周期数 （个）	出现总次数 （次）	成功次数 （次）	盈亏比	成功率 （%）	单次交易 平均价差
AUDUSD	6	83	55	0.968 4	66.27	53.397 6
XAGUSD	7	71	42	1.090 7	59.15	24.746 5
GBPCHF	3	116	64	1.512 4	55.17	71.370 7
EURGBP	7	131	69	1.215 1	52.67	20.068 7
EURUSD	1	58	30	1.017 1	51.72	4.637 9
USDCHF	4	130	65	1.076 7	50.00	6.423 1
GBPUSD	1	112	54	1.252 5	48.21	8.285 7

如表 8.62 所示，在日线周期中，共有 8 种货币对满足筛选条件。部分货币对具有较高的成功率和单次交易平均价差，比如，EURJPY 出现该形态 4 次，全部成功，单次交易平均价差超过 1 500。

表 8.62　三只乌鸦接力形态出现后的指标统计（日线周期）

外汇商品名称	最佳持有周期数 （个）	出现总次数 （次）	成功次数 （次）	盈亏比	成功率 （%）	单次交易 平均价差
EURJPY	3	4	4	NaN	100.00	1 563.250 0
NZDUSD	4	6	5	0.561	83.33	189.500 0
GBPCHF	2	5	4	0.438 4	80.00	312.000 0
GBPUSD	3	4	3	1.377 8	75.00	1 220.500 0
EURGBP	1	3	2	0.709 2	66.67	90.666 7
USDCHF	1	6	4	1.983 5	66.67	989.000 0
USDJPY	1	3	2	4.429 5	66.67	1 152.666 7
GBPJPY	1	4	2	4.317 7	50.00	762.250 0

30. 待入线形态（持续，看跌）

如表 8.63 所示，该形态为持续看跌形态。在 5 分钟周期中，共有 11 种货币对符合筛选条件。该形态出现次数较少，但这些货币对的成功率和盈亏比均较高。其中，XAUUSD 的成功率为 75%，盈亏比超过 4，但出现该形态的次数较少；GBPUSD 的盈亏比为 2.522 0，成功率接近 60%，单次交易平均价差超过 30。

表 8.63　待入线形态出现后的指标统计（5 分钟周期）

外汇商品名称	最佳持有周期数 （个）	出现总次数 （次）	成功次数 （次）	盈亏比	成功率 （%）	单次交易 平均价差
XAUUSD	1	4	3	4.198 1	75.00	20.000 0
GBPJPY	2	6	4	1.161 8	66.67	22.500 0
NZDUSD	2	22	14	1.189 0	63.64	10.954 5

（续表）

外汇商品名称	最佳持有周期数（个）	出现总次数（次）	成功次数（次）	盈亏比	成功率（%）	单次交易平均价差
EURUSD	1	22	13	1.013 1	59.09	4.590 9
GBPUSD	6	22	13	2.522 0	59.09	30.272 7
AUDUSD	2	34	20	0.992 1	58.82	5.117 6
USDCHF	4	19	11	1.378 0	57.89	12.526 3
CHFJPY	2	14	8	1.997 6	57.14	24.357 1
EURCHF	5	32	18	1.317 8	56.25	8.093 8
USDJPY	4	20	11	1.207 5	55.00	8.850 0
AUDJPY	1	10	5	4.189 2	50.00	23.600 0

该形态没有符合筛选条件的 30 分钟周期和日线周期统计结果。

31. 切入线形态（持续，看跌）

如表 8.64 所示，该形态为持续看跌形态。在 5 分钟周期中，共有 5 种货币对满足筛选条件。其中，NZDUSD 现出该形态 9 次，成功 8 次，具有最高的成功率 88.89%，盈亏比超过 3，单次交易平均价差超过 36。

表 8.64　切入线形态出现后的指标统计（5 分钟周期）

外汇商品名称	最佳持有周期数（个）	出现总次数（次）	成功次数（次）	盈亏比	成功率（%）	单次交易平均价差
NZDUSD	3	9	8	3.089 3	88.89	36.888 9
EURGBP	4	10	8	4.447 4	80.00	31.900 0
AUDJPY	2	3	2	0.704 5	66.67	3.000 0
EURUSD	1	3	2	0.805 6	66.67	3.666 7
XAGUSD	1	9	6	1.600 0	66.67	2.444 4

该形态没有符合筛选条件的 30 分钟周期和日线周期的统计结果。

32. 插入线形态（持续，看跌）

如表 8.65 所示，该形态为持续看跌形态。在 5 分钟周期中，共有 9 种货币对满足筛选条件。其中，大部分货币对具有大于 1 的盈亏比和大于 50% 的成功率。XAUUSD 具有最高的成功率 56.77%，盈亏比大于 1，单次交易平均价差为 14.348 4。

表 8.65　插入线形态出现后的指标统计（5 分钟周期）

外汇商品名称	最佳持有周期数（个）	出现总次数（次）	成功次数（次）	盈亏比	成功率（%）	单次交易平均价差
XAUUSD	2	192	109	1.026 3	56.77	14.348 4

（续表）

外汇商品名称	最佳持有周期数（个）	出现总次数（次）	成功次数（次）	盈亏比	成功率（%）	单次交易平均价差
USDCAD	2	253	135	1.025 8	53.36	3.312 3
NZDUSD	5	195	104	0.918 6	53.33	1.584 6
AUDJPY	5	145	76	1.102 9	52.41	8.517 2
EURUSD	5	209	109	1.133 0	52.15	8.760 8
AUDUSD	3	97	50	1.556 5	51.55	12.690 7
XAGUSD	1	113	58	1.025 0	51.33	0.531 0
USDJPY	3	100	51	1.010 3	51.00	1.190 0
GBPUSD	5	218	111	1.032 8	50.92	3.100 9

如表 8.66 所示，在 30 分钟周期中，符合筛选条件的货币对出现该形态的次数有所下降，但成功率有明显提升。比如，AUDJPY 的成功率从 5 分钟周期中的 52.41% 提升至 76.92%，而盈亏比略有下降，从 1.102 9 降为 0.863 5，单次交易平均价差有较大提升，从 8.517 2 提升至 135.230 8。

表 8.66　插入线形态出现后的指标统计（30 分钟周期）

外汇商品名称	最佳持有周期数（个）	出现总次数（次）	成功次数（次）	盈亏比	成功率（%）	单次交易平均价差
EURJPY	1	6	5	0.694 1	83.33	35.000 0
USDJPY	1	6	5	12.844 4	83.33	94.833 3
AUDJPY	6	13	10	0.863 5	76.92	135.230 8
GBPJPY	1	14	10	1.140 9	71.43	90.500 0
USDCHF	1	13	9	0.561 7	69.23	7.307 7
CHFJPY	2	12	8	0.907 4	66.67	22.000 0
XAGUSD	2	9	6	0.713 7	66.67	11.444 4
GBPUSD	6	16	10	1.080 2	62.50	54.625 0
AUDUSD	1	7	4	10.895 3	57.14	143.000 0
EURGBP	2	11	6	1.014 3	54.55	3.454 5
EURUSD	2	17	9	1.601 6	52.94	26.647 1
USDCAD	7	16	8	2.308 1	50.00	74.562 5

该形态没有符合筛选条件的日线周期统计结果。

33. 向下跳空并列阴阳线形态（持续，看跌）

如表 8.67 所示，该形态为持续看跌形态。在 5 分钟周期中，共有 9 种货币对满足筛选条件。GBPJPY 出现该形态 147 次，具有最高的成功率 57.14%，盈亏比超过 1，单次交易平均价差接近 8。

表 8.67　向下跳空并列阴阳线形态出现后的指标统计（5 分钟周期）

外汇商品名称	最佳持有周期数（个）	出现总次数（次）	成功次数（次）	盈亏比	成功率（%）	单次交易平均价差
GBPJPY	1	147	84	1.053 8	57.14	7.952 4
USDJPY	1	38	21	1.278 4	55.26	5.868 4
NZDUSD	1	145	80	1.259 8	55.17	6.055 2
EURGBP	2	103	56	0.927 0	54.37	0.951 5
EURUSD	7	221	119	0.978 7	53.85	5.185 5
GBPCHF	1	144	75	0.929 8	52.08	0.222 2
XAGUSD	5	116	59	1.227 7	50.86	4.525 9
USDCHF	4	124	63	1.177 0	50.81	5.862 9
XAUUSD	5	253	119	1.234 3	47.04	5.704 0

如表 8.68 所示，在 30 分钟周期中，符合筛选条件的货币对的盈亏比、成功率和单次交易平均价差均有所提升。例如，USDCHF 的成功率从 5 分钟周期中的 50.81% 提升至 30 分钟周期中的 75%，盈亏比提升至 4.511 9，单次交易平均价差超过 87。

表 8.68　向下跳空并列阴阳线形态出现后的指标统计（30 分钟周期）

外汇商品名称	最佳持有周期数（个）	出现总次数（次）	成功次数（次）	盈亏比	成功率（%）	单次交易平均价差
EURJPY	2	8	6	18.244 4	75.00	100.750 0
USDCHF	1	16	12	4.511 9	75.00	87.750 0
CHFJPY	4	18	13	0.899 2	72.22	48.166 7
EURCHF	4	18	13	1.217 2	72.22	32.111 1
GBPJPY	4	14	10	3.279 3	71.43	173.785 7
GBPCHF	1	22	15	2.548 3	68.18	74.818 2
XAUUSD	1	17	11	1.262 3	64.71	45.441 2
EURUSD	4	24	15	1.605 0	62.50	47.250 0
GBPUSD	7	13	8	2.396 1	61.54	85.230 8
XAGUSD	2	12	7	1.387 3	58.33	13.583 3
NZDUSD	2	20	11	1.992 1	55.00	33.000 0
AUDJPY	3	21	10	1.350 5	47.62	10.095 2

该形态没有符合筛选条件的日线周期统计结果。

34. 向下跳空三法形态（持续，看跌）

如表 8.69 所示，该形态为持续看跌形态。在 5 分钟周期中，共有 12 种货币对满足筛选条件，盈亏比普遍在 1 附近。例如，EURGBP 出现该形态 81 次，成功率为 62.96%，单次交易平均价差为 6.518 5，盈亏比略低于 1；GBPUSD 具有大于 1 的盈亏比和 60.87% 的成功率，单次交易平均价差超过 20。

表 8.69　向下跳空三法形态出现后的指标统计（5 分钟周期）

外汇商品名称	最佳持有周期数（个）	出现总次数（次）	成功次数（次）	盈亏比	成功率（%）	单次交易平均价差
EURGBP	3	81	51	0.931 8	62.96	6.518 5
GBPUSD	4	138	84	1.064 1	60.87	22.130 4
AUDUSD	1	166	96	0.830 8	57.83	2.463 9
EURJPY	7	106	61	0.991 2	57.55	14.896 2
USDJPY	2	87	50	0.968 2	57.47	4.448 3
EURUSD	7	112	64	0.805 1	57.14	2.642 9
GBPJPY	2	154	87	0.936 4	56.49	7.785 7
USDCHF	4	121	68	1.093 3	56.20	11.173 6
GBPCHF	5	123	69	0.907 0	56.10	7.162 6
USDCAD	2	133	74	0.801 6	55.64	0.112 8
NZDUSD	2	124	64	1.113 1	51.61	3.266 1
XAGUSD	1	72	35	1.620 7	48.61	4.138 9

如表 8.70 所示，在 30 分钟周期中，共计 13 种货币对满足筛选条件。这些货币对的盈亏比和成功率有较大波动。比如，USDCAD 的成功率从 5 分钟周期中的 55.64% 提升至 30 分钟周期中的 75%，盈亏比也从 0.801 6 提升至 1.791 6，单次交易平均价差也相应提升；虽然 GBPUSD 的成功率从 5 分钟周期中的 60.87% 降低至 30 分钟周期中的 35.71%，但盈亏比大幅提升至 3.055 3。

表 8.70　向下跳空三法形态出现后的指标统计（30 分钟周期）

外汇商品名称	最佳持有周期数（个）	出现总次数（次）	成功次数（次）	盈亏比	成功率（%）	单次交易平均价差
USDCAD	4	20	15	1.791 6	75.00	86.400 0
USDCHF	1	15	11	5.101 6	73.33	59.066 7
EURGBP	1	10	7	0.824 2	70.00	7.200 0
XAUUSD	3	19	13	0.940 6	68.42	69.689 5
NZDUSD	3	18	12	0.743	66.67	17.388 9
GBPJPY	2	16	10	0.909 7	62.50	41.062 5
CHFJPY	6	13	8	1.418 5	61.54	42.384 6
EURUSD	4	23	14	0.759 4	60.87	12.521 7
USDJPY	1	17	10	0.950 7	58.82	7.352 9
AUDUSD	1	25	14	1.332 6	56.00	17.040 0
AUDJPY	3	18	10	0.929 9	55.56	8.722 2
EURJPY	1	7	3	5.847 1	42.86	52.714 3
GBPUSD	1	14	5	3.055 3	35.71	22.714 3

该形态没有符合筛选条件的日线周期统计结果。

35. 下降三法形态（持续，看跌）

如表 8.71 所示，该形态为持续看跌形态。在 5 分钟周期中，共有 8 种货币对满足筛选条件。其中，EURGBP 具有最高的成功率 58.13%，盈亏比小于 1，单次交易平均价差为 1.166 7；EURCHF 具有最高的盈亏比 1.290 5，成功率略低于 50%，单次交易平均价差超过 3。

表 8.71　下降三法形态出现后的指标统计（5 分钟周期）

外汇商品名称	最佳持有周期数（个）	出现总次数（次）	成功次数（次）	盈亏比	成功率（%）	单次交易平均价差
EURGBP	2	246	143	0.787 7	58.13	1.166 7
XAUUSD	2	249	128	1.200 3	51.41	10.078 3
USDJPY	1	292	148	1.272 2	50.68	4.061 6
EURJPY	1	314	157	1.037 3	50.00	0.668 8
USDCAD	3	284	137	1.205 9	48.24	2.961 3
EURCHF	2	218	105	1.290 5	48.17	3.068 8
AUDUSD	1	265	126	1.127 6	47.55	0.317 0
AUDJPY	3	273	128	1.147 1	46.89	0.388 3

如表 8.72 所示，在 30 分钟周期中，符合筛选条件的货币对的成功率略有提高，比如，XAUUSD 的成功率从 5 分钟周期中的 51.41% 提升至 30 分钟周期中的 55.56%，盈亏比也从 1.200 3 提升至 1.696 1，单次交易平均价差提升至 75.413 0。

表 8.72　下降三法形态出现后的指标统计（30 分钟周期）

外汇商品名称	最佳持有周期数（个）	出现总次数（次）	成功次数（次）	盈亏比	成功率（%）	单次交易平均价差
XAUUSD	3	54	30	1.696 1	55.56	75.4130
CHFJPY	6	49	26	0.986 9	53.06	8.857 1
USDCHF	7	49	26	1.232 4	53.06	34.714 3
USDCAD	4	57	30	0.905 5	52.63	0.438 6
EURJPY	4	48	25	1.041 7	52.08	12.416 7
GBPJPY	5	43	22	1.128 6	51.16	30.720 9

如表 8.73 所示，在日线周期中，仅有 2 种货币对满足筛选条件。其中，GBPUSD 出现该形态 3 次，成功率达到 100%。

表 8.73　下降三法形态出现后的指标统计（日线周期）

外汇商品名称	最佳持有周期数（个）	出现总次数（次）	成功次数（次）	盈亏比	成功率（%）	单次交易平均价差
GBPUSD	1	3	3	NaN	100	713.333 3
GBPCHF	1	3	2	4.327	66.67	1 069.000 0

36. 铺垫形态（持续，看跌）

如表 8.74 所示，该形态为持续看跌形态。在 5 分钟周期中，共有 4 种货币对满足筛选条件。其中，USDCAD 出现该形态 9 次，具有最高的成功率 77.78%，盈亏比为 4.481 2，单次交易平均价差为 31。

表 8.74 铺垫形态出现后的指标统计（5 分钟周期）

外汇商品名称	最佳持有周期数（个）	出现总次数（次）	成功次数（次）	盈亏比	成功率（%）	单次交易平均价差
USDCAD	2	9	7	4.481 2	77.78	31.000 0
EURUSD	2	11	8	0.625 0	72.73	15.636 4
USDJPY	4	3	2	0.684 9	66.67	9.000 0
XAUUSD	2	9	6	1.363 3	66.67	43.800 0

该形态没有符合筛选条件的 30 分钟周期和日线周期统计结果。

37. 三线直击形态（持续，看跌）

如表 8.75 所示，该形态为持续看跌形态。在 5 分钟周期中，共有 12 种货币对满足筛选条件。其中，EURJPY 出现该形态 64 次，具有最高的成功率 68.75%，盈亏比略低，仅有 0.687 4，单次交易平均价差为 7.531 3。

表 8.75 三线直击形态出现后的指标统计（5 分钟周期）

外汇商品名称	最佳持有周期数（个）	出现总次数（次）	成功次数（次）	盈亏比	成功率（%）	单次交易平均价差
EURJPY	1	64	44	0.687 4	68.75	7.531 3
USDJPY	1	52	35	0.813 1	67.31	6.519 2
CHFJPY	1	70	47	1.191 0	67.14	12.514 3
USDCAD	6	70	45	0.847 9	64.29	12.342 9
AUDJPY	2	78	50	1.384 4	64.10	20.307 7
EURCHF	6	53	33	1.231 5	62.26	23.792 5
AUDUSD	2	86	53	0.935 1	61.63	7.732 6
GBPCHF	1	105	62	0.817 1	59.05	3.895 2
NZDUSD	6	89	51	1.085 1	57.30	12.831 5
XAUUSD	4	109	61	0.955 7	55.96	8.576 1
EURUSD	2	74	41	1.590 1	55.41	12.973 0
GBPUSD	1	109	58	1.162 3	53.21	5.467 9

如表 8.76 所示，在 30 分钟周期中，符合筛选条件的货币对的成功率有较大幅度的提升。比如，USDCAD 的成功率从 5 分钟周期中的 64.29% 提升至 30 分钟周期中的 82.35%，盈亏比也略有升高，从 0.847 9 提升至 0.871 6，单次交易平均价差提升至 56.117 6。

表 8.76　三线直击形态出现后的指标统计（30 分钟周期）

外汇商品名称	最佳持有周期数 （个）	出现总次数 （次）	成功次数 （次）	盈亏比	成功率 （%）	单次交易 平均价差
USDCAD	2	17	14	0.871 6	82.35	56.117 6
GBPUSD	5	11	9	4.497 0	81.82	258.818 2
USDCHF	2	16	11	1.370 0	68.75	45.187 5
CHFJPY	3	19	12	1.010 9	63.16	31.789 5
USDJPY	7	8	5	1.559 0	62.50	70.125 0
NZDUSD	2	17	10	1.158 4	58.82	20.764 7
EURCHF	3	11	6	1.227 8	54.55	12.090 9
AUDUSD	1	19	10	1.966 4	52.63	20.578 9

　　该形态没有符合筛选条件的日线周期统计结果。